Die Vision einer lernenden Branche im Leitbild Bauwirtschaft

Gerhard Syben (Hg.)

Die Vision einer lernenden Branche im Leitbild Bauwirtschaft

Kompetenzentwicklung für das Berufsfeld Planen und Bauen

edition sigma

Das Projekt „Lernende Branche Bau als Faktor der Entwicklung eines Leitbildes Bauwirtschaft – Situation, Stellenwert und Perspektive der Qualifizierung der Beschäftigten in der Wertschöpfungskette Planen und Bauen" wurde mit Mitteln der Zukunftsinitiative Bau des Bundesamtes für Bauwesen und Raumordnung gefördert. Förderkennzeichen: Z6 – 10.08.18.7-07.27/II2 – F20-07-17

Bibliografische Information der Deutschen Nationalbibliothek

Die Deutsche Nationalbibliothek verzeichnet diese Publikation in der Deutschen Nationalbibliografie; detaillierte bibliografische Daten sind im Internet über http://dnb.d-nb.de abrufbar.

ISBN 978-3-8360-3574-3

Umschlagmontage: edition sigma unter Verwendung von Fotos von reinobjektiv und Stephen Coburn / Fotolia.com.

Druck: Rosch-Buch, Scheßlitz Printed in Germany

Inhaltsübersicht

B. Kompetenzen für neue Organisationsformen des Planens und Bauens

C. Aspekte der Weiterbildung in der Bauwirtschaft

Inhalt

C. Aspekte der Weiterbildung in der Bauwirtschaft

Vorwort

Im März 2009 haben elf Verbände in Anwesenheit des damaligen Bundesbauministers Tiefensee in Berlin das Leitbild Bau unterzeichnet: Bundesarchitektenkammer, Bundesingenieurkammer, Bundesverband Baustoffe – Steine und Erden, Bundesvereinigung Mittelständischer Bauunternehmen, GEFMA Deutscher Verband für Facility Management, Hauptverband der Deutschen Bauindustrie, Industriegewerkschaft Bauen-Agrar-Umwelt, Verband Beratender Ingenieure, Verband Deutscher Maschinen- und Anlagenbau, Zentralverband Deutsches Baugewerbe und Zweckverbund Ostdeutscher Bauverbände. Damit hatten sich die beiden großen Arbeitgeberverbände der bauausführenden Wirtschaft sowie zwei weitere Arbeitgeberverbände, die einen speziellen Ausschnitt der Unternehmenslandschaft repräsentieren ebenso an dieser Aktion beteiligt wie die Kammern und ein Verband, der die zentralen Berufsgruppen der Bauplanung vertreten, die Gewerkschaft als Interessenvertretung der Arbeitnehmer und Arbeitnehmerinnen im gesamten Wirtschaftsbereich und Verbände, die Zulieferer von Material und Gerät organisieren sowie ein Verband der Nutzer von Bauwerken. Viel mehr geht in diesem Bereich nicht.

Auch inhaltlich enthält das Dokument mehr, als vor dem Beginn des Prozesses möglich erschien. Die Verbände haben nicht weniger erreicht, als sich auf eine Beschreibung der gegenwärtigen Situation der Bauwirtschaft zu verständigen und gemeinsam die „Vision einer kompetenten und lernenden Wertschöpfungskette Bau mit innovativen Unternehmen und qualifiziertem Personal, die in unterschiedlichen Kooperationsformen und Netzwerken ihren Kunden maßgeschneiderte und umfassende Leistungen mit hoher Qualität liefert", zu formulieren. Zugleich haben sie sich verpflichtet, diese Vision einer modernen, wettbewerbsfähigen und angesehenen Bauwirtschaft durch geeignete Maßnahmen umzusetzen.

Es dürfte ein außergewöhnlicher Vorgang sein, dass die Verbände eines ganzen Wirtschaftsbereichs einschließlich des Vorleistungsverbundes und der Organisationen, die die Nutzung des Resultats der Produktion in den Händen haben, sich auf gemeinsame Situationsbeschreibungen, Problemdefinitionen und Perspektivformulierungen für die Stärkung von Wettbewerbsfähigkeit und Image ihres Sektors verständigen. Vorausgegangen war dem ein einjähriger (rechnet man die Zeit von der ersten Vorbereitung an sogar etwa vierjähriger), vom Bundesbauministerium moderierter Diskussionsprozess, in dem die Verbände die Grundlagen des gemeinsamen Leitbildes entwickelt haben. Mit dem erfolgreich abgeschlossenen Prozess ist eine Bestimmung der Koalitionsvereinbarung des Jahres 2005 erfüllt worden, in der die damalige Regierungskoalition sich (selbst) verpflichtet hatte, die Bauwirtschaft dabei zu begleiten, ein Leitbild Bauwirtschaft als Gesamtrahmen für eine moderne Baupolitik zu entwickeln, die mit Innovation und Qualität Investitionen und Arbeitsplätze sichert.

Die inhaltliche Arbeit des Leitbildprozess im engeren Sinne bestand aus thematischen Workshops, die von den beteiligten Verbänden – jeweils zwei oder mehreren im Verbund – organisiert und getragen wurden. Behandelt wurden die Themen Bedeutung der Bauwirtschaft in Wirtschaft und Gesellschaft, Märkte der Zukunft, Qualifikation der Beschäftigten, Innovationen in der Wertschöpfungskette Bau, Qualität und Lebenszyklus, Zusammenarbeit in der Branche sowie Legalität und Wertemanagement. Flankiert wurde dieser Diskussionsprozess durch Forschungsvorhaben zu besonderen Themen. Eines davon hatte die Qualifizierung der Beschäftigten zum Gegenstand und wurde von 2007 bis 2008 von uns im BAQ Forschungsinstitut für Beschäftigung Arbeit Qualifikation, Bremen, durchgeführt.[1]

Diesem Projekt war der Titel „Lernende Branche Bau“ gegeben worden, was sicher mehr Formulierung einer gewünschten und für erforderlich gehaltenen Perspektive gewesen ist, als Zustandsbeschreibung. Umso bemerkenswerter ist es, dass diese Begrifflichkeit Eingang in das Schlussdokument gefunden hat. Der hohe Stellenwert, den die am Leitbildprozess beteiligten Verbände der Kompetenz und der Qualifizierung der Beschäftigten zumessen, war bereits bei der Bearbeitung der einzelnen oben genannten Themen deutlich geworden. Der Schluss ist zulässig, dass in der deutschen Bauwirtschaft die Abhängigkeit der Ziele Wettbewerbsfähigkeit, Innovation und Qualität von der Qualifikation der Beschäftigten auf allen Ebenen allgemein anerkannt ist. Es wird allerdings nun darauf ankommen, nicht bei dieser gemeinsamen Interpretation stehen zu bleiben. Vielmehr muss jetzt die Praxis dahingehend gestaltet werden, dass diesem Befund auch bei der Umsetzung des Leitbildes durch entsprechende Maßnahmen Geltung verschafft wird.

Das Projekt „Lernende Branche Bau“ konnte angesichts der Breite des Feldes nicht das gesamte Themenspektrum bearbeiten, sondern hat sich auf ausgewählte Themenbereiche konzentriert. Dennoch konnte ein solches immer noch breit gefächertes Vorhaben nur in Kooperation mit einer großen Zahl von Personen durchgeführt werden. Ihnen an dieser Stelle allen einzeln zu danken ist verständlicherweise nicht möglich. Ich möchte aber vier Adressaten nennen, denen ich zu besonderem Dank verpflichtet bin.

Dies ist zunächst die Bundesanstalt für Bauwesen und Raumordnung (heute Bundesinstitut für Bau-, Stadt- und Raumforschung (BBSR), die das Projekt aus der Zukunftsinitiative Bau des Bundesministeriums für Verkehr, Bauen und

1 Die beiden anderen Forschungsvorhaben hatten die Innovationspolitik der Branche und den Auslandsbau von kleinen und mittleren Bauunternehmen zum Thema.

Stadtentwicklung gefördert hat. Es sind weiter die Repräsentanten der am Leitbildprozess beteiligten Verbände, die die Bearbeitung des Vorhabens in jeder Hinsicht unterstützt haben sowie die Unternehmen und Beschäftigten, die sich für empirische Untersuchungen zur Verfügung gestellt haben. Ein besonderer, persönlicher Dank gebührt *Michael Halstenberg*. Er hat nicht nur den Leitbildprozess initiiert, ohne ihn wäre – aller objektiven Bedeutung zum Trotz – dem Thema der Qualifizierung der Beschäftigten in diesem Prozess nicht die Aufmerksamkeit gewidmet worden, die ihm letztlich zuteil wurde. Schließlich danke ich den Kolleginnen und Kollegen, die zu diesem Band beigetragen haben.

Die Beiträge aus dem Projekt werden der Öffentlichkeit nicht zuletzt in der Hoffnung vorgestellt, auf diese Weise etwas dafür tun zu können, dass der Leitbildprozess mit der Unterzeichnung des Leitbildes Bau durch die Verbände nicht etwa beendet ist, sondern erst beginnt.

Bremen, Juli 2010 *Gerhard Syben*

Qualität und Kompetenz als Leitbilder der Bauwirtschaft

Gerhard Syben

Planen und Bauen sind Tätigkeiten, bei denen Wissen und Können der Beschäftigten einen entscheidenden Einfluss auf Prozess und Produkt haben. Einer der wesentlichen, da strukturellen Gründe hierfür ist die Tatsache, dass die Herstellung von Bauwerken grundsätzlich standortvolatile Einzelfertigung im Kundenauftrag ist (Syben 1999). Jedes Produkt ist besonders und es entsteht an einem anderen Ort. Anders als in anderen Wirtschaftsbereichen also muss das Produkt jedes Mal neu entworfen und konstruiert, müssen materielle Produktionsbedingungen und Produktionsprozesse für jedes neue Produkt jedes Mal neu geplant und eingerichtet werden. Arbeitsteilig zerlegte, routinemäßig ständig exakt zu wiederholende Detailtätigkeiten haben hier wenig Raum. Produktionswissen lässt sich nur bedingt und teilweise in Technologie inkorporieren und so gut wie gar nicht in festen Produktionsanlagen materialisieren. Produktionswissen beruht zu erheblichen Teilen auf Erfahrung und die bleibt an die handelnden Personen gebunden. Wie man es macht und auch mit wem man auf welche Weise kooperiert, selbst wenn beides oft erprobt ist, muss für jeden neuen Produktionsvorgang neu konstituiert werden. Rationalisierung, Technisierung und Industrialisierung von Teilprozessen sowie die Öffnung der Arbeitsmärkte und veränderte Arbeitskräfteeinsatzkonzepte der Unternehmen haben gerade in Deutschland in den letzten Jahrzehnten und vor allem seit dem Fall der Mauer zu weitreichenden Veränderungen in der Bauwirtschaft geführt. Daraus ist eine zum Teil recht heterogene Unternehmenslandschaft entstanden. Die Abhängigkeit der Arbeitsausführung von den handelnden Personen als grundlegendes Strukturelement ist dabei jedoch, soweit man sehen kann, erhalten geblieben.

1. Kompetenz der Beschäftigten als Ressource im Wettbewerb

Die Kompetenz der Beschäftigten[1] ist deshalb die wichtigste Ressource des Planens und Bauens. Nach übereinstimmender Auffassung von Repräsentanten der

1 In der neueren, durch die internationalen Leistungsvergleiche und die Einführung der Instrumente der europäischen Berufsbildungspolitik ausgelösten Bildungsdiskussion wird zwischen Qualifikation als Fähigkeit zur Erfüllung vorgegebener Anforderungen und Kompetenz als domänenspezifischer Leistungsdisposition von Subjekten unterschieden

Branche und Experten ist sie auch der zentrale Wettbewerbsfaktor der deutschen Bauwirtschaft. Im Leitbild Bauwirtschaft[2] haben sich die an diesem Prozess beteiligten elf Verbände des Sektors öffentlich darauf festgelegt, dass die deutsche Bauwirtschaft nur mit Qualität eine Wettbewerbschance hat:

> „Unsere Vision ist eine kompetente und lernende Wertschöpfungskette Bau mit innovativen Unternehmen und qualifiziertem Personal, die in unterschiedlichen Kooperationsformen und Netzwerken ihren Kunden maßgeschneiderte und umfassende Leistungen mit hoher Qualität liefert." (Leitbild Bau 2009, S. 9)

An dieser Feststellung ist aus der Sicht der Berufsbildungspolitik von besonderem Interesse, dass hier gleichsam offiziell der Zusammenhang von Qualität und Qualifikation hergestellt wird.

> „In der arbeitsintensiven Wertschöpfungskette Bau mit ihren zahlreichen Schnittstellen und wechselnden Baustellen hängt die Qualität des Bauens ganz entscheidend von der guten Ausbildung der Fachkräfte auf allen Ebenen (Architekten, Bauingenieure, Poliere, Facharbeiter) sowie der kontinuierlichen Weiterentwicklung ihrer Kompetenzen in einer lernfreudigen (gemeint: lernförderlichen – d. Verf.) Arbeitsumgebung ab. Sie müssen nicht nur über hohe fachliche Kompetenzen in der Planung oder Bauausführung und Fähigkeiten zum selbstständigen Handeln, sondern auch über gute Kenntnisse der Gesamtzusammenhänge und hohe Kommunikationsfähigkeit verfügen, um die Koordination an den Schnittstellen zu verbessern. Die Unternehmen müssen sich darauf vorbereiten, dass Qualifikation zum entscheidenden Wettbewerbsfaktor wird." (Leitbild Bau 2009, S. 11f.)

Darüber hinaus haben die Verbände aber auch gemeinsam formuliert, dass der Qualitätswettbewerb in den letzten Jahren zugunsten eines Preiswettbewerbs vernachlässigt worden ist (vgl. ebd., S. 8). Der Preiswettbewerb ist nicht zuletzt durch die zunehmende Untervergabe und die Fragmentierung des Bauprozesses gefördert worden, was die Qualität der Bauprozesse und oft genug auch der Produkte, sicher aber der Arbeits- und Beschäftigungsbedingungen gefährdet hat. Dabei ist die Herstellung von Qualität am Bau weder neu noch ungewöhnlich. Ein konsequenter Vorrang von Qualitätsproduktion aber wäre insofern eine durchaus einschneidende Maßnahme, weil er bedeuten müsste, dass die Bauwirtschaft sich nicht mehr an der Verbilligung von Angeboten zu Lasten der Qualität beteiligt.

Wegen dieses Zusammenhangs von Qualität und Qualifikation genießt in der Bauwirtschaft die Ausbildung von bauausführenden Fachkräften in der Branche

---

(vgl. Klieme et al. 2007). Für unser Thema ist diese Unterscheidung nicht von Bedeutung. Wir werden daher im Folgenden zur summarischen Kennzeichnung von Wissen und Können den Begriff Kompetenz verwenden, ohne auf die begrifflichen Differenzen einzugehen.

2 http://www.bmvbs.de/Anlage/original_1068457/Leitbild-Bau.pdf

ebenso hohe Aufmerksamkeit wie die Fortbildung des mittleren Managements (Poliere) für die Baustelle und die Ausbildung von Architekten und Bauingenieuren an den Hochschulen. Diese Wertschätzung von Qualifikation und Kompetenz erklärt ferner, warum die Bauwirtschaft unter den ersten Sektoren war, die sich im Rahmen der Europäischen Berufsbildungspolitik um die Aufwertung beruflichen Erfahrungswissens, also der Lernergebnisse bemüht hat, die außerhalb formaler Lernkontexte erworben worden sind (BAQ 2009a; BAQ 2010).

Die Bedeutung der Kompetenz der Beschäftigten als wesentlicher Schlüssel für Qualität reicht aber noch weiter. Operationalisiert man den Begriff der Qualität mithilfe der Leistungsparameter Produktqualität, Produktivität, Termintreue, Servicequalität und Liefersicherheit sowie Nachhaltigkeit als Orientierung am Lebenszyklus eines Bauwerks, so hängen auch die einzelnen Operatoren in einer arbeitsintensiven Branche wie der Bauwirtschaft wesentlich vom Arbeitshandeln der Beschäftigten ab. Die Unternehmen des Bausektors können diese Qualität für ihre Kunden letztlich nur als Resultat von Arbeit bereitstellen und nur bedingt als Resultat des Einsatzes von Technologie. Und so wie ein einzelnes Unternehmen auch die Fähigkeit einbüßen kann, einzelne Qualitätsoperatoren zu erfüllen, womit es als wettbewerbsfähiger Lieferant aus einem Segment des Baumarktes oder aus dem Markt schlechthin ausscheidet, so kann dies auch ganzen Volkswirtschaften passieren – oder besser: sie können es herbeiführen, wenn sie den Zusammenhang von Bildung, Kompetenz und Qualität missachten.

Qualität ist aber noch aus einem anderen Grund für die deutsche Bauwirtschaft von strategischer Bedeutung. Nicht nur die Qualität der Produkte, sondern auch die Qualität, mit der Produktions- und Dienstleistungsprozesse abgewickelt werden, bilden die Basis ihres Ansehens bei ihren Kunden und in der allgemeinen Öffentlichkeit. Das Ansehen, das die Bauwirtschaft nach außen genießt, ist aber kein beliebiges Beiwerk, sondern ebenfalls ein fundamentaler Faktor im Wettbewerb. Denn die Bauwirtschaft verkauft ihren Kunden bekanntlich keine Produkte, sondern – anders als Wirtschaftsbereiche, die Waren im Voraus für einen anonymen Markt produzieren – erst das Versprechen eines Produkts. Sie ist daher existentiell auf das Vertrauen der Kunden in die Glaubwürdigkeit dieses Versprechens angewiesen. Da das Versprechen erst in der Zukunft eingelöst werden kann, kann sich das Vertrauen auch nur auf die Kompetenz der Beschäftigten gründen, die das Produkt herstellen werden. Die Qualität von Produkten, die diese Beschäftigten in der Vergangenheit hergestellt haben, kann das Vertrauen mehr oder weniger plausibel erscheinen lassen. Die für die künftige Qualität erforderliche Leistungsfähigkeit können nur die Beschäftigten selbst mit ihrem Arbeitsvermögen und ihrem Auftreten, also mit ihrer Qualifikation und ihren Kompetenzen repräsentieren. Die Bauwirtschaft hat deshalb nur als Lernende Branche eine Zukunft.

2. Das Konzept der Lernenden Branche

Diese Bedeutung von Kompetenz und Qualifikation der Beschäftigten für Wettbewerbsfähigkeit und Ansehen der Bauwirtschaft lässt sich in dem Konzept der „Lernenden Branche" ausdrücken; die Bezeichnung als Konzept soll durch den ausdrücklichen Hinweis unterstrichen werden, dass es sich nicht um eine Zustandsbeschreibung handelt. Es wird in normativen Sätzen beschrieben, nicht in empirischen. Das Konzept der Lernenden Branche schließt an das Konzept der lernenden Organisation an (vgl. dazu grundsätzlich Schein 2004; Schein 2003; Sattelberger 1996). Um es anschlussfähig für die Verwendung in einem Wirtschaftsbereich zu machen, müssen die Bedingungen definiert werden, unter denen Kompetenz erworben und eingesetzt wird. Dies erfordert den Bezug zu Tätigkeiten, Anforderungen und Bildungsmöglichkeiten in der Branche. In einer ersten Annäherung kann daher unter einer Lernenden Branche ein Sektor verstanden werden, der die folgenden Eigenschaften aufweist.

(1) In einer Lernenden Branche werden auf dem überwiegenden Teil der Arbeitspositionen hohe Anforderungen an die Kompetenz der Beschäftigten gestellt. Marktentwicklungen, Kundenanforderungen sowie technische und organisatorische Innovationen führen dazu und werden so umgesetzt, dass die Anforderungen an die Kompetenz steigen und dass der Teil der Arbeitsplätze, die geringere Anforderungen an die Kompetenz stellen, geringer wird.

(2) Eine Lernende Branche bietet anspruchsvolle und attraktive Arbeitsaufgaben: Aufgaben, die das Wissen, die Fähigkeiten und die Motivation der Beschäftigten herausfordern, ihre Kooperationsbereitschaft in Anspruch nehmen, deren Bearbeitung interessant ist und deren Resultat zufrieden stellt. Die betriebliche Arbeitsorganisation nutzt nicht nur die vorhandene Kompetenz der Beschäftigten, sondern sie fordert deren Weiterentwicklung durch kompetenzorientierte Arbeitsgestaltung. Den Beschäftigten wird Kompetenz abverlangt und Verantwortung übertragen.

(3) Eine Lernende Branche stellt Qualifizierungsmöglichkeiten zur Verfügung. In ihr werden Bildungsausgaben nicht als konsumtive Kosten, sondern als Zukunftsinvestitionen verstanden. Qualifizierung wird als Unterstützung von Innovationsprozessen organisiert. Die Behinderung von Innovationen durch fehlende Anwendungskompetenz der Beschäftigten wird somit ausgeschlossen. Damit die Beschäftigten den Anforderungen der Arbeitsgestaltung entsprechen können, müssen sie die geforderten Kompetenzen auch tatsächlich erwerben können. Eine Lernende Branche stellt sicher, dass Weiterqualifizierungsmöglichkeiten angeboten werden und dass dieses Angebot auch tatsächlich wahrgenommen werden kann.

(4) Eine Lernende Branche fördert und fordert von den Beschäftigten ständige Weiterqualifizierung und die Wahrnehmung der angebotenen Weiterqualifizierungsmöglichkeiten. Nicht nur besteht ein Recht der Beschäftigten auf Weiterentwicklung ihrer Kompetenz. Es besteht gleichermaßen ein Recht der Unternehmen darauf, dass die Angebote der Weiterentwicklung der Kompetenz auch genutzt werden.

(5) Eine Lernende Branche eröffnet Karriereoptionen. Die Weiterqualifizierung in der Lernenden Branche befähigt einerseits dazu, vorhandene Arbeitsaufgaben besser zu erledigen. Die Lernende Branche bietet andererseits die Möglichkeit, durch Weiterqualifizierung andere Arbeitspositionen zu übernehmen, die dem zusätzlichen Kompetenzerwerb entsprechend die Erledigung von Arbeitsaufgaben mit höheren Anforderungen und größerer Verantwortung ermöglichen. Die Übernahme von Karrierepositionen kann mit einem Aufstieg in der betrieblichen Hierarchie verbunden sein. Es gibt aber auch horizontale Karrieren, also die Übernahme neuer, attraktiver Arbeitspositionen auf gleicher hierarchischer Ebene.

„Lernende Branche“ ist keine Zustandsbeschreibung , sondern ein methodisches Konzept. Dieses Konzept ist auf der einen Seite im Kompetenzbegriff verankert. Es muss auf der anderen Seite Strukturelemente der Bauwirtschaft aufnehmen, so dass Kompetenzbegriff und Struktur der Bauwirtschaft verknüpft werden. Auf dieses Basis kann dann ein Kriterienraster formuliert werden, das als Folie für die Analyse der gegenwärtigen Situation der Kompetenzentwicklung und der Weiterqualifizierung der Beschäftigten ebenso geeignet ist wie als Richtschnur für eine berufbildungspolitische Perspektive der Branche. Damit kann das Konzept der Lernenden Branche die Gesamtpolitik der Personalentwicklung sowohl auf der Ebene der Branche als auch der einzelnen Betriebe unterstützen. Zwar ist das Konzept in seiner gegenwärtigen Fassung noch zu grob, um analysetauglich zu sein. In der Perspektive aber ist es geeignet, der Wahrnehmung der Situation und der Gestaltung der Perspektive von Kompetenz und Qualifizierung der Beschäftigten in der Bauwirtschaft eine Struktur zu verleihen.

3. Ansatz und Struktur des Projekts „Lernende Branche Bau“ im Leitbildprozess

Zu den innovativen Besonderheiten des Leitbildprozesses der deutschen Bauwirtschaft gehörte die Zusammenführung einer großen Zahl von Akteuren entlang der gesamten Wertschöpfungskette Planen und Bauen. Für den Versuch, diese Wertschöpfungskette unter dem Aspekt der Lernenden Branche zu betrachten, hatte dies zwei miteinander verbundene Konsequenzen. Denn mit dem Begriff der Wertschöpfungskette ist untrennbar der Begriff der Schnittstellen verbunden, der die ganze Komplexität und Störanfälligkeit des Zusammenwirkens der Akteure im Bauprozess zum Ausdruck bringt. Bauen ist nur als Zusammenwirken vieler einzelner Personen und Gewerke möglich. An den Übergabepunkten aber, wo der eine mit dem Resultat des anderen weiterarbeiten muss, entsteht die Gefahr, dass etwas nicht passt, fehlt, versäumt oder anders gemacht wurde, als erwartet.

Und an der Zunahme der Schnittstellen hat die deutsche Bauwirtschaft in den letzten zwei Jahrzehnten selbst tatkräftig mitgewirkt. Insbesondere durch immer weiter aufgeteilte Untervergabe von Gewerken ist der Bauprozess noch wesentlich stärker fragmentiert worden, als er es seiner Natur nach ohnehin immer schon war. Damit aber sind die Komplexität und die Notwendigkeit einer zielbezogenen Steuerung erheblich gewachsen. Mit der Wertschöpfungskette Bau soll also nun tendenziell wieder eingeholt werden, was an Steuerungsmöglichkeiten in den vergangenen Jahren reduziert worden ist. Dies kann gelingen, wenn die Schnittstellen als Problem angesehen werden, das eine gemeinsame Lösung verlangt und nicht als Grenze hinter der man sich vor dem Kooperationspartner versteckt; nicht als die bautypische Version der altgriechischen Hydra, bei der jedes gelöste eigene Problem ein neues erzeugt – allerdings beim Nachfolgegewerk.

Die Ausbildung mindert die Schnittstellenprobleme nicht per se. In der beruflichen Ausbildung werden jeweils domänenspezifische berufliche Kompetenzen vermittelt, die – vom gesamten Bauprozess her betrachtet – für die Erfüllung von Teilaufgaben qualifizieren und einen fachkundigen, aber begrenzten Blick fördern. Für die Bewältigung der Schnittstellen ist keiner wirklich ausgebildet. Es ist schon optimal, wenn wenigstens soviel Informationen über die jeweils vor- und nachgelagerten Gewerke und Arbeitsvorgänge vermittelt werden, dass ungefähr bekannt ist, was deren Inhalt, Aufgaben und wichtigste Tätigkeitsvollzüge sind.

Erste Konsequenz der Konstruktion des Leitbildprozesses und der Etablierung des Begriffs der Wertschöpfungskette als Zentralbegriff der Arbeit für das Konzept der Lernenden Branche Bau war folglich die Thematisierung des Schnittstellenproblems, also die Definition von Schnittstellenkompetenz und ihrer möglichen Vermittlung.

Schnittstellenkompetenz muss aber aufsetzen auf der beruflichen Handlungskompetenz in der eigenen Domäne. Die zweite Konsequenz bestand daher in der Thematisierung von Situation und Perspektive der Qualifizierung der Beschäftigten in den einzelnen Tätigkeitsbereichen. Dabei war allerdings klar, dass die Spannweite der in den Leitbildprozess einbezogenen Tätigkeits- und Berufsfelder vom Vorleistungsverbund über die planenden Berufe und die Bausführung bis zu den mit Verwaltung und Verwertung von Immobilien befassten Bereichen des Facility Management nicht erfasst werden konnte. Aus dieser Problemstellung resultierte eine doppelte Struktur.

Es erfolgte innerhalb der Wertschöpfungskette zunächst eine Konzentration auf die Felder des Bauens selbst und seiner planerischen Vorbereitung (Planen und Bauen). Thematisiert wurden aktuelle Situation, Probleme und Handlungsperspektiven der zentralen Berufsgruppen des Planens und Bauens: Architektinnen und Architekten, Bauingenieurinnen und Bauingenieure sowie mittleres Baustellenmanagements (Poliere) und bauausführende Fachkräfte. Dies stellt zwar bezogen auf die gesamte Wertschöpfungskette eine Einschränkung dar. Mit der thematischen Breite von der Bauplanung (Architektur) bis zur Bauausführung ist aber der zentrale Teil der Wertschöpfungskette Planen und Bauen in seiner Gesamtheit in den Blick genommen werden.

Die Bearbeitung der Fragen der Qualifizierung der Beschäftigten und ihrer Kompetenzentwicklung erfolgte in einer Vorgehensweise, bei der die methodischen Ansätze der Expertise, des Experteninterviews und der themenzentrierten Gruppendiskussion kombiniert wurden. Dabei wurden die beiden oben genannten Themenkomplexe unterschieden.

Im ersten Themenkomplex wurden die domänenspezifischen Fragestellungen bearbeitet. Dazu wurde das Oberthema „Situation, Probleme und Perspektive der Qualifizierung“ zunächst für jede der genannten Berufsgruppen in einzelne Fragestellungen detailliert und konkretisiert. Dies geschah vor allem in Diskussionen mit den am Leitbildprozess beteiligten Verbänden und Experten aus dem jeweiligen Feld. Es folgte die Erarbeitung von thematischen Expertisen durch einzelne Experten und Expertinnen. Die Expertisen wurden auf drei themenzentrierten Workshops präsentiert und mit weiteren Experten aus der Wissenschaft und aus dem Berufsfeld (Verbände, Bildungseinrichtungen, Unternehmen) kritisch diskutiert; die Ergebnisse der Diskussion wurden in die abschließenden Fassungen eingearbeitet. Zusätzlich wurden in diesem Themenkomplex besondere Einzelfragen durch Fallstudien bearbeitet. Dies war zum einen die Frage der angelernten Beschäftigung in der Bauwirtschaft, deren Relevanz sich aus der allgemeinen Auffassung ergibt, dass die Bauwirtschaft eigentlich eine Facharbeiterbranche ist, die für un- und angelernte Beschäftigte keinen Raum bietet; diese Frage wurde am Beispiel des Trockenbaus untersucht. Zum anderen gehörten dazu angesichts der Konzentration der Expertisen auf Fragen zur Erstausbildung zwei Untersuchungen aus dem Bereich der Weiterbildung; die eine betraf das Modell einer obligatorischen Weiterbildung, die andere das oft unterschätzte Weiterbildungsangebot der Produktenhersteller.

Der zweite Themenkomplex bestand in der Zusammenführung der Ergebnisse der Betrachtung der einzelnen Berufsgruppen und Qualifizierungsbereiche unter dem Aspekt der Schnittstellenkompetenz. Auch hierzu wurden Expertisen aus verschiedenen Blickwinkeln erstellt und dann auf einem abschließenden Workshop präsentiert.

Ergebnisse aus den Expertisen und Fallstudien werden in diesem Band wiedergegeben. Eingedenk der Fragestellung, die ausdrücklich die Entwicklung von Perspektiven einschloss, haben diese Beiträge immer auch berufsbildungspolitische Bestandteile, die in einzelnen Fällen deutlicher ausgefallen sein mögen als die mitgelieferte Begründung. Will man sich jedoch auf die programmatische Dimension eines solchen Prozesses einlassen, wird man besser die argumentative Auseinandersetzung damit suchen als die vielleicht vermisste wissenschaftliche Herleitung beklagen.

4. Stand, Probleme und Perspektive der Kompetenzentwicklung in ausgewählten Domänen der Bauwirtschaft

Der größere Teil der Beiträge befasst sich mit der Frage, wie die Kompetenzen gesichert werden können, die eine moderne Bauwirtschaft braucht, um wettbewerbsfähig und den Anforderungen der Zukunft gewachsen zu sein.

(1) Renaissance und Wiederbelebung von Ausbildungskonzepten der frühen 1970er?

Um diese Frage für die Architekturausbildung beantworten zu können, knüpft *Bonnen*, wohl zur Zeit unausweichlich, an die Bologna-Reform und die neuen Bachelor- und Master-Abschlüsse an. Er plädiert dafür, die Debatte um diese Studienstruktur auf einen Kern zurückzuführen, der den Hochschulen eine Perspektive eröffnet. Eine solche Perspektive sieht er in der Tatsache angelegt, dass Bachelor-Abschlüsse per definitionem generalistisch, Master-Abschlüsse dagegen auf einem höheren Niveau spezialisiert sein sollen. Wird dieses Prinzip entsprechend umgesetzt, führt es dazu, dass Hochschulen über Profilbildung miteinander konkurrieren müssen und können, was zugleich den erwünschten Berufsfeldbezug zwingend macht. Diese Strategie wird allerdings entscheidend gestützt durch die – von Bonnen ebenfalls als bedeutsam angeführte – Tatsache, dass die Architekturausbildung über international anerkannte Qualitätsstandards verfügt, die von den Akteuren nicht negiert werden können und die nationalen Regelungen gleichsam den Ausweg nach unten versperren: für Studiengänge mit weniger als acht Studiensemestern ist kein Raum. Damit ist einem erheblichen Teil der Kritik an der neuen Studienstruktur die Schärfe genommen, was zugleich erklärt, warum die Bologna-Diskussion im Hinblick auf die Architekturausbildung deutlich weniger erbittert geführt wird als etwa im Bereich der Bauingenieurausbildung (siehe dazu die Beiträge von Engelhardt und Müller). Allerdings lässt sich ein solcher Qualitätsstandard mit der Rückendeckung der Internationalen Berufsorganisationen gegenüber einer kurzsichtigen nationalen Bildungspolitik und gegenüber mutlosen Hochschulen natürlich auch leichter vertreten, als dies bei Studienfächern ohne eine solche Organisationsmacht der Fall ist. Zugleich sieht Bonnen in der Modulstruktur der neuen Studiengänge einen – von ihm offensichtlich begrüßten – sanften Druck zu einer interdisziplinären, projektorientierten Ausbildungsform. Die Pointe wäre dann, dass die viel gescholtene Bologna-Reform für einen wichtigen Teil der Ausbildung für die Wertschöpfungskette Planen und Bauen zu den Grundprinzipien der Hochschulreformbemühungen der 1968er-Generation zurückführen würde; auch aus der Sicht einer modernen Hochschulausbildung sicher ein höchst interessantes Resultat.

Für die Ausbildung der Baufacharbeiter hebt *Meyser* zunächst hervor, dass die Stufenausbildung Bau, die in den frühen 1970er Jahren, zunächst auf Initiative der Baugewerkschaft, dann im Konsens der Sozialparteien, konzipiert und beschlossen worden ist, mit ihrer modernen und leistungsfähigen Grundstruktur immer noch die Berufsvorbereitung kompetenter und verhaltenssouveräner Fachkräfte sichert. Deren Polyvalenz kann eine gute Grundlage für die im komplexen Bauprozess erforderliche Schnittstellenkompetenz sein. Er weist aber auch darauf hin, dass eine moderne und intelligente Ausbildungsstruktur die gewünschte Ausbildungsqualität nicht zwangsläufig nach sich zieht. Vielmehr müssen die Prinzipien der Stufenausbildung lebendig gehalten werden: Handlungs- und Baustellenorientierung, eine wirkliche, d.h. integrierte breite Grundbildung und erst sukzessive Spezialisierung. Gerade wenn der Bauprozess immer mehr fragmentiert wird, müssen die Beschäftigten an den Schnittstellen der Bauausführung zu schnittstellenübergreifender Kooperation in der Lage sein. Dass Baufacharbeiter in ihrem jeweiligen Beruf qualifiziert sind, ist normal und bedarf keiner besonderen Erwähnung.

Der zentrale Gewinn dieser Ausbildungsform aber ist die Kooperationsfähigkeit der Berufe. Sie macht nicht nur Baufachkräfte im Bauprozess vielfältig einsetzbar. Sondern sie ist eine wichtige Fähigkeit gerade an den für die Bauwirtschaft so bedeutsamen Schnittstellen. Damit hier gerade nicht „Schnitte" entstehen, die Gewerke voneinander trennen, sondern „Nahtstellen", an denen Arbeitsprozesse und Arbeitsresultate verschiedener Gewerke zusammengeführt und zusammengehalten werden, bedarf es eben genau dieser Kooperationsfähigkeit. Mit ihrer Grundstruktur bleibt die Stufenausbildung Bau damit auch im strukturellen Wandel der Bauwirtschaft ein leistungsfähiges Ausbildungssystem. Dieses ist freilich bedroht, wenn der Aufwand gescheut wird, der mit der Umsetzung der darin enthaltenen berufsbildungspolitischen Elemente verbunden ist. Hier wird auch die Rolle der überbetrieblichen Ausbildung deutlich, auf der ein guter Teil der Qualität der Ausbildung in den Bauberufen beruht, und die die Zukunftsfähigkeit der Bauausbildung auch da zu sichern in der Lage ist, wo einzelne Betriebe angesichts der überwiegend kleinbetrieblichen Betriebsstruktur der Branche dazu gar nicht in der Lage sein können.

(2) Fachleute und „Ganze Kerle“ für die Bauberufe?

Nun gibt es auch in der Bauproduktion neben den dominanten hochqualifizierten Facharbeitern angelernte Arbeitskräfte. Ein Beispiel dafür ist der Wirtschaftszweig des Trockenbaus. *Kuhlmeier* und *Glismann* gehen deshalb der Frage nach, ob der Trockenbau eine Ausnahme vom Paradigma der fachkräftezentrierten Produktionsweise am Bau ist. Während die Statistik der Ausbildungsverhältnisse dies nahelegt, ergibt die empirische Studie ein deutlich präziseres Bild. Trockenbauer haben zwar in der Tat selten den Beruf des Trockenbaumonteurs gelernt. Dafür aber findet sich eine Fülle anderer Berufsausbildungen oder anders: Es gibt zwar relativ zu allen Arbeitskräften im Trockenbau wenig gelernte Trockenbauer, aber es gibt auch so gut wie kaum Beschäftigte ohne abgeschlossene Berufsausbildung. Tatsächlich arbeiten hier Fachkräfte, deren Kompetenzen im Hinblick auf die geforderten Tätigkeiten durchaus als einschlägig betrachtet werden können wie Tischler, Schlosser, Zimmerleute oder Maurer. Im Bezug auf eine im Trockenbau wichtige Fertigkeit, nämlich das Spachteln, sind sogar Angehörige einer anderen Berufsgruppe (nämlich Stuckateure) besser qualifiziert als selbst gelernte Trockenbaumonteure. Mit anderen Worten: Der Trockenbau kann es sich leisten, auf „seine eigene“ Ausbildung weitgehend zu verzichten, weil er von „anderen“ Ausbildungsberufen profitiert. Dieser Befund lässt also durchaus die Schlussfolgerung zu, dass der Trockenbau als Beispiel für den Einsatz angelernter Arbeitskräfte gerade nicht taugt. Pointiert gesagt, erscheinen diese als „angelernt“, weil ihre berufliche Spezialisierung auf einer anderen, breiteren beruflichen Grundlage aufsitzt als der des gelernten spezialisierten Trockenbaumonteurs.

Damit stellen sich allerdings einige Fragen nach den Konstruktionsprinzipien von beruflicher Ausbildung. Diese führen zwar weit über den Trockenbau hinaus, der in der Tat ein eigenständiges berufliches Handlungsfeld darstellt. Sie führen aber mitten hinein in die aktuelle berufsbildungspolitische Diskussion. Hat eine Tätigkeit schon deswegen ausreichend eigenständige berufliche Substanz, um einen Beruf mit separater Berufsausbildung zu tragen, weil sie im Rahmen der zwischenbetrieblichen Arbeitsteilung als eigenständige Tätigkeit vorkommt? Welcher Logik folgt die Kreation immer neuer Spezialberufe, denen zwar nicht die Berufsfeldrelevanz abgesprochen werden kann, deren eigenständige berufstheoretische Grundlegung aber fraglich erscheint? Gibt es nicht einen definierbaren Unterschied zwischen einer Spezialisierungsrichtung und einem Beruf? Und bedarf es im Lichte dieser Überlegungen nicht einer neuen Diskussion über das Konzept des Berufsfeldes, in der auch das Konzept der Beruflichkeit neu zu bestimmen wäre?

Freilich ist bei aller Modernität der Ausbildungskonzeption der Bauberufe die Nachfrage nach einer Berufsausbildung in der Bauwirtschaft rückläufig. Reflektierte dies nur den langfristig zurückgehenden Anteil von Arbeit im Bausektor in einer modernen Dienstleistungsgesellschaft und kurzfristig die Erfahrung der zehnjährigen Baukrise Mitte der 1990er Jahre bis Mitte der ersten Hälfte des neuen Jahrhunderts, dann müsste es zwar Gegenstand der Aufmerksamkeit der Branche sein; bedrohlich allerdings ist es aus einem anderen Grund. Die Beobachtung in der Unternehmen und Bildungszentren ist nämlich, dass es zunehmend schwieriger wird, leistungsbereite und motivierte Jugendliche für die Bauberufe zu gewinnen. In der intersektoralen Konkurrenz um diesen Teil des Ausbildungspotentials sind die Bauberufe oft genug nur Berufe der zweiten oder gar dritten Wahl. Damit ist offenkundig ein vielschichtiges Problem angesprochen, zu dem aber bisher leider empirische Befunde so gut wie vollständig fehlen.

Dazu gehört z.B. die Frage, welches Bild eigentlich Jugendliche von den Bauberufen haben und welche Selbstkonzepte mit der Wahl eines Bauberufs oder aber eben mit der Vermeidung einer solchen Wahl verbunden sind. Welchen Realitätsgehalt haben die den Bauberufen zugeschriebenen Arbeitsinhalte, insbesondere der Technologieanteil? Wie stimmig oder aber wie ideologiehaltig ist die Bewertung der Bauberufe als einfache, grobe und körperlich belastende Tätigkeiten, die nur etwas für „ganze Kerle" sind? Das Problem an diesen Zuschreibungen ist nämlich, dass sich auf der einen Seite Veränderungen der Bauarbeit vollzogen haben, etwa in Richtung auf einen verstärkten Technologieeinsatz und die gestiegenen intellektuellen Anforderungen, die offenbar von der öffentlichen Wahrnehmung unbemerkt geblieben sind und die damit auch die berufswahlrelevanten Entscheidungsprozesse in den Familien nicht erreichen. Auf der anderen Seite dagegen hat das „Ganze-Kerle-Image" gesellschaftlich stark an Attraktivität verloren. Um den Stellenwert von Bauberufen in der Wertehierarchie der (vor allem, aber nicht nur der männlichen) Jugendlichen neu zu bestimmen, bedürfte es also einer realitätshaltigen Neubewertung der tatsächlichen Arbeitsvollzüge und Arbeitsumstände, aber auch einer realistischen Berücksichtigung der gewandelten Konzepte von Männlichkeit. Hier tut sich ein Feld für die Forschung auf, das nach dem bisherigen Eindruck noch nicht einmal richtig abgesteckt ist. Der Versuch, diese Frage im Rahmen des Projekts „Lernende Branche Bau" zu bearbeiten, ist leider nicht gelungen.

(3) Zuwenig Bauingenieure und auch noch falsch ausgebildet?

Kann diese Konstellation angesichts des demographischen Wandels mittelfristig zu einem Mangel an Baufachkräften führen, so wird der Mangel an Bauingenieuren und Bauingenieurinnen bereits heute von der Branche als Realität heftig beklagt. In dieser unterschiedlichen Problemwahrnehmung spiegelt sich allerdings auch die Bewertung wider, die im modernen Bauprozess der Ingenieurkompetenz den entscheidenden Stellenwert für die Errichtung von Bauwerken auf dem geforderten Niveau von Technologie und Produktivität zuweist. *Engelhardt* fasst die Befunde und Argumente zum Mangel an Bauingenieuren und Bauingenieurinnen zusammen und beschreibt Ansätze zu seiner Überwindung. Auch hier spielt die Bologna-Reform eine zentrale Rolle, denn neben der Unterdeckung des quantitativen Bedarfs wird künftig auch eine Bedrohung der Qualität der Absolventen und Absolventinnen eines Bauingenieurstudiums befürchtet. In seiner Schilderung von Problem und Versuchen der Abhilfe gibt er zugleich einen instruktiven Einblick in ein Stück der Realität des Bologna-Prozesses sowie in das (mit diesem nicht notwendig, aber in Deutschland faktisch verbundene) Akkreditierungsgeschehen. Dabei beschreibt er auch die zwangsläufigen Folgen eines Rückzuges des Staates aus der Verantwortung für die Hochschulausbildung. Während Engelhardt selbst den Schwerpunkt seiner Ausführungen der Sicherung des Bauingenieurnachwuchses widmet, lässt sich, gleichsam als Nebeneffekt, durchaus auch der Eindruck gewinnen, dass auf manches „Bologna“ draufgeschrieben worden ist, wo keineswegs „Bologna“ drin ist, sondern eine im weniger schlimmen Fall einfach nur unkreative, im schlechteren Falle aber schlicht restriktive nationale Bildungs- und Hochschulpolitik.

Klingen bei Engelhardt in diesem Zusammenhang auch kritische Töne gegenüber den Technischen Hochschulen und Universitäten an, so entwickelt *Müller* für deren Strategie gegenüber der Bologna-Reform eine Erklärung, die sich auf zwei Argumentationsstränge stützt. Der eine beschreibt die historisch gewachsene Struktur der Ingenieurausbildung in Deutschland, die traditionell durch ein Nebeneinander von einer wissenschaftsorientierten und einer ausführungsorientierten Ausbildung geprägt ist. Dabei wird gezeigt, dass dieses Nebeneinander innerhalb der sozialen und technologischen Dynamik, die auf das Bildungssystem einwirkt, immer auch wieder neu justiert worden ist. Der andere Argumentationsstrang arbeitet den Stellenwert der mathematischen und ingenieurwissenschaftlichen Grundlagen heraus, mit deren Hilfe die Universitäten stets die Überlegenheit gegenüber, aber auch den inhaltlichen Unterschied zu anderen Ausbildungsgängen behauptet haben. Er kann damit zeigen, warum dieses Modell durch eine Studienstruktur zentral angegriffen wird, das anstelle der Trennung in Universitäts- und Fachhochschulstudium eine unterschiedslose Zweistufigkeit setzt. Nicht nur verschwindet der Unterschied in der Wertigkeit der Abschlüsse, sondern diesem Unterschied wird durch die Verselbständigung der ersten Phase als eigenständiger Ausbildung mit dem Anspruch auf Berufsqualifikation die Grundlage entzogen: in den sechs Semestern einer Bachelor-Ausbildung ist das Modell einer breiten Vermittlung mathematischer und ingenieurwissenschaftlicher Grundlagen und anschließender berufsqualifizierender Spezialisierung schlichtweg praktisch nicht unterzubringen. Diese Problemlage, die von der Hochschulpolitik offensichtlich nicht oder zu spät gesehen wurde, erklärt dann zum einen die Heftigkeit der Bologna-Diskussion in der Bauingenieurausbildung. Sie erklärt zum anderen, warum sich die Crème der deutschen Ingenieurausbildung über eine an sich bindende Vorgabe der Kultusministerkonferenz – jedenfalls bisher – erfolgreich hinweggesetzt und an ihrer, aus ihrer Sicht nicht nur bewährten, sondern vor allem alternativlosen Studienstruktur unter Austausch der Etiketten festgehalten hat.

Der Beitrag von *Sorge* widmet sich der Frage, was sich denn nun in der Bauingenieurausbildung durch die Bologna-Reform im Bezug auf die Studieninhalte wirklich geändert hat. Er kann auf der Basis einer eigenen Untersuchung zeigen, dass die Kombinationen, Umfänge und Gewichtungen der Studienfächer in den Bachelor-Studiengängen von den bisherigen Diplom-Studiengängen an Fachhochschulen kaum gravierend abweichen (dieser Befund gilt allerdings nicht für die Ausbildung an Universitäten). Inhaltliche Innovationen sind danach offensichtlich mit der Bologna-Reform nicht unbedingt verbunden gewesen. Zugleich plädiert Sorge dafür, dass die Unternehmen auch im Bereich der Ingenieurdienstleistungen sich mit mehr Einfallsreichtum um die Möglichkeit bemühen, ihr Interesse an gut ausgebildetem Ingenieurnachwuchs und das Interesse der Studierenden sowie der Absolventen und Absolventinnen an Möglichkeiten zum Einstieg in die berufliche Praxis miteinander zu verbinden.

(4) Neue Herausforderungen an das Rollenverständnis von Architekten und Architektinnen

Untersuchungen zur Sicherung der im modernen Bauprozess erforderlichen Kompetenzen müssen die Frage berücksichtigen, wie sich Kompetenzanforderungen in der Zukunft entwickeln werden. Während dieser Aspekt bei den bisher referierten Arbeiten ein mehr oder weniger ausgeprägter Bestandteil der jeweiligen Darstellung ist, steht er bei einem anderen Teil der Beiträge im Mittelpunkt. Es spiegelt die Struktur der Diskussion im Prozess zur Entwicklung eines Leitbildes für die Wertschöpfungskette Planen und Bauen wider, dass hier vor allem Arbeiten zur Rolle von Architektinnen und Architekten vertreten sind. Gleichzeitig wird deutlich, dass diese Struktur einen strategischen Punkt der Zukunft von Planen und Bauen korrekt erfasst hat. Insbesondere die herausgehobene Position von Architekten und Architektinnen als Mittler zwischen Bauwunsch und Baurealisierung, zwischen Angebot und Nachfrage, zwischen Bauherren und Baukapazität ist es, die im Zuge der Entwicklung zum modernen, einerseits technologie- und kapitalintensiven Bauprozess, andererseits zum kleinteiligen Bauen im Bestand zunehmend unter Veränderungsdruck geraten ist. Veränderungsdruck heißt nicht, dass sie von Wegfall bedroht ist. Die viel größere Bedrohung könnte eine schleichende Unterordnung eines Teils der darin zum Vorschein kommenden Interessen unter einen anderen Teil sein. Ist die Vorstellung vom Künstler, der mit dickem Stift geniale Linien zieht und die Mühen der Umsetzung großzügig anderen überlässt, selbst als Karikatur längst überholt, so ist die Frage, welches Bild denn an die Stelle getreten ist, noch offen. Das aber ist nicht irgendeine Frage zur Zukunft des Bauens, sondern ein Kernpunkt der Überlegungen zur Zukunft der Gestaltung der gebauten Umwelt.

Hommerich gibt, vor allem gestützt auf eigene empirische Arbeiten, einen Einblick in Selbstbilder und Fremdbilder von Architekten. Seine Befunde sind wohltuend ernüchternd, seine Schlussfolgerung auch unter Berücksichtigung der Tendenzen des Bauprozesses eindeutig: Nur die Architekten und Architektinnen, die komplexe Bauprozesse in doppeltem Sinne gestalten – als Sachwalter der Baukultur und der gesellschaftlichen Anforderungen an die gebaute Umwelt wie als Manager der Bauproduktion in allen ihren Phasen – werden in Zukunft eine Chance haben, anders zu leben und zu arbeiten denn als Kleingewerbetreibende, die auf das faktische Baugeschehen kaum Einfluss haben. Wenn die Berufspolitik der Architektenschaft und die Ausbildung dem folgen, werden umfangreiche Veränderungen auf diese Berufsgruppe zukommen: ihren Umfang, ihren Einfluss, ihre Arbeitsweise, ihre Tätigkeitsfelder, ihre Kooperationsbeziehungen. Die Verpflichtung, dafür zu sorgen, dass dies nicht zulasten der Gestaltungsfunktionen von Architektur geht, hat allerdings nicht die Architektenschaft allein, sondern die haben alle Beteiligten an der Wertschöpfungskette Planen und Bauen. Nicht zuletzt liegt hier eine gesellschaftliche Aufgabe.

Eine Bedrohung der Rolle der Architekten und Architektinnen wird in neuen Formen der Vergabe und Abwicklung von Bauvorhaben gesehen, bei denen an die Stelle des Bauherren und des Architekten bzw. der Architektin als dessen unabhängiger Sachwalter Strukturen treten, innerhalb derer es nur noch Verwertungsinteressen und Abhängigkeitsbeziehungen gibt. Bedroht wäre dann vielleicht weniger der Berufsstand der Architekten und Architektinnen oder deren Unabhängigkeit. In Gefahr geriete vor allem das Gleichgewicht in der Zielmatrix des Planens und Bauens von Ästhetik, Qualität, Produktivität, Termintreue und Kundennutzen. Diese Bedrohung hat Gegenmodelle auf den Plan gerufen.

Wehrle stellt einen praktischen Ansatz vor, der auf Bauvorhaben in der Größenordnung des unteren Mittelfelds und auf die Verhältnisse im mittelständischen Bauhandwerk zugeschnitten ist. Er beschreibt die Kooperationsbeziehungen und die Arbeitsweise in einem Bauteam. Der Effekt dieses von ihm weiterentwickelten Konzepts erschließt sich vor allem, wenn man sich gewissermaßen als Kontrastfolie die ganze Reichweite von Mängeln, Fehlern und Versäumnissen vor Augen führt, die bei der bautypischen Einzelfertigung vor allem durch die starke Fragmentierung des Bauprozesses systemimmanent immer wieder vorkommen. Diese Fragmentierung führt dazu, dass jedes einzelne Gewerk und nicht selten auch einzelne Teilgewerke an ein unabhängiges Unternehmen vergeben werden. Dieses führt dann seine Aufgabe nach seinen Kriterien aus und oft genug ohne die erforderliche Berücksichtigung und ohne ausreichende Kenntnis der vor ihm und nach ihm arbeitenden Gewerke. Entscheidend ist Wehrles Befund, dass das Bauteam weder eine Wohlfühl- noch eine Wohltätigkeitsveranstaltung ist, sondern ein der praktischen und ökonomischen Realität des Planens und Bauens angemessenes Geschäftsmodell, das deshalb erfolgreich ist, weil die Beteiligten fair miteinander umgehen, Fachkompetenz und gegenseitigen Respekt zur Grundlage ihrer Arbeit machen und den langfristigen Geschäftserfolg höher bewerten als die schnelle Mark.

Im Unterschied zu dem mittelständischen Referenzbereich bezieht sich *Wiechers* auf Bauvorhaben, die als so genannte Public-Private-Partnerships oder Öffentlich-Private-Partnerschaften konzipiert sind. Hier handelt es sich in der Regel um Infrastrukturbauten, die klassischerweise von der Öffentlichen Hand vergeben und finanziert werden. Ziel dieser Modelle ist vor allem, dass die erforderlichen Kapitalsummen angesichts von deren Größenordnungen von Privaten aufgebracht werden sollen, denen eine Refinanzierung ihrer Investition über Nutzungsentgelte (z.B. Mautgebühren bei Verkehrswegen) ermöglicht wird. Soweit es sich um Hochbauprojekte handelt, geraten Architekten und Architektinnen in ein Rollendilemma, das nach den Beobachtungen, die Wiechers referiert, in der Regel zulasten von Ästhetik und vor allem Qualität aufgelöst wird. Hiergegen entwickelt Wiechers einen originellen Vorschlag, der nicht vorschnell als eine den Interessen der Architektenschaft dienende Vermehrung des Stellenangebots für ihren Berufsstand denunziert werden sollte. Vielmehr stellt er eine organisations- und rollentheoretisch schwer zu widerlegende Lösung für ein Problem dar, für das eine andere als voluntaristische Bearbeitung bisher nicht vorgeschlagen worden ist.

(5) Schnittstellen im Bauprozess: Moderne Lösungen und traditionelle Verfahrensweisen

Einen ganz anderen Zugang wählen *Ringel* und *Ginzel*. Sie definieren das Problem der künftigen Rolle der Architekten und Architektinnen als Frage nach der Kapazität zur Steuerung von Bauprozessen, die diesen zur Verfügung steht. Können Architektinnen und Architekten eine leistungsfähige Steuerung garantieren, besteht für ihre Zukunft keine Sorge. Und sie können dies, wenn sie sich der modernen, IT-gestützten Steuerungsinstrumente zu bedienen lernen, die mit der Planung erzeugte Daten zur Steuerung des gesamten Prozesses verwenden. Zugleich würde damit die Qualität von Planen und Bauen deutlich gesteigert, weil nunmehr Lösungen möglich werden, an die vorher nicht zu denken gewesen ist. Realistisch ist allerdings zu sehen, dass der breiten Einführung dieser Instrumente noch etliche Hindernisse im Wege stehen. Nicht zuletzt müssen die Bauherren akzeptieren, dass eine hocheffiziente, mit hohem Aufwand IT-gestützte Planung und Steuerung eines Bauprozesses nicht zum Preis konventioneller Planzeichnungen zu haben sein wird. Sicher allerdings scheint, dass kleine Bürostrukturen mit dieser Entwicklung überfordert sein werden.

Dass die Betonung künftiger Kompetenzanforderungen vielfach Ausdruck von Defiziterlebnissen der Gegenwart ist, zeigt der Beitrag von *Dörr*. Entstanden nicht aus einer wissenschaftlichen Bearbeitung des Themas, sondern aus der Empirie des Praktikers, verbindet er gleichwohl, auch ohne dazu ein begriffliches Instrumentarium zu entfalten, Sachkenntnis mit analytischer Schärfe, die dem wissenschaftlich geschulten Betrachter nur noch die Aufgabe übrig lässt, den geschilderten Sachverhalten den jeweilig passenden Begriff hinzuzufügen, mit dem sich die Schnittstellenproblematik entziffern lässt. Schnittstellenkompetenz, so wird anschaulich demonstriert, beruht auf Kenntnis der jeweils vor- und nachgelagerten Arbeitsaufgaben. Sie erfordert die Fähigkeit, die eigene Tätigkeit durch die Brille desjenigen zu sehen, der mit dem eigenen Arbeitsresultat weiterarbeiten muss. Und sie kann erworben werden, wenn Lernprozesse die kooperative Arbeitsteiligkeit abbilden, die Kennzeichen der komplexen Praxis ist, wie sie für die Bauproduktion als typisch gilt.

(6) Weiterbildung: Ansätze zur Behebung einer Schwachstelle der Bauwirtschaft?

Ein dritter im Rahmen einer Politik des Lebenslangen Lernens entscheidender Aspekt betrifft die Weiterbildung. Hier weist die deutsche Bauwirtschaft bisher eine spezifische Schwäche auf. Der generelle Befund, dass Weiterbildung vor allem bei denjenigen Beschäftigten in nur unzureichendem Maße aufzufinden ist, die ihrer eigentlich am meisten bedürften, zeigt sich in dieser Branche in verschärftem Maße. Betrachtet man vor allem die Weiterbildung der ausführenden Arbeitskräfte, so liegt die deutsche Bauwirtschaft in jedem Vergleich (gegenüber anderen Branchen im Inland und im Vergleich der nationalen Bausektoren innerhalb der Europäischen Union) auf einem hinteren Tabellenplatz. Auch wenn sich hierfür Erklärungen anführen lassen: neben der kleinbetrieblichen Struktur vor allem das inkrementale Innovationsgeschehen und das hohe Niveau der Erstausbildung in der Branche, die es den Beschäftigten erlauben, den technologischen und organisatorischen Fortschritt gleichsam im täglichen Tun zu bewältigen, so ist die geringe Weiterbildungsrate dennoch perspektivisch als eine Bedrohung für die Wettbewerbsfähigkeit der Bauwirtschaft anzusehen, zumal sie mit einem weitgehenden Verzicht auf organisierte Personalentwicklung einhergeht. Unter diesem Aspekt ist die von *Iller* untersuchte Frage von Interesse, wie sich eine Verpflichtung zur Weiterbildung auswirkt. Sie geht dem am Beispiel der Architekten und Architektinnen nach, was den Vorteil hat, dass sie damit eine immer schon weiterbildungsaktive Gruppe in den Blick nimmt. Ihr Befund ist, dass selbst unter diesen Umständen die Verpflichtung zum Nachweis der Teilnahme an Weiterbildungsveranstaltung noch zu einer Steigerung sowohl des Angebots an als auch der Nachfrage nach Weiterbildung führt. Deutlich wird auch, dass in funktionierenden Unternehmen – die in diesem Wirtschaftszweig eher noch kleinteiliger strukturiert sind als in der Bauwirtschaft – Restriktionen gegenüber einer Teilnahme an Weiterbildung weder im finanziellen Aufwand noch in der Verfügbarkeit der Beschäftigten liegen. Die entscheidenden Faktoren sind vielmehr die Bereitschaft zur Suche nach Lösungen für die mit der Abwesenheit vom Arbeitsprozess verbundenen Organisationsprobleme und die systematische Einbindung der Weiterbildung in eine unternehmerische personalwirtschaftliche Strategie.

Einen besonderen Bestandteil der Weiterbildung in der Bauwirtschaft bilden die so genannten Herstellerschulungen. Diese sind die herausragende Form der Branche, den inkrementalen technologischen Fortschritt zu bewältigen. Zugleich haben sie wegen ihres hohen und oft unterschätzten Anteils an der gesamten Weiterqualifizierung vor allem für die Beschäftigten in der Bauausführung eine erhebliche Bedeutung. Detaillierte Informationen über dieses Angebot und seine Wahrnehmung liegen indes bisher nicht vor. Hier setzt die Arbeit von *Weimer* an, die in mehreren Fallstudien Angebotsstrukturen und Formen der Nachfrage betrachtet hat. Ausgehend von der Feststellung, dass das Angebot der Hersteller von Baumaschinen und Baugeräten sowie Werkzeugen und Baumaterialien, die Beschäftigten in den Bauunternehmen in der fachkundigen Verwendung und im sicheren Umgang zu schulen, in sich doppeldeutig ist, weil die daraus folgende Aktivität unausweichlich zugleich Weiterbildung und Produktwerbung ist, arbeitet sie verschiedene Lösungsansätze heraus. Diese zeigen ein weit gespanntes Spektrum von Weiterbildungsformen. Sie machen aber auch deutlich, dass selbst dieses Angebot, dessen Praxisrelevanz und Nützlichkeit unbestreitbar ist und das oft sogar noch ohne oder zu geringen Kosten für die nachfragenden Betriebe verfügbar ist, dort versagt, wo die fragmentierte Organisationsstruktur der Branche und der Zerfall der betrieblichen Strukturen die Nachfrageseite gleichsam zum Verschwinden bringt.

5. Leitbild Bauwirtschaft als Programm und Selbstverpflichtung

Die Bauwirtschaft ist in Deutschland trotz der von Mitte der 1990er Jahre bis in die erste Hälfte des neuen Jahrzehnts reichenden zehnjährigen tiefen Strukturkrise immer noch der größte inländische Wirtschaftsbereich. Hier arbeiten rund 12% aller Beschäftigten der Bundesrepublik und erstellen rund 11% des gesamtwirtschaftlichen Produktionswertes (IW 2008). Das Leitbild Bauwirtschaft ist also die selbst gesetzte, verpflichtende Zielorientierung für mehr als ein Zehntel der deutschen Wirtschaft und damit zunächst rein quantitativ schon ein beachtenswerter Vorgang.

Erscheint die Zielformulierung, Produkte und Prozesse zu verbessern und die Innovationsfähigkeit der Branche zu erhalten und zu erhöhen, noch eher konventionell, so kann in der Einführung des Begriffs der Wertschöpfungskette Bau in den Leitbildprozess eine ebenso strategisch gelungene wie prekäre Aktion gesehen werden. Denn auf der einen Seite konnte nur auf diese Weise ein gemeinsam akzeptierter begrifflicher Rahmen geschaffen werden. Ein solcher begrifflicher Rahmen kann die erhebliche Heterogenität dieses Bereichs, die interne Unterschiedlichkeit der Beteiligten und ihre divergierenden Interessen natürlich nicht verdecken, geschweige denn beseitigen. Er kann sie aber doch wenigstens zeitweise zur Verfolgung dessen, was an Interessen gemeinsam ist, stillstellen. Und er kann das Bewusstsein dafür schärfen, dass Wertschöpfung, auch einzelbetrieblich, eben tatsächlich nur als gemeinsamer Prozess möglich ist – der eigene Profit also letztlich ganz banal davon abhängt, dass auch anderen Beteiligten ein Surplus eingeräumt wird.

Immerhin ist das Leitbild Bauwirtschaft vor allem von den Vertretern der relevanten Verbände dieses Sektors entwickelt und unterzeichnet worden. Natürlich können die Verbände einen solchen Schritt nicht ohne Mandat ihrer Mitglieder tun. Aber der Beteiligung der Verbandsvertreter an einem Diskussionsprozess zuzustimmen, diese Beteiligung möglicherweise sogar zu befürworten und gutzuheißen, ist noch nicht dasselbe, wie die erforderlichen Maßnahmen auch in den Unternehmen, an den Arbeitsplätzen in den Büros und auf den Baustellen auch umzusetzen. Wie kann die Bauwirtschaft (wieder) für motivierte und leistungsbereite Jugendliche attraktiv gemacht werden? Welche Rolle können dabei verbesserte Karrierewege und die Anerkennung der Ergebnisse von Erfahrungslernen (informellen Lernprozessen) spielen? Kann die überdurchschnittliche Rate des zu frühen Ausscheidens von Bauarbeitern aus dem Erwerbsleben dadurch gesenkt werden, dass Anleitung zum alternsgerechtem Arbeiten schon Bestandteil der Erstausbildung wird (vgl. BAQ 2009b)? Wie kann die Weiterbildungshäufigkeit in der deutschen Bauwirtschaft nicht nur in den Leuchtturmunternehmen, sondern in der Breite der Branche verstärkt werden? Wie kann die – im Branchenvergleich überdurchschnittlich dichte und gute – Bildungsinfrastruktur der Bauwirtschaft noch besser genutzt werden, um die Personalwirtschaft vor allem in den kleinen und mittleren Unternehmen zu verbessern?

Nicht zuletzt muss dazu die Philosophie des Leitbildes in den Köpfen der Beschäftigten auf allen Ebenen verankert und damit handlungswirksam gemacht werden. Immerhin haben die Verbände im Leitbild Bauwirtschaft nicht nur Ziele und Maßnahmen formuliert, sondern auch deren Umsetzung zugesagt:

> „Die an der Formulierung dieses Leitbildes beteiligten Verbände, Kammern, Unternehmen und die Gewerkschaft verpflichten sich zur langfristigen Umsetzung dieser Vision durch geeignete Maßnahmen. Die Umsetzung dieser Vision wird zur Zukunftsfähigkeit der Wertschöpfungskette Bau beitragen." (Leitbild Bau 2009, S. 4)

Auf dem Gebiet der Berufsbildung, besonders der Weiterbildung und des Lebenslangen Lernens eröffnet sich für die Branche und ihre Akteure auf allen Ebenen ein weites Betätigungsfeld.

Literatur

BAQ Forschungsinstitut für Beschäftigung Arbeit Qualifikation 2009a: Sectoral Qualifications Framework for the Construction Industry in Europe. Report of the Working Group. Teilergebnis des Projektes „Developing and Introducing a Sectoral Qualifications Framework for the European Construction Industry. Bremen (Ms.; www.baq-bremen.de)

BAQ Forschungsinstitut für Beschäftigung Arbeit Qualifikation 2009b: Demografischer Wandel – Konzepte und Modelle für den Erhalt und die Förderung der Arbeits- und Beschäftigungsfähigkeit in der Bauwirtschaft – Machbarkeitsstudie für die Bundesanstalt für Arbeitsschutz und Arbeitsmedizin. Bremen (Ms.; www.baq-bremen.de)

BAQ Forschungsinstitut für Beschäftigung Arbeit Qualifikation 2010: Entwicklung eines Leistungspunktesystems für die berufliche Fortbildung in der Bauwirtschaft (ECVET-D-Bau). Forschungsprojekt im Rahmen der BMBF-Pilotinitiative DECVET – Entwicklung eines Leistungspunktesystems in der beruflichen Bildung. 3. Zwischenbericht. Bremen: (Ms.)

Institut der Deutschen Wirtschaft Köln Consult GmbH (IW) 2008: Wertschöpfungskette Bau. Köln

Klieme, Eckhard/ Avenarius, Hermann/ Blum, Werner/Döbrich, Peter/Gruber, Hans/Prenzel, Manfred/Reiss, Kristina/Riquarts, Kurt/Rost, Jürgen/Tenorth, Heinz-Elmar/Vollmer, Helmut J. 2007: Zur Entwicklung nationaler Bildungsstandards, herausgegeben vom Bundesministerium für Bildung und Forschung. Bonn, Berlin

Leitbild Bau 2009: http://www.bmvbs.de/Anlage/original_1068457/Leitbild-Bau.pdf

Sattelberger, Thomas 1996: Die lernende Organisation. Wiesbaden

Schein, Edgar H. 20043: Organisation and Leadership. San Franzisko

Schein, Edgar H. 2003: Organisationskultur. Bergisch-Gladbach

Syben, Gerhard 1999: Die Baustelle der Bauwirtschaft. Unternehmensentwicklung und Arbeitskräftepolitik im Übergang ins 21. Jahrhunderts. Berlin

A.
Sicherung der Kompetenzen der Fachkräfte für die Bauwirtschaft

Kompetenzanforderungen und berufliche Ausbildung im Bereich der Architektur

Clemens Bonnen

1. Wissen, Fähigkeit und Kontext

Im Bereich der Architektur ist – betrachtet man das dieser Disziplin innewohnende umfangreiche Spektrum von Handlungsfeldern und Verantwortlichkeiten – ein umfangreiches Wissen gefordert, das wiederum an Fähigkeiten zu koppeln ist, die sowohl durch Gabe, als auch Persönlichkeit geprägt sein sollten. Dennoch, oder gerade deshalb taucht immer wieder die Frage auf: Wozu lehren und lernen wir Architektur, aber auch: Was wollen wir mit der beruflichen Ausbildung in diesem speziellen Feld erreichen: Wissen, Gabe oder Persönlichkeit, Aktivisten, Realisten oder Utopisten?

Unabhängig davon, zu welchem Ergebnis wir in Bezug zu dieser komplexen Betrachtung kommen, muss immer wieder betont werden, dass Architekten dank ihrer kreativen Beiträge, seien sie eher technischer oder gestalterischer Natur, in nahezu jeglicher Beziehung den Weg in die Zukunft weisen, da sie die Umwelt aktiv gestalten und damit permanent beeinflussen. Festzustellen ist aber auch, dass sie das Ideal einer besseren Welt oder auch perfekten Architektur entgegen aller Hoffnungen und Ideen nie erreichen werden, obwohl sie nicht müde werden (dürfen), genau dieses immer wieder aufs Neue zu propagieren.

In Bezug zur Qualifikation und Berufsbefähigung unserer Hochschulabsolventen muss die zu Beginn angeführte Auseinandersetzung mit dem Metier – gerade vor dem Hintergrund kritischer Märkte und Umweltsituationen – weiter geführt werden. Und hier stellt sich die Frage: Geht es bei der Ausbildung zum Ingenieur und Architekten um Masse, oder geht es um Klasse? Und in Bezug zum konkreten Bauen und Gestalten: Geht es um Wachstum oder geht es um Qualität?

In diesem Zusammenhang erscheint es sinnvoll, den Blick zunächst auf einige der namhaftesten Architekten des 20. Jahrhunderts zu lenken, denn diese gelten nach heutigen Maßstäben als Autodidakten, haben dennoch den Wert der Architektur immens gefördert und beispielhafte Gebäude errichtet, die in jeglicher Beziehung Bestand haben. Analysiert man deren Biographie aber genauer, so ist festzustellen, dass auch diese „Baumeister“ nicht ungeschult unter beliebiger Anwendung eines Talents agierten, sondern durchaus ihre Lehrmeister hatten, wie z.B. den Architekten Peter Behrens, in dessen Berliner Büro Mies van der Rohe aber auch Le Corbusier und Walter Gropius ein und aus gingen. Sie eigneten sich hier spezifische Fähigkeiten an, mit denen sie bestens auf ihren jeweiligen beruflichen Weg vorbereitet wurden. Ihre Rolle in der Entwicklung der Architektur in Frage zu stellen ist undenkbar, jedoch ergeben sich gerade in der Auseinandersetzung mit ihren Werken Hinweise, die auf geänderte Anforderungen an das Planen und Bauen verweisen und damit auf die Notwendigkeit, zukünftigen Architekten eine fundierte, breit angelegte Ausbildung zu bieten. Unterwerfen wir zum Beispiel die vielfach zitierten Gebäude dieser und anderer Modernisten heutigen Anforderungen und legen dabei entsprechende ökonomische, ökologische und technische Maßstäbe zu Grunde, dann kommen wir im Ergebnis zu keinem positiven Urteil. Ganz im Gegenteil allerdings zu Gebäuden gleichen Alters, die zwar keine vergleichbare Architekturgeschichte geschrieben haben, jedoch im traditionellen Kontext entstanden sind, kontinuierlich ihren Zweck erfüllen und oben angeführten Anforderungen stets gerecht werden. Genannt seien hier z.B. die Strickhäuser in alpinen Regionen, deren Konstruktionsform auch heute noch in vielfach publizierter, da wegweisender Architektur verwendet wird.

Abb. 1: Neuer Strickbau des Architekten Gion A. Caminada in Vrin (Schweiz)

Quelle: Foto C. Bonnen

So verweist diese Betrachtung auf Gründe, die an der School of Architecture der Hochschule Bremen dazu geführt haben, im Bereich der Architekturausbildung vom Environmental Design zu sprechen und eine kontextbezogene Ausbildung zu verfolgen.

2. Der Bologna-Prozess und seine Folgen für die Architekturausbildung

Wesentliche Absicht der ersten Konferenz der europäischen Bildungsminister in Bologna im Jahr 1999 war, einen europäischen Hochschulraum zu schaffen, der von Austausch und Mobilität lebt. Die damit ausgelöste Entwicklung und Studienstrukturreform beinhaltet daher in erster Linie die flächendeckende Einführung eines gestuften Studiensystems mit Bachelor- und Masterstudiengängen, sowie die Ablösung des Fächerstudiums durch eine Modularisierungsstruktur, der ein einheitliches Leistungspunktesystem zur Seite gestellt wird. In Deutschland sollen gemäß Vorgabe der Kultusministerkonferenz gestufte Studiengänge bis zum Jahr 2010 eingeführt und an ein Verfahren der Akkreditierung, sprich also der externen Qualitätskontrolle gekoppelt werden. Dieser Prozess kann für die Ausbildung im Bereich der Architektur durchweg als positiv bewertet werden, zwingt er doch zu einer aktuellen Auseinandersetzung mit dem Berufsbild und damit dem Ausbildungsziel, sowie mit dem spezifisch hervorzuhebenden Profil des Ausbildungsstandortes.

Bei der Neugestaltung der Architekturausbildung gilt es in diesem Zusammenhang, wesentliche Vorgaben zu beachten und zu berücksichtigen, dass diese spezielle Lehre innerhalb der Hochschullandschaft eine besondere Stellung einnimmt, da sie auf einen durch die Architektengesetze der Bundesländer geschützten Beruf hin ausbildet, der auch von anderen, nationalen und internationalen Standards geprägt wird. Diese sind:

- In Deutschland die Mindeststandards der Akkreditierungsagenturen sowie die fachlichen Standards für die Akkreditierung von Studiengängen der Architektur des ASAP (Akkreditierungsverbund für Studiengänge der Architektur und Planung).
- Die Berufsanerkennungsrichtlinie 2005/36/EG des Europäischen Parlaments und des Rates über die Anerkennung von Berufsqualifikationen.
- Im Bezug zur weltweiten Anerkennung die UNESCO/UIA Charter for Architectural Education und der UIA Accord on Recommended International Standards of Professionalism in Architectural Practice.

Die zuletzt benannten weltweiten Vorgaben führen in diesem Zusammenhang sicherlich zu den markantesten Veränderungen, denn sie schreiben für die Architektur eine Mindeststudiendauer von fünf Jahren, bzw. zehn Studiensemestern vor, die durch Praxisphasen nicht verkürzt werden darf.

Während also früher in Deutschland einheitlich der Abschluss Diplom-Ingenieur mit einer Studiendauer von vier bis fünf Jahren verliehen wurde, müssen sich heute die Ausbildungsstätten inhaltlich genauer aufstellen und zum einen festlegen, welche dieser Vorgaben erfüllt werden (nationale/europäische oder weltweite Anerkennung), zum anderen aber, welche Abschlussgrade zu verleihen und im Studienprogramm zu verankern sind (Bachelor/Master of Arts, Science, Engineering). In Folge diskutieren die an der Ausbildung mittelbar und unmittelbar Beteiligten seit Jahren – und leider immer noch – die Sinnfälligkeit unterschiedlicher Studienverlaufsmodelle mit sechs- oder achtsemestrigen Bachelorprogrammen, aber auch die mit der Art der Masterstudienprogramme verbundenen Qualifikationen eines Generalisten oder Spezialisten. Sie übersehen immer wieder, welch unterschiedliche, individuelle Studienverlaufsmodelle verfolgt werden können und unterschätzen die Potentiale und Möglichkeiten, die sich heute in der Praxis bieten. Dies kann in einer tabellarischen Übersicht verdeutlicht werden (vgl. Tab. 1).

An dieser Stelle ist die Bedeutung der Akkreditierung und später dann Reakkreditierung besonders hervorzuheben, denn durch diese wird die Sinnfälligkeit des jeweiligen Studienprogramms unter Berücksichtigung der oben angeführten Kriterien und Standards kontinuierlich geprüft. So wird es in Zukunft nicht genügen, lediglich den Ruf oder Standortvorteil einer Hochschuleinrichtung hervorzuheben, vielmehr werden die Güte eines stimmigen Studienprogramms und vor allem der Erfolg der Absolventen im Beruf darüber entscheiden, welchen Stellenwert die Ausbildungsstätte einnimmt. Spätestens an diesem Punkt wird jedoch deutlich, dass es im Bereich der Architekturausbildung auch um die Wahrung berufsfeldpolitischer Interessen gehen muss. Durch die bisher zugelassenen Akkreditierungsagenturen wird dies jedoch in der Regel nicht berücksichtigt. So wird lediglich geprüft, ob die für alle Disziplinen geltenden Vorgaben der Kultusministerkonferenz erfüllt werden. Daher haben zwei Institutionen weitergehende Mindestanforderungen für eine Architekturausbildung formuliert: Die Bundesarchitektenkammer und der bereits oben angeführte Akkreditierungsverbund für Studiengänge der Architektur und Planung (ASAP). Leider sind deren Vorgaben recht unterschiedlich und es kommt erschwerend hinzu, dass zur Zeit nur der ASAP über Kooperationsvereinbarungen mit den für den deutschen Hochschulraum zugelassenen Akkreditierungsagenturen an der Begutachtung von Studiengängen beteiligt ist. Es sollte also im Interesse aller Beteiligten an der Zeit sein, dass in dieser Hinsicht zwischen Kammer und Berufsverbänden eine gemeinsame Position im Sinne der Qualitätssicherung erzielt wird.

Tab. 1: Studienverlaufsmodelle für Studiengänge der Architektur

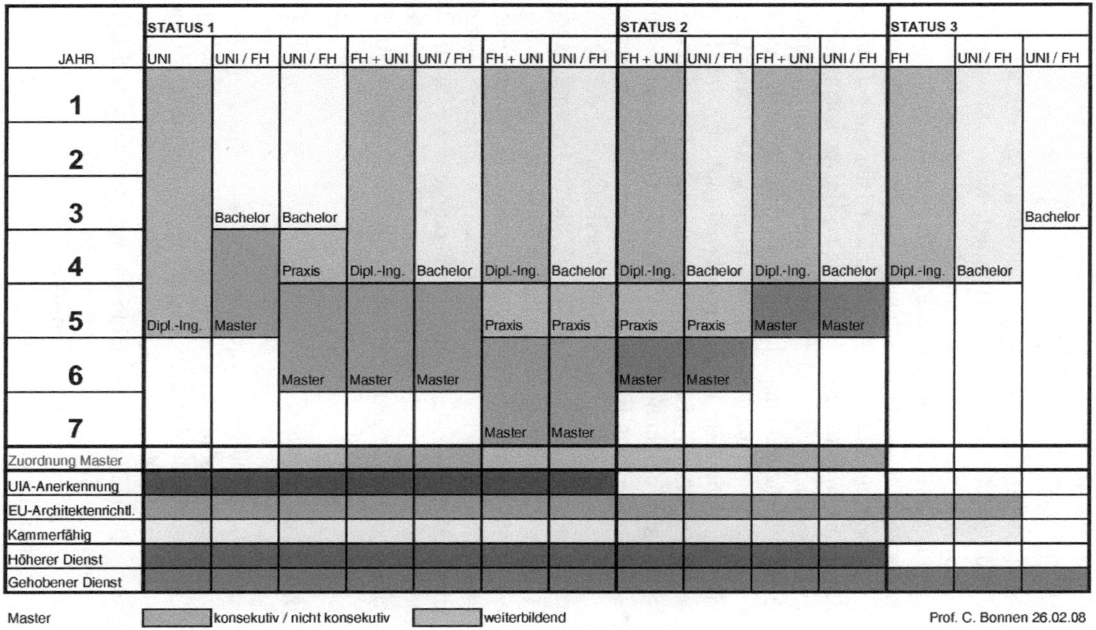

Eigene Darstellung

3. Bildungsauftrag und Abschlussgrad

> „Die menschliche Erkenntnis hat zwei Formen: Sie ist entweder intuitiv oder logisch; sie geht durch Einbildungskraft oder durch Vernunft vor. Architektur ist Einbildungskraft und Vernunft zugleich; das Ideal in diesem Bereich der Hochschulausbildung wird deshalb darin bestehen, Poesie und Wissenschaft miteinander in Einklang zu bringen." (Roux-Spitz 1943, S. 166)

Die Architekturlehre ist per se eine Disziplin, die den Praxisbezug sucht und dementsprechend mit praxisbezogenen Themen agiert, denn das Planen, Entwerfen und Konstruieren lässt sich nun einmal nicht losgelöst von Rahmenbedingungen durchführen. Die Kultusministerkonferenz fordert aber auf, zu klären, ob Studiengänge eher anwendungs- oder forschungsorientiert ausgelegt sind und so entsteht die Frage: Worin unterscheiden sich in dieser Hinsicht bei jetzt gleichwertigen Abschlüssen die Architekturstudiengänge an Universitäten, Kunsthochschulen und Fachhochschulen? Aber auch: Was heißt „forschungsorientiert" im Bereich der Architektur? Die Realität zeigt, zumindest in Sachen Lehre, dass es hier kaum Unterschiede gibt, zumal die Implementierung der Forschung in die Lehre an allen drei Einrichtungen nahezu gleich gehandhabt wird. So erklärt sich auch, dass heute der Master of Arts nicht zwangsläufig für ein rein anwendungsorientiertes Studienprogramm steht und der Master of Science durchaus auch praxisnahe Themen verfolgt. Es gilt, dies zur Kenntnis zu nehmen und den Abschlussgrad primär als Ausdruck eines Selbstverständnisses der Hochschule zu sehen. Genau aus diesem Grund ist die durch die KMK vorgegebene Beschränkung auf wenige Abschlussgrade sehr zu befürworten und es liegt auch hier im Interesse aller am Bauwesen Beteiligten, dass dies in Zeiten gesteigerter Wettbewerbsaktivitäten unter den Hochschulen auch in unserer Disziplin so bleibt. So ist auch der Beschluss der Kultusministerkonferenz vom 10. Oktober 2003 zu verstehen, der u.a. für verschiedene Fächergruppen die Verwendung bestimmter Abschlussbezeichnungen vorschreibt (vgl. hierzu auch KMK 2003).

4. Profilierung der Hochschulen

Die berufliche Ausbildung und das mit ihr verbundene Studienprogramm müssen – wie bereits dargestellt – immer klar hervorheben, ob ein Absolvent zum Architekten als Generalist oder aber zum Spezialisten mit besonderer Qualifikation ausgebildet werden soll. Für den Bereich der Architektur sollte daraus konsequent folgen, dass fünfjährige gestufte Programme mit einem dreijährigen Bachelor Generalisten ausbilden und Programme mit einem kammerfähigen vierjährigen Bachelor den dann einjährigen Master dazu nutzen müssten, Spezialisten zu qualifizieren. Dementsprechend genügt es im letzten Fall nicht, z.B.

zur Rechtfertigung partikularer Interessen, irgendeinen Studiengang zu erfinden, ohne dann auch potentielle Berufsfelder aufzuzeigen, die das Berufsfeld des Architekten eindeutig erweitern.

Grundsätzlich bleibt in diesem Zusammenhang aber fraglich, ob in Deutschland eine Bachelorausbildung zu befürworten ist, die mal zum Kammerbeitritt befähigt (mit acht Semestern) und mal nicht (mit sechs Semestern), oder ob es nicht sinnvoller wäre, international gebräuchliche Standards und damit fünf Studienjahre (300 Credits gemäß ECTS) als Voraussetzung für den Kammerbeitritt, bzw. die freischaffende Tätigkeit zu Grunde zu legen und damit auch qualitative Maßstäbe zu setzen. Es sind also eindeutig Kammern und Verbände gefordert, gemeinsam bessere Vorgaben zu formulieren und es ist den Akteuren der ASAP hoch anzurechnen, dass sie seit Gründung des Verbundes die durch die UNESCO/UIA-Richtlinien vorgegebenen Qualitätsanforderungen zu Grunde legen und aufrechterhalten.

Zur speziellen Frage der Profilierung der Ausbildungsstandorte wird also einerseits gehören, mit welchen Schwerpunkten und Zielen die Ausbildung verfolgt wird, andererseits aber auch, welche, bzw. wie viele Studenten zugelassen werden. Da die Antwort nicht ausschließlich hochschulpolitischen Kriterien unterworfen werden sollte, erscheint das zulässige, jedoch nicht immer genutzte Instrument der Eignungsprüfung sowohl ideal, die richtigen Studenten zu finden, als auch geeignet, Bewerbern eine Hilfestellung bei der Planung ihrer Berufswahl zu geben. Der derzeit wahrnehmbare Trend, die Anforderungen an die Studienplatzbewerber zu senken, um – insbesondere in Masterstudiengängen – die ausgewiesenen Studienplätze zu füllen, hilft daher weder den Studierenden, noch dem jeweiligen Ausbildungsstandort, geschweige denn dem Ansehen der Architektur.

5. Ausbildung und Praxisbezug

> „Ich glaube, daß jedes gesunde menschliche Wesen fähig ist, sich gestalterisch auszudrücken. Das Problem scheint mir keineswegs so sehr darin zu bestehen, ob latente schöpferische Fähigkeit überhaupt vorhanden ist, sondern vielmehr darin, wie man sie aktiv machen kann“ (Walter Gropius)

Ergänzend zu der eingangs beschriebenen Komplexität des Metiers ist die seit jeher bestehende große Verantwortung des Architekten im Bezug zu seiner Tätigkeit hervorzuheben. Sie umfasst Großes und Kleines (Stadt und Haus), Technisches und Formales, Soziales und Ökonomisches, die Nachhaltigkeit im Sinne der Ganzheitlichkeit und Ökologie, Intuitives und Logisches. Und während wir schnell darin übereinkommen, dass sich technisches, ökonomisches und auch spezielles Wissen erlernen und dann auch – bei guter Ausbildung – anwenden lässt, so sieht es mit den entwerfenden, kreativen und gestaltenden Fähigkeiten eindeutig anders aus.

Die Frage lautet also: Kann Entwerfen und Gestalten überhaupt erlernt und auch gelehrt werden? Während dieses von einigen Experten der Branche eindeutig verneint wird, sei an dieser Stelle der Standpunkt geäußert: Ja, dies ist machbar, aber nur, wenn das Entwerfen als zielgerichteter, kreativer Prozess betrachtet wird, der in einer Art simulierter Praxis den Lehrenden und Lernenden abverlangt, zu forschen und alle gesetzten Rahmenbedingungen in Bezug zum Städtebau, zur Konstruktion, Ökonomie, Ökologie etc. zu erfüllen. Denn: Gute Architektur ist nicht nur schön, sie erfüllt auch ihren Zweck und optimiert in jedem Fall die gebaute Umwelt. Unsere Absolventen benötigen daher nicht zuallererst das komplette Fachwissen, sondern eine nachhaltig wirksame Handlungsfähigkeit in Bezug zum Planen und Bauen. Dazu werden in der Regel praxisnahe Studienprojekte durchgeführt; ein Projekt eines Entwurfsmoduls aus der Ausbildung an der School of Architecture der Hochschule Bremen sei hier beispielhaft geschildert:

Im fünften Semester des Bachelorstudiengangs Architektur ist für ein konkretes Grundstück, für das eindeutige städtebaulichen Rahmenbedingungen formuliert sind, ein innovatives Gebäude im Massivbau aus wärmedämmendem Leichtbeton zu entwickeln, das anlässlich des 100-jährigen Bestehens des Deutschen Werkbundes als Teil einer im Seminar zu planenden Werkbundsiedlung zu konzipieren ist. Es erfolgt eine Verknüpfung mit folgenden Modulen, bzw. Inhalten und Aktivitäten:

- Baugeschichtliche und architekturtheoretische Auseinandersetzung mit dem Deutschen Werkbund und dem Baustoff Beton.
- Interdisziplinäre, baustofftechnologische und konstruktionstechnische Analyse des Materials (Ultra-)Leichtbeton in Kooperation mit einem Fachbereich Bauingenieurwesen.
- Exkursion in die Schweiz (Graubünden) und dort Besichtigung von mit dem Material Leichtbeton erstellten Projekten und Baustellen unter Beteiligung der vor Ort ansässigen Planer.
- Aufteilung der Planungsphase in die Abschnitte Vorentwurfs-, Entwurfs- und Ausführungsplanung mit jeweiliger Präsentation und Kosten-Nutzen-Analyse.

Das Seminar erhält in Anlehnung an eine erste Publikation zum Thema Leichtbeton und an die zu Grunde gelegte monolithische Bauweise den programmatischen Titel „WYSIWYG“ = what you see is what you get (vgl. hierzu auch Filipaj 2006).

Abb. 2: Deckblatt zur Aufgabenstellung WYSIWYG im Bachelorstudiengang an der Hochschule Bremen

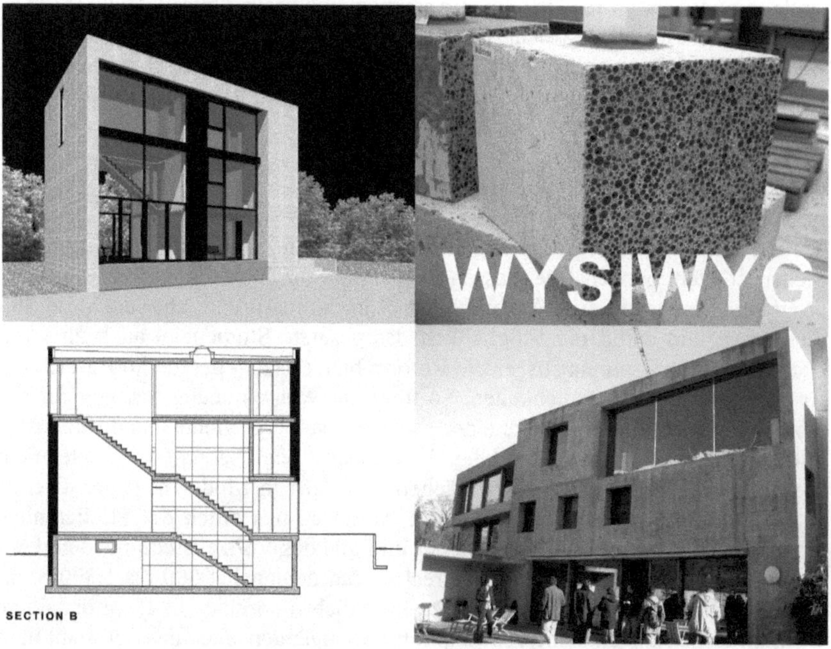

Quelle: Fotos und Zeichnungen: C. Bonnen

Die aus dem Modul hervorgegangenem Studien- und Forschungsergebnisse zeigen sehr deutlich, dass Architektur nicht nur komplex, vielfältig und facettenreich, sondern auch universell ist. Sie sind damit Ergebnis einer Architekturlehre, die ein möglichst umfassendes Verständnis vermittelt und damit Studierende in die Lage versetzt, im Bezug zu den sich bietenden räumlichen und gestalterischen Problemen sinnfällige Lösungen in einem breit angelegten Tätigkeitsfeld zu entwickeln. Ausbildung fördert so den kreativen Geist, der – wie bereits Schiller 1789 betont – über ein universelles Weltverständnis verfügt „weil er forsche, wie eines zum anderen sich verhalte, da eines nicht ohne das andere sein kann". Dieser Ansatz wird an der School of Architecture Bremen als konkrete Arbeitsanleitung verstanden, mit deren Hilfe alle Komponenten der Architektur vernetzt werden können. Die daraus resultierende Beschäftigung mit dem Genre Architektur kennt also letztendlich keine Grenze, so dass der jeweilige Gegenstand der Betrachtung in einen übergeordneten Zusammenhang gesetzt werden kann. Aus Sicht der Lehrenden der School of Architecture Bremen macht die wachsende, komplexe Verantwortung des Architekten, dessen Kompetenz laut Siegfried Gideon vom Wasserhahn bis zur Stadtplanung reicht, eine derartige universelle Betrachtung notwendig. Erfährt dieser Anspruch eine breite Unterstützung, entsteht nicht nur eine qualitativ hochwertige Ausbildung, sondern ein kontinuierlich wachsender Mehrwert für die Studierenden und Lehrenden verschiedener Disziplinen, für die Wissenschaft und nicht zuletzt für die Kultur unseres Landes.

6. Lehre – Vernetzung und Prozess

Welche allgemeinen Anforderungen resultieren nun daraus an ein Curriculum? Sicherlich steht zunächst bei dessen Konzeption die Sinnfälligkeit des Studienprogramms in Bezug zum Ausbildungsziel im Vordergrund, aber auch die Studierbarkeit und damit die Möglichkeit das gesetzte Studienziel auch zu erreichen. Die durch Bologna ausgelöste Reform bietet dazu – gerade im Bereich der Architektur – beste Möglichkeiten. So führt der Weg eindeutig fort von der reinen Wissensvermittlung, hin zu einer eher themenübergreifenden und (im besten Fall) interdisziplinären Ausbildung. Dementsprechend lehren wir heute nicht mehr in voneinander losgelösten Fächern, sondern in Modulen, denen Credits zuzuweisen sind. Diese sind wiederum Ausdruck des durch die Studierenden aufzubringenden Arbeitsaufwandes, der im Falle des Vollzeitstudiums dem Umfang einer üblichen Arbeitszeit entsprechen und demnach 1.500 bis 1.800 Stunden pro Jahr umfassen soll (vgl. hierzu BLK-Schriftenreihe 2002). In der Folge wird, im Gegensatz zu bisherigen Diplomstudiengängen, auch das Selbststudium der Studierenden berücksichtigt und mit in die Planung des Curriculums aufgenommen. Ein hervorzuhebender Nebeneffekt ist dabei, dass die vorlesungsfreie Zeit sowohl von Studierenden wie auch Lehrenden wieder als Studien- und nicht mehr als Freizeit begriffen wird.

Die Studienstruktur wird in Zukunft also von Lehreinheiten geprägt, in denen gemäß Vorgaben der Kultusministerkonferenz und Bund-Länder-Kommission verschiedene Stoffgebiete zusammengeführt werden sollen (vgl. hierzu auch HRK 2004). Im Bereich der Architektur entwickelt sich daraus bereits an verschiedenen Standorten eine neue Form des Projektstudiums, denn hier werden, übrigens ganz im Sinne einer Vorbereitung auf die spätere berufliche Tätigkeit, Vermittlungsstrategien angewandt, die in Bezug zu konkreten Projekten in einem der Praxis nachempfundenen Planungsablauf verwurzelt sind. Werden diese Ansätze dann auch noch in Kooperation mit externen Vertretern der Baubranche, der Verwaltung oder der Wirtschaft verfolgt, dann entsteht als Nebenprodukt eine Öffentlichkeitsarbeit, die durchaus zur Aufwertung des Images der Architektur und seiner Protagonisten beitragen kann.

7. Kompetenzen und Fähigkeiten

Um nun auch auf das einzugehen, was allgemein als zu vermittelnde Kompetenz bezeichnet wird, ist festzustellen, dass die Fülle der mit diesem Begriff verbundenen verbalen Zusätze scheinbar keine Grenze kennt. So reicht die Palette der den Studienprogrammen zugewiesenen Beschreibungen im Bereich der Schlüssel- und Fachqualifikationen von der A- bis hin zur Z-Kompetenz und es war auch schon auf politischer Seite die Rede von der Kompetenz-Kompetenz. Dies alles behindert eine für Interessierte oder auch Studienbewerber notwendige Transparenz. Aus diesem Grund erscheint es im Bereich der Architekturausbildung, die, wie bereits dargestellt, auf einen durch die Kammergesetze geschützten Beruf hin ausbildet, durchaus sinnvoll, zu vermittelnde Fähigkeiten und Kenntnisse einheitlich zu betrachten. Dagegen sollten die Hochschulen in Bezug zu den jeweiligen Studienprogrammen ihre spezifischen Profile und Schwerpunktsetzungen hervorheben. Folgt man in diesem Sinne dem oben erwähnten UIA Accord, aber auch den Standards der ASAP, so ergibt sich eine recht simple, aber durchaus sinnfällige Gliederung in zu vermittelnde

- Fähigkeiten im Entwerfen und Konstruieren sowie
- Kenntnisse und Fertigkeiten, mit denen Absolventen in die Lage versetzt werden, ihre Rolle als Generalisten zu erfüllen und interdisziplinäre Programmziele zu koordinieren.

Sie verweisen in diesem Zusammenhang zu Recht auf folgenden Sachverhalt:

> „Denn diese Kompetenz unterscheidet die Architekten von anderen Dienstleistenden im Bereich der gebauten Umwelt." (ASAP 2009, S. 4f.)

So wird zunächst von der Entwurfskompetenz gesprochen, dann aber auch von der Fähigkeit, spezifische Kenntnisse konkret anwenden zu können. Dies betrifft Inhalte aus den Bereichen der

- Kultur- und Kunstwissenschaften,
- Sozial- und Humanwissenschaften,
- Umweltwissenschaften,
- Technikwissenschaften,
- Entwurfsmethodik und der
- Bauökonomie sowie des Baumanagements.

Die eingeforderten Fertigkeiten umschreiben in erster Linie Schlüsselqualifikationen, hier im Bereich der

- Teamfähigkeit und persönlichen Reife,
- Darstellung und Präsentation,
- Analyse und Diagnose (vgl. auch UNESCO-UIA 2005, Abschnitt V.3.3).

Exemplarisch sei hier auf ein weiteres Studienprojekt mit konstruktivem Schwerpunkt verwiesen, dass in einem Modul die oben angeführten Kompetenzen, Kenntnisse und Fertigkeiten fachübergreifend und unter Beteiligung mehrerer Lehrender vermittelt. Es trägt den Titel „1952 Konstruktion und Detail im historischen Kontext“ und wurde anlässlich einer geplanten Ausstellung der Bremer Kunsthalle initiiert. Es vernetzt allgemeinwissenschaftliche Themen mit gestaltungs- und konstruktionstechnischen Aspekten und ist dazu angelegt, sich mit dem frei zu wählenden Vorbild, ganz im Sinne Georg Kellers, auseinanderzusetzen, von dem das folgende Zitat stammt:

> „Es scheint eine der Paradoxien von Kreativität zu sein, dass wir uns, um schöpferisch denken zu können, mit den Ideen anderer vertraut machen müssen.“

Abb. 3: Projekt 1952 am Fachbereich Architektur der Hochschule Bremen

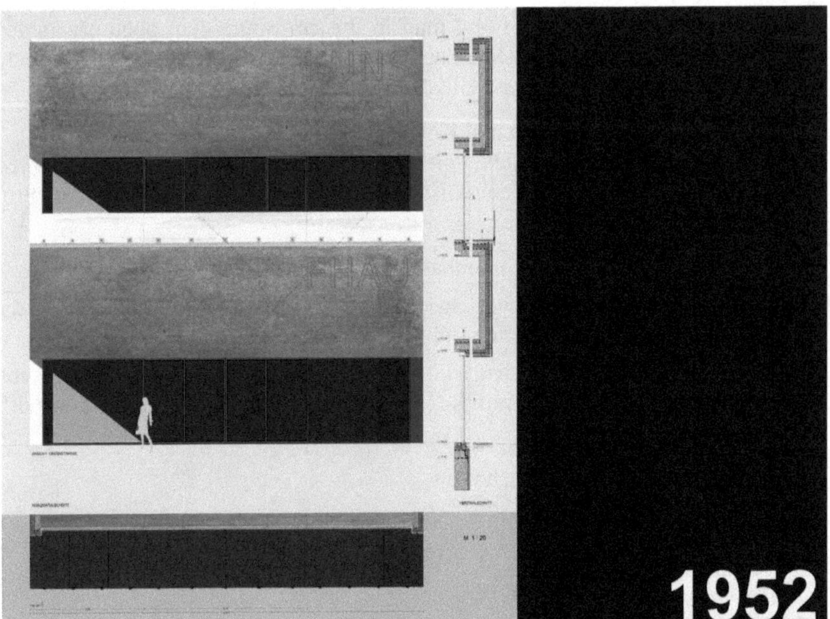

Quelle: Mischa Bachmann

Zunächst formuliert die dazu erstellte Aufgabenstellung klare Rahmenbedingungen.

Gegeben:

Ein fiktives, nicht unterkellertes städtisches Haus mit vier Geschossen und einem Flachdach. Das Haus soll wahlweise in eine Baulücke platziert oder als freistehendes, solitäres Haus konzipiert werden.

Gesucht:

Eine Fassade und deren Konstruktion, die sich mit der Architektur eines spezifischen städtischen Gebäudes und seines Architekten auseinandersetzt. Wählen Sie dazu ein Gebäude, für das folgende Kriterien zutreffen:

- Das Gebäude muss im Jahr 1952 fertig gestellt worden sein oder sich zu dieser Zeit im Bau befunden haben.
- Der Architekt des gewählten Gebäudes muss bekannt und im Lexikon der Weltarchitektur von Pevsner, Honour, Fleming (ISBN 3-7913-2095-5) benannt sein.

Gefordert:

- Präsentation des ausgewählten Gebäudes in Bild und Text.
- Darstellung der Fassade unter konkreter Bezugnahme auf das gewählte Vorbild.
- Größe der Fassade B x H = 12,50 x 12,50 m (zwischen OK Terrain und OK Attika).
- Integration mindestens einer Loggia, eines Balkons, bzw. einer Kombination aus beiden.

Im Ergebnis konnten individuelle Entwurfsansätze mit einer ebenso eigenständigen wie stimmigen konstruktiven Lösung entwickelt und im Maßstab 1:20 präsentiert werden. Die qualitative Entwicklung vom Konzept bis hin zur detaillierten Ausarbeitung wurde auch hier durch die konkrete Einbettung in einen eindeutig strukturierten Planungsprozess gewährleistet, bei dem die Lehrenden die Funktion der Prozesssteuerung übernahmen. So konnten im Team theoretische Zusammenhänge sowie ästhetische, technische und ökonomische Gesichtspunkte Schritt für Schritt entwickelt werden (vgl. hierzu auch Hochschule Bremen 2007).

8. Ausblick und Fazit

Es gilt mehr denn je, den Studierenden im Zuge der beruflichen Ausbildung ihre Verantwortung für die Zukunft bewusst zu machen und dafür zu sorgen, dass sie dazu beitragen können, kulturelle Werte zu schaffen und die gebaute Umwelt zu bereichern. Gleichzeitig muss Ausbildung aber auch die mittlerweile in einigen Bundesländern bereits durch die Kammern festgesetzte Weiterbildung umfassen und es ist positiv zu beobachten, in welcher Form heute Kammern und Hochschulen zu einer neuen Kommunikationsform finden. Sie könnte dazu führen, dass gemeinsam und in Kooperation mit anderen eine Art vertrauensbildendes Marketing für die Architektur in Gang gesetzt wird. Es wäre geeignet, unser Bildungssystem im Bereich der Schulen zu hinterfragen, um dann auch die bestehenden Bildungsdefizite im Bereich der Architektur und Gestaltung, mit denen sich die Hochschulen bisher herumschlagen müssen, zu beheben.

Den Verantwortlichen für die Architekturausbildung sollte aber auch bewusst sein, dass unsere Absolventen mehr im Blick haben, als den vermeintlich gut verdienenden und sozial hoch angesehenen, freischaffenden Architekten. Bereits heute finden unsere Bachelor- und Masterabsolventen ihre Nischen, und das im In- und Ausland. Sie bilden dazu Netzwerke zwecks Informationsaustausch und Jobvermittlung, sie arbeiten in der Werbebranche, in der Architekturvermittlung und -verwaltung, aber auch in Berufszweigen, in denen Fertigkeiten im Umgang mit Darstellungs-, Präsentations- und Gestaltungstechniken gesucht werden.

Die für die Ausbildung im Bereich der Architektur verantwortlichen Hochschuleinrichtungen dürfen sich diesen angrenzenden Berufsfeldern nicht entziehen. Sie sollten vielmehr den Studierenden Perspektiven bieten, die unter Umständen über das klassische Berufsbild des Architekten hinausgehen. Dabei werden sie sich zunehmend einem Wettbewerb aussetzen müssen, den es in dieser Form früher nicht gab und es ist deutlich festzustellen, dass der Kampf um die Studienplatzbewerber und das Ringen um den besten Platz in diversen Rankings bereits in vollem Gange ist. Grundsätzlich ist aber zu begrüßen, dass diese Entwicklung – aller Voraussicht nach verbunden mit dem weiteren Abbau von Studienplätzen und Bildungseinrichtungen – zu einer qualitativen Aufwertung der Architektenausbildung in Deutschland führen kann. Verlieren wir dabei nicht aus dem Auge, worum es in der Architektur eigentlich geht und überlassen dazu Ludwig Mies van der Rohe das Schlusswort: „Wir kennen keine Form, sondern nur Bauprobleme."

Literatur

ASAP – Akkreditierungsverbund für Studiengänge der Architektur und Planung 2009: Fachliche Kriterien für die Akkreditierung von Studiengängen der Architektur (4. Auflage, November 2009). Berlin

BLK – Bund-Länder-Kommission für Bildungsplanung und Forschungsförderung 2002: Modularisierung in Hochschulen, Handreichung zur Modularisierung und Einführung von Bachelor- und Master-Studiengängen. Schriftenreihe Heft 101. Bonn

Hochschule Bremen, School of Architecture 2007: Einblicke 01. Bremen

Filipaj, Patrick 2006: Architektonisches Potential von Dämmbeton. Zürich

HRK – Hochschulrektorenkonferenz 2004: Service-Stelle Bologna der HRK: Bologna Reader – Beiträge zur Hochschulpolitik 8/2004

KMK – Ständige Konferenz der Kultusminister der Länder 2003: Ländergemeinsame Strukturvorgaben gemäß § 9 Abs. 2 HRG für die Akkreditierung von Bachelor- und Masterstudiengängen. Beschluss vom 10. Oktober 2003. Bonn

Roux-Spitz, Michel: Einführungsvorlesung an der École Nationale Supérieure des Beaux-Arts 1943. In: Magnago Lampugnani, Vittorio 2004: Architekturtheorie des 20. Jahrhunderts S. 164–167. Ostfildern-Ruit

UIA – Union internationale des Architects 2006: Accord on Recommended International Standards of Professionalism in Architectural Practice. Paris

UNESCO/UIA Validation Committee for Architectural Education, in collaboration with the UIA Education Commission 2005: Charter for Architectural Education. Paris

Berufsbildung in der Bauwirtschaft

Qualität – Innovation – Leistungsfähigkeit

Johannes Meyser

1. Berufsbildung und Wettbewerb

Die Leistungs- und Wettbewerbsfähigkeit der Bauwirtschaft ist, wie in jeder Branche, immer auch abhängig von gut ausgebildeten Arbeitskräften. Berufliche Bildung trägt entscheidend zur Sicherung der Arbeitsqualität bei und sie kann die Einführung von Innovationen beschleunigen, zumal die Umsetzung technologischer Neuerungen und eine Optimierung der Arbeitsprozesse immer durch die Mitarbeiter selbst erfolgen müssen. Ob und in welchem Umfang die Nachwuchsqualifizierung gesichert ist, welche Strukturen dafür existieren und wie sich die Unternehmen an der Aufgabe beteiligen, ist deshalb von gravierender Bedeutung für die Entwicklung einer Branche. Eine moderne Berufsbildung erweitert nicht nur die von den Unternehmen nachgefragten Fähigkeiten und Kompetenzen der Beschäftigten. Sie erhöht auch deren Aussichten auf einen attraktiven Arbeitsplatz, sichert ihr Einkommen und kann zur Entwicklung der eigenen Persönlichkeit beitragen. Berufliche Bildung ermöglicht es zugleich den Unternehmen und der Branche, konkurrenzfähig zu sein und rentabel zu wirtschaften. Um es auf einen Nenner zu bringen: Berufliche Bildung zahlt sich für alle Beteiligten aus.

Um den heutigen Status der Berufsbildung in der Bauwirtschaft zu reflektieren und zukünftige Aufgaben ableiten zu können, sind zunächst die Bedingungen und Kennzeichen zu charakterisieren, unter denen hier ausgebildet wird.

2. Bedingungen der Ausbildung in der Bauwirtschaft

Die Berufsausbildung in der Bauwirtschaft ist kaum mit der einer anderen Branche zu vergleichen. Dies gilt in mehrfacher Hinsicht. Die Bauwirtschaft ist einer der größten Anbieter von Ausbildungsplätzen. Wurden in den Bau- und Baunebenberufen im Jahr 1994 noch 16% aller Ausbildungsplätze angeboten, hatten sie im Jahr 2008 trotz eines enormen Rückgangs der Beschäftigtenzahlen in der Bauwirtschaft und des damit einhergehenden verminderten Ausbildungsplatzangebotes immerhin noch einen Anteil von 8% aller Ausbildungsplätze in Deutschland (vgl. BMBF 2009, S. 327). Ebenso ist die Beteiligung der Betriebe an der

Ausbildung höher als in anderen Branchen. Selbst nach den langen Jahren des wirtschaftlichen Abschwungs liegt sowohl die Ausbildungsbetriebsquote mit etwa 33%, als auch die Ausbildungsquote mit 10% noch weit über dem Durchschnitt aller Branchen, der bei 24% und 6,5% liegt (vgl. BMBF 2007a, S. 151 und 154).

Von Bedeutung für die Ausbildung ist ebenso die durchschnittliche Größe der Baubetriebe. Im Jahr 2008 hatten im Bauhauptgewerbe mehr als 90% der Betriebe weniger als 20 und insgesamt 97% aller Betriebe weniger als 50 Beschäftigte. Nur 0,2% hatten mehr als 200 Mitarbeiter (vgl. Statistisches Bundesamt 2009, Fachserie 4, Reihe 5.1 2007). Die Kleinbetrieblichkeit, die oftmals hohe Spezialisierung der Betriebe, die Besonderheiten nicht stationärer Baustellenarbeit und die Ausdifferenzierung in mehr als 40 Ausbildungsberufe erfordern daher Konzepte, die eine breite, moderne und fundierte Qualifizierung ermöglichen. Dazu wäre die überwiegende Zahl der Betriebe alleine nicht in der Lage.

Auf die besonderen Anforderungen und Bedingungen in der Bauwirtschaft wurde in der Bundesrepublik Deutschland u.a. mit dem Konzept einer gestuften Ausbildung, einer breiten und umfangreichen Etablierung und Einbindung von überbetrieblichen Ausbildungsstätten (ÜBS), einer Umlagefinanzierung, einer beachtlichen Kooperation der Sozialpartner und mittels spezifischer berufspädagogisch-didaktischer Ansätze reagiert.

3. Konzept der Stufenausbildung in der Bauwirtschaft von 1974

Am 8. Mai 1974 wurde die Stufenausbildung mit der *Verordnung über die Berufsausbildung in der Bauwirtschaft* erlassen und zum 1. Juli 1974 in Kraft gesetzt (Verordnung über die Berufsausbildung in der Bauwirtschaft 1974). Einer seit den Nachkriegsjahren geführten Diskussion um Stufenausbildungskonzepte folgte damit erstmals eine breite, branchenweite Umsetzung, die sowohl die industrielle als auch die handwerkliche Berufsausbildung in der Bauwirtschaft umfasste.[1] Zwar wurden im Nachkriegsdeutschland schon früh Stufenausbildungskonzepte diskutiert, vor allem für die industrielle Ausbildung in der Metallindustrie.[2] Das als *Braunschweiger Plan* bezeichnete Modell von 1948 weist sogar strukturell einige Ähnlichkeiten zum heutigen Stufenausbildungskonzept der Bauwirtschaft auf, es wurde jedoch nie realisiert (vgl. Bode 1980, S. 30).

1 Hier wird ausschließlich die Entwicklung in der Bundesrepublik Deutschland betrachtet. Die Berufsbildungskonzepte in der damaligen DDR werden nicht dargestellt.

2 Dabei sollten unterschiedliche Qualifikationsstufen den Zugang zur Entgeltgruppe der Facharbeiter begrenzen und ein Großteil der Arbeitskräfte für weniger anspruchsvolle und damit geringer entlohnte Tätigkeiten qualifiziert werden.

In den 1960er Jahren gab es dann in der Bundesrepublik Deutschland eine breite berufsbildungspolitische Diskussion, in der es thematisch vor allem um eine bundesgesetzliche Regelung der Berufsbildung, um die Einführung eines beruflichen Grundbildungsjahres und ebenso um Konzepte der Stufenausbildung ging. Erstmals wurde dann 1969 ein Berufsbildungsgesetz (BBiG) verabschiedet und in Kraft gesetzt (Berufsbildungsgesetz 1969).

Im gleichen Jahr legte die damalige IG Bau-Steine-Erden einen Vorschlag für eine *Bauberufsgesamtschule* vor, die einen ersten Entwurf für eine Stufenausbildung in der Bauwirtschaft darstellt. Eine Kombination allgemeiner und beruflicher Bildung sollte in einem Gesamtkonzept bis hin zur Hochschulreife führen. Für den Erwerb beruflicher Qualifikationen waren drei Stufen vorgesehen (vgl. Bode und Schröder 1979, S.12f.):

- Stufe I: Sie war als Vollzeitschule in der zehnten Klasse mit breit angelegter Grundbildung geplant und sollte mit der Qualifikation Bauwerker abschließen. Der Wechsel in andere *Berufsgrundfelder* sollte möglich sein.
- Stufe II: Sie wurde ebenfalls als Vollzeitschule (11. Klasse) vorgesehen und sollte in die Berufsgruppen Steinbau, Holzbau, Metallbau, Kunststoffbau und Ausbau unterteilt werden. Diese Stufe sollte für den Abschluss *Baufacharbeiter* qualifizieren.
- Stufe III: Hier sollte die Entscheidung für einen traditionellen Beruf erfolgen. Ein Abschluss als *Bauhandwerker* und zugleich eine Fachhochschulreife sollten erworben werden können.

Nach jeder Stufe sollte der Einstieg in das Erwerbsleben möglich sein. Der weitere Besuch einer zweijährigen *Bauberufsoberschule* war vorgesehen, um den Zugang zur Hochschule zu ermöglichen. Die hier angestrebte Verbindung der Berufsbildung mit der Allgemeinbildung, eine mit der Berufsausbildung zu erwerbende Zugangsberechtigung zu einer Fachhochschule oder Universität, stellten bereits Forderungen dar, die noch heute sehr aktuell sind. Als Breitenmodell konnte die Gleichwertigkeit beruflicher und allgemeiner Bildung bis heute nicht umgesetzt werden, auch wenn es inzwischen die Möglichkeit gibt, über eine Berufsoberschule den Zugang zur Hochschule zu finden.

Die Arbeitgeberverbände entwickelten zu diesem Konzept der Gewerkschaft zunächst einen alternativen Gegenvorschlag. Doch bereits im Jahr 1972 wurde vom Hauptverband der Deutschen Bauindustrie, dem Zentralverband des Deutschen Baugewerbes und der IG Bau-Steine-Erden ein erstes gemeinsames Konzept zur Stufenausbildung in der Bauwirtschaft vorgelegt, das dann weiter modifiziert und schließlich im Jahr 1974 vom Bundeswirtschaftsministerium genehmigt und verordnet wurde. Die Ausbildung konnte danach in 33 Monaten in zunächst 14 Berufen abgeschlossen werden (vgl. Verordnung über die Berufsausbildung in der Bauwirtschaft 1974):

Ausbau

- Zimmerer
- Stuckateur
- Fliesenleger
- Betonstein- und Terrazzohersteller
- Estrichleger
- Wärme-, Kälte- und Schallschutzisolierer/Isoliermonteur
- Trockenbaumonteur

Hochbau

- Maurer
- Beton- und Stahlbetonbauer
- Feuerungs- und Schornsteinbauer

Tiefbau

- Straßenbauer
- Rohrleitungsbauer
- Kanalbauer
- Brunnenbauer

Dieses Berufsspektrum wurde im Laufe der Zeit weiterentwickelt. Der Beruf Gleisbauer wurde bereits im Jahr 1974 als 15. Beruf in die Stufenausbildung integriert. Die Berufe Fliesenleger sowie Betonstein- und Terrazzohersteller wurden zusammengefasst zum heutigen Beruf Fliesen/Platten- und Mosaikleger. Im Jahr 1999 wurde zusätzlich der Beruf Spezialtiefbauer neu aufgenommen. Im Jahr 2004 wurde als neuer Beruf der Bauwerksmechaniker für Abbruch und Betontechnik eingeführt.

Die Stufe I erstreckt sich auf 24 Monate. Im ersten Jahr umfasste die Ausbildung:

- 20 Wochen in überbetrieblichen Ausbildungsstätten der Bauwirtschaft,
- 20 Wochen Block-Schulunterricht und
- zwölf Wochen Betriebspraxis einschließlich Urlaub.

Das zweite Jahr der Stufe I wurde in die Bereiche Hochbau, Tiefbau und Ausbau gegliedert. Zeitlich wurden:

- drei Monate überbetriebliche Ausbildung und
- neun Monate Ausbildung in den Betrieben (einschließlich Berufsschule) durchgeführt.

Als Abschluss war die Stufenprüfung I vorgesehen, die zur Berufsbezeichnung *Hochbau-, Tiefbau-* oder *Ausbaufacharbeiter* berechtigte. Ausdrücklich wurde jedoch darauf hingewiesen, dass eine Beendigung der Berufsausbildung zu diesem Zeitpunkt zwar möglich wäre, die Tarifvertragsparteien aber in der Regel die Ausbildungsverträge für die Gesamtausbildungszeit von 33 Monaten abschließen.

Die Stufe II im dritten Ausbildungsjahr umfasste neun Monate:

- einen Monat überbetriebliche Ausbildungszeit und
- acht Monate Betrieb (einschließlich Berufsschule).

Die Entwicklung der Stufenausbildung der Bauwirtschaft ist zwar vor dem Hintergrund der bundesdeutschen Diskussion um die Einführung einer allgemeinen Reform der Berufsbildung und der bundesweiten Einführung eines Berufsgrundbildungsjahres zu sehen. Die beteiligten Sozialpartner der Bauwirtschaft handelten jedoch unabhängig davon und proaktiv, um ihre eigenen Vorstellungen einer quantitativen und qualitativen Verbesserung der Berufsausbildung in der Bauwirtschaft umsetzen zu können.

Vor allem sollte mit dieser Reform die traditionelle Handwerkslehre des 19. Jahrhunderts modernisiert und an die Bedürfnisse der damals aktuellen technisch-ökonomischen Arbeitsanforderungen angepasst werden. Aus berufspädagogischer Sicht wurden an der vormaligen Handwerkslehre vor allem folgende Kritikpunkte benannt (vgl. Bode 1980, S. 143ff.):

- zu frühe Spezialisierung,
- zu starke Ausrichtung der Ausbildung an die Auftragslage,
- unsystematische und inhaltlich nicht genügend umfassende Ausbildung,
- zu wenig überbetriebliche Ausbildungsstätten,
- veraltete Berufsordnungsmittel,
- erhebliche Qualitätsunterschiede der Ausbildung zwischen den Betrieben,
- Übergänge in weiterführende Bildungsgänge kaum möglich,
- Kontrolle der Inhalte und Form der Ausbildung allein über Betriebe und Kammern,
- unzureichende pädagogische Qualifizierung der Ausbilder,
- geringe Verzahnung von berufspraktischer und berufstheoretischer Ausbildung,
- begrenzte Aussagekraft der Prüfungen,
- Abhängigkeit der Qualität der Prüfungen vom Kammerbezirk,
- zu geringer Theorieanteil der Ausbildung bezüglich der gewachsenen technologischen Ansprüche.

Wie bereits angedeutet, waren die Ausbildungsinteressen von Handwerk und Industrie nicht homogen. Zudem hatten auch die Gewerkschaften eigene Vorstellungen. Dennoch waren sich die Sozialpartner darüber einig, dass eine Reform der Berufsbildung unumgänglich war. Konsens bestand auch darüber, gemeinsam Motor – oder besser noch Baumeister – dieses Erneuerungsprozesses zu sein.

Der schnelle technisch-ökonomische und organisatorische Fortschritt bedurfte einer veränderten Qualifikationsstruktur der Arbeitskräfte. Der Einsatz neuer Materialien, eine rationalisierte Fertigung (z.B. mit System- und Großflächenschalung), die zunehmende Verwendung vorproduzierter Fertig- und Halbfertigteile, die Mechanisierung zahlreicher Arbeitsvorgänge, der wachsende Anspruch an eine selbständige Arbeitsorganisation sowie die steigenden Anforderungen hinsichtlich der Ausführungsqualität waren nur einige Aspekte dieser Entwicklung (vgl. Syben 1999, S. 213ff.). Während die Bauwirtschaft noch lange eine Branche mit einem enorm hohen Anteil an Ungelernten war, veränderte sich diese Struktur allmählich. In den 1970er Jahren ging man für die Zukunft von einem konstanten Anteil an hoch qualifizierten, einem Anstieg der Zahl einfach qualifizierter Facharbeiter sowie einem deutlich sinkenden Bedarf an Ungelernten aus (vgl. Henninges/Tessaring 1977, S. 130ff.). All dies war Motor für die Reform der Berufsbildung in der Bauwirtschaft.

Auch wenn die Sozialpartner durchaus unterschiedliche Reformvorstellungen hatten, so ließen sich dennoch gemeinsame Ziele herausstellen (vgl. Bode 1980, S. 167):

- Die Vermittlung von *Grundqualifikationen*, um eine breite, gemeinsame und berufsfeldbreite Basis zu schaffen, die ein späteres Spezialisieren, vor allem aber auch ein Umlernen erleichtern sollte.
- Die *Vereinheitlichung* aller Ausbildungen der Branche und der Abbau von Qualifikationsunterschieden, um die Inhalte und das Niveau der Ausbildung vergleichbar zu machen.
- Eine *Systematisierung*, die weitgehend einen an den berufspädagogischen Anforderungen ausgerichteten systematischen Aufbau der Ausbildung und eine darauf abgestimmte Abfolge der Ausbildungsinhalte ermöglichen sollte.
- Die Erleichterung des *Übergangs von Schule und Arbeit.*
- Die Ermöglichung einer *fundierten Berufswahlentscheidung* nach dem Kennenlernen des Berufsfeldes.
- Den *Anschluss an das allgemeine Bildungssystem* durch die Integration allgemein bildender Inhalte und die gleichzeitige Vermittlung allgemeiner Schulabschlüsse.
- Eine *späte Spezialisierung,* um die Berufsorientierung und Berufswahl zu verbessern und ein breiteres Verständnis für die Arbeitsprozesse im Berufsfeld zu vermitteln.
- Die *Förderung von Flexibilität und Mobilität*, die durch eine späte Spezialisierung und die Vereinheitlichung der Ausbildung ebenfalls angestrebt wurde.
- Die *Anhebung des Qualifikationsniveaus*, um den zukünftigen Aufgaben durch eine besser angepasste Ausbildung gerecht werden zu können.

- Die *Einführung von Qualifikationsstufen*, die sich aus den verschiedenen Fertigkeits- und Kenntnisstufen ableiten sollten.
- Die *Vergabe gestufter Abschlüsse*, die an die unterschiedlichen Lernvoraussetzungen angepasst werden sollten.

Vor allem war man bestrebt, ein Konsensmodell zu entwickeln, das sowohl von der Bauindustrie, dem Bauhandwerk als auch der Gewerkschaft getragen werden konnte. Dabei sollten für die handwerklichen und industriellen Berufe gemeinsame Ausbildungsordnungen geschaffen werden, während die frühen Stufenausbildungskonzepte der Metall- und Elektrobranche immer ausschließlich Modelle für die industrielle Ausbildung waren. Auch daran zeigt sich wiederum die Modernität des Konzeptes.

4. Kooperation der Sozialpartner und Integration der Lernorte

Mit der seit 1974 gültigen Stufenausbildung gelang der Bauwirtschaft ein Modernisierungsschritt, der über die Branche hinaus für die berufliche Erstausbildung in Deutschland von großer Bedeutung war und ist. Berufspädagogisch und bildungspolitisch ist diese Reform vor allem aus drei Gründen bemerkenswert:

- Handwerk und Industrie verständigten sich erstmals auf ein gemeinsames Ausbildungskonzept. Im Bausektor gibt es für die Berufe der Stufenausbildung keine fundamentale Unterscheidung zwischen industrieller und handwerklicher Ausbildung. In beiden Bereichen ist die berufliche Bildung vergleichbar organisiert, sie beruht auf derselben Verordnung und vermittelt die gleichen Inhalte.
- Von der Bauwirtschaft wurde erstmals eine Form der beruflichen Grundbildung im ersten Ausbildungsjahr installiert, die von allen Beteiligten akzeptiert wird.
- In die Reformmaßnahmen war erstmals von Anfang an die zuständige Gewerkschaft einbezogen, die als gleichberechtigter Partner nicht nur ihre Gestaltungsvorstellungen eingebrachte, sondern initiativ ein erstes Konzept vorgelegt hatte.

Die heute breite Anerkennung der Stufenausbildung in der Bauwirtschaft ist daher nicht zuletzt aus ihrer Entstehungsgeschichte heraus zu erklären. Die Zusammenarbeit der Sozialpartner und das funktionierende Konsensprinzip wurden zum Modell für die Neuordnungsverfahren aller Berufe in Deutschland und sind heute selbstverständliche Praxis. Auch in dieser Hinsicht war die Bauwirtschaft richtungweisend. Das Konsensprinzip gewährleistet die allgemeine Akzeptanz der erarbeiteten Ausbildungsordnungen durch die Ausbildungspraxis und sichert die Tragfähigkeit der geschlossenen Kompromisse. Es ist heute die Grundlage der Zusammenarbeit aller am jeweiligen Neuordnungsverfahren Beteiligten. Die gleichberechtigte Mitwirkung stellt seitdem ein Recht der Sozialpartner auf Mitgestaltung dar und verpflichtet zur Einigung.

Einhergehend mit der Installation der Stufenausbildung sind für die Berufsbildung in der Bauwirtschaft zwei weitere Besonderheiten hervorzuheben, die ganz wesentlich zum Gelingen des Konzeptes beigetragen haben. Diese sind:

- die Umlagefinanzierung und
- der hohe Systematisierungsgrad der Ausbildung durch die flächendeckende und umfassende praktische Unterweisung in den überbetrieblichen Ausbildungsstätten.

Die Sicherung des Fachkräftenachwuchses durch eine so genannte Umlagefinanzierung bewirkt, dass die Bauwirtschaft überdurchschnittliche Ausbildungsbetriebs- und Ausbildungsquoten aufzuweisen hat. Dies gilt auch für konjunkturelle Krisenzeiten. Alle Betriebe der Bauwirtschaft beteiligen sich solidarisch an den Kosten der Ausbildung und an der Einrichtung der überbetrieblichen Ausbildungsstätten, ob sie nun ausbilden oder nicht. Tarifvertraglich geregelt, werden über die Sozialkassen der Bauwirtschaft (SOKA-BAU) bzw. die Urlaubs- und Lohnausgleichskasse der Bauwirtschaft (ULAK) die mit der Ausbildung verbundenen Lasten solidarisch von allen Unternehmen getragen. Sämtliche Betriebe zahlen einen bestimmten Prozentsatz ihrer Bruttolohnsumme an SOKA-BAU als Beitrag für Ausbildungszwecke ein. Den ausbildenden Betrieben werden die Ausbildungsvergütungen für ihre Auszubildenden zum Teil erstattet. Im ersten betrieblichen Ausbildungsjahr erfolgt dies für gewerbliche Auszubildende im Umfang der ausgezahlten Ausbildungsvergütung für zehn Monate, im zweiten Ausbildungsjahr für sechs Monate und im dritten Ausbildungsjahr für einen Monat. Zudem werden die zu leistenden Sozialaufwendungen in Höhe von 20% der an die Auszubildenden gezahlten Beträge erstattet. Ebenso wird auch ein Teil der Kosten vergütet, die durch die überbetriebliche Ausbildung entstehen. So werden dem Arbeitgeber die Gebühren und Kosten für die Ausbildung und Internatsunterbringung in der überbetrieblichen Ausbildungsstätte sowie für die Fahrten von der Wohnung bis zur Ausbildungsstätte erstattet, wenn die Ausbildungsstätte in einer bei SOKA-BAU geführten Liste eingetragen ist. Für die Erstattung der überbetrieblichen Ausbildungskosten gibt es dabei seit dem 1.1. 2006 Höchstgrenzen.

Von der überbetrieblichen Ausbildung selbst geht ebenfalls ein Innovationsschub aus. Dies gilt vor allem bezüglich der Standards und der Qualität der beruflichen Erstausbildung. Folgende Zielsetzungen und Aufgaben wurden den überbetrieblichen Ausbildungsstätten zugewiesen (vgl. BMBW 1973):

- Systematisierung und Pädagogisierung der betrieblichen Ausbildung,
- Curriculare Abstimmung der Ausbildung zwischen der Berufsschule und der betrieblichen Ausbildung,
- Ergänzung und Verbesserung der betriebsbezogenen Ausbildungsleistung der Ausbildungsbetriebe,
- Erweiterung des Ausbildungsplatzangebotes in strukturschwachen Regionen.

Die drei Faktoren Stufenausbildung, Umlagefinanzierung und breite überbetriebliche Ausbildung haben erheblich dazu beigetragen, die Aktualität der Ausbildungsinhalte sowie ein einheitliches, hohes Niveau der Berufsbildung in der Bauwirtschaft zu sichern. Sie tragen dazu bei, die innerbetriebliche Spezialisierung auszugleichen und eine Anpassung der Berufsqualifikation an aktuelle technologische Entwicklungen zu gewährleisten.

5. Wandel der Ansprüche und Modifizierung des Modells der Stufenausbildung

Von Beginn an gab es am realisierten Modell der Stufenausbildung indes auch Kritik und Verbesserungsvorschläge. Hier seien nur die wichtigsten Argumente, die bei der Einführung der Stufenausbildung benannt wurden, angeführt (vgl. Bode 1980, S. 171f.):

- Eine additive Aneinanderreihung aller Inhalte der Grundstufe in einzelnen Lehrgängen wäre wenig geeignet, eine berufliche Grundbildung zu vermitteln.
- Die vorgegebenen Inhalte der Stufenausbildung würden sich weitgehend an den bisherigen Berufsbildern orientieren.
- Eine Schwerpunktbildung, die je nach Beruf anders ausgeprägt sein sollte und nicht identisch mit einer Spezialisierung auf einen Beruf ist, wurde vermisst.
- Die Kooperation der Lernorte bliebe weitgehend auf eine Abstimmung mit den Berufsschulen begrenzt.
- Die Abstimmung mit den Berufsschulen würde nur bedingt funktionieren.
- Fächer- und lernortübergreifende Projekte wären nur selten anzutreffen.
- Die Einbeziehung der Betriebe zur Durchführung von Ausbildungsprojekten wäre wegen ihrer äußerst unterschiedlichen Größe, Struktur und Spezialisierung kaum möglich.
- Die Qualifizierung von Ausbildern und Lehrern müsse intensiviert werden, um verbesserte Curricula auch in eine bessere Ausbildungspraxis umzusetzen.

- Das Lernen in Lehrgängen wäre der Praxis auf den Baustellen nicht angemessen.
- Die Zeiten in den Ausbildungszentren seien aus betrieblicher Sicht zu umfangreich.
- Der Drang zur Spezialisierung widerspräche der Grundintention, eine breite berufliche Grundbildung umzusetzen.
- Das didaktisch-methodisch Konzept der Ausbildung wäre reformbedürftig.

Einige Problemfelder und Kritikpunkte der frühen Stufenausbildung und der Qualifizierung in den überbetrieblichen Berufsbildungsstätten (ÜBS) sind noch heute relevant. Dies gilt insbesondere hinsichtlich der Qualität der Ausbildungsmaßnahmen, der Kompetenz des Lehr- und Prüfungspersonals, der Akzeptanz der Betriebe zu den Präsenzzeiten in Schule und ÜBS sowie bezüglich der oft unzureichenden Kooperation zwischen den ÜBS, den Betrieben und der Berufsschule (vgl. Euler 2000, S. 60f.) Zudem wird gefordert, dass sich die überbetrieblichen Berufsbildungszentren verstärkt einem Wettbewerb der Lernorte zu stellen hätten und sich zu Kompetenzzentren entwickeln müssten, die auch für die Betriebe als Beratungszentren fungieren können (vgl. Autsch/Meerten 2002, S. 11). Ebenso wird immer wieder die bloße Aneinanderreihung der Inhalte in der Grundstufe kritisiert und der Bezug zum jeweiligen Beruf in der Fachstufe als zu gering angesehen. Doch trotz aller Kritik im Einzelnen hat sich die Stufenausbildung wie auch die Ausbildung in überbetrieblichen Berufsbildungszentren als Modell bewährt und wurde grundsätzlich in der Bauwirtschaft nie in Frage gestellt.

6. Die Neuordnung der Berufsausbildung der Bauwirtschaft von 1999

Veränderungen am Bau- und Arbeitsmarkt haben im Jahr 1999 nach 25 Jahren Stufenausbildung eine Neufassung erforderlich gemacht, ohne jedoch grundsätzlich das Konzept verändern zu müssen (vgl. Bundesinstitut für Berufsbildung 1999). Einerseits wurde das Spektrum der Berufe erweitert. Der *Spezialtiefbauer* wurde als 15. Beruf neu in die Stufenausbildung integriert. Zuletzt kam 2004 als 16. Beruf der *Bauwerksmechaniker für Abbruch- und Betontechnik* hinzu.

Für die überbetriebliche Ausbildung wurden Margen als wahlfreie Teile eingeführt. Sie sollen dazu beitragen, die betriebliche Ausbildung durch Berücksichtigung berufsbezogener, betrieblicher und den einzelnen Lehrling betreffende Besonderheiten zu stärken.

Wie zuvor, laufen die Ausbildungsverträge in der Regel über beide Stufen, also über drei Jahre. In der ersten Stufe ist die Zwischenprüfung angelegt, die bei eingeschränktem Bestehen der Abschlussprüfung nach einer dreijährigen

Ausbildung durch Kammerzeugnis nachträglich als Berufsabschluss zum *Hochbau-, Tiefbau-* oder *Ausbaufacharbeiter* zertifiziert wird. Auch sind inzwischen gestreckte Abschlussprüfungen vorgesehen, um nicht mehr ausschließlich punktuell die Leistungsfähigkeit der Auszubildenden zu ermitteln.

Die grundlegendsten Veränderungen wurden allerdings in berufspädagogischer und in didaktisch-methodischer Hinsicht vorgenommen. Als eine der ersten Branchen wurde die Berufsausbildung in der Bauwirtschaft 1999 in dieser Hinsicht neu geordnet (vgl. Verordnung über die Berufsausbildung in der Bauwirtschaft 1999). Man spricht von einer paradigmatischen Wende, die von einer fachsystematischen hin zu einer handlungssystematischen Strukturierung der Ausbildung erfolgt ist. Als Ziel der Berufsausbildung wird seitdem jeweils im § 3 Abs. (2) aller erlassenen Ausbildungsverordnungen erklärt, dass der:

> „... Auszubildende zur Ausübung einer qualifizierten Tätigkeit (...) befähigt wird, die insbesondere selbständiges Planen, Durchführen und Kontrollieren einschließt. Diese Befähigung ist auch in der Zwischen- und Abschlussprüfung nachzuweisen." (Verordnung über die Berufsausbildung in der Bauwirtschaft 1999, S. 6)

Der Aufbau und die Förderung der beruflichen Handlungskompetenz ist Kern aller beruflichen Bildungsprozesse. Ein hoher Anspruch, der nicht so leicht umzusetzen ist, der aber die Besonderheiten der Arbeit in der Bauwirtschaft in ganz besonderer Weise berücksichtigt. Auch hier haben die überbetrieblichen Ausbildungszentren eine besondere Verantwortung. Sie müssen zunehmend die Ausbildung an den beruflichen Handlungsabläufen orientieren, gleichzeitig aber systematisch und breit die betriebliche Ausbildung ergänzen. Sie dürfen also die Spezialisierung der Berufe und Firmen nicht ungebrochen fortsetzen und müssen dennoch genügend Bezug zur Baupraxis gewährleisten.

Auch wurden durch diese Berufsbildungsreform die bisherigen Lehrgänge, die fachsystematisch strukturiert, didaktisch überformt und teilweise stark den Bezug zur beruflichen Praxis reduziert hatten, einer grundlegenden Neuorientierung unterworfen. Das selbständige Arbeiten wird darin ganz besonders herausgestellt. Die Ausbildung soll zunehmend dazu beitragen, die Eigenverantwortung der Facharbeiter für ihr berufliches Handeln zu entwickeln. Der Auszubildende soll lernen, eine ihm übertragene Arbeit nicht nur nach Anleitung auszuführen, sondern Arbeitsabläufe und Arbeitszusammenhänge zu erkennen und daraus eigenständig einen Arbeitsplan abzuleiten, den Arbeitsplatz vor Ort einzurichten und die Qualität seiner Arbeit zu überprüfen und einzuschätzen. Gleichzeitig soll er so arbeiten, dass er seine Gesundheit erhält und sparsam mit Ressourcen und Materialien umgeht. Diese Qualifikationen sollen grundsätzlich Bestandteil jedes beruflichen Handelns sein.

Mit der Novellierung der Ausbildungsordnung waren auch die Ausbildungsmethoden zu überdenken. Arbeits- und Lernaufgaben sollten formuliert und nach dem Prinzip der Vollständigen Handlung aufgebaut werden, um neben den fachlichen Kompetenzen auch die Dimensionen anzusteuern, die den Ansprüchen der Ausbildungsordnung nach selbständigem Planen, Durchführen und Kontrollieren der Arbeitsabläufe gerecht werden. Einhergehend mit der Reform der betrieblichen (bzw. überbetrieblichen) Ausbildung wurde an den Berufsschulen das Lernfeldkonzept eingeführt (vgl. Rahmenlehrpläne 1999). Die Bauwirtschaft war wiederum das erste Berufsfeld, das sich dieser Neuorientierung verschrieben hat.

An dieser Stelle sei nur kurz darauf verwiesen, dass die Umstellung der Berufsausbildung mit der Entwicklung und Bereitstellung von didaktischen Materialien einhergeht. Neben Printmedien, der Ersetzung der nach Lehrgängen orientierten *Grauen Reihe*, wurden auch Initiativen ergriffen, so genannte *neue Medien* in die Ausbildung zu integrieren, um deren Akzeptanz in der Bauwirtschaft zu erhöhen. Hier seien für den Bereich der Berufsbildung nur die vom BMBF geförderten Projekte NET(T)-Learning-Bau und FAINLAB genannt (vgl. BMBF 2007b, S. 31f.).

7. Ausbildung der Bauwirtschaft auf dem Prüfstand – Breite versus Spezialisierung

Die Attraktivität einer Ausbildung ist abhängig von der Qualität, der Verwendbarkeit im Arbeitsalltag, aber ebenso vom Nutzen für den Arbeitnehmer. Sie ist abhängig von den Ansprüchen der Unternehmen, wie auch den Ambitionen der Jugendlichen. Sie ist bestimmt durch die Möglichkeiten, die sich durch eine gute Ausbildung eröffnen. Die Ausbildung in der Bauwirtschaft muss deshalb strukturell, inhaltlich und didaktisch-methodisch auch zukünftige Entwicklungen einbeziehen. Solchermaßen ausgebildete Arbeitskräfte können dann im Erwerbsleben erheblich zur Attraktivität, Modernität und Innovationsfähigkeit der Branche beitragen.

Die Bauwirtschaft ist eine sehr heterogene Branche. Sie braucht gerade deshalb eine einheitliche Ausbildungsstruktur. Zugleich ist immer zu fragen, wie breit bzw. spezialisiert eine Ausbildung sein muss und ab wann eine Spezialisierung einsetzen sollte. Dabei ist festzustellen, dass die Idee einer berufsfeldbreiten Grundbildung noch nie wirklich umgesetzt wurde. Neben den Berufen der Stufenausbildung gibt es noch eine Vielzahl von Bauberufen, die davon nicht erfasst sind. Zudem ist es berufspädagogisch wenig sinnvoll, die Addition der Inhalte einzelner Berufsausbildungen als Grundbildung zu verstehen. Vielmehr sollten Grundkenntnisse, Grundfertigkeiten und Verhaltensweisen entwickelt werden, die einen möglichst großen Bereich von gemeinsamen Tätigkeiten umfassen und für die Ausübung verschiedener Berufe relevant sind. Zudem sollte die Grundbildung auch die Basis für die darauf aufbauende Fachbildung sein und damit der Vorbereitung auf die entsprechenden beruflichen Tätigkeiten dienen.

Vielleicht liegt darin auch die Erklärung, weshalb man sich in der Ausbildungspraxis zunehmend von der gemeinsamen Ausbildung für alle Berufe der Stufenausbildung im ersten Lehrjahr verabschiedet. Die Schwerpunktsetzung nimmt zu, gemeinsame Inhalte werden auf einen Teil der Berufe spezifisch ausgerichtet. Doch sollte bei Überlegungen, die Spezialisierung auszuweiten, berücksichtigt werden, dass es im beruflichen Alltag eine Fülle von Tätigkeiten gibt, die von mehreren Berufsgruppen ausgeübt werden und dabei auch Grenzen zu den Berufsfeldern wie z.B. Holztechnik, Farbtechnik und Raumgestaltung überschritten werden. Dies gilt z.B. für Arbeiten des Trockenbaus, der Wärmedämmung von Gebäuden und vielen Tätigkeiten beim Bauen im Bestand. Auch sind in der Tätigkeit von Maurern oder Zimmerern, die als Universalberufe angesehen werden können, große Überschneidungen zu anderen Berufen gegeben. Dies spricht dafür, die Ausbildung nicht zu spezialisiert anzulegen, sondern vielmehr Tätigkeiten zu identifizieren, die für eine große Zahl von Auszubildenden von Relevanz sind. Auch die Addition von Tätigkeiten aus den einzelnen Berufen in den Schwerpunkten Ausbau, Hochbau und Tiefbau stützt eher das spezialisierte Denken. Zudem schränkt es die Flexibilität der Arbeitskräfte ein. Es bleibt also zu fragen:

- Welche gemeinsamen berufsfeldbreiten Inhalte, Verfahren, Grundsätze sind unabhängig von den Schwerpunkten zu vermitteln? Dies könnten z.B. Messen und Maße im Bauwesen, Bearbeiten von Baustoffen, Organisation von Bauarbeit, Aufnehmen und Ableiten von Kräften, Zusammenarbeit der verschiedenen Gewerke etc. sein.
- Welche gemeinsamen Inhalte sind in den Schwerpunkten (Ausbau, Hochbau, Tiefbau) unabhängig von den Einzelberufen zu vermitteln? Beispielhaft können hier als Themen Wand-Boden-Decken-Bekleidungen, Putzen-Fliesen, einfache Elektroinstallationen genannt werden.
- Wie soll sich eine veränderte Arbeitsteilung im Bauprozess in der Stufenausbildung niederschlagen? Hier wäre zu überlegen, wie solche Wandlungsprozesse schnell in der überbetrieblichen Ausbildung abgebildet werden können.

Es kann aus berufspädagogischer Sicht davon ausgegangen werden, dass noch (oder sogar zunehmend) zu stark in Spezialtätigkeiten gedacht wird. Die Baustellenpraxis sieht jedoch anders aus und wandelt sich zudem. Es lassen sich nämlich zwei gegensätzliche Tendenzen ausmachen: eine Spezialisierung der Aufgaben und zugleich die Zusammenfassung von Anforderungen. So werden gleiche Tätigkeiten von Vertretern verschiedener Berufe ausgeführt, die dafür aber oft nicht hinreichend (speziell) ausgebildet sind. Auch ist zu bedenken, dass nicht alle spezialisierten Tätigkeiten bereits durch eine Ausbildung abgedeckt werden können (und müssen), da breit qualifizierte Arbeitnehmer schnell für bestimmte (spezielle) Anforderungen weitergebildet werden können.

Eine breite Ausbildung erhöht zudem auch die Flexibilität der Betriebe, ihre Mitarbeiter umfassend einzusetzen und ein umfangreiches Auftragsspektrum abzudecken. Je spezieller und differenzierter eine Ausbildung sich von anderen Berufen abhebt, desto geringer wird vermutlich auch die Fähigkeit sein, Gewerke übergreifend zu denken und zu arbeiten. Gerade für die Bauwirtschaft kann dies aus berufspädagogischer Perspektive nicht angeraten werden. Es ist deshalb auch danach zu fragen, welche Berufe, die bisher nicht in der Stufenausbildung vertreten sind, hier noch integriert werden könnten?

8. Heterogenität der Branche und Homogenität der Ausbildung

Kaum eine Branche ist so heterogen strukturiert wie die Bauwirtschaft. Dies gilt bezüglich:

- der Größe der Betriebe,
- der Spezialisierung,
- der Marktaufstellung,
- der Technisierung,
- der Organisation der Arbeitsprozesse,
- des Einsatzes qualifizierter Arbeitskräfte,
- der Sicherung einer fundierten, systematischen und anspruchsvollen Ausbildung,
- der Bereitstellung von qualifiziertem Ausbildungspersonal etc.

Umso bedeutsamer ist eine klar gegliederte und systematisierte Ausbildung, die ein hohes Qualitätsniveau sichert. Die Wettbewerbsfähigkeit und Innovationskraft einer Branche ist stark abhängig von der Qualität der Ausbildung ihrer Fachkräfte. Die sehr heterogene Branche der Bauwirtschaft ist deshalb auf die Ausbildung in überbetrieblichen Ausbildungszentren angewiesen. Diese zu leisten ist eine Aufgabe, die so von vielen der spezialisierten und kleinen Betriebe nicht wahrgenommen werden könnte.

Allerdings muss sich die überbetriebliche Ausbildung fragen lassen, ob sie ausreichend auf die Bedürfnisse der Betriebe ausgerichtet ist. Auf eine selbständig wahrzunehmende Ausführung von Arbeitsaufträgen durch die Facharbeiter und Gesellen im Berufsalltag muss vermutlich stärker als bisher in den überbetrieblichen Ausbildungsstätten vorbereitet werden. Entsprechende Arbeits- und Lernaufgaben in der Ausbildung erleichtern den Auszubildenden das Hineinwachsen in die Arbeit und fördern die berufliche Identität. Sie verbessern auch das berufliche Engagement und das Qualitätsbewusstsein. Die Unterweisung der Auszubildenden in möglichst realitätsnahen Arbeitsprozessen, eine Schulung an Arbeits- und Lernaufgaben, eine entsprechende Vorbereitung in den überbetrieblichen Ausbildungszentren auf die späteren Abläufe auf der Baustelle kann die schnelle Eingliederung in den Arbeitsprozess unterstützen.

Sicherlich wird immer hinterfragt werden, ob die Ausbildungszeiten in der überbetrieblichen Ausbildungsstätte nicht zugunsten längerer Verbleibzeiten in den Betrieben gekürzt werden könnten. Damit ist auch die Frage nach den Kosten und Nutzen der Ausbildung verbunden. Doch ist zu berücksichtigen, dass eine hohe Ausbildungsqualität sich positiv auf die Rentabilität der Ausbildung auswirkt (vgl. Rauner 2008). Nicht alle Betriebe sind in der Lage, alleine die Qualität einer guten Ausbildung zu sichern, da sie entweder zu klein sind, kaum lernhaltige Arbeitsaufträge ausführen oder ein zu spezialisiertes Marktsegment bedienen. Auch die Verkürzung der Ausbildung ist nicht unproblematisch und hinsichtlich eines ökonomischen Nutzens sehr fragwürdig. Betrachtet man nämlich den Nutzen einer Ausbildung, so zeigt sich, dass kurze Ausbildungszeiten unter Umständen nicht nur die Ausbildungsqualität mindern, sondern zugleich auch die relativen Ausbildungskosten erhöhen. Es darf nämlich nicht das Arbeitsvolumen eines Auszubildenden unterschätzt werden, der im dritten Ausbildungsjahr bereits produktiv mitarbeitet und damit einen Ausgleich für die Kosten im ersten und zweiten Ausbildungsjahr schafft.

Es bleibt also zu klären:

- ob die überbetriebliche Ausbildung neben dem didaktischen Konzept eines handlungsorientierten und kompetenzbasierten Lernens so ausgerichtet werden kann, dass sie die Ausführung produktiver Lern- und Arbeitsaufgaben ermöglicht,
- ob Herstellerschulungen in die Ausbildung integriert werden können und
- wie das pädagogisch geschulte Ausbildungspersonal weiterzubilden ist, dass die betriebliche Baustellenpraxis besser in der Ausbildung abgebildet werden kann.

9. Möglichkeiten und Hemmnisse von Ausbildung und Personalentwicklung

Gut ausgebildete Fachkräfte sichern den Betriebe eine hohe Produktivität. Sie garantieren die geforderte Qualität, kontrollieren die Einhaltung von Terminen, bedürfen einer geringen Aufsicht und sind in ihrem Leistungsverhalten kalkulierbar einzuschätzen. Dies gilt nicht nur für die eigene Stammbelegschaft sondern auch dann, wenn Teilleistungen vergeben werden. Wenn insgesamt eine gute Ausbildung mit einheitlichen Standards gesichert ist, nützt das allen Betrieben. Ganz allgemein werden aber von Betrieben folgende Hemmnisse genannt, einen Ausbildungsplatz anzubieten (KfW Bankengruppe 2006, S. 102):

- eine ungünstige wirtschaftliche Situation,
- zu hohe Kosten einer Ausbildung,
- die häufige Abwesenheit der Auszubildenden (Schule und ÜBS),
- eine zu geringe Eignung der Bewerber,
- die hohe Spezialisierung des eigenen Betriebes und
- der zu geringe derzeitige Ausbildungsbedarf.

Die Argumente können auf den Einzelfall bezogen nicht immer entkräftet werden. Sie berücksichtigen aber oftmals die Vorteile einer Ausbildung nicht in genügender Weise. Diese sind (vgl. Beicht et al. 2004):

- eingesparte Rekrutierungskosten für Personalgewinnung externer Fachkräfte,
- geringerer zeitlicher und finanzieller Aufwand für die Einarbeitung der Mitarbeiter,
- keine Kosten für diesbezügliche Weiterbildungen,
- Rekrutierung der eigenen Arbeitskräfte aus dem Kreis der Auszubildenden,
- schon während der Ausbildungszeit eine Feststellung der Eignung des Mitarbeiters,
- Verringerung des Fehlbesetzungsrisikos und der Arbeitskräftefluktuation,
- Verminderung der Leistungsunterschiede von intern und extern Qualifizierten,
- Verbesserung des betrieblichen Images in der Öffentlichkeit und bei Kunden.

Die eigene Ausbildung der zukünftigen Mitarbeiter lohnt sich damit auch finanziell. Werden daneben die oben ebenfalls angeführten Nutzenaspekte berücksichtigt, die nicht in Geldwerten erfassbar sind, so stellt sich die Rekrutierung der Fachkräfte über den Arbeitsmarkt in der Regel als sehr viel ungünstiger dar. Eine gute Ausbildung ist noch immer eine der besten Möglichkeiten, das eigene Personal zu entwickeln, auf die eigene Firmenphilosophie vorzubereiten und produktiv zu wirtschaften. Allerdings scheint es oft ein Problem zu sein, geeignete Bewerber zu finden. Damit stellt sich aber die Frage, wie es gelingen kann, die Ausbildung in der Bauwirtschaft so zu gestalten, dass sie attraktiv für die besten Schulabgänger ist? Aus dieser Perspektive sind ebenfalls die Integration neuer Lernkonzepte und Medien zu betrachten, die für Auszubildende oft entscheidend sind, die Modernität und Attraktivität der Branche einzuschätzen.

10. Anschlussfähigkeit an die Weiterbildung und Integration elektronischer Medien

Berücksichtigt man, dass die Beschäftigten der Unternehmen zunehmend vor neue Aufgaben hinsichtlich der eingesetzten Materialien, Maschinen, Technologien und der Organisation von Arbeitsabläufen gestellt sind, sich zudem schnell auf Veränderungen einstellen und sich selbst immer weiter qualifizieren müssen, so wird eine fundierte Ausbildung auch mit interaktiven, computergestützten Lernmedien immer wichtiger. Dies gilt für alle Wirtschaftszweige und Branchen. Die Menge der Neuerungen vergrößert sich dynamisch. Auch die Beschäftigten der Bauwirtschaft werden zunehmend vor neue Anforderungen gestellt. Dabei hat der Zugang zu aktuellem und sich wandelndem Wissen neue Dimensionen erreicht. Die Einbeziehung elektronischer Medien ermöglicht eine permanente Aktualisierung der Inhalte. Schnell und flexibel können diese aktualisiert werden. Dies macht ein lebenslanges Lernen und einen individuellen Ausbau der eigenen Fähigkeiten notwendig. Die Entwicklung der so genannten *human resources* wird immer bedeutsamer, auch für den Erhalt und die Erweiterung der individuellen Chancen auf dem Arbeitsmarkt eines jeden Mitarbeiters. Bereits in der Ausbildung ist deshalb darauf vorzubereiten, sich Wissen selbst anzueignen und entsprechende Lernmöglichkeiten zu organisieren (vgl. Mahrin/Meyser 2007).

In allen Phasen der Bautätigkeit und abhängig von der Größe des Unternehmens und des Auftrags ist seit einiger Zeit der Einsatz elektronischer Medien üblich. Oft sind dabei die Beschäftigten auf der Baustelle und die Auszubildenden nur begrenzt einbezogen. Nur teilweise sind sie an der Projektplanung und der Baustelleneinrichtung beteiligt. Dies gilt nicht für kleinere Baustellen, also vor allem beim Bauen im Bestand. Hier übernehmen Poliere, Vorarbeiter aber auch Facharbeiter die Vorbereitung, dies jedoch meist noch ohne elektronische Hilfsmittel. Es ist zu vermuten, dass sich dies in Zukunft ändern wird. Doch schon heute gilt: Je höher das Auftragsvolumen, je größer die Baustelle sowie der zu erwartende Baugeräteeinsatz und je anspruchsvoller die Baustellenlogistik sind, desto mehr werden die Möglichkeiten der elektronischen Datenverarbeitung bei der Planung und Ausführung der Bauarbeiten genutzt.

Die Arbeit auf der Baustelle selbst hat sich ebenfalls in den letzten Jahren hinsichtlich der Disposition von Personal, Material und Geräten erheblich verändert (vgl. Syben et al. 2005). Die Baustellenlogistik wird durch Computerprogramme unterstützt, der Verbrauch an Material und Energie, der Abruf von Baustoffen und der Einsatz von Großgeräten, die Erfassung der Arbeitszeiten des Personals, das Schreiben von Tagesberichten etc. werden digital betrieben, gesteuert und dokumentiert. Dies alles ist auch von Facharbeitern auszuführen und zu begleiten. Ebenso wird die Durchführung der Bauarbeiten heute vielfach elektronisch unterstützt. Beginnend von den Vermessungsarbeiten und der Erstellung digitaler Geländemodelle, erfolgt der GPS-gesteuerte Einsatz von Erdbau-Großgeräten, der Einbau von Fertig- und Halbfertigteilen, die Schalung von Baukörpern, die Diagnose von Abläufen, die Terminüberwachung, Baustoffprüfung und das Aufmaß der Baukörper, die bildliche Dokumentation von Bauabläufen und Arbeitsfortschritten, wie auch die mobile Kommunikation des Poliers auf der Baustelle mit dem Baubüro, den Vor- und Facharbeitern, den Zulieferern, Behördenvertretern und Kunden digital unterstützt.

Bezüglich der Verbreitung solch technischer Neuerungen für die Bauwirtschaft zeigt sich kein einheitliches Bild. Vielmehr ist eine *digitale Kluft* festzustellen, die erheblich vom Auftragsvolumen und der Größe des Bauunternehmens und der Funktion des Baustellenpersonals abhängt. Je kleiner ein Unternehmen und je kleiner der Auftrag ist, desto weniger werden die Abläufe und Prozesse digital vollzogen und begleitet. Zudem ist das Ausführungspersonal auf der Baustelle bislang nur sehr begrenzt in den Umgang mit elektronischen Medien einbezogen. Diese *digitale Kluft* zeigt sich für die gesamte Branche. Die Bauwirtschaft und ihre Beschäftigten sind im Vergleich zu anderen industriellen Arbeitsabläufen hinsichtlich des Einsatzes elektronischer Medien und Technologien bislang in einem viel geringeren Maße innovativ. Eine Optimierung der Geschäftsprozesse, der Einsatz neuer Technologien, die Verarbeitung neuer Baustoffe und die Anwendung fortschrittlicher Arbeitsverfahren, eine zunehmende Ausdehnung des Dienstleistungsbegriffs im Bauprozess wie auch die gestiegenen Anforderungen an die Qualität der Bauprodukte erfordern jedoch eine entsprechende Kompetenz der zukünftigen Beschäftigten. All dies muss deshalb bereits in der Ausbildung vorbereitet und umgesetzt werden.

Dabei muss geklärt werden:

- welche Innovationen zu erwarten sind,
- wie bereits in der Ausbildung darauf vorbereitet werden kann,
- welchen Beitrag überbetriebliche Ausbildungszentren dazu leisten können,
- wie auf Weiterbildungsmöglichkeiten vorbereitet wird und
- wie die Weiterbildungsbereitschaft gefördert werden kann.

Die Modernität und Attraktivität der Branche wird davon beeinflusst, wie breit die Arbeitnehmer an Fort- und Weiterbildungsmaßnahmen teilnehmen und welche Betriebe sich in welchem Umfang beteiligen können. Anreize und Finanzierungskonzepte sind darauf abzustimmen, eine breite Beteiligung der Betriebe und Arbeitnehmer an der Weiterbildung zu unterstützen. Hier sind die Sozialpartner der Bauwirtschaft gefordert, wie 1974 mit der grundlegenden und nachhaltigen Reform der Berufsausbildung erneut Pionierarbeit zu leisten.

11. Ausblick

Die Ausbildung in der Bauwirtschaft hat sich immer wieder als modernisierungsfähig erwiesen. Sie ist gut für die Betriebe, die sich für ihr Personal interessieren und sie ist gut für die Mitarbeiter, die sich engagieren. Berufliche Bildung, die Qualifizierung von Mitarbeitern ist nach wie vor eine der besten und effektivsten Möglichkeiten der Personalentwicklung, die zugleich zum technischen Fortschritt und zum wirtschaftlichen Erfolg eines Unternehmens beiträgt. Die Qualifikation von Mitarbeitern durch Aus- und Weiterbildung ist eine Investition in die Zukunft. Die Ausrichtung der Ziele, Inhalte und Methoden der beruflichen Bildungsprozesse, die Organisation des Lernens, die Integration heutiger Möglichkeiten der Informations- und Kommunikationstechnik, die Berücksichtigung der Lernbedürfnisse wie auch die Realisierung der betrieblichen Anforderungen an qualifizierte Mitarbeiter werden weiterhin einen entscheidenden Einfluss auf die Zukunftsfähigkeit und Attraktivität der Bauwirtschaft haben.

Literatur

Autsch, Bernhard/Meerten, Egon (Hg.) 2002: Überbetriebliche Berufsbildungsstätten (ÜBS) auf dem Wege zu dienstleistungsorientierten Kompetenzzentren. Bielefeld

Beicht, Ursula/Walden Günter/Herget, Hermann 2004: Kosten und Nutzen der betrieblichen Berufsausbildung in Deutschland (= Berichte zur beruflichen Bildung, 264). Bielefeld

Berufsbildungsgesetz 1969: vom 14. August 1969 (BGBl. I, S. 1112)

Berufsbildungsgesetz 2005: vom 23. März 2005 (BGBl. I, S. 931)

BMBF – Bundesministerium für Bildung und Forschung 2007a: Berufsbildungsbericht 2007. Bonn, Berlin

BMBF – Bundesministerium für Bildung und Forschung 2007b: Neue Medien in der beruflichen Bildung. Bonn, Berlin

BMBF – Bundesministerium für Bildung und Forschung 2009: Datenreport zum Berufsbildungsbericht 2009. Bonn

BMBW – Bundesministerium für Bildung und Wissenschaft (Hg.) 1973: Richtlinien des Bundesministeriums für Bildung und Wissenschaft zur Förderung von überbetrieblichen Ausbildungsstätten vom 19.09.1973. In: Bundesanzeiger Nr. 211 vom 09.11.1973

Bode, Rudolf 1980: Berufliche Erstausbildung in der Bauwirtschaft im Schnittpunkt von technischen Interessen und berufspädagogischem Anspruch. Alsbach/Bergstraße

Bode, Rudolf/Schröder, Heinz-Dieter 1979: Die Entwicklung der Stufenausbildung in der Bauwirtschaft. In: Bode, Rudolf/Schröder, Heinz-Dieter (Hg.): Stufenausbildung in der Bauwirtschaft. Ein Beitrag zur Berufsbildungsreform? Alsbach/Bergstraße, S. 12-23

Bundesinstitut für Berufsbildung 1999 (Hg.): Berufsausbildung in der Bauwirtschaft. Bielefeld

Euler, Dieter 2000: Die Rolle der überbetrieblichen Berufsbildungsstätten in der Modernisierung der Berufsbildung. In: Bundesinstitut für Berufsbildung und Ministerium für Arbeit und Soziales Nordrhein-Westfalen (Hg.): Überbetriebliche Berufsbildungsstätten. Bielefeld, S. 56-73

Henninges, Hasso von/Tessaring, Manfred 1977: Entwicklungstendenzen des Facharbeitereinsatzes in der Bundesrepublik Deutschland. München

KfW Bankengruppe (Hg.) 2006: Mittelstandsmonitor 2006. Jährlicher Bericht zu Konjunktur- und Strukturfragen kleiner und mittlerer Unternehmen. Frankfurt/M.

Mahrin, Bernd/Meyser, Johannes 2007: Multimediale Lehr- und Lernangebote in der Ausbildung der Bauwirtschaft. In: Baabe-Meijer, Sabine/Meyser, Johannes/Struve, Klaus (Hg.): Innovation und soziale Integration. Bielefeld 2007, S. 67-90

Rahmenlehrpläne für die Berufsausbildung in der Bauwirtschaft 1999: Beschluss der Kultusministerkonferenz vom 5. Februar 1999 (BGBl. I, S. 1102)

Rauner, Felix 2008: Wer gut ausbildet, gewinnt. In: Die Zeit vom 31. Januar 2008, Nr. 6, S. 72

Statistisches Bundesamt 2009: Fachserie 4, Reihe 5.1, Produzierendes Gewerbe

Syben, Gerhard 1999: Die Baustelle der Bauwirtschaft. Unternehmensentwicklung und Arbeitskräftepolitik auf dem Weg ins 21. Jahrhundert. Berlin

Syben, Gerhard/Gross, Edith/Kuhlmeier, Werner/Meyser, Johannes/Uhe, Ernst 2005: Weiterbildung als Innovationsfaktor. Ein neues Modell für die Bauwirtschaft. Berlin

Verordnung über die Berufsausbildung in der Bauwirtschaft 1974: vom 08. Mai 1974 (BGBl. I, S. 1073)

Verordnung über die Berufsausbildung in der Bauwirtschaft 1999: vom 02. Juni 1999 (BGBl. I, S. 1102)

Verordnung über die Berufsausbildung in der Bauwirtschaft 2004 – Erste Verordnung zur Änderung der Verordnung über die Berufsausbildung in der Bauwirtschaft vom 02. April 2004 (BGBl. I, S. 522)

Formen, Voraussetzungen und Perspektiven angelernter Arbeit am Bau

Das Beispiel Trockenbau

Werner Kuhlmeier, Wibke Glismann

1. Einleitung

Als Trockenbau werden Arbeitsverfahren und Konstruktionen bezeichnet, die den Ausbau von Gebäuden betreffen. Die Trockenbauweise entstand ursprünglich in den 1960er Jahren in den USA und etablierte sich in der Folgezeit auch in Deutschland. Trockenbauarbeiten setzen ein, wenn die Gebäudehülle, der Rohbau, fertig gestellt ist. Der Trockenbau umfasst in der Regel nichttragende, konstruktive Ausbauarbeiten; der technische Ausbau, z.B. die Elektro- oder Sanitärinstallation, zählt nicht zum Trockenbau. Die Bezeichnung *Trockenbau* verweist darauf, dass überwiegend Halbfertig- oder Fertigerzeugnisse eingesetzt werden, die in der Regel mechanisch verbunden werden. Es wird also nicht „Stein-auf-Stein“ mit Mörtel gearbeitet. Trockenbaumaßnahmen sind zum Beispiel Innenwand- und Deckenkonstruktionen, Wand-, Decken- oder Bauteilbekleidungen, Dachgeschossausbauten, Einbau von Innentüren oder Fußbodenkonstruktionen. Dabei spielen bauphysikalische Anforderungen an den Wärme-, Feuchte-, Schall- und Brandschutz eine große Rolle.

Der Trockenbau hat im Bereich des Innenausbaus von Gebäuden sowohl bei Neubauten als auch bei Altbausanierungen eine rasante Entwicklung genommen; dennoch ist die Daten- und Forschungslage zu dieser Branche ausgesprochen dürftig. So gibt es bislang keine einschlägigen Untersuchungen zur Struktur der Unternehmen oder zur Qualifikationsentwicklung im Trockenbau. Ebenso besteht ein eklatanter Mangel an statistischen Daten. Es gibt weder explizite Angaben zur wirtschaftlichen Leistung noch zur Beschäftigung im Trockenbau. Dies liegt vor allem darin begründet, dass sich der Trockenbau nicht ohne weiteres und mit eindeutiger Grenzziehung in das traditionelle Gefüge der Gewerke einordnen lässt. Der Begriff Trockenbau beschreibt vornehmlich eine Bauweise und weniger ein Gewerk. Häufig vollzieht sich der Trockenbau auch an den Schnittstellen zwischen verschiedenen Gewerken. Dementsprechend bildet der Trockenbau auch keinen abgeschlossenen, eigenständigen Wirtschaftszweig in den amtlichen Statistiken.

Auch für den Beruf des Trockenbaumonteurs gibt es keine Beschäftigungszahlen. Der Beruf ist in der Statistik der Bundesagentur für Arbeit dem Tätigkeitsschlüssel 482 „Isolierer, Abdichter" zugeordnet, zu dem neben dem Trockenbaumonteur auch noch die Berufe „Wärme-, Kälte-, Schallisolierer", „Klebeabdichter" und „Asphaltbauer" gehören. In dieser Berufsgruppe wurden im Jahr 2007 ca. 29.500 Beschäftigte registriert. Dabei ist zu berücksichtigen, dass nur die sozialversicherungspflichtigen Beschäftigten statistisch erfasst werden; keine Selbstständigen oder Auszubildenden.

Die Zahl der Ausbildungsverhältnisse ist im Beruf „Trockenbaumonteur" stark rückläufig. Während im Jahr 1999 in Deutschland noch 564 Ausbildungsverträge in der Industrie und 288 Ausbildungsverträge im Handwerk abgeschlossen wurden, sank deren Zahl kontinuierlich auf 224 (Industrie) bzw. 93 (Handwerk) Vertragsabschlüsse im Jahr 2005 (vgl. Tab. 1). Dies entspricht einem Rückgang um 63%. Damit ist die negative Entwicklung der Ausbildungszahlen im Trockenbau noch deutlich schlechter, als die Entwicklung in der Bauwirtschaft insgesamt, wo im genannten Zeitraum die Ausbildungsverhältnisse um 46% zurückgingen.

Die große Diskrepanz zwischen den Ausbildungszahlen im einschlägigen Ausbildungsberuf „Trockenbaumonteur" und den (zu vermutenden) Beschäftigungszahlen im Trockenbau wirft die Frage auf, welche Qualifikation die Arbeitskräfte in dieser Branche haben. Während in der Bauwirtschaft insgesamt die Beschäftigung an- und ungelernter Arbeitskräfte nur in äußerst geringem Umfang praktiziert wird, stellt sich die Frage, ob im Trockenbaugewerbe eine spezifisch andere Arbeitskräftestruktur vorliegt, oder ob die Arbeitskräfte andere berufliche Qualifikationen mitbringen, die sie für eine Tätigkeit im Trockenbau nutzen können.

Es soll insbesondere untersucht werden

- in welchem Umfang und in welcher Weise an- und ungelernte Arbeitnehmer in der Bauproduktion im Trockenbau beschäftigt werden,
- wie der Prozess ihrer Qualifizierung verläuft,
- welche Rolle vorab erworbene Kompetenzen bei der Auswahl von Arbeitskräften und deren betrieblichem Einsatz spielen,
- welchen Einfluss die Arbeitskräftestruktur auf die Form der Arbeitsorganisation hat.

Aufgrund des bestehenden Mangels an Strukturdaten zum Trockenbau hat die Untersuchung letztlich auch einen explorativen Charakter. Die Betrachtung eines ausgewählten Ausschnitts an Trockenbauunternehmen soll möglichst auch Hinweise auf weiterführende Fragestellungen und künftige Forschungsbedarfe liefern.

Es wurden zunächst Daten und Informationen zur Beschäftigung und zur Ausbildung im Trockenbau aus der einschlägigen Literatur und durch eine Internetrecherche gewonnen. Die Ergebnisse gaben vor allem Anhaltspunkte für die Durchführung von empirischen Erhebungen in ausgewählten Unternehmen des Trockenbaus. Die Erhebungen in den Betrieben sollten beispielhaft aufzeigen, welche Beschäftigungs- und Qualifizierungsstrategien in Trockenbauunternehmen praktiziert werden und welche Qualifizierungsbiographien die Beschäftigten aufweisen.

Hierzu wurden drei Unternehmen ausgewählt, die in typischen Arbeitsfeldern des Trockenbaus tätig sind und über eine Mindestanzahl an gewerblichen Mitarbeitern (> 20) verfügen. Zunächst sind über einen Fragebogen Daten zur Beschäftigungsstruktur, zu den Tätigkeitsfeldern und zur Ausbildung in schriftlicher Form erhoben und ausgewertet worden. Diese Daten wurden gegebenenfalls mit Informationen aus dem Internet-Auftritt des Unternehmens ergänzt. In jedem Unternehmen ist anschließend ein ausführliches, leitfadengestütztes Experteninterview mit einem Vertreter der Unternehmensleitung geführt worden. Inhalte der Interviews waren überwiegend die Qualifizierungsstrategien, Formen der betrieblichen Arbeitsteilung und die Einschätzung der Qualifikationsentwicklung. Anschließend wurde eine möglichst große Anzahl an gewerblichen Mitarbeitern (insgesamt ca. 30) in leitfadengestützten Kurzinterviews zu deren (Aus-)Bildungsbiographien, Einsatzgebieten und beruflichen Perspektiven sowie zu den subjektiven Einschätzungen hinsichtlich der Frage nach dem Verhältnis zwischen Qualifizierungsweg und den aktuellen beruflichen Qualifikationsanforderungen befragt. Zusätzlich sind Daten zur Berufsbiografie der Mitarbeiter in einem standardisierten Erhebungsbogen erfasst worden. Alle befragten Mitarbeiter waren männlich.

Die Ergebnisse der Erhebung im Trockenbau werden auch in Beziehung zur Aus- und Weiterbildungssituation in der Bauwirtschaft insgesamt gesetzt.

2. Vorbemerkungen

Zum besseren Verständnis der folgenden Ausführungen sollen einige Vorklärungen und Erläuterungen zu den verwendeten Begrifflichkeiten und Abkürzungen sowie zum Aufbau der Studie gegeben werden:

Die Branche, die hier als Beispiel für die Ausprägung der angelernten Arbeit am Bau dient, wird als „Trockenbau“ bezeichnet. Eine ebenfalls geläufige Bezeichnung ist „Akustik- und Trockenbau“ (so lautet z.B. auch die entsprechende Bundesfachabteilung des Bauindustrieverbandes). Beide Begriffe beziehen sich auf das gleiche Spektrum an Bauaufgaben und Betrieben. Der Trockenbau schließt daher im Folgenden den Akustikbau als „Untermenge“ mit ein.

Wenn von den Beschäftigten der Branche die Rede ist, wird ausschließlich die männliche Form verwendet. Dies dient der besseren Lesbarkeit und erscheint auch vor dem Hintergrund vertretbar, dass lediglich 0,4% aller Beschäftigten weiblich sind. Selbstverständlich sind auch die weiblichen Beschäftigten immer mit gemeint.

Im nachfolgenden Kapitel 3 werden zunächst quantitative Daten zur Ausbildung im Beruf „Trockenbaumonteur“ aufgeführt. Quelle sind die „BIBB-Datenblätter“, die auf Angaben des Statistischen Bundesamtes beruhen.[1] Bei den Tabellen handelt es sich um eigene Darstellungen in Anlehnung an die BIBB-Datenblätter.

Ab dem Kapitel 4 werden die Ergebnisse der Erhebungen in den Unternehmen präsentiert. Die drei Unternehmen werden mit den Ziffern 1, 2 und 3 bezeichnet, die Befragten aus den Unternehmensleitungen sind mit dem Kürzel L, die Mitarbeiter aus den drei Betrieben mit M1 bis M10 versehen. Beispielsweise bedeutet die Kennzeichnung M 2-8, dass einer der zehn befragten Mitarbeiter aus dem Unternehmen 2 die entsprechende Aussage getätigt hat.

Zu einigen Aspekten sind nur die Unternehmensleitungen befragt worden, zum Beispiel zu den Kriterien für die Einstellung von Mitarbeitern (siehe Kap. 5), bei anderen Themen, beispielsweise bei der Darstellung der Arbeitsabläufe werden sowohl die Aussagen von Vertretern der Unternehmensleitung als auch von den Mitarbeitern dargestellt.

3. Ausbildungssituation im Trockenbau

3.1 Quantitative Entwicklung

Der spezifisch auf die Belange des Trockenbaus ausgerichtete Beruf ist „Trockenbaumonteur“. Dieser Beruf wurde im Jahr 1974 neu eingeführt und wird durch die Stufenausbildungsverordnung der Bauwirtschaft geregelt. Die Ausbildungsdauer beträgt drei Jahre; nach zwei Jahren kann bereits ein Berufsabschluss der „ersten Stufe“ zum Ausbaufacharbeiter erworben werden. Eine Ausbildung zum Trockenbaumonteur kann sowohl im Handwerk als auch in der Industrie absolviert werden. In der Industrie werden im Durchschnitt doppelt so viele Auszubildende ausgebildet wie im Handwerk. Gegenwärtig werden im Bereich der Industrie 550 Auszubildende, im Handwerk 263 Auszubildende beschäftigt, jeweils verteilt auf die drei Ausbildungsjahre (vgl. Tab. 1).

Die Entwicklung der Auszubildendenzahlen verlief im Zeitraum von 1999 bis 2005 stark rückläufig. Die Zahl der neu abgeschlossenen Verträge sank in diesem Zeitraum sowohl in der Industrie als auch im Handwerk um über 60%. Ein deutlicher Rückgang der Ausbildung fand in diesem Zeitraum auch in den

1 http://berufe.bibb-service.de/Z/B/30/7865.pdf

Tab. 1: Entwicklung der Auszubildendenzahlen im Beruf Trockenbaumonteur

	Industrie		Handwerk	
	neu abgeschl. Verträge	Auszubildende insgesamt	neu abgeschl. Verträge	Auszubildende insgesamt
1999	564	1.122	288	683
2004	267	644	110	296
2005	224	593	93	273
2006	230	550	113	263

Quelle: BIBB-Datenblätter

anderen Berufen der Stufenausbildung statt; jedoch mit insgesamt 46% nicht ganz so drastisch wie im Trockenbau.

Die folgenden Angaben zu den Ausbildungsverhältnissen beziehen sich auf das Jahr 2006. Zwar liegen auch einige Daten für das Jahr 2008 vor; diese sind jedoch bedingt durch eine Umstellung der Datenerfassung und damit verbundene Probleme wenig verlässlich.

Die Zahl der neu abgeschlossenen Ausbildungsverträge im Jahr 2006 liegt um 8,2% höher als die von 2005. Diese Steigerung übertrifft wiederum die Entwicklung der Bauberufe insgesamt in diesem Zeitraum (plus 5,8%). Es bleibt abzuwarten, ob sich damit auch eine Trendwende abzeichnet. Mit 343 neu abgeschlossenen Ausbildungsverträgen in 2006 ist der „Trockenbaumonteur" ein zahlenmäßig kleiner Beruf, auch im Verhältnis zu den anderen Ausbauberufen.

3.2 Zugangsvoraussetzungen und Prüfungserfolg

Eine Ausbildung zum „Trockenbaumonteur" wird vorwiegend von Hauptschulabsolventen aufgenommen. Der Anteil der Auszubildenden mit höheren Abschlüssen ist vergleichsweise gering. Dabei sind die Abschlüsse der Auszubildenden im Bereich der Industrie im Durchschnitt etwas höher als derjenigen im Handwerk (vgl. Tab. 2).

Die Zahl der Vertragslösungen während der Ausbildung ist im Beruf „Trockenbaumonteur" außergewöhnlich hoch und liegt bei ca. 31% (Industrie) bzw. 36% (Handwerk). Zum Vergleich: Die Zahl der Ausbildungsabbrüche lag für alle Ausbildungsberufe im Jahr 2006 bei durchschnittlich ca. 20%. Der Anteil der weiblichen Auszubildenden ist auch im Vergleich zu anderen Bauberufen äußerst niedrig. Er beträgt derzeit nur ca. 0,4%, gegenüber 4,8% bezogen auf alle Berufe der Stufenausbildung in der Bauwirtschaft. Die Ausbildungsanfänger waren im Durchschnitt 19,9 (Industrie) bzw. 18,4 (Handwerk) Jahre alt.

Tab. 2: Schulische Vorbildung der Auszubildenden 2006 (neu abgeschlossene Verträge)

Schulabschluss	Industrie	Handwerk
ohne Hauptschulabschluss	3	8
Hauptschule	115	73
Realschule	41	16
Abitur / Fachhochschulreife	5	3
Absolventen des Übergangssystems[a]	41	11
sonstiges	25	2
Summe	*230*	*113*

a Zum Übergangssystem zählen die nicht berufsqualifizierenden oder teilqualifizierenden Bildungsgänge Berufsvorbereitungsjahr (BVJ), Berufsgrundbildungsjahr (BGJ) sowie Berufsfachschule (BFS)

Quelle: BIBB-Datenblätter

Obwohl die schulische Vorbildung der Auszubildenden in der Industrie im Vergleich zum Handwerk etwas höher ist, liegt die Erfolgsquote der Teilnehmer an den Facharbeiterprüfungen in der Industrie deutlich unter der Quote im Handwerk. In der Industrie haben im Jahr 2006 64,1% der Teilnehmer die Abschlussprüfung im ersten Versuch bestanden, im Handwerk 90,7%. Diese Daten relativieren sich etwas, wenn man die bestandenen Wiederholungsprüfungen berücksichtigt (vgl. Tab. 3).

Tab. 3: Erfolgsquoten in den Facharbeiterprüfungen im Beruf Trockenbaumonteur

	1999		2004		2005		2006	
	Ind	Hw	Ind	Hw	Ind	Hw	Ind	Hw
Prüfungsteilnehmer (abs.)	502	196	494	125	356	81	306	86
Erfolgsquote (in v.H.)	73,7	79,6	70,4	84	68,3	88,9	64,1	90,7
Erfolgsquote einschließlich Wiederholungsprüfungen (in v.H.)	88,1	87,6	100	91,3	85,9	93,5	80,7	100

Ind = Industrie; Hw = Handwerk

Quelle: BIBB-Datenblätter

4. Charakteristik der untersuchten Unternehmen

Die in diesem Kapitel aufgeführten Angaben zu den Unternehmen beruhen auf der Auswertung von Erhebungsbögen, die zur Vorbereitung der Interviews den Unternehmen vorab zugeschickt wurden. Es wurden drei Trockenbauunternehmen aus Nord-/Westdeutschland in die Untersuchung einbezogen. In den Unternehmen wurden in drei leitfadengestützten Interviews insgesamt fünf Personen auf der Ebene der Unternehmensleitung sowie insgesamt dreißig gewerbliche Mitarbeiter in Kurzinterviews befragt. Die Auswertung der Interviews erfolgt ab dem Kapitel 5.

Es besteht selbstverständlich nicht der Anspruch, dass die Ergebnisse als repräsentativ für die gesamte Branche des Trockenbaus gelten können. Das verbietet zum einen die geringe Zahl der Untersuchungseinheiten. Zum anderen ist die Struktur der Unternehmen äußerst heterogen. Die Unternehmenslandschaft im Trockenbau ist geprägt von einer großen Anzahl kleiner und kleinster Unternehmen, die überwiegend als Nachunternehmen tätig werden sowie von einer Reihe mittlerer und größerer Unternehmen, die umfangreichere Bauprojekte durchführen und ihrerseits vielfach Nachunternehmen beauftragen. Die drei untersuchten Betriebe gehören zur zweiten Kategorie, also zu den mittleren und größeren Unternehmen der Branche. Darüber hinaus ist zu beachten, dass vor allem solche Unternehmen zur Beteiligung an Studien gewonnen werden können, die dem Anliegen einer solchen Untersuchung aufgeschlossen gegenüber stehen und die sich in der Regel auch in branchenpolitischen Verbänden engagieren. Die Verallgemeinerbarkeit der im Folgenden präsentierten Ergebnisse ist unter diesem Vorbehalt zu sehen; gleichwohl werfen die Ergebnisse Schlaglichter auf eine bislang kaum erforschte Branche und lassen Tendenzen der dort praktizierten Arbeitsorganisation erkennen.

4.1 Tätigkeitsfelder

Die drei Unternehmen agieren in sehr ähnlichen Tätigkeitsfeldern. Der größte Teil der Bauarbeiten erfolgt im Gebäudebestand. Arbeiten im Neubau umfassen nur etwa ein Viertel bis ein Drittel der Gesamtbauleistung. Betrachtet man die jeweils ausgeführten Arbeiten, nimmt die Konstruktion von Zwischenwänden und Decken den größten Anteil ein. Auch die typischen Bauobjekte, an denen die Unternehmen tätig sind, ähneln sich. Es werden vor allem Verwaltungs- und Bürogebäude, Hotels, Ladengeschäfte, Schulen, Krankenhäuser und Altenheime genannt. Aufträge auf der Grundlage privater Anfragen werden nur von einem Unternehmen genannt (vgl. Tab. 4). Die auf den Homepages der Unternehmen aufgeführten Referenzobjekte lassen erkennen, dass alle drei Unternehmen schwerpunktmäßig Aufgaben mit einem hohen Anspruchsniveau ausführen.

4.2 Struktur der Mitarbeiterschaft

Bei der Struktur der Mitarbeiterschaft fällt der relativ geringe Anteil der gewerblichen Arbeitnehmer im Verhältnis zu den Technischen Angestellten und den Baustellenführungskräften – Vorarbeiter, Werkpolier oder Polier – auf. Dieser Sachverhalt erklärt sich durch die Art der Arbeitsorganisation, die vor allem durch eine umfangreiche Beschäftigung von Nachunternehmen in der Bauausführung geprägt ist (vgl. Tab. 5).

Alle drei Unternehmen engagieren sich in der Ausbildung. Dabei ist bemerkenswert, dass zwei Unternehmen zum Beruf „Trockenbaumonteur“ ausbilden und in einem Unternehmen die Ausbildung ausschließlich im Beruf „Stuckateur“ erfolgt.

Tab. 4: Tätigkeitsbereiche der Unternehmen

	Anteil an der Gesamtbauleistung in v.H.		
Art der Tätigkeit	Unternehmen 1	Unternehmen 2	Unternehmen 3
Neubau	33	25	35
Bauen im Bestand	67	75	65
Konstruktion von Zwischenwänden und Decken	50	20	60
Ausbau von Dachgeschossen	5	10	5
Einbau von Bauteilen (Treppen, Fenster, Türen)	5	10	12
spezielle Akustikbau-Konstruktionen	30	5	3
spezielle Brandschutzkonstruktionen	7	15	8
spezielle Wärmedämmkonstruktionen	a	10	2
Fußbodenkonstruktionen	3	10	1
Fassadenkonstruktionen	–	5	1
Ausbau von Bädern und Feuchträumen	b	10	8
Sonstige Arbeiten:		5	
Summe	*100*	*100*	*100*

a – enthalten in: Ausbau Dachgeschoss; b – enthalten in: Zwischenwände und Decken

Quelle: Eigene Erhebung

Tab. 5: Anzahl der Mitarbeiter nach Funktionen

	Zahl der Mitarbeiter		
Stellung/ Funktion	Unternehmen 1	Unternehmen 2	Unternehmen 3
Technische Angestellte	5	11	11
Gewerbliche Arbeitnehmer	7	20	23
Vorarbeiter	5	–	16
Werkpoliere/Poliere		8	2
Auszubildende	2	7	6
Gesamt	*24*	*56*	*60*

Quelle: Eigene Erhebung

5. Auswahl, Einstellung und Einarbeitung von neuen Mitarbeitern

5.1 Kriterien zur Mitarbeiterauswahl

In den Interviews mit den Vertretern der Unternehmensleitungen wurde zunächst danach gefragt, nach welchen Gesichtspunkten neue Mitarbeiter ausgewählt und eingestellt werden. Nachdem in zumindest zwei der drei Unternehmen vor ca. zehn Jahren ein umfangreicher Abbau an gewerblichen Arbeitsplätzen stattgefunden hat, sind erst in der letzten Zeit wieder vereinzelt neue Mitarbeiter eingestellt worden. Für die Auswahl der Arbeitsplatzbewerber ist zunächst deren fachliche Qualifikationen entscheidend. Zertifikate, wie Schul- oder Arbeitszeugnisse, Facharbeiterbriefe o.ä. werden nur gelegentlich für die Beurteilung mit herangezogen. Stattdessen gilt die Berufserfahrung im Trockenbau als entscheidend für den Status der Qualifikation.

> „Die entscheidende Frage ist, ob jemand schon in diesem Berufszweig gearbeitet hat. Es gibt ja viele, die eine Maurer-, Zimmermanns- oder Dachdeckerlehre absolviert haben und sich dann über mehrere Jahre und mit eigenem Engagement die Fähigkeiten zur Arbeit im Trockenbau angeeignet haben und die richtig gut sind.“ (L 2)

Im Bewerbungsgespräch werden auch die trockenbauspezifischen Kenntnisse eines Bewerbers geprüft. „Meine erste Frage lautet: Was ist eine W 112? Das muss jeder wissen, der im Trockenbau schon gearbeitet hat“ (L 3).[2] Auf diese Weise soll festgestellt werden, ob sich ein Bewerber schon intensiver mit den Inhalten des Trockenbaus beschäftigt hat. Das Kriterium für die Qualifikation besteht hier darin, dass nicht nur Erfahrungen hinsichtlich der praktischen Ausführung, sondern auch theoretisches Fachwissen zu den Konstruktionsarten vorliegen. „Der Bewerber sollte auch schon einmal einen Hersteller-Katalog gelesen haben“ (L 3).

Von großer Bedeutung ist auch der persönliche Eindruck, den ein Bewerber im Gespräch hinterlässt. „Man muss sich eben einen Eindruck bilden; und wenn der täuscht, gibt es ja immer noch die Probezeit“ (L 1).

Eine Einstellung von Ungelernten, also Personen ohne eine Berufsausbildung, wird nicht prinzipiell ausgeschlossen; aber als äußerst unwahrscheinlich erachtet.

> „Nur, wenn er mir nachweisen kann, dass er zehn Jahre lang selbstständig war und schon an vorzeigbaren Projekten beteiligt war, dann kommt er auch in Frage.“ (L 3)

---

2 W 112 ist die Bezeichnung einer Herstellerfirma für ein Metallständer-Wandsystem.

> „Wenn jemand keine Berufsausbildung gemacht hat, lässt das darauf schließen, dass auch die nicht wissensbasierten Kompetenzen unzureichend ausgeprägt sind.“ (L 2)

Es kann festgehalten werden, dass im Zweifelsfall immer der „Gelernte“ vor dem „Ungelernten“ eingestellt wird.

Der erlernte Ausbildungsberuf selbst spielt hingegen eine sekundäre Rolle; die bauhandwerklichen Berufe werden weitgehend als gleichrangig im Hinblick auf die Einstellungschancen gesehen.

> „Eine abgeschlossene handwerkliche Berufsausbildung im Baubereich ist die Voraussetzung für eine Einstellung. Ob Maurer, Tischler oder Zimmermann, das ist völlig egal. In seinem berufs- und branchenspezifischen Bereich sollte ein Bewerber Erfahrungen haben.“ (L 2)

Eine Ausbildung zum Trockenbaumonteur wird dabei nicht per se als „Qualifikationsvorsprung“ angesehen. Entscheidend ist zum einen die individuelle, nicht die berufsspezifische Qualifikation. „Entscheidend ist die Bereitschaft, sich einzuarbeiten und den Trockenbau zu lernen“ (L 2). Zum anderen gibt es auch unterschiedliche Qualifikationsbedarfe.

> „Wenn sich zwei Leute vorstellen, ein Trockenbaumonteur und ein Tischler, würde ich nicht zwangsläufig den Trockenbaumonteur einstellen. Es kommt auch darauf an, was gerade gebraucht wird. Der Tischler arbeitet in der Regel eher langsam und dafür sehr genau. Das ist manchmal wichtiger, als jemand, der besonders schnell Gipskartonplatten anbringen kann.“ (L 3)

Hinzu kommt, „...dass es auch nur verhältnismäßig wenige Trockenbaumonteure gibt, weil auch nur wenige ausgebildet worden sind“ (L 1). Diese Aussage weist darauf hin, dass im Prinzip schon der Wunsch besteht, möglichst einschlägig ausgebildete Trockenbaumonteure zu beschäftigen. Da jedoch kein entsprechendes Arbeitskräfteangebot besteht, werden hier – als zweitbeste Lösung – Mitarbeiter aus anderen Berufen eingestellt.

> „Wenn man nicht genug ausgebildete Leute in seinem Fach hat, wird man es auch schaffen, willige und intelligente Leute mit handwerklichem Geschick für den Trockenbau zu schulen.“ (L 1)

Auch wenn eine Berufserfahrung im Bereich Trockenbau erwünscht ist, wird auch Bewerbern aus anderen Bautätigkeitsfeldern die Möglichkeit gewährt, sich einzuarbeiten.

> „Als ich mich auf der Baustelle nach dem neuen Kollegen erkundigte, sagte man mir, dass er etwas langsam ist. Da habe ich gesagt, er ist Maurer, er muss das noch nicht können; ihr sollt es ihm zeigen. Heute ist er fest angestellter Mitarbeiter. Das zeigt, dass es möglich ist, Leute, die wollen und handwerkliches Geschick haben, im Trockenbau zu qualifizieren.“ (L 1)

Besonders gute Einstellungschancen haben „allroundqualifizierte“ Handwerker, also Arbeiter, die schon in verschiedenen Gewerken gearbeitet haben, zum Beispiel Mauern, Fliesenlegen und Innenausbau.

Die Erfahrungen mit dem Arbeitsplatz „Baustelle“ spielen nicht nur wegen der dort erworbenen handwerklichen Fähigkeiten eine Rolle. Auch die Kenntnis und das „Gespür“ für den Bauablauf und für die Tätigkeiten der daran beteiligten Akteure sind wichtig.

> „Wir haben einen Maurer als Vorarbeiter eingestellt, weil wir davon ausgegangen sind, dass der sich besonders gut auf dem Bau auskennt und er gut die anderen Gewerke koordinieren kann.“ (L 3)

Ein weiteres Kriterium bei der Einstellung ist der berufliche Werdegang und die Kontinuität der Beschäftigungsverhältnisse. Häufige Wechsel des Arbeitgebers gelten demgegenüber als „verdächtig“. Eine längere Beschäftigung bei einem renommierten Unternehmen gilt als Qualifikationsnachweis. Da sich die Unternehmensleitungen häufig persönlich kennen, werden auch telefonische Auskünfte über die Bewerber ausgetauscht.

Schließlich wird großer Wert auf ein gepflegtes und sicheres Auftreten des Bewerbers gelegt. Dieses ist vor allem deshalb wichtig, weil die Mitarbeiter häufig mit anderen Baubeteiligten wie Architekten, Bauherren und Nachunternehmen in Kontakt treten.

Im Zuge von Neueinstellungen in den letzten Jahren wurden teilweise auch solche Mitarbeiter wieder eingestellt, die in Zeiten der Strukturkrise entlassen werden mussten. Gegenwärtig scheint sich jedoch ein Fachkräftemangel abzuzeichnen. „Wenn wir jetzt einstellen wollten, hätten wir Schwierigkeiten. Es gibt einfach keine Fachkräfte mehr auf dem Markt“ (L 1).

Bei Neueinstellungen werden in der Regel befristete Arbeitsverträge abgeschlossen; eine unbefristete Anstellung ist die Ausnahme.

5.2 Einarbeitung neuer Mitarbeiter

Die Einschätzungen zur Frage, wie lange ein neuer Mitarbeiter benötigt, um als vollwertige Arbeitskraft im Trockenbau gelten zu können, weichen stark voneinander ab. In zwei Unternehmen wird davon ausgegangen, dass ein neuer Mitarbeiter „mindestens ein halbes Jahr, wenn nicht ein Jahr oder länger“ (L 2) benötigt, um vollständig in die Materie des Trockenbaus eingearbeitet zu sein.

> „Ich würde sagen, dass jemand nach eineinhalb Jahren die gleichen Leistungen bringen kann, wie ein gelernter Trockenbaumonteur, wenn er einen gutwilligen Monteur zur Seite hat, der bereit ist, ihm etwas zu zeigen.“ (L 1)

In einem anderen Unternehmen wird hingegen lediglich eine Dauer von vier Wochen angegeben. Dieses bezieht sich aber offensichtlich nur auf die grundlegenden praktischen Tätigkeiten.

> „Wenn einer gutes handwerkliches Geschick hat und sich für die Arbeiten interessiert und sich vieles abguckt, dann kann er schon nach vier Wochen selbstständig Wände aufstellen." (L 3)

Einschlägig ausgebildete Mitarbeiter, also Trockenbaumonteure und gegebenenfalls Stuckateure, benötigen deutlich weniger Zeit als die Anzulernenden aus anderen Berufen, da sie die Arbeitsprozesse und Materialien bereits kennen und beherrschen.

Eine systematische Einarbeitung neuer Mitarbeiter findet in den Unternehmen kaum statt.

> „Das wäre eigentlich zu verbessern. Wir schmeißen die neuen Mitarbeiter gleich ins kalte Wasser" (L 3). Die neuen Mitarbeiter werden in der Regel vom ersten Tag an in den Kolonnen eingesetzt. „Das ist eigentlich ‚learning by doing'. Wobei wir schon darauf achten, dass wir einen neuen Mitarbeiter zu einem kommunikativeren Polier schicken, der auch bereit ist, ihm etwas zu zeigen." (L 1)

Die Qualität eines Poliers im Rahmen der Einarbeitung neuer Mitarbeiter zeigt sich darüber hinaus in der Beurteilung, die er am Ende der Probezeit abgibt.

> „Das Beste, was wir mit den Neuen machen können, ist, sie in eine Gruppe zu geben, in der ein zuverlässiger Polier ist. Dann haben wir schnell ein sehr gutes Urteil." (L 1)

In der Probezeit wird nicht nur auf die handwerklichen Fähigkeiten des neuen Mitarbeiters geachtet, d.h. auf das „präzise Arbeiten" (L 2), sondern auch darauf, „ob der neue Mitarbeiter in das Sozialgefüge des Unternehmens passt" (L 2). Wenn die Kolonnen leistungsabhängig (im Akkord) bezahlt werden, sind besondere Berechnungsmodalitäten erforderlich, damit die Einarbeitungsphase nicht für alle Beteiligten zu Lohneinbußen führt.

In einem Unternehmen werden neue Mitarbeiter teilweise zu überbetrieblichen Kursen geschickt und im Unternehmen werden die Mitarbeiter gezielt in wechselnden Kolonnen eingesetzt, um ein breites Spektrum an Qualifizierungsmöglichkeiten zu bieten. Der Besuch eines Kurses erfolgt jedoch erst nach einer längeren Einarbeitungszeit, wenn sich schon herausstellt, dass ein Mitarbeiter fest eingestellt werden soll.

> „Wir haben einem neuen Mitarbeiter, der schon zwei Zeitverträge hatte, einen Dauereinstellungsvertrag gegeben. Dann haben wir ihn zu einem 'Trockenbau-Crash-Kurs' geschickt." (L 1)

Die angebotenen Kurse zur Einarbeitung in den Trockenbau beinhalten jedoch nur die praktische Ausführung. In den theoretischen Kenntnissen bleiben die angelernten gegenüber den gelernten Trockenbaumonteuren im Rückstand.

> „Was das Praktische angeht, haben wir hervorragende Schulungsprogramme, wo man die Mitarbeiter hinschicken kann. In der Theorie bleiben jedoch Lücken bei den Angelernten." (L 1)

Aus den Aussagen der befragten Mitarbeiter aus den drei Unternehmen wird deutlich, dass es keine „gefühlte" Einarbeitungsphase gibt. Die Mitarbeiter geben an, dass im Prinzip alle anfallenden Arbeiten von Anfang an übernommen werden. Je nach den Vorkenntnissen und Vorerfahrungen wird entweder zunächst im Status eines „Helfers" oder aber als vollwertige Arbeitskraft gearbeitet. Relevant ist dabei auch, wie nah die Inhalte des gelernten Berufes mit dem Trockenbau verwandt sind. So äußert ein gelernter Isoliermonteur:

> „Die Arbeiten sind im Prinzip ähnlich zu meiner vorherigen Tätigkeit. Es ist egal ob ich Mineralwolle und Blech oder Mineralwolle und Gips verarbeite. Daher konnte ich vom ersten Tag an voll mitarbeiten." (M 1-5)

Die Bedeutung einer vorausgegangenen Berufsausbildung für die Dauer der Einarbeitungszeit wird von allen Mitarbeitern hervorgehoben. Es wird die Einschätzung geäußert, dass jede Art von handwerklicher Ausbildung die Einarbeitung erheblich erleichtert und verkürzt. „Es kommt darauf an, ob jemand ein guter Handwerker ist" (M 1-6). Mehrfach wird auch betont, dass vor allem aus anfänglichen Fehlern gelernt wird.

Die geschätzte Dauer der Einarbeitungszeit hängt offenkundig sehr davon ab, von welchen Arbeitsaufgaben ausgegangen wird. Die typische und mengenmäßig umfangreichste Tätigkeit ist die Konstruktion von Gipskartonwänden und -decken. Diese Arbeitsaufgabe lässt sich relativ schnell „on the job" erlernen. Zur Beurteilung der bauphysikalischen Situation (Feuchte-, Wärme-, Schall- und Brandschutz) sowie für besonders anspruchsvolle Ausführungen, wie beispielsweise die Verkleidung von runden Bauteilen, wird eine wesentlich längere Einarbeitungszeit benötigt. Diese Differenzierung kann als Erklärung für die sehr unterschiedlichen Angaben zur Dauer der Einarbeitungszeit dienen.

6. Ausbildungsleistung der Unternehmen

6.1 Umfang der Ausbildung

In allen drei Unternehmen wird ausgebildet. Während in zwei Unternehmen für den Ausbildungsberuf „Trockenbaumonteur" ausgebildet wird, findet im dritten Unternehmen ausschließlich eine Ausbildung zum Beruf „Stuckateur" statt. Dieses Unternehmen engagiert sich besonders stark in der Ausbildung und beschäftigt aktuell sieben Auszubildende. Bezogen auf die Gesamtzahl aller Mitarbeiter entspricht dies einer Ausbildungsquote von 12,5%. Die Zielsetzung geht sogar noch darüber hinaus. „Es ist das angestrebte Ziel, in jedem Ausbildungsjahr drei Auszubildende zu beschäftigen" (L 2). Als Grund für die Orientierung am Beruf des Stuckateurs wird genannt, dass diese Qualifikation umfangreicher sei.

> „Die Stuckateure können auch solche Arbeiten durchführen, die Trockenbaumonteure in der Regel nicht gelernt haben, zum Beispiel Putzarbeiten. Die lernen den Trockenbau eigentlich nebenbei mit, aber sie sind vielseitiger und flexibler einsetzbar, zum Beispiel auch bei Restaurierungsarbeiten. Diese Qualifikationen erwerben sie überwiegend in der überbetrieblichen Ausbildung." (L 2)

Auch wenn der Anteil der reinen Stuckateurarbeiten im Unternehmen sehr gering ist („vielleicht 2%"), erhöht sich durch die Breite der Ausbildung die Einsetzbarkeit der Mitarbeiter.

In den beiden anderen Unternehmen werden zwei bzw. sechs Auszubildende beschäftigt. Dies entspricht bezogen auf die gesamte Mitarbeiterschaft einer Ausbildungsquote von 8,3% bzw. 10% (zum Vergleich: die durchschnittliche Ausbildungsquote aller ausbildenden Unternehmen in Deutschland im Jahr 2006 betrug 6,4%).

6.2 Auswahl der Auszubildenden

Die Auswahl der Bewerber um einen Ausbildungsplatz erfolgt nach unterschiedlichen Verfahren. In einem Unternehmen wirkt die Handwerkskammer bei der Auswahl der Auszubildenden entscheidend mit. Dort absolvieren die Bewerber zunächst einen einwöchigen Auswahlkurs. „Dort wird auch geprüft, wie die sozialen Kompetenzen sind, wie die Leistungen in Deutsch, in Mathematik und in den Nebenfächern sind" (L 2). Die Ergebnisse dieser „Testwoche" werden dem Betrieb zusammen mit einer schriftlichen Bewertung durch die Handwerkskammer zur Verfügung gestellt.

In einem anderen Unternehmen werden die Schulzeugnisse – insbesondere im Hinblick auf die Beherrschung der „Kulturtechniken" wie Lesen und Rechnen – überprüft. Diese Schulleistungen sind nicht nur für den angestrebten Ausbildungserfolg wichtig, sondern insbesondere für eine mögliche Fortbildung im Anschluss an die Ausbildung. „Wenn jemand lesen und schreiben kann, den können wir weiterbilden" (L 1).

6.3 Gründe für die Ausbildung

In allen Unternehmen wird als wichtiger Grund für das Ausbildungsengagement nicht nur die Sicherung des Facharbeiternachwuchses angeführt, sondern auch das Ziel, Nachwuchs für die Baustellenführungskräfte, also für die Vorarbeiter und Poliere zu rekrutieren.

> „Ausbildung ist die einzige Möglichkeit, langfristig Fachkräfte zu haben und, was bei den heutigen Strukturen mit den Nachunternehmen noch viel entscheidender ist, langfristig genug Poliere zu haben.“ (L 1)

Ausbildung wird insgesamt als eine notwendige Investition angesehen; der unmittelbare Nutzen durch die produktive Arbeit der Auszubildenden wird eher als gering eingeschätzt. „Es ist nicht so, dass die Auszubildenden für uns günstige Handlanger auf den Baustellen sind; ganz im Gegenteil“ (L 2).

Im Widerspruch zu diesem Ziel steht die Tatsache, dass zumindest in zwei Unternehmen nur relativ wenige Auszubildende nach Ende der Ausbildung übernommen werden. „Von sechs Auszubildenden wird vielleicht einer übernommen. Wenn es zwei sind, ist das schon außergewöhnlich“ (L 2). Die Gründe für die geringe Übernahmequote sind sehr unterschiedlich. Zum einen wird angeführt, dass viele Auszubildende nach der Ausbildung nicht mehr im erlernten Beruf arbeiten (wollen) und andere Berufs- und Bildungswege einschlagen. „Um einen Mitarbeiter zu bekommen, muss man in der Regel schon drei Lehrlinge ausbilden“ (L 2). Zum anderen wird auch die mangelnde Bewährung einiger Auszubildender angeführt. Dies bezieht sich vor allem auf die Einsatzbereitschaft. „Es gibt Auszubildende, die haben morgens schon die Hände in den Taschen. Da sehe ich schwarz für ihre beruflichen Zukunftschancen“ (L 3). In einem Unternehmen wird mit den Auszubildenden zunächst nur ein Ausbildungsvertrag für den zweijährigen Beruf „Ausbaufacharbeiter“ abgeschlossen; erst bei einer Bewährung im zweiten Ausbildungsjahr wird eine Ausbildung im dritten Jahr zum „Trockenbaumonteur“ angeschlossen. Nach dem zweiten Lehrjahr sind die Auszubildenden ja Facharbeiter und wer da nicht spurt, bekommt das dritte Lehrjahr nicht“ (L 1).

Gleichzeitig gibt es aber auch relativ häufig die Situation, dass die im Unternehmen ausgebildeten Personen auch nach dem Ausscheiden aus dem Betrieb weiter als Nachunternehmer für den Ausbildungsbetrieb arbeiten.

> „Wir haben einigen auch dabei geholfen, sich selbstständig zu machen. Das war zu einer Zeit, als wir alle Monteure entlassen mussten; und da waren natürlich auch einige darunter, die wir am liebsten behalten hätten.“ (L 3)

> „Einige ehemalige Mitarbeiter, die wir ausgebildet haben, sind selbstständig. Die beschäftigen wir teilweise auch als Subunternehmer.“ (L 1)

Das legt die Vermutung nahe, dass die Ausbildung für die Unternehmen eine doppelte Funktion hat. Einerseits sollen zukünftige Baustellenführungskräfte für das eigene Unternehmen gewonnen werden. Und andererseits wird gleichzeitig auch ein Teil der im Rahmen der Bauausführung tätigen Nachunternehmen selbst ausgebildet.

6.4 Beurteilung der Ausbildungssituation und des Berufsbildes

Die Ausbildungsleistung der anderen Lernorte, Überbetriebliches Ausbildungszentrum und Berufsschule, wird kritisch geprüft und es wird teilweise auch darauf Einfluss genommen. So wird beispielsweise in einem Unternehmen berichtet, dass die Auszubildenden die Berufsschule wechseln mussten, als sich herausstellte, dass die Ausbildung dort nicht den Ansprüchen genügte. Gegenwärtig werden jedoch keine Mängel geäußert. Auch hinsichtlich der Ausbildungsinhalte und der Ausbildungsdauer besteht weitgehend Zufriedenheit. Es wird auch die Überzeugung geäußert, dass die Erstausbildung nicht durch neue Lerninhalte überfrachtet werden sollte. Stattdessen wird eine Verlagerung zusätzlicher Inhalte in die Fortbildung favorisiert.

> „Die Auszubildenden sollen erst einmal eine Sache richtig können (...) Wenn ich jemanden in den Bestand schicke, wo man vielleicht alles können sollte, kann ich nur den allerbesten Trockenbaumonteur schicken, der sich wirklich auskennt und nicht einen, der alles schon mal gesehen hat, in der Tiefe dann aber nicht weiterkommt, wenn er auf ein Problem stößt. Ich sage: Lieber richtig ausbilden und dann alles andere draufsatteln." (L 1)

7. Arbeitsorganisation

7.1 Hierarchieebenen und Arbeitsteilung

Die Arbeitsorganisation unterscheidet sich tendenziell in den drei Unternehmen. Allen drei Unternehmen ist gemeinsam, dass ein großer Teil der ausführenden Arbeiten an Nachunternehmen vergeben wird. Im Folgenden wird kurz die Arbeitsteilung für jedes der drei Unternehmen skizziert.

In einem Unternehmen erfolgt eine horizontale Arbeitsteilung in „Teams". Es gibt drei Teams, die jeweils aus einem „Projektleiter", einem „Abrechner", einem „bauleitenden Polier" und jeweils ca. fünf Vorarbeitern bestehen. Der bauleitende Polier erhält vom Technischen Leiter des Unternehmens die Baupläne und das Leistungsverzeichnis. Er weist wiederum einen Vorarbeiter in die Bauaufgabe ein. Auch der Vorarbeiter muss das Leistungsverzeichnis erfassen. Über die Auswahl eines Vorarbeiters für eine bestimmte Bauaufgabe entscheidet auch die Art des Auftrags. Teilweise spielt dabei der erlernte Beruf eine Rolle. Wenn beispielsweise Fußböden zu verlegen und Innentüren zu montieren sind, wird – falls die Auswahl besteht – eher ein Vorarbeiter eingesetzt, der über die Qualifikation eines Tischlers verfügt. Ein mindestens ebenso wichtiges Kriterium bei der Zuteilung der Aufgaben ist die Frage, „ob die Chemie zwischen Vorarbeiter und Architekt passt“ (L 3). Häufig äußern die Architekten einen Wunsch, mit welchem Vorarbeiter sie gern zusammenarbeiten möchten. Die Verteilung der Aufgaben zwischen den Vorarbeitern hängt darüber hinaus auch von der Größe der Baustelle ab. Einige Vorarbeiter führen ausschließlich kleinere Baustellen, auf denen nicht mehr als zehn Arbeitskräfte beschäftigt sind, während andere in der Lage sind, auch Baustellen mit bis zu dreißig Mitarbeitern zu führen.

Seit einigen Jahren werden in diesem Unternehmen gewerbliche Mitarbeiter ausschließlich auf der Vorarbeiterebene beschäftigt. Die Ausführung der Montagetätigkeit erfolgt durch Nachunternehmen. In der Zeit davor wurden sowohl eigene Monteure als auch Nachunternehmen parallel auf großen Baustellen beschäftigt. Die Vorarbeiter waren zu jener Zeit für beide Gruppen verantwortlich und arbeiteten auch selbst noch produktiv mit. Dadurch, dass gegenwärtig die Montagearbeiten nahezu ausschließlich von Nachunternehmen ausgeführt werden, wird die Notwendigkeit gesehen, dafür zu sorgen, dass langfristig diesbezügliche Qualifikationen im Unternehmen nicht verloren gehen. So werden beispielsweise zwei Vorarbeiter, die besonders gut spachteln können, auch deswegen beschäftigt, „damit wir zur Not auch selber noch was machen können“ (L 3).

Heute leiten die Vorarbeiter die Baustellen, weisen die Nachunternehmen an und arbeiten nur noch gelegentlich – „zu ca. 5%“ (M 3-1) – an der praktischen Ausführung mit. Die Vorarbeiter haben vor allem organisatorische Aufgaben. Sie führen die Gespräche mit den Architekten, bestellen das Material und führen auch gelegentlich arbeitsvorbereitende Tätigkeiten im Büro des Unternehmens aus. „Der Vorarbeiter ist der verlängerte Arm der Bauleitung“ (L 3).

Eine aktuelle Baustelle, auf der 35 Beschäftigte von Nachunternehmen tätig sind, wird von zwei Vorarbeitern geleitet. Während der eine Vorarbeiter die Montagearbeiten organisiert und die Materialbereitstellung regelt, ist der andere für die Koordination und die Absprachen mit dem Architekten und den anderen Gewerken zuständig. Grundsätzlich sind die Vorarbeiter für die Qualität der Arbeitsausführung auf den Baustellen verantwortlich.

Während die Vorarbeiter die Führung der Baustellen „vor Ort“ regeln, sind die „bauleitenden Poliere“, von denen es zwei im Unternehmen gibt, fast ausschließlich mit administrativen Arbeiten im Büro beschäftigt. Die Poliere sind in diese Position „ernannt“ worden, eine formelle Qualifikation über einen Polierlehrgang haben sie nicht erworben. Die bauleitenden Poliere übernehmen die Absprachen mit den Architekten und sind für die Vorbereitung und technische Leitung mehrerer Baustellen zuständig. Die Abgrenzung der Zuständigkeiten zwischen bauleitenden Polieren und Vorarbeitern ist variabel. Der Kompetenzbereich der Vorarbeiter reicht je nach individueller Qualifikation unterschiedlich weit; zum Teil gehen die Aufgaben zwischen bauleitenden Polieren und Vorarbeitern „fließend“ in einander über.

In einem anderen Unternehmen wird bewusst Wert auf eine möglichst flache Hierarchie gelegt. In diesem Unternehmen werden drei Ebenen mit klaren Aufgabenzuweisungen unterschieden:

- Die Unternehmensleitung besteht aus zwei Geschäftsführern und dem Technischen Leiter. „Diese Ebene trägt die Unternehmensverantwortung“ (L 2).
- Die zweite Ebene umfasst die Bauleiter, die Projektleiter und die „bauleitenden Monteure“. Der Bauleiter ist verantwortlich für die Abwicklung der Baustelle von der Kalkulation bis zur Abrechnung. Er hat bei großen Baustellen immer einen bauleitenden Monteur als „Pendant“, der vor Ort für die Umsetzung des Bauprojekts verantwortlich ist.

  „Der eine organisiert den Kontakt zum Auftraggeber, der andere organisiert die Baustelle. Die beiden tauschen sich regelmäßig aus und sind gewissermaßen wie ein Yin und Yang. Diese Ebene hat die Auftragsverantwortung.“ (L 2)
- Die dritte Ebene bilden die den Bau ausführenden Monteure. Sie werden vom bauleitenden Monteur angewiesen. „Diese Ebene hat die Produktverantwortung“ (L 2).

  „Mehr Ebenen wollen wir nicht; wir legen Wert auf eine möglichst flache Hierarchie“ (L 2).

Die Monteure arbeiten in Kolonnen, wobei jede Kolonne drei bis fünf Arbeiter umfasst. Der bauleitende Monteur teilt die Aufgaben innerhalb der Kolonnen ein.

Neben den Kolonnen werden Nachunternehmen mit den ausführenden Aufgaben beauftragt. Die Arbeiten teilen sich etwa je zur Hälfte zwischen den eigenen gewerblichen Mitarbeitern und den Nachunternehmen auf. „Das ist ein gesundes Verhältnis.“ (L 2). Es gibt einen festen Stamm an Nachunternehmen, auf den der Betrieb zurückgreift.

Auch im dritten Unternehmen werden im Wesentlichen drei Hierarchieebenen unterschieden. Ein technischer und ein kaufmännischer Leiter sowie drei Bauleiter (davon ist einer freiberuflich tätig) bilden die Führungsebene des Unternehmens. Auf der Ebene der Baustellenführung werden fünf Poliere bzw. „bauleitende Monteure“ beschäftigt, die keine formale Polierqualifikation erworben, zum Teil jedoch einen Vorarbeiterlehrgang absolviert haben. Die dritte Ebene bilden schließlich sieben ausführende Monteure im eigenen Unternehmen sowie – in Spitzenzeiten – bis zu 100 Beschäftigte von Nachunternehmen.

Der bauleitende Monteur erhält durch den Bauleiter eine Einweisung in die Bauaufgabe. Auf der Baustelle werden dann die Arbeiten an einzelne Teams und Nachunternehmen verteilt. In der Regel arbeitet auf den Baustellen jeweils ein Zweierteam der eigenen Monteure sowie je nach Bedarf eine unterschiedlich große Anzahl von Nachunternehmen. Gelegentlich werden die eigenen Monteure durch befristet beschäftigte Helfer unterstützt.

> „Theoretisch bräuchten wir keine Helfer. Aber wenn wir beispielsweise in der Urlaubszeit personell geschwächt sind, sind wir effektiver, wenn wir einen Monteur mit einem Helfer losschicken. Es muss aber nicht ein zweiter Trockenbaumonteur sein, um z.B. eine Platte zu halten." (L 1)

Die Nachunternehmen bearbeiten eigenständig einen bestimmten Teilbereich einer Baumaßnahme. Der bauleitende Monteur überwacht die Qualität der Arbeiten von den Nachunternehmen.

7.2 Tätigkeiten und Arbeitsabläufe

Tätigkeiten, die besonders häufig ausgeführt werden, sind nach Angabe der Mitarbeiter das Einbauen von Wänden und Decken, in der Regel unter Verwendung von Gipskartonplatten. Auch der Einbau von Innentüren ist eine regelmäßige Aufgabe; Türblätter werden „ab und zu" eingebaut; auch das Verlegen von Fußböden kommt „gelegentlich" vor. Sehr häufig werden die Tätigkeiten im Zusammenhang mit besonderen Brand- und Schallschutzanforderungen ausgeführt.

Die Mitarbeiter bekommen ihre Aufgaben meistens von den bauleitenden Polieren zugewiesen. Bei kleineren Baustellen, bei denen kein Polier vor Ort ist, werden die Arbeiten vor Baubeginn direkt vom Bauleiter angewiesen und erläutert. Bei größeren Aufträgen kennen die Mitarbeiter mehrere Tage im Voraus ihre Aufgaben; eine regelmäßige Einweisung ist dann nicht erforderlich. Die Einteilung der Mitarbeiter und die Besprechung der Arbeiten erfolgt in der Regel morgens vor Arbeitsbeginn im Baubüro.

> „Meistens bekommen wir die Zeichnung und dann wird darüber gesprochen, wie das ausgeführt werden soll. Wenn der Bauleiter nicht vor Ort ist, dann wird das auch telefonisch gemacht." (M 1-5)

Weitere Arbeitsbesprechungen finden dann informell während der Pausen statt.

> „Bei uns gibt es am Donnerstag immer eine Bauleiterbesprechung. Die Bauleiter fertigen dazu große Listen, auf denen die Zeitschiene, das Auftragsvolumen plus Nachtrag, bisherige Kosten, also der Rechnungsstand und der Abwicklungsstand des Objektes vermerkt werden. Danach besprechen die Bauleiter im Team, wie die Leute auf die Baustellen aufgeteilt werden. Dann obliegt es dem Bauleiter, den Leuten zu erklären, was zu tun ist und die Unterlagen an die Hand zu geben, die sie brauchen." (L 1)

In der Zusammenarbeit mit den Nachunternehmen findet auf den Baustellen in der Weise eine Arbeitsteilung statt, dass die Nachunternehmen vorwiegend die Massen- und Routinearbeiten durchführen, während die eigenen Mitarbeiter der

Unternehmen für anspruchsvolle Aufgaben und Detaillösungen zuständig sind. „Die Subs machen die Quadratmeter“ (M 2-3). Die Mitarbeiter arbeiten „neben“, nicht „mit“ den Nachunternehmen. Im Arbeitsprozess bestehen kaum Berührungspunkte mit den Nachunternehmen; allerdings findet ein kommunikativer Austausch zum Beispiel durch gemeinsame Pausen statt. Die Kontrolle der Nachunternehmen erfolgt durch die Bauleiter, teilweise auch durch die Vorarbeiter und die gewerblichen Arbeitskräfte.

7.3 Spezialisierungen

In allen drei Unternehmen wird betont, dass prinzipiell jeder Mitarbeiter auch alle anfallenden Arbeiten ausführen können muss. In der Arbeitsorganisation gibt es keine fachliche Spezialisierung; es herrscht die „Philosophie“ vor, dass Trockenbaumonteure grundsätzlich „Allrounder“ sein müssen. „Wir wollen den Mitarbeiter, der alle Aufgaben gleich gut durchführen kann“ (L 2). „Jeder muss im Prinzip jedes System beherrschen. Jeder muss sich überall reinarbeiten“ (L 3). Außerdem sind die Mitarbeiter gefordert, sich bei neuen, unbekannten Aufgaben auszutauschen und den Rat von Kollegen einzuholen.

Es gibt zwar Mitarbeiter, die für bestimmte Arbeiten besonders qualifiziert sind, zum Beispiel für das maschinelle Spachteln. Diese werden dann teilweise auch bevorzugt für diese Arbeiten eingesetzt. Dabei geht es allerdings immer nur um die Bedienung eines besonderen Geräts oder die Anwendung einer speziellen Arbeitstechnik. Grundsätzlich gilt, dass die Arbeit nicht nach fachlichen Spezialisierungen organisiert ist. „Es ist sicher so, dass man ein wenig danach schaut, wer spezielle Dinge schon häufig gemacht hat. Aber in der Regel können unsere Leute eigentlich alle alles“ (L 1). Es ist vor allem die Dauer der Berufserfahrung und nicht eine spezielle Aus- oder Weiterbildung, die darüber entscheidet, wer spezielle, anspruchsvolle Aufgaben ausführen kann. Allerdings gibt es hierbei auch (seltene) Ausnahmen. So werden zum Beispiel für Stuckarbeiten ausschließlich Mitarbeiter eingesetzt, die den Beruf des Stuckateurs gelernt haben.

Die Geltung des „Allrounder-Prinzips“ wird durch die Selbsteinschätzung der Mitarbeiter bestätigt.

> „Es gibt zwar Arbeiten, die mache ich nicht so gern; aber ich kann alles gleich gut.“ (M 2-2)
>
> „Es hat sich zwar herauskristallisiert, dass Einige bestimmte Arbeiten besser können als Andere – wir haben zum Beispiel welche, die perfekt spachteln können –, aber wir haben keine festen Teams für bestimmte Arbeiten.“ (M 1-3)
>
> „Im Trockenbau sollte man eigentlich alles können“ (M 1-7).

Die Orientierung am Qualifikationstypus „Allrounder“ führt auch in umgekehrter Weise dazu, dass es keine Arbeiten gibt, die einzelne Mitarbeiter wegen unzureichender oder unspezifischer Qualifikationen nicht ausführen (dürfen). Eine Ausnahme bilden lediglich neue Mitarbeiter, d.h. Berufsanfänger, die noch keine „Trockenbau-Erfahrung" besitzen. „Die gerade frisch dabei sind, die können natürlich noch nicht alles machen. Wenn die spachteln, geht es meistens in die Hose" (M 1-9). Dies gilt jedoch nur für eine sehr begrenzte Anfangszeit. „Irgendwann werden die aber auch hingeschickt und müssen zusehen, dass sie es allein hinbekommen, auch wenn es länger dauert" (M 1-1).

In zwei Unternehmen wird explizit betont, dass die Arbeitsorganisation nicht von der Qualifikation der Mitarbeiter abhängt, sondern es sich umgekehrt so verhält, dass alle Mitarbeiter dahingehend qualifiziert werden, damit die angestrebte Arbeitsorganisationsform („Alle machen Alles") umgesetzt werden kann. „Wenn ein Mitarbeiter eine Arbeitsaufgabe bisher noch nicht durchgeführt hat, wird er gezielt einem anderen Mitarbeiter zugewiesen, der damit schon Erfahrungen hat" (M 1-1). Es wird dabei offensichtlich eine Form des Imitationslernens angewendet, bei der die individuellen Fähigkeiten zwischen den Mitarbeitern ausgetauscht werden.

7.4 Auftragsvergabe an Nachunternehmen

In allen Unternehmen wird die produktive Arbeitsausführung auf den Baustellen in erheblichem Maße an Nachunternehmen vergeben. Der Umfang, in dem Nachunternehmen beschäftigt werden, schwankt zwischen den Unternehmen und hängt natürlich auch von den Aufträgen ab. Während ein Unternehmen fast zu 100% mit Nachunternehmen produziert, wird in einem anderen Unternehmen der durchschnittliche Anteil der Nachunternehmensleistung mit 50% angegeben.

Bei den Nachunternehmen handelt es sich in der Regel um Kleinstunternehmen aus verschiedenen Regionen Deutschlands; häufig werden gezielt Nachunternehmen aus Ostdeutschland beauftragt, da diese den Ruf haben, gut und günstig zu sein.

Die Qualität der Arbeit von Nachunternehmen wird insgesamt als äußerst unterschiedlich bewertet.

> „Es gibt sehr gute Subunternehmen mit zwei bis drei Beschäftigten und es gibt auch sehr viele Ich-AGs. (...) Es sind auch sehr schlechte Handwerker dabei und sehr unzuverlässige Leute." (L 1)

Grundsätzlich müssen die Nachunternehmen die Standards der befragten Unternehmen erfüllen. Hier gibt es allerdings keine formellen Vorgaben. „Dazu machen wir uns unser eigenes Bild" (L 2). In einem Unternehmen werden die Nachunternehmen allerdings auch regelmäßig bewertet.

Es gibt üblicherweise einen festen Stamm an zuverlässigen Nachunternehmen, mit denen die Betriebe langfristige Kooperationsbeziehungen pflegen. Häufig werden auch bei auswärtigen Baustellen die bekannten Nachunternehmen aus der eigenen Region beschäftigt, da diese als zuverlässig bekannt sind und es zum Teil schwierig ist, neue Nachunternehmen vor Ort zu gewinnen.

> „Unsere Stamm-Subunternehmen liefern gute Qualität; das ist bei Fremd-Subunternehmen nicht immer der Fall. Da fragt man sich manchmal, was für Leute auf die Baustelle gehen. Das kann jeder Heimwerker besser." (L 1)

Die formale Qualifikation der Nachunternehmer ist in der Regel nicht bekannt. „Die Nachunternehmer sind ja auch irgendwie Trockenbaumonteure – das hoffe ich zumindest" (L 1). Eine Bedingung für die Beschäftigung von Nachunternehmern ist, dass sie einen gültigen Sozialversicherungsausweis vorlegen und eine Mindestlohnbescheinigung ausstellen. „Sonst bekommen wir Ärger mit dem Zoll. Es gibt in diesem Bereich eine große Schattenwirtschaft" (L 1).

In der Regel herrscht ein gutes und kollegiales Verhältnis zwischen den (Vor)Arbeitern der Unternehmen und den Nachunternehmen. Es gibt teilweise auch freundschaftliche Beziehungen. Der gute Kontakt zu den Nachunternehmern ist insbesondere für die Vorarbeiter und Poliere wichtig, da diese in Situationen mit erhöhtem Arbeitskräftebedarf auf die Unterstützung durch Nachunternehmen angewiesen sind.

> „Da ist auch wieder der soziale Faktor wichtig. Gute Vorarbeiter haben einen großen Telefonspeicher mit Nachunternehmern, die sie bei Bedarf anrufen können." (L 3)

Die Mitarbeiter sehen in den Nachunternehmen allerdings auch eine unlautere „Billigkonkurrenz", die die Preise und die Löhne im Trockenbau verdirbt. Sie bemängeln, dass es zu viele unqualifizierte selbstständige Trockenbauer gibt. Da für die Selbstständigkeit im Trockenbau keine hohen Investitionen in Maschinen und Werkzeuge erforderlich sind, nutzen viele die Gelegenheit, der Arbeitslosigkeit durch die Gründung einer „Trockenbau-Ich-AG" zu entgehen.

> „Jeder Mensch, der arbeitslos wird, kann sich selbstständig machen als Trockenbauer. Der Vorteil ist, dass man kein teures Werkzeug braucht. Das sind dann aber meistens die Leute, die die Preise kaputt machen." (M 1-9)

> „Die Leute, die heute mit einer rostigen Wasserwaage und einem alten Akku-Schrauber auf die Baustelle kommen, machen uns die Preise kaputt." (M 1-1)

> „Das ist das Schlimmste; man sieht manchmal auch Vorarbeiter der Subunternehmen, die kommen zum Beispiel mit einem Akku-Schrauber für die Decke oder brauchen eine halbe Stunde, um die Zeichnung zu lesen. Die kann man eigentlich sofort wieder nach Hause schicken." (M 1-8)

Die Nachunternehmen stehen unter einem enormen Konkurrenzdruck.

> „Die größeren Subunternehmen gibt es bald gar nicht mehr, weil einerseits die wirtschaftliche Situation sehr schlecht ist und andererseits sehr große Trocken-

> bauunternehmen diese am ausgestreckten Arm verhungern lassen. Die zahlen zunächst zwei, drei Euro mehr als wir für eine Wand, finden dann aber tausend Gründe, um hinterher den Preis zu drücken. Die Subunternehmen pfeifen aus dem letzten Loch und sind nicht in der Lage, sich juristischen Rat zu holen. So sind schon viele platt gemacht worden. Die sind dann vom Markt verschwunden und kommen auch nicht wieder.“ (L 1)

In diesem Zusammenhang wird betont, wie schwierig die gegenwärtige Situation für seriöse Trockenbauunternehmen ist, weil ein häufig ruinöser Wettbewerbs- und Preisdruck in der Bauwirtschaft herrscht. „Wir versuchen im Kleinen ein wenig Sitte, Anstand und Qualität zu bewahren, alles das, was in der Bauwirtschaft verloren gegangen ist“ (L 1).

7.5 Zukünftige Entwicklung der Arbeitsorganisationsformen

In allen befragten Unternehmen wird davon ausgegangen, dass die Art der gegenwärtigen Arbeitsorganisation grundsätzlich auch in der Zukunft beibehalten wird. Dies trifft sowohl auf die innerbetriebliche Organisation mit den verschiedenen Hierarchiestufen und der praktizierten Arbeitsteilung zu, als auch auf den Umfang der Nachunternehmerbeschäftigung. Auch eine nennenswerte Spezialisierung oder Technisierung wird bezüglich der Trockenbauarbeiten nicht erwartet. Stattdessen wird davon ausgegangen, dass es nur graduelle Modifizierungen und Weiterentwicklungen, aber keine grundlegenden Änderungen geben wird.

8. Qualifikationen und Qualifikationsanforderungen

8.1 Qualifikationsanforderungen an die gewerblichen Arbeitskräfte

Als bedeutendste Qualifikationsanforderung wird von den Vertretern der Unternehmensleitungen und den Mitarbeitern unisono „handwerkliches Geschick“ genannt. Diese allgemeine Anforderung wird an Beispielen konkretisiert. „Man sollte wissen, wie man einen rechten Winkel anlegt“ (L 1). Zur handwerklichen Grundqualifikation gehört auch, dass vielseitige Fähigkeiten bezüglich des Umgangs mit Materialien, Werkzeugen und Bauelementen bestehen. Als Werkzeuge kommen vor allem Handbohrmaschinen und Akku-Schrauber, Wasserwaagen und Spachtelwerkzeuge zum Einsatz. „Wir sind vor allen Dingen noch hier, weil wir gute Handwerker sind“ (M 1-6).

Es wird hauptsächlich Gipskarton verarbeitet, bei Deckenkonstruktionen darüber hinaus auch Bleche und Aluminium. Da die Qualität einer fertigen Oberfläche aus Gipskarton (das „Finish“) im Wesentlichen von der Güte der Verspachtelung abhängt, kommt der Fähigkeit des Spachtelns eine hervorgehobene

Bedeutung zu. „Das wichtigste ist, dass der Mitarbeiter gut spachteln kann" (L 3). „Ein guter Trockenbauer unterscheidet sich von einem schlechten darin, wie die Oberfläche der fertigen Wand oder Decke aussieht" (L 3). Hinsichtlich der Qualität der Spachtelarbeiten wird die Qualifikation der Stuckateure allgemein etwas höher eingeschätzt, als die der Trockenbaumonteure.

Als eine weitere Voraussetzung wird die „körperliche Belastbarkeit" angeführt. Eine Besonderheit der Arbeit im Trockenbau besteht darin, dass man häufig „über Kopf" arbeiten muss. Dieses ist sehr anstrengend und bedarf einer gewissen Gewöhnung.

Als grundlegende Fähigkeiten werden Anpassungsfähigkeit an ständig wechselnde Aufgaben und Bedingungen genannt. „Im Trockenbau muss man vor allem über Improvisationsfähigkeit verfügen" (L 3). Dieses gilt beim Bauen im Bestand mehr als für den Neubau.

Trockenbaumonteure müssen darüber hinaus in der Lage sein, selbstständig auf einer Baustelle zu arbeiten.

> „Es sind ja nicht immer nur große Bürogebäude, wo ein Polier ständig vor Ort ist. Eine normale Trockenbaustelle ist auch die Sanierung in einer Schule oder einer Uni, wo zwei Monteure arbeiten. Da muss man davon ausgehen können, dass die wirklich selbstständig und zuverlässig arbeiten." (L 1)

Als wichtige kognitive Fähigkeiten werden mathematische Grundkenntnisse, vor allem das Rechnen mit Maßketten (Umrechnung von Maßeinheiten) und Flächenberechnungen genannt. Außerdem ist die Fähigkeit, Zeichnungen und Pläne zu lesen und zu erfassen bedeutsam.

> „Man muss vor allem Zeichnungen lesen können und Details erkennen können. Und wenn man einen Fehler entdeckt, muss man auch mal mit dem Architekten reden, ob man das nicht anders machen kann. Wenn ich keine Zeichnung lesen kann, habe ich den falschen Beruf." (M 1-7)

Die berufsfachlichen Qualifikationen werden nach den Aussagen von Mitarbeitern vor allem durch Erfahrungslernen und durch selbstständiges Arbeiten erworben.

> „Es bringt nichts, nur auf der Schule gewesen zu sein. Man muss Erfahrung haben, damit man auch auf das achtet, was nicht in der Zeichnung steht." (M 1-10)

> „Ich hatte den besten Lehrmeister. Früher habe ich geschimpft, heute bin ich ihm dankbar. Der hat mir kurz gesagt, was zu tun ist, hat mich alleine machen lassen und hat mir später gezeigt, was ich falsch gemacht habe. Aus Fehlern lernt man echt am meisten." (M 1-7)

Als soziale und personale Qualifikationsanforderungen („soft-skills") werden Einsatzbereitschaft, Ordnungssinn, Pünktlichkeit, Zuverlässigkeit, Bereitschaft zur Teamarbeit, gute Umgangsformen sowie Anstrengungsbereitschaft genannt. Diese Fähigkeiten werden eher als Persönlichkeitsfaktoren und weniger als in der Berufsausbildung erworben angesehen. „Man muss auch Freude an der Arbeit haben und nicht den ganzen Tag lustlos arbeiten" (M 1-1). Außerdem wird die Beherrschung der deutschen Sprache in Wort und Schrift als wichtig erachtet. In einem Unternehmen wird darüber hinaus betont, dass die Mitarbeiter die „Unternehmensphilosophie" übernehmen müssen.

Von den Mitarbeitern wird ein hohes Maß an Flexibilität verlangt. Sie müssen grundsätzlich bereit sein, „auf Montage" zu gehen und auch bei Bedarf Mehrarbeit zu leisten. Die Bereitschaft zur Mobilität spielt bei der Einstellung eine große Rolle und ist ein häufiges Kriterium dafür, dass Bewerber eine Beschäftigung im Trockenbau nicht aufnehmen oder beenden. Die im Rahmen der Internetpräsenz aufgeführten Referenzobjekte zeigen, dass alle drei Unternehmen Aufträge deutschlandweit und teilweise auch darüber hinaus ausführen. Insbesondere ein Unternehmen führt zahlreiche internationale Bauprojekte in den Ländern Österreich, Schweiz, Spanien, Serbien, Türkei und Großbritannien an. Dabei handelt es sich überwiegend um Hotels und Einkaufszentren, aber auch Theater und Konsulatsgebäude. Auch auf den Baustellen im Ausland wird nur mit deutschen Nachunternehmen gearbeitet. „Das sind unsere guten Nachunternehmen; die nehmen wir mit" (L 3).

Die gewerblichen Arbeitskräfte sind teilweise auch für die Anleitung und Kontrolle der Nachunternehmen zuständig.

> „Wir müssen Wände anlegen und alles, was aus der Zeichnung hervorgeht, ausmessen, so dass die anderen nur noch montieren müssen. Außerdem müssen wir auf andere aufpassen." (M 1-8)

Durch neue Bestimmungen, aber auch durch die besondere Rolle des Trockenbaus im Bauprozess, werden vielseitige und auch außerfachliche sowie berufsübergreifende Qualifikationen verlangt.

> „Es ist ja heute so, dass zum Beispiel durch die Energieeinsparverordnung oder durch neue Normen auch die Ansprüche in einem vordergründig recht einfachen Gewerbe, wie dem Trockenbau, steigen. Daher müssen die Mitarbeiter auch ständig weitergebildet werden und zwar nicht nur in den technischen, sondern auch in anderen Kompetenzen, wie Engagement, Kreativität, Selbstbewusstsein, Verantwortungsübernahme etc. Unser Handwerk muss immer in Abstimmung und Absprache mit anderen Gewerken auf der Baustelle arbeiten und immer in der Phase, wo der Bau kurz vor Fertigstellung ist. Die Tätigkeiten der Elektriker, der Installateure, der Fußbodenleger und der Maler sind immer unmittelbar mit unserer Arbeit verbunden. Die Koordination dieser Gewerke obliegt häufig uns. Das setzt voraus, dass die Mitarbeiter dafür auch ein Gefühl entwickeln; das heißt insbesondere: Verantwortungsübernahme." (L 2)

> „Wir sind die ersten, die kommen und die letzten, die gehen. Wir müssen einen Überblick über das gesamte Projekt haben" (M 1-3).

Ein Interviewpartner der Unternehmensleitungsebene beschreibt die spezifischen Anforderungen im Trockenbau wie folgt:

> „Die Kunst im Trockenbau besteht in einer gelungenen Kombination aus Geschwindigkeit und Qualität. Das ist das Schwierigste. Wir hatten Leute, die haben eine Super-Qualität abgeliefert; aber die haben zu lange gebraucht, da war die Baustelle immer im Minus. Und dann hatten wir Leute, die waren schnell fertig, aber dann hat sich der Architekt beschwert und es musste alles wieder abgerissen werden." (L 3)

Diese Balance zwischen schnellem und gutem Arbeiten ist auch das zentrale Kriterium zur Beurteilung der Qualität von Nachunternehmen.

Die genannten Qualifikationsanforderungen gelten für alle Mitarbeiter gleichermaßen; es gibt keine „einfachen" Tätigkeiten, für die auch eine geringere Qualifikation ausreichend wäre. Auch die Nachunternehmen müssen über die grundlegenden handwerklichen Qualifikationen verfügen, um die Qualitätsansprüche erfüllen zu können.

> „Den Nachunternehmen bringt man Qualität bei, indem man schlechte Arbeit wieder abreißen lässt. Wenn die Nachunternehmer zwei Wände wieder einreißen müssen, wird die dritte wohl rechtwinklig sein." (L 1)

Dabei werden ungenügend qualifizierte Nachunternehmen, die nicht die geforderte Qualität erbringen, aus dem Markt gedrängt.

8.2 Qualifikationsanforderungen an Vorarbeiter und Poliere

Ein Großteil der gewerblichen Mitarbeiter in den drei Unternehmen erfüllt eine Vorgesetztenfunktion – insbesondere für die Nachunternehmen. Für diesen Personenkreis gelten besondere Qualifikationsanforderungen hinsichtlich der Führung von Mitarbeitern und der Organisation von Baustellen.

> „Der Vorarbeiter darf gegenüber den Nachunternehmen nicht zu hart sein, sonst laufen sie ihm davon. Er darf aber auch nicht zu weich sein und muss klare Anweisungen geben." (L 3)

> „Mitarbeiter, die Poliere werden wollen, müssen sehr sorgfältig sein und auch ein bisschen Durchsetzungsvermögen haben." (L 1)

Von den Baustellenführungskräften wird auch ein sicheres und angenehmes Auftreten – vor allem gegenüber Architekten – erwartet. Eine weitere wichtige Voraussetzung ist die Fähigkeit und Bereitschaft „zum Schreiben und Lesen" (L 1). Vorarbeiter und Poliere müssen in der Lage sein, Fehler oder Unklarheiten in den Plänen und Leistungsverzeichnissen sofort zu erkennen. Dazu ist in der Regel eine langjährige Berufserfahrung erforderlich. Häufig sind wichtige Details nicht im Leistungsverzeichnis oder in den Zeichnungen aufgeführt, zum Beispiel die Lage von Dehnungsfugen, Führungen für Jalousien etc. In solchen Fragen, muss der Vorarbeiter den Architekten ansprechen und er muss auch erkennen, dass ein Nachtrag zu stellen ist.

Allerdings werden einige Anforderungen, die üblicherweise an die Führungskräfte gestellt werden, auch schon von den ausführenden Arbeitskräften erwartet. Insbesondere auf kleineren Baustellen tragen sie die Verantwortung dafür, dass die vertraglich vereinbarte Leistung – und nur die vertraglich vereinbarte Leistung – erbracht wird.

> „Alle Mitarbeiter sollten sich mit der VOB (Verdingungsordnung für Bauleistungen – d.V.) auskennen. Auch die Monteure sollten wissen, was Nebenleistungen sind und was nicht. Wenn man dem Architekten und dem Bauherrn nicht frühzeitig erklären kann, was Zusatzleistungen sind und das nicht schriftlich festgehalten wird, verliert man auch eine Menge Geld. (...) Wenn eine Zweiergruppe Monteure auf eine Baustelle kommt, müssen sie auch wissen, wie die Leistungsbeschreibung aussieht und welche zusätzlichen Leistungen extra zu vergüten sind. Das ist noch ein wenig Neuland und muss geschult werden.“ (L 1)

In allen Unternehmen werden die Baustellenführungskräfte in der Regel aus dem eigenen Mitarbeiterstamm rekrutiert. Auswahlkriterien sind vor allem Engagement und Weiterbildungsbereitschaft. In einem Unternehmen wird ein so genanntes „E-Profiling“ von (potenziellen) Führungskräften erstellt. Es gibt einen „Coach“, der das Unternehmen kontinuierlich im Bereich der Kompetenzentwicklung der Mitarbeiter berät. Dieser wendet ein internetgestütztes Testverfahren an, mit dem die Kompetenzen der Mitarbeiter, wie zum Beispiel deren Selbstorganisationsfähigkeit, Engagement, Kreativität und Teamfähigkeit ermittelt werden. „Das gibt uns auch wichtige Hinweise darauf, wo der Einzelne weitergebildet werden muss“ (L 2).

Auch in einem anderen Unternehmen werden die zukünftigen Poliere durch Mitarbeitergespräche gezielt gefördert. Dazu gehört auch eine intensive Auswertung der Bauprojekte, „(...) was nicht läuft und was man besser machen kann“ (L 1).

8.3 Zukünftige Entwicklung der Qualifikationsanforderungen

Die Beurteilung der Qualifikationsentwicklung ist unterschiedlich. In zwei Unternehmen wird davon ausgegangen, dass die zukünftigen Qualifikationsanforderungen im Niveau etwa gleich bleiben werden. Lediglich sei eine Anpassung an neue Normen, bedingt durch den Prozess der europäischen Einigung, erforderlich.

In einem anderen Unternehmen wird erwartet, dass zukünftig noch mehr „integrierende Leistungen“ erbracht werden müssen. Das heißt, dass die Trockenbauunternehmen zunehmend koordinierende Funktionen erhalten und bei größeren Ausbauvorhaben die Steuerung der verschiedenen Gewerke übernehmen müssen.

Außerdem wird die Notwendigkeit zunehmen, sehr flexible Leistungen anbieten zu können und sowohl große, komplexe Baumaßnahmen, als auch kleine Aufträge gleichermaßen ausführen zu können.

> „Es muss sowohl in der Stadtvilla der komplette Umbau des Gäste-WCs im Eingangsbereich behindertengerecht umgesetzt werden können, als auch die Büroetage mit 500 qm Fläche ausgebaut werden können. Dafür brauchen wir Mitarbeiter, die so flexibel einsetzbar sind." (L 2)

Die Qualifikationsanforderungen werden hier insgesamt als weiterhin steigend eingeschätzt.

8.4 Ausbildungs- und Erwerbsbiographien der Beschäftigten

Die Daten zu den Ausbildungs- und Erwerbsbiographien der Mitarbeiter wurden zunächst in Form eines standardisierten Formulars erfasst und später von den Mitarbeitern im Interview erläutert. Insgesamt wurden 30 Personen befragt. Die folgenden Tabellen zeigen im Überblick die Schulabschlüsse und Ausbildungsberufe sowie die Dauer der Betriebszugehörigkeit.

Mehr als die Hälfte der befragten Mitarbeiter hat einen Hauptschulabschluss. Das Verhältnis der Schulabschlüsse bei den Mitarbeitern entspricht ziemlich exakt den Daten für die Auszubildenden zum Trockenbaumonteur in Deutschland insgesamt. Dabei ist zu berücksichtigen, dass die meisten Mitarbeiter schon einige Jahre in ihren Betrieben arbeiten und der Zeitpunkt ihrer Schulabschlüsse zum Teil zwanzig Jahre und länger zurückliegt (vgl. Tab. 6).

Tab. 6: Schulabschlüsse der befragten Mitarbeiter

Schulabschluss	Mitarbeiter
Ohne Schulabschluss	1
Hauptschulabschluss	17
Realschulabschluss	10
Fachabitur/Abitur	1
Sonstige	1
Gesamt	*30*

Quelle: Eigene Erhebung

Von den 30 befragten Mitarbeitern verfügen 28 über eine abgeschlossene Berufsausbildung. Die Beschäftigung Ungelernter ist in diesen Unternehmen die große Ausnahme. Dem entspricht die Einschätzung, dass Personen ohne Berufsausbildung aktuell so gut wie keine Einstellungschancen haben. Die beiden Mitarbeiter ohne Berufsausbildung arbeiten schon sehr lange in ihren Unternehmen und haben aufgrund ihrer ca. 20-jährigen Praxiserfahrung im Trockenbau im Betrieb den Status eines Facharbeiters. Den Beruf Trockenbaumonteur haben acht Personen gelernt. Trockenbaumonteur ist dabei nicht immer der Wahlberuf. Auch Mitarbeiter, die diesen Beruf erlernt hatten, geben an, dass sie eigentlich einen anderen Beruf erlernen wollten, aber keinen entsprechenden Ausbildungsplatz gefunden haben. Die überwiegende Mehrheit hat eine handwerkliche Ausbildung in einem Beruf des Bauhaupt- oder Baunebengewerbes. Die Berufe mit den häufigsten Nennungen sind Maurer (sechsmal) und Tischler (fünfmal). Daneben findet sich aber auch ein breites Spektrum an weiteren Ausbildungsberufen aus dem Metall- und Elektrohandwerk (vgl. Tab. 7). Alle Mitarbeiter äußern sich in den Gesprächen dahingehend, dass sie durch ihre vorausgegangenen Berufsausbildungen hinreichend und gut auf die Tätigkeiten im Trockenbau vorbereitet sind.

Tab. 7: Ausbildungsberufe der befragten Mitarbeiter

Berufsausbildung	Mitarbeiter
Maurer oder Ausbaumaurer	7
Hochbaufacharbeiter	1
Tischler	5
Zimmerer	1
Schlosser	2
Dreher	1
Stuckateur	2
Trockenbaumonteur	8
Elektromonteur	1
Isoliermonteur	1
Kfz-Mechaniker	1
Keine Berufsausbildung	2
Gesamt	*30*

Quelle: Eigene Erhebung

Viele der befragten Mitarbeiter sind schon seit vielen Jahren in ihren Unternehmen tätig (vgl. Tab. 8). Da in den letzten Jahren nur vereinzelt Neueinstellungen vorgenommen wurden, handelt es sich überwiegend um Mitarbeiter, die über die Strukturkrise und die Zeiten der Arbeitskräftefreisetzung hinweg weiterbeschäftigt wurden.

Die Verteilung der Mitarbeiter auf die Altersgruppen zeigt eine etwa gleichmäßige Verteilung zwischen den 20- bis 30-jährigen und den 30- bis 40-jährigen. Den höchsten Anteil haben die 40- bis 50-jährigen Mitarbeiter. Nur zwei von

Tab. 8: Dauer der Betriebszugehörigkeit

Betriebszugehörigkeit	Mitarbeiter
Seit 1 Jahr	2
1 bis unter 11 Jahren	8
11 bis unter 21 Jahren	13
21 Jahre und länger	3
keine Angabe	4
Gesamt	*30*

Quelle: Eigene Erhebung

30 befragten Mitarbeitern sind älter als 50 Jahre. Das deutet daraufhin, dass nur wenige Mitarbeiter in den Trockenbauunternehmen ihre Tätigkeit bis zum Eintritt in das Rentenalter ausüben.

Die Dauer der Einarbeitungszeit wird von den Mitarbeitern sehr unterschiedlich eingeschätzt. Der Übergang von der Einarbeitung zur vollen Leistungsfähigkeit für Trockenbauarbeiten vollzieht sich fließend und nicht punktuell; es gibt kein formales Ende einer Einarbeitungsphase. Viele Mitarbeiter hatten daher Schwierigkeiten, hier eine eindeutige Aussage zu treffen.

8.5 Zusammenhänge zwischen Qualifikationen des Ausbildungsberufs und der Tätigkeit im Trockenbau

Es gibt nach Einschätzung der Befragten kaum einen signifikanten Unterschied in den Qualifikationen zwischen den gelernten und den angelernten Trockenbaumonteuren. Dies ist auch darin begründet, dass die meisten Mitarbeiter langjährige Erfahrungen im Trockenbau haben. Die Dauer der Berufserfahrung ist daher eine entscheidende Größe für die Qualifikation. „Im Trockenbau kommt es vor allem darauf an, Erfahrung gesammelt zu haben“ (L 3). Dementsprechend sind nach einer längeren Arbeitspraxis angelernte und ausgebildete Trockenbaumonteure hinsichtlich ihrer Fähigkeiten nicht mehr zu unterscheiden. „Diese Angelernten kann man heute über die Jahre schon als Trockenbaumonteure bezeichnen. Wir hatten früher fast nur Angelernte. Wenn sie Maurer, Tischler oder Zimmermann waren, war es etwas leichter, aber die Alten – viele sind schon in Rente – hatten in ihrer Lehre nie etwas von Trockenbau gehört“ (L 1).

Die Frage, ob gelernte Trockenbaumonteure grundsätzlich eine höhere Qualifikation für diese Arbeiten aufweisen, als Mitarbeiter mit anderen Ausbildungsberufen, wird von den Mitarbeitern kontrovers erörtert. Einerseits wird betont, dass der ausgebildete Trockenbaumonteur über eine höhere Fachkompetenz und spezifische Detailkenntnisse verfügt. Auch im Hinblick auf Arbeitsqualität und Sorgfalt der Ausführung werden ihnen bessere Ergebnisse zugestanden. Diese Unterscheidung gilt jedoch nur für den Beginn der Tätigkeitsaufnahme im Trockenbau. Nach einigen Jahren gelten diese Unterschiede als nicht mehr erkennbar.

Einige Mitarbeiter verweisen auf handwerkliche Grundqualifikationen, die sie in anderen Berufen erworben haben und in der jetzigen Tätigkeit nutzen können. Ein gelernter Schlosser äußert beispielsweise: „In der Ausbildung hat man ein gewisses handwerkliches Geschick erworben. Man weiß zum Beispiel, wie man Werkzeuge gebraucht“ (M 1-1). Zu den „handwerklichen Schlüsselqualifikationen“ gehören auch kognitive Fähigkeiten.

> „Jemand, der eine handwerkliche Ausbildung gemacht hat, hat ein grundsätzliches Know-how, er verfügt über ein logisches technisches Denken und weiß, wie er an eine Aufgabe herangehen muss.“ (M 1-4)

Weitere allgemeine Qualifikationen, die aus der handwerklichen Ausbildung in verschiedenen Berufen im Trockenbau genutzt werden können, sind zum Beispiel das Lesen von technischen Zeichnungen sowie der Umgang mit bauspezifischen Werkzeugen und Materialien. Neben diesen allgemeinen Qualifikationen, werden auch spezielle Qualifikationen angeführt, die im Trockenbau zur Anwendung kommen.

Eine große Affinität besteht nach Einschätzung eines Mitarbeiters zwischen den Schalungsarbeiten eines Zimmerers und dem Trockenbau.

> „Einschalung war eigentlich dasselbe wie Trockenbau: Wände bauen, Wände anlegen (...); nur, dass man als Zimmerer die Wände, also die Schalung, hinterher wieder abgerissen hat.“ (M 3-1)

Mitarbeiter, die den Beruf Maurer erlernt haben, geben an, dass sie eine besondere Qualifikation zum Durchführen von Kernbohrungen haben und auch für solche Arbeiten bevorzugt herangezogen werden. Auch werden bei Sanierungsarbeiten teilweise Maurer- und Putzarbeiten durchgeführt. Ein Mitarbeiter, der in der ehemaligen DDR den Beruf „Ausbaumaurer“ erlernt hatte, sieht diese Ausbildung zu großen Teilen als äquivalent zum Beruf des Trockenbaumonteurs an.

Gelernte Metallfacharbeiter (Dreher und Bauschlosser) nennen die Fähigkeiten zum besonders exakten und präzisen Arbeiten als eine wesentliche Kompetenz, die sie im Rahmen ihrer Erstausbildung erworben haben und von der sie heute profitieren.

Ein gelernter Tischler verweist auf seine spezifischen Fähigkeiten beim Fußbodenverlegen und bei der Bearbeitung von Gipskarton-Formteilen.

Schließlich können auch fachunspezifische berufliche Vorkenntnisse genutzt werden. So verweist ein Mitarbeiter, der zuvor als LKW-Fahrer gearbeitet hatte, darauf, dass er den großen LKW des Unternehmens fahren kann.

Bei manchen Arbeiten im Trockenbau können die Qualifikationen eines Tischlers besonders gut eingesetzt werden, zum Beispiel bei aufwändigen und anspruchsvollen Konstruktionen; ebenso bei der Montage von Türen. Für die spezifischen Qualifikationen der einzelnen Berufe spielt das verarbeitete Material eine große Rolle.

> „Ein Schlosser wird sicherlich sehr viel besser sein, wenn es um Arbeiten im Metallbereich geht, da kennt er sich einfach besser aus. Tischler und Zimmerleute sind besser, wenn es um den Dachgeschossausbau geht. Die Materialien unterscheiden sich halt ein bisschen.“ (L 1)

Diese Unterschiede werden jedoch durch gemeinsame Weiterbildungen überwunden.

> „Es gibt ja auch für uns immer wieder Neues. Dann ist es für alle so – auch für einen geschulten Trockenbaumonteur – da lassen wir uns von den Herstellern einen Einweiser kommen. Dabei unterscheidet es sich wirklich nicht, ob es sich um einen Angelernten oder einen, der Trockenbau gelernt hat, handelt, sondern nur, ob jemand bereit ist, dem zuzuhören, was der Einweiser sagt.“ (L 1)

Dass es dennoch Unterschiede in der Behandlung von gelernten und angelernten Trockenbaumonteuren gibt, zeigt sich jedoch in der Aussage, dass im Falle notwendig werdender Entlassungen tendenziell die Trockenbaumonteure bessere Chancen auf eine Weiterbeschäftigung hätten.

9. Fort- und Weiterbildung

9.1 Betriebliche Weiterbildung

Die betriebliche Weiterbildung spielt in den befragten Unternehmen eine große Rolle. Hier werden vor allem die fachlichen Kenntnisse und Fertigkeiten erworben beziehungsweise gefördert. Die Weiterbildung ist offensichtlich auch deshalb von großer Bedeutung, da die gewerblichen Mitarbeiter nur selten eine trockenbauspezifische Erstausbildung durchlaufen haben. In den Unternehmen herrscht überwiegend die „Philosophie“ vor, dass insbesondere die neuen Mitarbeiter noch nicht die volle Qualifikation mitbringen (müssen), sondern, dass die für die Tätigkeit im Unternehmen wesentlichen Fähigkeiten im Betrieb gezielt erworben werden. Die grundlegenden handwerklichen Kenntnisse und Fertigkeiten bringen die Mitarbeiter aus ihren jeweiligen Ausbildungsberufen mit; die fachliche Spezialisierung erfolgt dann im Betrieb und unterstützt durch entsprechende Weiterbildungsangebote.

Zusätzliche Weiterbildungen finden vor allem in Form von Herstellerschulungen statt. In diesem Zusammenhang werden Angebote zu Akustikdeckensystemen, Wandsystemen, Akustikputzen, Trockenestrich, Dämmsystemen und luftdichten Verklebungen angeführt. Außerdem werden durchgeführte Weiterbildungen zu fachspezifischen Themen, wie zum Beispiel Brandschutz sowie der Besuch von Erste-Hilfe-Lehrgängen genannt. Die Schulungen finden häufig an einem Nachmittag, teilweise auch über zwei Tage an einem Wochenende statt.

In zwei Unternehmen fand am Tag der Interviews eine innerbetriebliche Weiterbildung statt. In dem einen Unternehmen wurden die gewerblichen Mitarbeiter zu den Inhalten der VOB und zum Nachtragswesen durch einen externen Experten geschult.

Im anderen Unternehmen hatte der Interviewer die Möglichkeit an der Weiterbildungsveranstaltung teilzunehmen. In diesem Unternehmen wird regelmäßig, einmal monatlich für alle Mitarbeiter (sowohl für die kaufmännischen als auch für die gewerblichen, zum Teil gemeinsam, zum Teil nach Themen getrennt) eine Weiterbildung durchgeführt. Dabei ist die Form der Weiterbildungsorganisation bemerkenswert. Alle Mitarbeiter werden systematisch – sowohl als Lernende als auch als Lehrende – in die Weiterbildung eingebunden. An dem Tag der Untersuchung wurden beispielsweise zunächst durch die Unternehmensleitung allgemeine Informationen zur Krankenstandsentwicklung im Unternehmen gegeben. Es folgte eine Erläuterung von Teilen des neu entwickelten Qualitätshandbuchs des Unternehmens durch einen technischen Angestellten. Zwei gewerbliche Mitarbeiter stellten darüber hinaus neue EU-konforme Kennzeichnungen von Gipskartonplatten vor und erklärten deren Bedeutung. Die aktive Einbindung der Mitarbeiter in die Weiterbildung verfolgt das Ziel, neben den fachlichen auch die kommunikativen Fähigkeiten der Mitarbeiter zu fördern.

> „Die Mitarbeiter müssen zum Beispiel auch Rhetorik lernen. Sie müssen lernen, selbstbewusst aufzutreten. Sie müssen einem Architekt gegenüber vertreten, wenn sie von einer geplanten Lösung nicht überzeugt sind und alternative Vorschläge äußern." (L 2)

Neben dieser regelmäßigen betriebsinternen Weiterbildung werden in diesem Unternehmen auch Herstellerschulungen durchgeführt. Darüber hinaus wird einmal jährlich ein „Zukunfts-Workshop" organisiert. Auch Mitarbeitergespräche sind hier fester Bestandteil der Personalentwicklung. „Dabei geht es vor allem darum, zu sehen, wie die persönlichen Ziele der Mitarbeiter zu den Zielen des Unternehmens passen" (L 2). In diesem Unternehmen wird offenkundig eine systematische Qualitätsentwicklung durch einen kontinuierlichen Verbesserungsprozess angestrebt und das Konzept eines „lernenden Unternehmens" nachdrücklich verfolgt.

> „Unser Konzept ist: Wir wollen den Mitarbeitern ein hohes Maß an Verantwortung geben und qualifizieren sie dafür, dass das funktioniert. Wir wollen, dass die Mitarbeiter möglichst selbstständig handeln; dafür müssen wir ihnen Vertrauen schenken und Verantwortung übertragen. Das ist unsere Philosophie." (L 2)

Lediglich in einem Unternehmen wird selbstkritisch bemängelt, dass es gegenwärtig zuwenig betriebliche Weiterbildungsangebote gibt. Als Begründung werden organisatorische Probleme genannt. Da viele Mitarbeiter auf auswärtigen Baustellen arbeiten oder eine sehr starke, zeitliche Arbeitsbelastung haben, lassen sich kaum Termine für eine Weiterbildung festlegen.

9.2 Aufstiegsfortbildung

Im Unterschied zur betrieblichen Weiterbildung spielt die Aufstiegsfortbildung hingegen nur eine untergeordnete Rolle. Die in den Unternehmen beschäftigten Poliere, Werkpoliere und Vorarbeiter haben in der Regel keine entsprechenden Fortbildungsgänge besucht; allenfalls sind Vorarbeiterlehrgänge von einigen Baustellenführungskräften absolviert worden. Als Grund für die Zurückhaltung beim Besuch von Fortbildungsgängen werden deren Dauer und die damit verbundenen Kosten angeführt.

> „Unsere Poliere haben die Qualität – ich spreche bewusst von Qualität und nicht von Qualifikation – eine Führungsposition auf der Baustelle einzunehmen. Von denen hat keiner einen Polier- oder Werkpolierlehrgang besucht. Diese Lehrgänge sind ja so lang und wir können die Leute nicht so lange entbehren. Wir haben schon ein Problem mit dem Vorarbeiterkurs, der über vierzehn Tage geht.“ (L 1)

9.3 Weiterbildungsbedarf

Ein permanenter Weiterbildungsbedarf besteht in den Unternehmen hinsichtlich neuer Techniken, Materialien, Arbeitsverfahren und Richtlinien. „Die Technik wird permanent anspruchsvoller“ (M 2-1). Außerdem besteht ein ständiger Schulungsbedarf im Hinblick auf die Weiterentwicklung der Führungskompetenzen sowie der Fähigkeit zur Kommunikation mit Architekten und Nachunternehmen. Dabei stehen konkrete Alltagsprobleme im Vordergrund: „Wie kriege ich meinen Nachtrag durch; wie kann ich den Architekten von meinen Vorstellungen überzeugen ohne ihn zu verprellen“ (L 3).

An dem bestehenden Weiterbildungsangebot, das überwiegend Herstellerschulungen umfasst, wird dessen enge und zweckgerichtete Ausrichtung bemängelt. „Der Händler bietet ja nur Weiterbildung dazu an, was er auch verkaufen möchte“ (M 1-2). Daher wird auch eine unabhängige Information über neue technische Entwicklungen gewünscht.

Die Mitarbeiter äußern das Bedürfnis, durch kontinuierliche Weiterbildungen „auf dem Laufenden“ zu bleiben. Neue Entwicklungen sollten möglichst frühzeitig in der Weiterbildung aufgegriffen werden. Ein Weiterbildungsbedarf besteht nach Aussagen der Mitarbeiter zu den Inhalten Brandschutz, Wärmeschutz, Schallschutz sowie zu neuen Wand- und Deckensystemen. Ein Mitarbeiter äußert den Wunsch, einen Polierlehrgang zu besuchen.

10. Veränderungen der letzten Jahre und Zukunftserwartungen

Als wesentliche Veränderung innerhalb der Branche werden die stark gesunkenen Preise und der gestiegene Konkurrenzdruck genannt. „Das Investitionsvolumen in der Baubranche ist über zwölf Jahre lang kontinuierlich kleiner geworden. Viele Mitbewerber sind inzwischen nicht mehr am Markt" (L 2). In der Folge wird auch eine sinkende Qualität beklagt. In dieser Situation verfolgen die befragten Unternehmen eine Gegenstrategie, die bewusst auf einen hohen Qualitätsstandard der Produkte und eine hohe Qualifikation der Mitarbeiter setzt. „Dadurch sind andere Preise erzielbar, dadurch können Tariflöhne gezahlt werden und dadurch ist die Motivation der Mitarbeiter höher" (L 2).

Im Zusammenhang mit der schwierigen Marktsituation in den vergangenen Jahren wird auch eine zunehmende Verdichtung der Arbeit sowie der gestiegene Zeit- und Leistungsdruck gesehen. „Die Arbeit ist viel stressiger geworden. Wir haben viel mehr Bauvorhaben als früher" (M 3-1). „Man muss immer schneller fertig werden" (M 1-6). Gleichzeitig beklagen die Mitarbeiter ein stagnierendes Lohnniveau. „Geld kann man mit der Arbeit nicht mehr verdienen" (M 1-8).

In den letzten Jahren haben sich auch die Qualifikationsanforderungen verändert und sind insgesamt gestiegen. Es sind höhere technische Standards, beispielsweise zum Brandschutz und anspruchsvollere Kundenerwartungen zu erfüllen. Die Dokumentation der Arbeiten ist aufwändiger geworden („Schreibarbeiten sind mehr geworden"), auch werden heute Digitalkameras zur fotografischen Dokumentation eingesetzt. Höhere Anforderungen gibt es insbesondere hinsichtlich des Brandschutzes sowie der geforderten Oberflächengüte bei Wänden und Decken.

Eine weitere zentrale Veränderung der letzten Jahre ist die zunehmende Ausführung der Arbeiten durch Nachunternehmen. Diese Entwicklung führt zu neuen Anforderungen vor allem an die Vorarbeiter und Poliere, da die Koordination und die Absprachen der Arbeiten wesentlich aufwändiger geworden sind.

Für die Zukunft wird ein weiterhin zunehmender Wettbewerbsdruck erwartet. Bezüglich der Arbeitsorganisationsformen und der Art der Tätigkeiten werden keine prinzipiellen Veränderungen erwartet. Allerdings wird die Hoffnung geäußert, dass die Qualität der Facharbeit zukünftig wieder höher geachtet und bewertet wird, dass die unqualifizierten „Billiganbieter" vom Markt verschwinden und, dass die Preise für Bauleistungen wieder steigen.

Weiterhin wird erwartet, dass es zunehmend schwierig sein wird, qualifizierte Fachkräfte zu finden. Ein Facharbeitermangel zeichnet sich teilweise schon jetzt ab.

> „Im Sommer, wenn es immer viel zu tun gibt – wegen der Schulen usw. – haben wir schon zwei ganz dramatische Jahre hinter uns, in denen wir eingestellt hätten

(...) Da kann man aber die ganze Republik rauf und runter absuchen, man findet keinen.“ (L 1)

Als eine Ursache für den Facharbeitermangel wird der Preisdruck genannt, der auf die Nachunternehmen ausgeübt wird und dazu geführt hat, dass viele Personen der Branche den Rücken gekehrt haben. „Durch die schlechte Behandlung der Nachunternehmen, sind viele vom Markt verschwunden. Daher kommt letztlich auch unser Facharbeitermangel“ (L 1).

Gleichzeitig werden gute Zukunftsaussichten für den Beruf des Trockenbaumonteurs und die Branche prognostiziert. „Der Trockenbaumonteur ist ein zukunftsträchtiger Beruf, wenn man an die anstehenden Sanierungen und das Bauen im Bestand denkt“ (L 1).

11. Zusammenfassung und Auswertung

Im Rahmen der Studie sind zunächst Informationen und Daten zur Beschäftigung und zur Ausbildung im Trockenbau aus der Literatur und dem Internet ausgewertet worden. Außerdem wurden Erhebungen und Interviews in drei Unternehmen der Branche durchgeführt. Zur Vorbereitung der Interviews dienten standardisierte Formblätter, auf denen die Unternehmen zunächst Daten zu den Tätigkeitsfeldern und zu den Beschäftigungsstrukturen übermittelten. In leitfadengestützten Interviews wurden anschließend fünf Vertreter der Unternehmensleitungen sowie in jedem Unternehmen zehn gewerbliche Arbeitskräfte vor allem zu den Qualifikationen und dem Qualifizierungsprozess der Mitarbeiter, zu den Qualifikationsanforderungen im Trockenbau sowie zur betrieblichen Arbeitsorganisation befragt. Ziel der Untersuchung war es, Erkenntnisse darüber zu gewinnen,

- in welchem Umfang und in welcher Weise an- und ungelernte Arbeitnehmer in der Bauproduktion im Trockenbau beschäftigt werden,
- wie der Prozess ihrer Qualifizierung verläuft,
- welche Rolle vorab erworbene Kompetenzen bei der Auswahl von Arbeitskräften und deren betrieblichem Einsatz spielen und
- welchen Einfluss die Arbeitskräftestruktur auf die Form der Arbeitsorganisation hat.

Der Trockenbau ist eine bislang kaum wissenschaftlich untersuchte Branche. Auch gibt es keine spezifischen Daten zur wirtschaftlichen Leistung oder zur Beschäftigung in dieser Branche, da der Trockenbau keinen abgeschlossenen, eigenständigen Wirtschaftszweig in den amtlichen Statistiken darstellt.

Der einschlägige, auf die Belange des Trockenbaus ausgerichtete Beruf ist der Trockenbaumonteur. Dieser Beruf wird durch die Stufenausbildung in der

Bauwirtschaft geregelt und ist sowohl dem Handwerk als auch der Industrie zugeordnet. In der Industrie werden etwa doppelt so viele Trockenbaumonteure ausgebildet wie im Handwerk. Die Ausbildungszahlen sind im Zeitraum von 1999 bis 2005 um über 60% gesunken. Für das Jahr 2006 ist ein leichter Anstieg der Ausbildungsverhältnisse zu verzeichnen. Insgesamt betrug 2006 die Zahl der Auszubildenden 813, davon wurden 550 Ausbildungsverhältnisse in der Industrie und 263 im Handwerk registriert. Die Mehrheit der Auszubildenden verfügt über einen Hauptschulabschluss.

Die Unternehmenslandschaft im Trockenbau ist geprägt durch viele kleine und kleinste Unternehmen, die in der Regel als Nachunternehmen tätig werden und einige mittlere und größere Unternehmen, die umfangreichere Bauprojekte durchführen und dabei vielfach auf die Beschäftigung von Nachunternehmen zurückgreifen. Die drei untersuchten Betriebe können den mittleren Unternehmen zugerechnet werden.

Die Tätigkeitsfelder der drei Unternehmen sind sehr ähnlich. Den größten Anteil an der Bauleistung nimmt die Konstruktion von Zwischenwänden und Decken ein. Auch der Einbau von Innentüren gehört zu den regelmäßigen Arbeiten; das Verlegen von Fußböden findet gelegentlich statt. Sehr häufig werden die Tätigkeiten im Zusammenhang mit besonderen Brand- und Schallschutzanforderungen ausgeführt. Auch die typischen Objekte, in denen die Unternehmen tätig sind, ähneln sich. Es werden vor allem Ausbauarbeiten in Verwaltungs- und Bürogebäuden, Hotels, Ladengeschäften, Schulen, Krankenhäusern und Altenheimen durchgeführt. Dabei erfolgt der überwiegende Teil der Bauleistungen im Bestand; Arbeiten im Neubau umfassen nur etwa ein Viertel bis ein Drittel der durchschnittlichen Gesamtbauleistung.

Bei der Struktur der Mitarbeiterschaft fällt der relativ geringe Anteil der gewerblichen Arbeitskräfte im Verhältnis zu den technischen Angestellten und den Mitarbeitern mit einer Führungsposition (Vorarbeiter oder Polier) auf. Dieses Ungleichgewicht ist dadurch zu erklären, dass alle Unternehmen zu mindestens 50% – ein Unternehmen sogar zu fast 100% – die ausführenden Bauarbeiten durch Nachunternehmen vornehmen lassen. Die Baustellenführungskräfte und teilweise auch die gewerblichen Arbeitskräfte sind dabei für die Anweisung und die Kontrolle der Nachunternehmen zuständig.

Alle drei Unternehmen engagieren sich in der Ausbildung. Während in zwei Unternehmen zum Beruf „Trockenbaumonteur" ausgebildet wird, findet in einem Unternehmen eine Ausbildung zum „Stuckateur" statt. Die Orientierung am Beruf des Stuckateurs wird damit begründet, dass diese Ausbildung besonders vielseitig und anspruchsvoll ist. In allen Unternehmen wird als Grund für das Ausbildungsengagement nicht nur die Sicherung des Facharbeiternachwuchses, sondern auch die Sicherung des Nachwuchses an Baustellenführungskräften, also an Vorarbeitern und Polieren, angeführt. Allerdings werden nur relativ wenige Auszubildende nach Ende der Ausbildung übernommen. Die Gründe dafür sind vielseitig; häufig wechseln die Ausgebildeten in andere Berufe und Bildungswege.

Gleichzeitig werden aber auch im Unternehmen ausgebildete Personen nach ihrem Ausscheiden aus dem Betrieb häufig weiter als Nachunternehmer beschäftigt. Die Ausbildung hat demnach für die Unternehmen verschiedene Funktionen. Einerseits werden zukünftige Baustellenführungskräfte für das eigene Unternehmen gewonnen. Gleichzeitig wird auch ein Teil der im Rahmen der Bauausführung tätigen Nachunternehmer selbst ausgebildet. Mit dem curricularen Rahmen der Ausbildung herrscht in den Unternehmen weitgehend Zufriedenheit.

Bei der Einstellung neuer Mitarbeiter werden bevorzugt Personen berücksichtigt, die schon über eine Berufserfahrung im Trockenbau verfügen und/oder eine Berufsausbildung in einem Bauberuf absolviert haben. Der erlernte Ausbildungsberuf selbst spielt hingegen eine sekundäre Rolle; die bauhandwerklichen Berufe (Maurer, Zimmerer, Fliesenleger, Tischler u.a.) werden weitgehend als gleichrangig im Hinblick auf die Einstellungschancen gesehen.

Im Trockenbau ist der Qualifikationstypus „Allround-Handwerker“ besonders gefragt; daher kommt ein breites Spektrum an bauberuflichen Vorerfahrungen und Ausbildungsberufen für eine Beschäftigung in dieser Branche in Frage. Die besondere Bedeutung einer „Allround-Qualifikation“ ergibt sich auch daraus, dass überwiegend im Bestand gearbeitet wird, wo eine flexible Einstellung auf die jeweilige Bausituation und auf unterschiedliche Bauaufgaben erforderlich ist. Neben den handwerklichen Fähigkeiten wird bei Neueinstellungen auch Wert auf ein gepflegtes und sicheres Auftreten gelegt. Dieses ist vor allem deshalb wichtig, weil die Mitarbeiter häufig mit anderen Baubeteiligten wie Architekten, Bauherren und Nachunternehmen in Kontakt treten.

Eine vorausgegangene Berufsausbildung entscheidet auch wesentlich darüber, wie lang die Einarbeitungszeit eines neuen Mitarbeiters dauert. Jede Art handwerklicher Ausbildung und Erfahrung verkürzt diese Phase deutlich. Während ein angelernter Mitarbeiter typische Routinearbeiten im Trockenbau, wie z.B. das Aufstellen von Gipskartonwänden, nach relativ kurzer Zeit (ca. ein bis acht Wochen) ausführen kann, benötigt er ca. ein Jahr bis eineinhalb Jahre, um auch anspruchsvollere Konstruktionen unter Berücksichtigung des Wärme-, Schall- und Brandschutzes durchzuführen. Nach dieser Zeit gibt es offensichtlich keine signifikanten Unterschiede in der Qualifikation zwischen gelernten und angelernten Trockenbaumonteuren. Dies bezieht sich auf die Fähigkeiten zur praktischen Ausführung der Aufgaben; im Bereich des theoretischen Fachwissens bleiben die gelernten den angelernten Trockenbaumonteuren in der Regel überlegen. Eine Einstellung ungelernter Arbeitskräfte ohne Vorerfahrungen findet praktisch nicht statt.

Die betriebliche Arbeitsorganisation in den Unternehmen unterscheidet im Wesentlichen drei Ebenen in der Abwicklung der Bauprojekte. Ein Bauleiter ist verantwortlich für die technische und kalkulatorische Planung des Objekts. Ein „bauleitender Monteur" bzw. Polier ist für die Organisation der Baustelle und die Umsetzung der Bauaufgabe verantwortlich. Die Monteure führen die Arbeiten in Zweierteams oder in kleinen Kolonnen aus. Bei größeren Baustellen werden die einfachen konstruktiven Arbeiten von externen Nachunternehmen ausgeführt. Sie übernehmen gewissermaßen die „Massenfertigung", während die unternehmenseigenen Monteure anspruchsvollere Detailaufgaben ausführen. Häufig arbeiten sehr viel mehr Arbeitskräfte von Nachunternehmen auf einer großen Baustelle als unternehmenseigene Fachkräfte. In einem der drei untersuchten Unternehmen wird nahezu ausschließlich durch Nachunternehmen produziert; die eigenen Beschäftigten sind hier in der Funktion von Vorarbeitern für die Baustellenorganisation sowie die Kontrolle und Anweisung der Nachunternehmen zuständig. Ein Vorarbeiter ist teilweise für bis zu 30 Nachunternehmer verantwortlich. Die „bauleitenden Monteure" bzw. Poliere haben in der Regel nicht den Lehrgang zum „Geprüften Polier" absolviert; sie sind vielmehr innerbetrieblich zum Polier „ernannt" worden. Einige haben einen Vorarbeiterlehrgang besucht.

Die Auslagerung eines Großteils der Produktion an die Nachunternehmen ist seit Mitte der 1990er Jahre aufgrund der Strukturkrise in der Bauwirtschaft und eines steigenden Kostendrucks forciert worden. Bei der in den Unternehmen verbliebenen „Stammbelegschaft" handelt es sich um besonders gut qualifizierte Fachkräfte. Über die Qualifikation der Nachunternehmer liegen kaum Informationen vor. Offensichtlich bestehen diesbezüglich große Unterschiede zwischen den Nachunternehmen. Da es keiner hohen Investitionen in Werkzeuge oder Maschinen bedarf, um sich im Trockenbau selbstständig zu machen, beschreiten auch viele ungenügend qualifizierte Personen diesen Weg. Diese Entwicklung wird von den Mitarbeitern und den Unternehmensleitungen mit großer Sorge betrachtet, da zum einen die Preise und Löhne durch diese „Billigkonkurrenz" unter Druck geraten und zum anderen die Qualität sinkt. Umgekehrt stehen auch die Nachunternehmen selbst unter einem großen Konkurrenzdruck, der dazu geführt hat, dass in den vergangenen Jahren viele kleine Trockenbauunternehmen aufgeben mussten.

Als wichtigste Qualifikationsanforderung an Arbeitskräfte im Trockenbau gilt „handwerkliches Geschick". Diese fachlich unspezifische Beschreibung lässt darauf schließen, dass im Trockenbau überwiegend Grundfähigkeiten verlangt werden, die in verschiedenen Berufen angewendet werden. Die Fachlichkeit besteht im Trockenbau offenbar vor allem in der Vielseitigkeit der handwerklichen Qualifikationen. Dem entspricht auch das breite Spektrum an Ausbildungsberufen, die in der Mitarbeiterschaft vorhanden sind. Dabei gibt es auch eine

Reihe von spezifischen Qualifikationen, die aus den verschiedenen Berufen besonders gut auf den Trockenbau übertragen werden können, zum Beispiel die Fähigkeiten von Tischlern zum Verlegen von Fußböden und zum Einbauen von Innentüren, die Qualifikation von Zimmerern zum Dachgeschossausbau oder die Fähigkeit von Stuckateuren und Maurern zum Verputzen.

Als weitere Qualifikationsanforderungen an die Fachkräfte im Trockenbau werden beispielsweise genannt: körperliche Belastbarkeit, Improvisationsfähigkeit, Fähigkeit, Zeichnungen zu lesen und Fehlerhaftes sowie Fehlendes darin zu erkennen, Flexibilität als Fähigkeit, sowohl große als auch kleine Baustellen zu bearbeiten, Bereitschaft zur Teamarbeit, Fähigkeit zum selbstständigen Arbeiten, Ordnungssinn. Fachkräfte im Trockenbau müssen darüber hinaus in der Lage sein, gleichzeitig schnell und sorgfältig zu arbeiten. Da den Trockenbauunternehmen häufig die Funktion im Bauprozess zukommt, den Bauprozess und den Einsatz der verschiedenen Gewerke zu koordinieren, sind auch Gewerke übergreifende Kenntnisse und die Fähigkeit, Schnittstellen zu organisieren wichtige Qualifikationen. Da ein Großteil der gewerblichen Mitarbeiter eine Vorgesetztenfunktion, insbesondere gegenüber den Nachunternehmen, erfüllt, gelten auch spezifische Qualifikationsanforderungen an die Führung von Mitarbeitern und die Organisation von Baustellen. Von großer Bedeutung ist schließlich die Bereitschaft zur Mobilität und „auf Montage" zu gehen.

Entsprechend des Bildes vom Trockenbaumonteur als eines „Allrounders", sollen alle Mitarbeiter grundsätzlich in der Lage sein, auch alle anfallenden Arbeiten auszuführen. Eine Spezialisierung nach Aufgabenzuschnitten findet innerhalb der Mitarbeiterschaft nicht statt. Um fehlende oder unzureichende Qualifikationen von Mitarbeitern zu kompensieren, werden Schulungen durchgeführt. Die Aufgabenzuweisung erfolgt also weniger nach den vorhandenen Spezialqualifikationen der Mitarbeiter, sondern umgekehrt wird eine Qualifizierung der Mitarbeiter für alle anfallenden Aufgaben angestrebt.

Dementsprechend messen die Unternehmen der Weiterbildung eine große Bedeutung zu. Eine häufige Form der Weiterbildung sind Herstellerschulungen zu Wand- und Deckensystemen. Außerdem werden Veranstaltungen zum Schall-, zum Wärme- und zum Brandschutz sowie zu Vertrags- und Rechtsgrundlagen durchgeführt. In einem Unternehmen findet eine regelmäßige unternehmensinterne Weiterbildung für alle Mitarbeiter einmal monatlich statt. Eine Aufstiegsfortbildung der Mitarbeiter hat demgegenüber in den Unternehmen keine große Bedeutung.

Für die Zukunft werden von den Befragten keine grundsätzlichen Veränderungen bezüglich der Qualifikationsanforderungen und der Arbeitsorganisation in den Unternehmen erwartet. Allerdings wird davon ausgegangen, dass sich zukünftig im Trockenbau ein Facharbeitermangel einstellen wird. Dieser zeichnet sich bereits jetzt ab.

Der Bedarf an Bauingenieurinnen und Bauingenieuren und die Bedingungen zu seiner Deckung

Boris Engelhardt

Bauingenieure sind in Deutschland wieder gefragt. Nach Jahren des Beschäftigungsabbaus bzw. der Stagnation suchen Unternehmen und Behörden Fachleute, die Planungs-, Genehmigungs- und Ausführungsaufgaben im Bauwesen verantwortlich übernehmen können. Unternehmen zahlen Kopfprämien für erfolgreiche Anwerbungen von Bauingenieuren, Abwerbungen sind an der Tagesordnung. Die Bauindustrie fordert von der Bundesregierung, die beschlossene Erleichterung des Zuzugs ausländischer Ingenieure auch auf Bauingenieure auszudehnen. In Anlehnung an eine bekannte Arzneimarke gilt aktuell der Slogan „Der Bauingenieur – nie war er so wertvoll wie heute“.

Ingenieure sind tragende Säule der Wirtschaftsunternehmen. Nach einer Umfrage des Vereins Deutscher Ingenieure VDI aus dem Jahr 2005 tragen aus allen Berufsgruppen die Ingenieure am meisten zur Innovation in Unternehmen bei. 70% aller Neu- und Fortentwicklungen gehen auf sie zurück – nur 12% auf Kaufleute, 11% auf Naturwissenschaftler und 1% auf Geisteswissenschaftler.

Zwei Themenkomplexe sind bestimmend für eine aktuelle und zukunftsgerichtete Sicherung des Führungsnachwuchses bei Bauingenieuren: Quantität und Qualität. Einerseits die Bereitstellung einer ausreichenden Zahl von Bauingenieuren (Quantität), andererseits die Sicherstellung einer berufsbefähigenden Ausbildung (Qualität). Beide Sachverhalte müssen sowohl einzeln als auch in der Komplexität ihrer gegenseitigen Beeinflussung im Zusammenhang betrachtet und analysiert werden.

1. Sicherung der Quantitäten

Der Hauptverband der Deutschen Bauindustrie erhebt jedes Jahr bei allen Fachbereichen und Fakultäten für Bauingenieurwesen der deutschen Hochschulen Kenndaten, darunter die Studienanfänger- und Absolventenzahlen in den Studiengängen des Bauingenieurwesens. Die aktuell für das Sommersemester 2008 sowie für das Wintersemester 2008/2009 vorliegenden Daten weisen langsame Aufwärtstrends aus. So haben sich in dem genannten Zeitraum 7.529 Personen erstmals in einen Studiengang Bauingenieurwesen eingeschrieben (1.027 Anfänger in Diplomstudiengängen, 6.502 Studienanfänger in Bachelorstudiengängen). Abgesehen von einem Zwischenanstieg im Jahre 2003, verharrt damit die Zahl der Studienanfänger im Bauingenieurwesen auf einem niedrigen Niveau. Gegenüber dem Jahr 1995 haben sich die Studienanfängerzahlen halbiert.

Betrachtet man die Absolventen aus den Studiengängen Bauingenieurwesen, so weist die Studierendenstatistik Bauingenieurwesen für den genannten Zeitraum 3.325 Absolventen, davon 2.745 mit einem Diplomabschluss, 402 Bachelor- sowie 178 Masterabsolventen aus. Die Zahl der Absolventen im Bauingenieurwesen erreicht damit seit Beginn der Erhebung im Jahr 1986 ein Allzeittief.

Zahlen für Studienanfänger und Absolventen lassen sich sehr gut in Relation zueinander setzen. Auf der Basis der durchschnittlichen Studienzeiten sowie der Studienabbrecherquoten lässt sich auf Basis der aktuellen Studierendenanfängerzahlen eine Prognose für die Absolventenzahlen bis zum Jahr 2011 errechnen. Die entsprechende Prognose des Hauptverbandes der Deutschen Bauindustrie weist danach ein weiteres Absinken der Absolventenzahlen bis zum Jahr 2011 auf ca. 3.500 aus (Abb. 1).

Besondere Bedeutung bei der Entwicklung der Absolventenzahlen kommt den Studienabbrecherquoten zu. Im Studienfach Bauingenieurwesen liegen die Studienabbrecherquoten seit zehn Jahren relativ konstant bei 59% (Universitäten/Technische Hochschulen/Technische Universitäten) bzw. bei 40% (Fachhochschulen). Ob die neuen Studiengänge mit den Abschlüssen Bachelor und Master zu einer Verminderung der Abbrecherquoten führen, bleibt abzuwarten. Dokumentierte Erfahrungen mit neuen Bachelorstudiengängen (in diesem Fall in

Abb. 1: Studienanfänger und Absolventen der Studiengänge Bauingenieurwesen: Prognose der Absolventenzahlen bis 2011

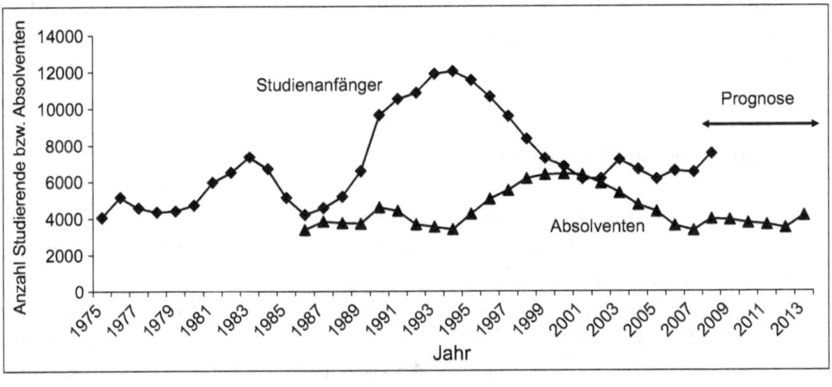

Quelle: Hauptverband der Deutschen Bauindustrie

den Geisteswissenschaften) aus Berlin zeigen eher eine Erhöhung der Abbrecherquote. Die erfolgreichen Studienabsolventen studieren aktuell im Bauingenieurwesen an Fachhochschulen zehn Semester, an Universitäten/TU/TH zwischen zehn und 14 Semester. Auch hier bleibt abzuwarten, inwiefern neue Studienkonzepte zu einem schnelleren Studienabschluss führen und ob dies vor dem Hintergrund der Entwicklung nichtfachlicher Kompetenzen („soft skills“) überhaupt wünschenswert ist. Dazu mehr unter Abschnitt 2 dieses Beitrages.

Im Jahr 2008/2009 konnten die interessierten Kreise also auf 2.745 Diplomabsolventen, 402 Bachelor- sowie 178 Masterabsolventen zurückgreifen. Gleichzeitig wird der jährliche Ersatzbedarf von Bauingenieuren in Deutschland mit 4.500 beziffert. Bereits 2005 wurde dieser Wert von den tatsächlichen Absolventenzahlen unterschritten. Die Schere zwischen Angebot an Bauingenieuren und Nachfrage wird sich bis 2013 weiter öffnen

Die aktuellen Arbeitsmarktdaten unterstützen diese Prognose. So ist die Zahl der bei der Bundesagentur für Arbeit gemeldeten arbeitslosen Bauingenieure zwischen Januar 2006 und Ende 2009 um über 67% auf unter 4.000 zurückgegangen. Nach einer Studie des Instituts der Deutschen Wirtschaft im Auftrag des Vereins Deutscher Ingenieure blieben 2006 bereits 3.217 Bauingenieurstellen in Deutschland unbesetzt. Diese Stellenangabe bezieht sich dabei ausschließlich auf die bauausführende Wirtschaft. Ob und in welchem Umfang Stellen bei Behörden und planenden Ingenieurbüros unbesetzt waren, bleibt offen. Den Wert-

Abb. 2: Steigende Unterdeckung: Einstellungsbedarf Bauingenieure und Hochschulabsolventen Bauingenieurwesen 2005 bis 2013

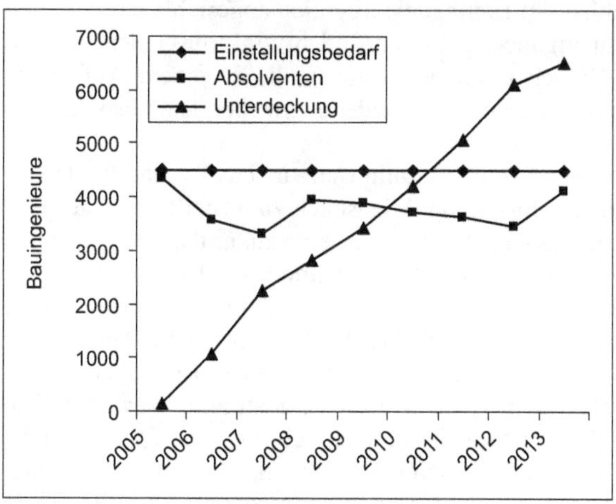

Quelle: Hauptverband der Deutschen Bauindustrie

schöpfungsverlust aus diesem Bauingenieurmangel beziffert die IW-Studie für die Bauwirtschaft auf 123 Mio. Euro im Jahr 2006 (IW 2008).

Im August 2009 hat die Bundesagentur für Arbeit exakt 3.916 arbeitslose Bauingenieure registriert, 2,9% weniger als im Vorjahr. Die Zahl gemeldeter offener Stellen lag im August 2009 bei 1.255, ein seit 2008 annähernd konstanter Wert. Nach einer Untersuchung des Instituts der Deutschen Wirtschaft werden bei Ingenieuren allerdings nur 13% der offenen Stellen bei der Bundesagentur für Arbeit gemeldet. Selbst bei einer gleichbleibenden Baukonjunktur – das heißt, bei einem nichtansteigenden Zusatzbedarf von Bauingenieuren – wird die Nachfrage nach Bauingenieuren durch die Wirtschaft und die Öffentliche Hand in den nächsten Jahren deutlich zunehmen. Der deutliche Rückgang der Arbeitslosenzahlen bei Bauingenieuren ist eine unmittelbare Wirkung aus der Differenz zwischen der seit 2005 anhaltenden Unterdeckung bei den Absolventen.

Der ansteigende Einstellungsbedarf kommt für die Branche jedoch nicht überraschend. Bereits Ende der 1990er Jahre des letzten Jahrhunderts haben u.a. der Hauptverband der Deutschen Bauindustrie – aber auch die Bundesingenieurkammer – mittels Prognoserechnungen auf einen bevorstehenden Bauingenieurmangel hingewiesen. Angesichts der anhaltenden Struktur- und Konjunkturkrise am Bau konnten die betroffenen Unternehmen auf diese Ankündigungen damals nicht mit einem rechtzeitigen Personalaufbau reagieren. Insofern trifft die Quantitätsproblematik die Arbeitgeber heute mit doppelter Wucht. Doch sind die Probleme bei Stellenbesetzungen in der Bauwirtschaft nicht nur auf Bauingenieure beschränkt. Gerade auch bei qualifizierten Facharbeitern und gewerblichen Führungskräften kann der aktuelle Einstellungsbedarf nicht mehr befriedigt werden. Da ein weiterer Personalabbau im Bauingenieurbereich angesichts der anstehenden, unaufschiebbaren Bauaufgaben nicht stattfinden wird, muss sich die Bauwirtschaft insgesamt mit Wegen auseinandersetzen, die zu einem Aufbau der Studierendenzahlen – und damit zu einem Wiederanstieg bei den Absolventen – führt.

Die im Zuge der Beratungen zum „Leitbild Bauwirtschaft" beauftragte Umfrage des Instituts für Meinungsforschung Allensbach zum Stellenwert der Bauwirtschaft in der Öffentlichkeit kann Hinweise für eine zukunftsgerichtete Nachwuchswerbung im Bauingenieurwesen liefern. Deutlich wird dabei ein grundsätzliches Imageproblem der Bauwirtschaft, welches auf einer langjährigen kritischen Meinungsbildung der Öffentlichkeit beruht. So werden Bauberufe zwar als interessant für praktisch begabte Jugendliche angesehen. Eine akademische Karriere in der Bauwirtschaft wird jedoch als wenig attraktiv bewertet. Vier weitere Trends sind sicher bestimmend für eine Abkehr von den Studiengängen des Bauingenieurwesens: unattraktive Gehaltsstrukturen, Mängel bei Personalentwicklung und Personalmanagement, fehlende positive Berufsvorbilder, herausfordernde Arbeitszeiten und Arbeitsbedingungen.

Gehaltsstrukturen: Nach einer Umfrage des Internetportals Ingenieurkarriere.de unter 73.000 Ingenieuren lagen im Juni 2007 Bauingenieure bei den Einstiegsgehältern (Jahresbruttoentgelt ca. 32.000 Euro) deutlich hinter Elektroingenieuren (ca. 38.500 Euro) und Maschinenbauingenieuren (ca. 39.000 Euro). Auch bei der Entwicklung der Tarifgehälter von 2000 bis 2006 liegt das Baugewerbe (ca. + 6% gegenüber 2000) hinter dem Maschinen- und Anlagenbau (+ 15%) zurück. Die durchschnittlichen Jahresbruttogehälter von Ingenieuren (alle Altersklassen) sind im Baugewerbe zwischen 2002 und 2007 deutlich zurückgegangen. In den anderen Ingenieurdisziplinen sind die entsprechenden Gehälter im gleichen Zeitraum jeweils gestiegen. Betrachtet man die aktuellen Diskussionen in einschlägigen Internetportalen zur Gehaltsentwicklung, so wird die Einkommenssituation von Bauingenieuren dort überwiegend kritisch dargestellt.

Personalentwicklung und Personalmanagement: Nach wie vor verfügen zahlreiche Unternehmen der Bauwirtschaft nicht über eine gezielte und auf längerfristige Zeiträume ausgerichtete Personalentwicklung und ein Personalmanagement. Gegenüber stationären Wirtschaftszweigen lassen sich hier deutliche Unterschiede erkennen, die aber auch in der Tradition und konkreten Berufsausübung (der Bauingenieur als „Unternehmer im Unternehmen") zurückzuführen sind.

Positive Berufsvorbilder: Seit 1995 hat sich die Zahl der Beschäftigten im Bauhauptgewerbe halbiert. Ähnliches gilt für die planenden Ingenieurbüros. Auch in der Bauverwaltung ist ein deutlicher Rückgang der Bauingenieurstellen festzustellen. Der Personalabbau erfolgte in vielen Fällen nicht sozialverträglich. Aus Erhebungen der Hochschulen ist bekannt, dass die Mehrzahl der Studienanfänger im Fach Bauingenieurwesen ihre Studienentscheidung aufgrund persönlicher Kontakte zu Bauingenieuren in dem weiteren familiären Umfeld getroffen haben. Viele dieser positiven Berufsvorbilder waren jedoch in den zurückliegenden 14 Jahren von der Struktur- und Konjunkturkrise betroffen und fallen als Fürsprecher für den Beruf Bauingenieur aus. Im Gegenteil: In der Diskussion im Internet wird heute vielfach von im Beruf stehenden Bauingenieuren vor der Wahl des entsprechenden Berufes gewarnt.

Arbeitszeiten und Arbeitsbedingungen: Die Entwicklung der Arbeitswelt lässt sich nicht von der gesellschaftlichen Entwicklung abkoppeln. Dem verstärkten Wunsch, Familie und Beruf in Balance zu halten, werden viele der aktuellen Bauingenieurarbeitsplätze heute nicht gerecht. Die hohen Anforderungen an die Flexibilität, die Arbeitszeiten und die Arbeitsbedingungen der Bauingenieure sind nicht geeignet, das Image des Berufs zu fördern. Hier müssen zeitgemäße Antworten gefunden werden. So berichtet die englische Bauindustrie über Versuche, Mitarbeitern in regionalen Teams zusammenzufassen, um den Beschäftigten eine tägliche Rückkehr zum eigenen Wohnort zu ermöglichen.

Angesichts der vorstehenden Problemkreise haben sich bereits seit mehreren Jahren Arbeitgeber- und Interessenverbände der Bauwirtschaft in verschiedenen Konstellationen zusammengefunden, um aktiv die Quantitätsproblematik bei Bauingenieuren anzugehen und zu lösen. So findet unter dem Dach der Spitzenorganisationen BDI und BDA eine Förderung der technischen und naturwissenschaftlichen Fächer in Schulen statt. Ziel ist hier, das Grundverständnis und das Interesse für Ingenieurstudiengänge (alle Fakultäten) zu wecken. Die Wirtschaftsverbände des Bauwesens streben darüber hinaus eine strategische Allianz mit anderen Ingenieursparten, so z.B. aus dem Maschinen- und Anlagenbau, an.

Auch der 2001 gemeinsam ins Leben gerufene Akkreditierungsverbund für Studiengänge des Bauwesens (ASBau) bietet sich als Plattform für eine gemeinsame Initiative zur Nachwuchswerbung im Bauingenieurbereich an. Jenseits der Verbände sind auch die einzelnen Bauunternehmen bemüht, durch Einzelaktionen potenziellen Nachwuchs anzusprechen. Zunehmend setzt sich hier die Erkenntnis durch, dass jede Baustelle eine „Botschaft des Bauens" an die Öffentlichkeit darstellt. Die Vertretung der Öffentlichen Hand tritt bisher als Arbeitgeber von Bauingenieuren in der Öffentlichkeit nicht in Erscheinung. Während sich das Bundeswirtschaftsministerium zumindest unter dem Aspekt des akuten Fachkräftemangels in Deutschland mit der Frage des Bauingenieurnachwuchses auseinandersetzt, sind seitens der Landes- und Bundesministerien mit konkretem Baubezug keine Aktivitäten sichtbar. Dabei zeigen gerade die aktuellen Probleme bei der Akquisition von Bauingenieuren für eine weitergehende Ausbildung im höheren technischen Verwaltungsdienst, dass die Kernkompetenz der Verwaltung bei Bauingenieuren zur Disposition steht. Die technische Fachkompetenz der Behörden leidet seit Jahren in Folge eines stetigen Personalabbaus von Bauingenieuren. Vielfach können heute Bauaufgaben von Seite der öffentlichen Auftraggeber technisch nicht mehr beurteilt werden, so dass eine qualifizierte Vergabe von Bauleistungen gerade in den Kommunen nicht mehr möglich ist. Folge: Es wird allein nach dem niedrigsten Angebotspreis vergeben. Der eigentlich erforderliche Qualitätswettbewerb in der Bauwirtschaft wurde durch einen reinen Preiswettbewerb abgelöst.

Zahlreiche Hochschulen widmen sich in Einzelinitiativen der Nachwuchswerbung für Bauingenieurstudiengänge. Vom Fakultätentag Bauingenieurwesen und Geodäsie geplante Gemeinschaftsinitiativen sind bisher nicht zustande gekommen. Mit Blick auf die starke Bedeutung eines positiven Berufsvorbildes (siehe oben) kommt jedoch jedem einzelnen Bauingenieur eine entscheidende Bedeutung bei der Image- und Nachwuchswerbung zu. Jeder Bauingenieur ist in seiner Funktion und in seinem Auftritt gegenüber der Öffentlichkeit ein „Botschafter des Bauens".

Zentrale Veröffentlichungen mit dem Ziel einer Bauingenieur-Nachwuchswerbung werden aktuell vom Hauptverband der Deutschen Bauindustrie publiziert: das Berufswahlfaltblatt „Der Bauingenieur – Beruf mit Zukunft“ sowie die Internetseite www.werde-bauingenieur.de.

2. Qualität und Berufsbefähigung

Neben der Frage der Sicherung einer ausreichenden Zahl von Bauingenieuren spielt deren Qualifikation eine gleichgewichtige Rolle. Die reine Zahl der Bauingenieure ist wenig hilfreich, wenn die Inhalte der Ausbildung nicht den aktuellen und zukünftigen Anforderungen entsprechen. Die Forderung kann zwar nicht sein, in einer Ausbildung bereits die zukünftigen Trends vollständig abzubilden. Aber gemeinsam ist die Aufgabe zu lösen, die Bauingenieure mit dem nötigen Rüstzeug zu versehen, um auf zukünftige neue Aufgaben, aber auch auf die heutigen zentralen Herausforderungen vorzubereiten.

Die Bauingenieurausbildung in Deutschland hatte in den vergangenen Jahrzehnten national sowie international einen ausgezeichneten Ruf. Deutsche Bauingenieure gelten als international einsetzbar und behaupten sich sehr gut im Wettbewerb der Qualifikationen. Die Bauingenieurausbildung in Deutschland befindet sich jedoch heute in einem grundlegenden Wandel, bedingt durch die in der Europäischen Union vereinbarten Hochschulreformen, besser bekannt als „Bologna-Prozess“.

Ausgehend von einer in Bologna getroffenen Vereinbarung der europäischen Bildungs- und Wissenschaftsminister aus dem Jahre 1998, soll in Europa ein „einheitlicher Hochschulraum“ entstehen, in dem Abschlüsse vergleichbar und die Studienstrukturen angeglichen sind. In der öffentlichen Diskussion reduziert sich diese Reform aktuell auf die Stichworte „Bachelor“ und „Master“. Tatsächlich sollen diese Abschlüsse bis 2010 die bestehenden Hochschulabschlüsse in ganz Europa ablösen. So auch das klassische Diplom im Bauingenieurwesen. Die Bologna-Reformen gehen jedoch darüber hinaus. So ist es erklärtes Ziel der EU-Mitgliedsstaaten, ein „System leicht verständlicher und vergleichbarer Abschlüsse“ einzuführen. Dieses System basiert auf der Einführung einer zweizyklischen Studienorganisation mit einem „Undergraduate“-Abschluss (hier der Bachelor) sowie einem „Graduate“-Abschluss (hier der Master). Eine Zulassung zum zweiten Studienzyklus ist erst nach erfolgreichem Abschluss des ersten Zyklusses möglich.

Weiter wird in ganz Europa ein einheitliches Leistungspunktsystem zur Beurteilung des Studienumfangs eingeführt. Vergeben werden die Leistungspunkte auf der Basis eines „European Credit Transfer Systems“ (ECTS). Ziel dieses Systems ist die Förderung der Mobilität der Studierenden. Der Mobilität der Absolventen dient auch die Einführung eines Zusatzes zur Diplom-Urkunde („Diploma Supplement“), in der die wesentlichen Studienleistungen beschrieben und in englischer Sprache dargestellt werden.

In mehreren Nachfolgekonferenzen zur Bologna-Konferenz (1998) zeigt sich inzwischen, dass die Akzeptanz der Arbeitgeber für die neuen Studienabschlüsse und das neue Studiensystem insgesamt eher zurückhaltend ausfällt. Deutlichstes Indiz: Immer wieder appellieren aktuell die Bildungs- und Wissenschaftsministerien an einen besseren Dialog mit den Sozialpartnern. In Deutschland werden – je nach Branche – diese hochschulpolitischen Entwicklungen sehr unterschiedlich bewertet. Während Teile der exportorientierten Wirtschaft z.B. mit Initiativen wie „Bachelor welcome“ schnell erreichbare Bachelor-Hochschulabschlüsse begrüßen und fördern, verhält sich z.B. die Bauwirtschaft eher vorsichtig abwartend. Hintergrund sind hier erhebliche Zweifel an der Beschäftigungsfähigkeit der Bachelorabsolventen im Bauingenieurwesen.

Dabei hat die Bauwirtschaft im Zuge des Bologna-Prozesses frühzeitig aktiv die Umstellung der Studiengänge im Bauingenieurwesen begleitet. Ausgehend von dem Grundsatz, die Berufsbefähigung der Absolventen zu erhalten sowie das zweigleisige Studiensystem mit Universitäten auf der einen und Fachhochschulen auf der anderen Seiten zu bewahren, wurde 2001 eine Plattform gegründet, um die hierfür notwendigen Anforderungen zu definieren: den ASBau. Im Zuge des durch die Hochschulrektorenkonferenz und Kultusministerkonferenz ins Leben gerufenen Qualitätssicherungssystems durch Programmakkreditierung, haben die Bauarbeitgeber am 10. April 2002 den Akkreditierungsverbund für Studiengänge des Bauwesens (ASBau) in Berlin gegründet (vgl. Tab. 1).

2003 und 2005 haben die im ASBau zusammengeschlossenen Organisationen „Standards für die Akkreditierung und Qualitätssicherung zeitgemäßer Studiengänge des Bauingenieurwesens an deutschen Hochschulen“ veröffentlicht

Tab. 1. Mitgliedsorganisationen des Akkreditierungsverbundes für Studiengänge des Bauwesens (ASBau) e.V.

- Bauingenieur-Fachschaften-Konferenz
- Bundesingenieurkammer e.V.
- Deutscher Beton- und Bautechnik-Verein e.V.
- Fachbereichstag Bauingenieurwesen
- Fakultätentag Bauingenieurwesen und Geodäsie
- Hauptverband der Deutschen Bauindustrie e.V.
- Oberprüfungsamt für den höheren technischen Verwaltungsdienst
- Zentralverband des Deutschen Baugewerbes e.V.
- Länderkammern / Landesverbände Bauwirtschaft (Bayern, Hessen-Thüringen, Mecklenburg-Vorpommern, Nordbaden, Nordrhein-Westfalen, Saarland, Württemberg)
- Verband Beratender Ingenieure VBI
- Bundesverband Mittelständischer Bauunternehmen BVMB

Quelle: Akkreditierungsverbund für Studiengänge im Bauwesen

und auch im Internet publiziert (www.asbau.org). An zwei entscheidenden Punkten des Programmakkreditierungsverfahrens leistet der ASBau damit einen Beitrag zur Sicherung der Berufsbefähigung von Studierenden (vgl. Abb. 3).

Abb. 3: Inhaltliche Gestaltung der Programmakkreditierung

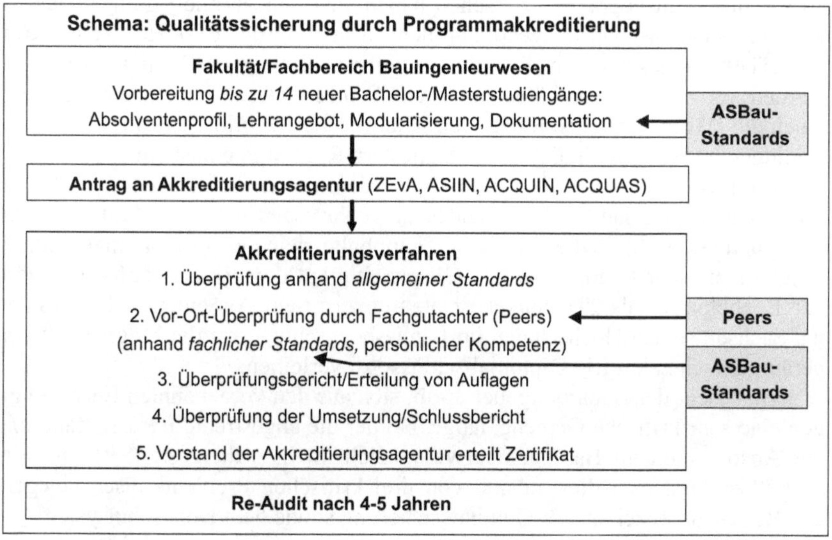

Eigene Darstellung

Die ASBau-Studienstandards enthalten ein verpflichtendes Fächerangebot im Bauingenieurwesen, welches durch die Hochschulen anzubieten ist sowie eine verpflichtende Fächerbelegung durch Studierende. Definiert werden obligatorische Studienanteile sowie Mindeststudienanteile in den verschiedenen Fächern des Bauingenieurwesens. Definiert werden weiter die Anforderungen an die Berufsbefähigung der Absolventen und an die Ausbildungsziele der Studiengänge. Die Vermittlung der erforderlichen Inhalte für eine verantwortungsbewusste Berufsausübung setzt danach bei Bauingenieuren eine Mindest-Regelstudienzeit von sechs Präsenzsemestern (Studiensemestern) sowie ein zusätzliches Praxissemester voraus.

Mit diesem gemeinsamen Beitrag aller interessierten Kreise des Bauwesens schien die notwendige Grundlage für eine zukunftsweisende Bauingenieurausbildung und einen friktionsfreien Übergang vom Diplom zu Bachelor- und Master gelegt. Eine Neuausrichtung der Bildungspolitik im Sommer 2006 führt jedoch dazu, dass heute die Unsicherheit gerade bei Arbeitgebern und Studierenden bezüglich des Wertes und der Aussagekraft der Bachelor- und Masterstudiengänge im Bauingenieurwesen so groß ist wie nie zuvor. Hintergrund ist einerseits die selbstbewusste Entscheidung der Universitäten, die Ingenieurausbildung ausschließlich auf den Master zielen zu lassen. Der Bachelor der Universitäten wird in der Konsequenz nur als Zwischenabschluss ohne Wert für den Arbeitsmarkt ausgeprägt. Inzwischen haben sich nahezu alle Bauingenieur-Fakultäten der deutschen Universitäten der Auffassung des Elite-Hochschul-Kreises „TU9“[1] angeschlossen. Für die Bachelorausbildung im Bauingenieurwesen werden von den Universitäten nur sechs Semester Regelstudienzeit angesetzt. Auch die Hälfte der Fachhochschulen plant für die Ausbildung des Bachelors im Bauingenieurwesen lediglich sechs Semestern Regelstudienzeit ein.

Zum Teil gehorchen die Hochschulen damit einer politischen Vorgabe der jeweiligen Bundesländer. Die Bundesländer ihrerseits haben im Sommer 2006 öffentlich erklärt, dass die auf die Studieninhalte zielende „Programmakkreditierung“ nicht mehr finanzierbar sei. Gleichzeitig hat der Wissenschaftsrat erklärt, der Bachelor sei als „Techniker-Ersatz“ einzustufen. Als einziges Bundesland hat Sachsen seinen Hochschulen im Landeshochschulgesetz die Möglichkeit eingeräumt, auch zukünftig Diplomabschlüsse zu verleihen.

Aus Sicht der Bauarbeitgeber ergibt sich aus den vorgenannten Entwicklungen eine sehr kritische Gemengelange, bei der die angestrebte Berufsbefähigung der Absolventen im Bauingenieurwesen nicht mehr sichergestellt ist. Im Wesentlichen lässt sich dies anhand von drei kritischen Problemkreisen belegen: den Regelstudienzeiten, der Qualitätssicherung sowie dem Hochschulsystem.

2.1 Regelstudienzeiten

Auf der Basis einer breit angelegten Befragung von im Beruf stehenden Bauingenieuren hat der Akkreditierungsverbund für Studiengänge des Bauwesens (ASBau) erstmals 2003 und danach folgend 2005 Studienstandards für die Bauingenieurausbildung definiert und publiziert. Danach benötigt man für einen ersten berufsbefähigenden Hochschulabschluss im Bauingenieurwesen Vorlesungszeiten im Umfang von sechs Semestern sowie eine Praxisphase und eine Abschlussarbeit von jeweils einem halben Semester. Die Regelstudienzeit für den Bachelor müsste also bei mindestens sieben Semestern liegen. Dieser Auffassung hat sich zwischenzeitlich der Konvent für Technikwissenschaften der Union der Deutschen Akademien der Wissenschaften (acatech) angeschlossen. Auch

1 Als TU9 bezeichnet sich eine Gruppe von neun führenden Technische Universitäten in Deutschland: RWTH Aachen, TU Berlin, TU Braunschweig, TU Darmstadt, TU Dresden, Leibniz Universität Hannover, Karlsruhe Institute of Technology, TU München, Universität Stuttgart (vgl. auch www.tu9.de).

der Bundesverband der Deutschen Industrie hat 2006 eine Mindest-Regelstudienzeit für den Bachelor in den Ingenieurwissenschaften von sieben Semestern eingefordert.

Zwischenzeitlich haben die deutschen universitären Bauingenieurstudiengänge, unterstützt durch Beschlüsse des Kreises „TU9“ sowie einem Beschluss des Fakultätentages Bauingenieurwesen und Geodäsie entschieden, den Bachelor im Bauingenieurwesen grundsätzlich in sechs Semestern Regelstudienzeit auszubilden. Der Bachelor versteht sich danach nur als (politisch vorgesehene) Zwischenstufe. Die gesamte universitäre Bauingenieurausbildung zielt auf den Abschluss Master. Diese Festlegung ist grundsätzlich nachvollziehbar und mit Blick auf den qualitativen Ersatz des bisherigen Universitätsdiploms sinnvoll. Sie birgt allerdings das Risiko in sich, bei einer zukünftigen politischen Vorgabe einer Übergangsquote vom Bachelor zum Master mit Abschlüssen dazustehen, die weder vom Arbeitsmarkt noch von den Studierenden akzeptiert werden können.

Nach einer Umfrage bei den Fachhochschul-Bauingenieurstudiengängen im Jahr 2007 bilden 52% der Fachhochschulen den Bachelor gemäß den Empfehlungen des ASBau aus. 13% der Fachhochschulen verzichten auf eine Praxis-

Abb. 4: Regelstudienzeiten der Bachelorstudiengänge im Fach Bauingenieur an Fachhochschulen 2007

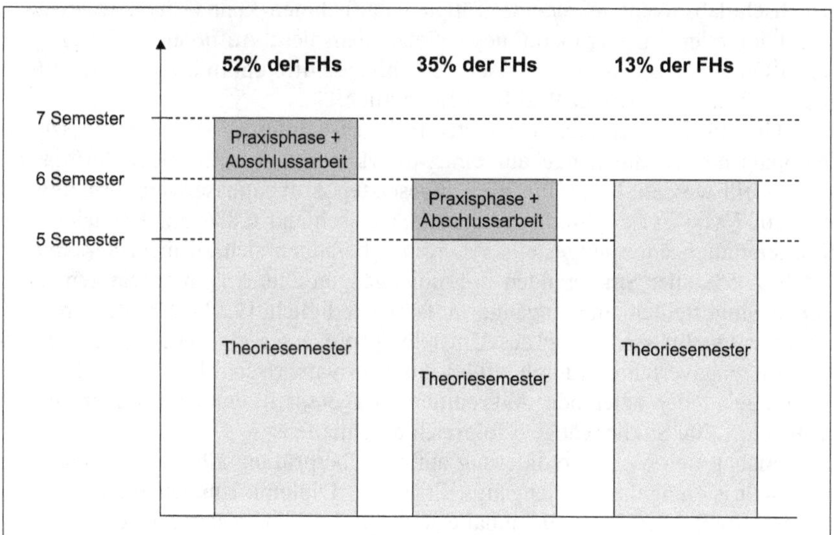

Eigene Darstellung

phase und beschränken ihr Studium auf sechs Theorie-Semester. Weitere 35% der Fachhochschulen vermitteln lediglich in fünf Semestern theoretische Kenntnisse und ergänzen diese durch eine einsemestrige Praxis- und Abschlussphase.

Aus Sicht der Bauarbeitgeber vermitteln damit alle deutschen Universitäten und die Hälfte der deutschen Fachhochschulen dem Bachelor im Bauingenieurwesen eine Qualifikation, die nicht berufsbefähigend ist. Angesichts verschiedentlicher Ankündigungen der Hochschulpolitik, eine Übergangsquote vom Bachelor- zum Masterstudium vorzugeben und damit einen Großteil der Bachelor zwangsweise zu exmatrikulieren, ist absolut unklar, wie und wo diese Bachelor zukünftig beschäftigt werden. Gerade mit Blick auf die Bachelor-Ausbildung gehen die Arbeitgeber bereits jetzt von einer deutlichen Absenkung des Bildungsniveaus im Bauingenieurwesen aus.

2.2 Qualitätssicherung

Eines der zentralen Bologna-Ziele, die Sicherung der „Employability", wird damit in weiten Teilen nicht erreicht – auch wenn die durch die Arbeitgeber als „Berufsbefähigung" übersetzte Employability inzwischen durch weite Kreise der Hochschulpolitik mit „Beschäftigungsfähigkeit" übersetzt und damit heruntergespielt wird. Nach letzterer Lesart müsse nur sichergestellt werden, dass ein Hochschulabsolvent irgendeine Tätigkeit aufnehmen könne, auch wenn diese nicht im erlernten Kernberuf liege. Setzt man diese Auffassung in Bezug zu einer Qualitätsdiskussion, so werden erhebliche Differenzen zwischen ursprünglichem Ziel und aktueller Wirklichkeit deutlich.

Gemäß den Vereinbarungen der Bologna-Konferenz sollen bis 2010 alle europäischen Studiengänge auf ein zweizyklisches System (Bachelor/Master) umgestellt werden. In der bis 2010 angesetzten Aufbauphase waren im November 2007 von 11.288 Studiengängen in Deutschland 6.886 auf Bachelor- und Masterstudiengänge umgestellt. Allerdings befanden sich zu diesem Zeitpunkt noch 80,5% aller Studierenden in Studiengängen alter Prägung. Die genannten 6.886 umgestellten Studiengänge umfassen lediglich 19,5% der Studierenden. Das zur Qualitätssicherung des Umstellungsprozesses ins Leben gerufene Akkreditierungsverfahren (durchgeführt durch privatwirtschaftlich und in Konkurrenz zueinander agierende Akkreditierungsagenturen) hatten bis zum Januar 2008 ca. 1.700 Studiengänge erfolgreich durchlaufen.

Bisher zielt die Akkreditierung auf die Überprüfung allgemeiner Standards (Modularisierung des Studiengangs, Erstellung Diploma Supplement, Dokumentation) sowie auf die Studieninhalte und die Ausbildungsziele jedes einzelnen Studiengangs. Diese Form der Akkreditierung trägt den Namen „Programmakkreditierung". Der erhebliche Zeitaufwand für die Hochschule (ca. zwei Jahre) zum Durchlauf der Programmakkreditierung sowie die Kosten (mindestens

20.000 € je Studiengang), die aus den laufenden Etats der Studiengänge entnommen werden, sprengen inzwischen die Leistungsfähigkeit der Hochschulen. Seit 2006 haben Kultusministerkonferenz und Hochschulrektorenkonferenz daher gemeinsam Voraussetzungen geschaffen, um eine neue Form der Akkreditierung genannt „Systemakkreditierung", einzuführen. Im Rahmen der Systemakkreditierung wird nur noch in weiten Teilen das interne Qualitätssicherungssystem der Hochschule überprüft. Eine Begutachtung der einzelnen Studieninhalte findet nur noch stichprobenartig statt. Die ursprünglich auf Inhalte zielende Akkreditierung wird also jetzt durch ein Qualitätsmanagementsystem mit entsprechender Auditierung – in etwa analog DIN EN SOSO 9001ff. – ersetzt. Gleichzeitig entfällt damit eine aktive Beteiligung der Bauarbeitgeber an der Akkreditierung. Zwar wird auch im Rahmen der Systemakkreditierung innerhalb der jeweiligen Fakultäten und Fachbereiche Bauingenieurwesen eine Peer-Group (Fachgutachtergruppe) in regelmäßigen Abständen tätig werden. Diese wird jedoch von der Hochschule selbst eingesetzt. Eine Transparenz des Verfahrens ist damit nicht mehr gewährleistet. Auch in diesem zweiten Themenkomplex zeigt sich eine deutliche Abkopplung der Qualitätsdiskussion von Teilen der interessierten Kreise, in diesem Fall der Arbeitgeber.

2.3 Hochschulsystem

Bauingenieure werden in Deutschland aktuell an Fachhochschulen sowie an Universitäten (vereinzelt auch an Berufsakademien) ausgebildet. Nach den ländergemeinsamen Strukturvorgaben gemäß § 9 Abs. 2 Hochschulrahmengesetz für die Akkreditierung von Bachelor- und Masterstudiengängen (Beschluss der Kultusministerkonferenz vom 10.10.2003) verleiht sowohl der Bachelorabschluss der Universität als auch der Fachhochschule die gleichen Berechtigungen. Auch der Masterabschluss der Universität und der Masterabschluss der Fachhochschule verleihen gemäß diesen Strukturvorgaben die gleichen Berechtigungen. Auf Basis dieser Festlegungen rücken Fachhochschulstudiengänge und universitäre Studiengänge zumindest theoretisch näher zusammen bzw. werden deckungsgleich. Die bisherige klare Profilierung beider Hochschultypen löst sich auf.

Gemäß dem bisherigen Einstellungsbedarf verfügen zwei Drittel aller Bauingenieure in Deutschland über ein Fachhochschuldiplom, ein Drittel über ein Universitätsdiplom. Die Fachhochschule mit ihrer bewusst anwendungsorientierten Ausbildung stellt also die Mehrzahl der aktuell benötigten Bauingenieure zur Verfügung. Gleichzeitig ist aber festzustellen, dass im Zuge der Umstellung auf Bachelor- und Masterstudiengänge eine Annäherung der Fachhochschulen an die Universitätsprofile erfolgt. Bereits jetzt werden in der Fachöffentlichkeit Stimmen laut, in einer Gegenbewegung die „Ingenieurschulen" alter Prägung wieder aufleben zu lassen, um so Baupraktiker für Führungspositionen heranzubilden, da diese Aufgabe offenbar zukünftig von den Fachhochschulen nur in begrenztem Rahmen noch geleistet wird.

Weiter wollten 2007 die Wirtschaftsminister der Bundesländer in einem Versuch, die in Deutschland einzigartige Aufstiegsbildung für gewerbliche Arbeitskräfte im europäischen Rahmen aufzuwerten, entscheiden, dem Handwerksmeister jeweils automatisch den Titel „Bachelor Professionell" zu verleihen. Erst auf massiven Druck der Wirtschaft wurde diese Beschlussvorlage zur erneuten Beratung zurückgezogen. Der Sachverhalt ist jedoch weiter anhängig.

Auch die Berufsakademien führen aktuell für ihre Absolventen den Bachelorabschluss ein. Auch freien Trägern steht es offen, nach Erfüllung der strukturellen Forderungen, Bachelorabschlüsse zu vergeben. Arbeitgeber sehen sich also zukünftig einer Fülle von unterschiedlichen Bachelorabsolventen mit unterschiedlichsten inhaltlichen Ausprägungen gegenüber. Eine genaue Aussage über die Qualifikation der jeweiligen Bachelor lässt sich erst durch eingehende Prüfung der jeweiligen Studiengangsunterlagen und des „Diploma Supplement" treffen.

2.4 Aktuelle Folgerungen

Angesichts der bisherigen Gestaltung des Übergangs von Diplom- zu Bachelor- und Masterstudiengängen lässt sich nach einer Analyse der drei Problemkreise Regelstudienzeiten, Qualitätssicherung und Hochschulsystem eine deutliche Heterogenität der Abschlussinhalte bei gleichzeitiger Niveauabsenkung feststellen. Die Zertifikate geben keinen eindeutigen Hinweis mehr auf die Studieninhalte. Insgesamt erscheint die Berufsbefähigung der Absolventen unsicher. Die Gesamtsäule „Qualität" ist alles andere als stabil.

Im Herbst 2006 kam es zu einer ersten Positionsbestimmung von Teilen der Bauarbeitgeber in diesen Fragen. Zwei potenzielle Wege zum Umgang mit Bauingenieuren in Deutschland wurden mit Personalexperten und Führungskräften diskutiert: ein „englisches" Modell mit niedrig qualifiziertem Bachelor, der erst nach einer Berufspraxis zu einem weitergehenden Masterstudium zugelassen wird und erst danach – in Anlehnung an den englischen „Chartered Engineer" eine offizielle Zulassung als Ingenieur erhält. Alternativ dazu wurde ein Festhalten an den ASBau-Standards und deren Forderung nach einer mindestens siebensemestrigen Regelstudienzeit beraten. In der Konsequenz haben sich die Arbeitgeber der Bauindustrie nach wie vor zu dem zweitgenannten Modell bekannt. Folgende Kernaussagen wurden dabei bekräftigt: Der sechssemestrige Bachelor der Universitäten wird auf dem Arbeitsmarkt nicht benötigt. Ein Wettbewerb zwischen den Hochschulen wird befürwortet, jedoch muss die zweigleisige Hochschulausbildung im Bauingenieurwesen erhalten werden, ebenso wie der Inhalt des bisherigen FH-Abschlusses. Ausbildungsziel ist die Sicherstellung der

Berufsbefähigung. Eine wirkliche Qualitätssicherung erfordert eine Inaugenscheinnahme jedes einzelnen Studienprogramms.

Weiter haben die beteiligten Arbeitgeber entschieden, den Unternehmen und Studierenden aktiv eine Hilfestellung bei der Identifikation berufsbefähigender Studiengänge an die Hand zu geben. So haben der Hauptverband der Deutschen Bauindustrie, die Bundesingenieurkammer, der Verband Beratender Ingenieure sowie der Verband Unabhängig Beratender Ingenieure und Consultants in einer Pilotphase 2007 den Aufbau eines Hochschulbenchmarkings für Bachelor- und Masterstudiengänge Bauingenieurwesen in Angriff genommen. Über das Internet sollen ab 2008 Studierende und Arbeitgeber Informationen erhalten, die eine Berufsbefähigung auf der Basis der ASBau-Standards sicherstellen. Erst dann lässt sich auch zweifelsfrei eine tarifliche Eingruppierung der neuen Absolventen im Bauingenieurwesen vornehmen. Die Bauarbeitgeber haben in diesem Zusammenhang erklärt, dass kein Interesse an der Einstellung vermeintlich günstiger, aber minderqualifizierter Studienabgänger Bauingenieurwesen besteht.

3. Entwicklung der Qualitäts- und Quantitätssäulen

Qualität und Quantität, die Bereitstellung einer ausreichenden Zahl von Bauingenieuren sowie die Sicherstellung einer berufsqualifizierenden Ausbildung von Bauingenieuren sind entscheidend für alle Bereiche, in denen Bauingenieure aktiv werden. Sie bilden aber auch das Fundament für eine lebenslange erfolgreiche beruflichte Tätigkeit des einzelnen Bauingenieurs. Beide Säulen haben in der Vergangenheit getragen, sehen sich jedoch heute einem Erosionsprozess ausgesetzt.

Die vorstehend aufgeworfenen Fragestellungen und Probleme sind nicht auszusitzen, sondern verlangen zielgerichtetes, zeitnahes und abgestimmtes gemeinsames Handeln.

Personalführung und Personalmanagement müssen auch in der Bauwirtschaft professionell aufgegriffen werden.

Image- und Nachwuchswerbung für den Beruf Bauingenieur darf sich nicht in Einzelmaßnahmen verlieren. Wenn die einzelnen beteiligten Kreise zu schwach sind, um Maßnahmen mit Breitenwirkung zu tragen, bedarf es einer konzertierten Aktion – auch im Rahmen des „Leitbildes Bauwirtschaft“.

Auch wenn Hochschullehrer nur „sich selbst und dem Grundgesetz verpflichtet“ sind und die bisherige Qualitätssicherung der Studiengänge erhebliche Kräfte bindet, ist eine Qualitätsdiskussion nur dann sinnvoll und wirkungsvoll, wenn sich Studierende, Lehrende und Arbeitgeber daran beteiligen.

Die eigentlich zentrale Frage nach berufsqualifizierenden Studieninhalten wird aktuell überlagert von einer bildungspolitischen Diskussion um die Verweilzeit der Studierenden an Hochschulen, das Berufseintrittsalter der Hochschulabsolventen und die Zulassung zur Berufsausübung. Die in der „Leitbild"-Diskussion zusammengeführten Kreise müssen sich hier gegenüber der Bildungspolitik emanzipieren. Es muss eine Qualitätsdiskussion geführt werden. Und: Qualität hat ihren Preis.

Literatur

acatech-Konvent für Technikwissenschaften der Union der Deutschen Akademien der Wissenschaften e.V. 2006: Bachelor- und Masterstudiengänge in den Ingenieurwissenschaften – die neue Herausforderung für technische Hochschulen und Universitäten. München

Akkreditierungsverbund für Studiengänge des Bauwesens – ASBau 2010: Standards für die Akkreditierung und Qualitätssicherung zeitgemäßer Studiengänge des Bauingenieurwesens an deutschen Hochschulen. Berlin

Hauptverband der Deutschen Bauindustrie e.V 2009: Studierendenstatistik Bauingenieurwesen. Berlin

Institut der Deutschen Wirtschaft – IW 2008: Ingenieurlücke in Deutschland – Ausmaß und Wertschöpfungsverluste und Strategien. Köln

Verein Deutscher Ingenieure 2007: VDI Spezial Einkommen 03/07. Düsseldorf

Ausbildungsstruktur und Berufsbefähigung im Bauingenieurwesen

Gerhard Müller

1. Vorbemerkungen zur Ausgangslage

Das Bau- und Umweltingenieurwesen (Civil- and Environmental Engineering) unterliegt, wie auch die anderen Ingenieurwissenschaften, einem ständigen Wandel. Einerseits vermehren sich Wissen und damit die mit dem Ingenieurwesen verbundenen Chancen und Möglichkeiten mit rasanter Geschwindigkeit (Kuhn 1991; Stuhlhofer 1983, S. 169-193), andererseits ergeben sich aus der Zunahme der Weltbevölkerung, der Zunahme der Bedürfnisse an Mobilität und Komfort in den Industriestaaten, aber auch aus den Folgen der Klimaveränderungen und der Verknappung der Ressourcen neue, enorme Herausforderungen für Ingenieure (Girmscheid 2007).

Bauingenieure haben eine herausragende Bedeutung für die Gestaltung, Weiterentwicklung und nachhaltige Pflege unserer Infrastruktur und den Schutz vor Umwelt- und Naturgefahren und damit auch für die Fortschreibung unserer Gesellschaft und den Erhalt der Grundlagen unseres Wohlstandes. Qualifizierte Bauingenieure sind der Schlüssel für eine effiziente Aufbereitung von technischem, ökologischem aber auch betriebswirtschaftlichem Wissen und dessen Umsetzung in Planungs- und Bauprozessen sowie in nachhaltigen Betriebs- und Nutzungskonzepten. Architekten und Bauingenieure übernehmen die Aufgabe und die Verantwortung, die mit dem Bauen verbundenen Prozesse so aufzubereiten, zu gestalten und zu steuern, dass das komplexe Ineinandergreifen der Beiträge aller am Bau Beteiligten, vom Nutzer bzw. Betreiber über sämtliche Planer bis zu den gewerblichen Berufen am Bau, effizient und klar strukturiert vonstatten geht. Die Planung wird durch Bauingenieure technisch durchdacht und begründet, mit anderen Planern verzahnt, kommuniziert und aufbereitet und schließlich unter der Verantwortung von Bauingenieuren, mitunter unter extremen Bedingungen, praktisch in bauliche Hardware umgesetzt. Dabei entstehen in aller Regel Unikate, welche kein „Austesten" mit gegebenenfalls zu verwerfenden Prototypen zulassen. Bauingenieure müssen sowohl bei den anzusetzenden Lasten (z.B. Wind, Brand, Erdbeben, Hochwasser, Verkehr) als auch bei den Baumaterialien (z.B. natürlicher Baugrund, im historischen Bestand eingesetzte Baustoffe) den Umgang mit stark streuenden Größen beherrschen. Dabei müssen die im Bauwesen vergleichsweise enormen Sicherheitsanforderungen bei gleichzeitig wirtschaftlichen Konstruktionen befriedigt werden.

Diese unstrittige Bedeutung der Bauingenieure steht im Widerspruch zur geringen öffentlichen Wahrnehmung ihrer Aufgaben und gesellschaftlichen Anerkennung des Berufsstandes. Dieser Widerspruch lässt sich vielleicht besser verstehen, wenn man ihn zur Bedürfnisstruktur einer Gesellschaft in Beziehung setzt und dabei das als Maslow'sche Bedürfnispyramide (Maslow 1943) bekannte Konzept heranzieht, wonach die Menschen, wenn ihre grundlegenden Bedürfnisse gedeckt sind, diese Bedürfnisdeckung für selbstverständlich ansehen und höherwertige Bedürfnisse entwickeln, deren Deckung neue Standards der Selbstverständlichkeit setzt und wiederum höherwertige Bedürfnisse entstehen lässt. Die Leistungen der Bauingenieure für unsere Gesellschaft decken häufig die Grund- und Existenzbedürfnisse der Menschen wie etwa Obdach und Schutz gegen Kälte, Vorhandensein von Verkehrswegen oder die Versorgung mit Wasser. Sobald diese erfüllt sind, gerät ihre Bedeutung aus dem Blick. Kurioserweise führen Probleme mit der bebauten Umwelt oder Infrastruktur in den Medien, gerade wegen ihrer gesellschaftlichen und volkswirtschaftlichen Bedeutung, zur Empörung über die „Unfähigkeit der Branche" und praktisch nie zum Nachdenken darüber, wessen Leistung es ist, dass die Systeme in aller Regel mit exzellenter Zuverlässigkeit funktionieren. Große bauliche Leistungen werden oft nicht mit den Ingenieuren, sondern mit den – von der laienhaften Vorstellung über die berufliche Tätigkeit womöglich leichter zugänglichen – Architekten in Verbindung gebracht.

Diese unangemessen relativ geringe Beachtung und Wertschätzung des Berufstandes drückt sich in den Medien, in den Schulen bis hin zu den Reaktionen des Staates auf überfällige Anpassungen von Honorarordnungen der Ingenieure aus. Mitunter wird ein Zerrbild der Ingenieure gezeichnet, wie das des „happy engineers" (Backhaus 1999), der sich in technische Details flüchtet, statt auf Kunden einzugehen.

In Jahren mit guter Konjunktur im Bauen, klagen Unternehmen und Berufsverbände häufig über fehlenden Nachwuchs bei Bauingenieuren. Tatsächlich hinkt das Interesse an technischen Berufen allgemein ihrer Bedeutung hinterher (www.zew.de; www.bmbf.de/pub/010511ingmemo.pdf; dip21.bundestag.de/dip21/btd/14/079/1407999.pdf).

Vor diesem Hintergrund bilden sich regelmäßig Initiativen, wie z.B. des BMBF zum „Freiwilligen Technischen Jahr" (www.bmbf.de/de/12042.php). Ohne eine den gesellschaftlichen Bedürfnissen angemessene Technikfreundlichkeit in den Medien und in den Schulen wird man der in Deutschland zu beobachtenden grundsätzlichen Reserviertheit gegenüber Technik mit einer derartigen Initiative wohl kaum entgegenwirken können. Auch stellt sich die Frage, ob das Interesse an Technik nicht besser begleitend in der gesamten Kindheit und Jugend – Elternhaus, Kindergarten, Schule – geweckt werden kann.

2. Rückblick

Die deutsche Ingenieurausbildung hat sich zunächst aus der gewerblichen Ausbildung entwickelt. Erst 1899 erlangte die aus dem 1770 gegründeten berg- und hüttenmännischen Lehrinstitut (später Bergakademie), der 1799 gegründeten Bauakademie und der 1821 gegründeten Technischen Schule, im Jahr 1879 hervorgegangene Technische Hochschule Charlottenburg, als erste Technische Hochschule Deutschlands das Promotionsrecht (Birkhölzer 1976). Im Gegensatz hierzu wurde in Frankreich bereits im 18. Jahrhundert die „École Polytechnique" mit Universitätsrang gegründet.

Im Curriculum der Ingenieurausbildung, welches, anders als im Studium der klassischen universitären Fächer, in der Regel weitgehend als Pflichtprogramm aufgebaut war, hatte man im Zuge der Erlangung des universitären Ranges das „Propädeutikum", das im Wesentlichen theoretische bzw. abstrakte „Grundstudium" vorgesehen.

Diese neue Rolle der Ingenieurausbildung führte Ende des 19. Jahrhunderts zu Bestrebungen, für den stark gewachsenen Bedarf der Industrie an Ingenieuren auch „mittlere Ingenieure" mit „geringeren Ansprüchen an das Leben" (DATSCH 1938), die mehr an die berufliche Bildung angekoppelt waren. Auf Initiative des Vereins Deutscher Ingenieure (VDI) war 1908 in Kooperation mit dem Verein deutscher Maschinenbauanstalten (VdMA) der Deutsche Ausschuß für Technisches Schulwesen (DATSCH) entstanden, mit dem Ziel der Bündelung der berufsbildungspolitischen Interessen der Industrie und der konzeptionellen Weiterentwicklung der industriellen Lehrlingsausbildung (Kreysing 2003). Es entstanden in der Folge „Technische Mittelschulen", deren Lehrpläne mit dem häufig regionalen Bedarf der Industrie gekoppelt waren. Diese wurden später zu „Ingenieurschulen" ausgebaut.

Damit gab es seit Anfang des 20. Jahrhunderts in Deutschland im technischen Bereich drei Qualifikationsstufen: Eng verbunden mit der Berufsbildung den Meister bzw. Techniker, den „graduierten Ingenieur", der bis in die sechziger Jahren zwischen beruflicher Bildung und Hochschulstudium angesiedelt war und schließlich den Diplomingenieur (TU). Zwischen den ersten beiden Stufen bestanden relativ enge Verbindungen und damit auch eine hohe Durchlässigkeit. Vor 1970 hatten die meisten Studierenden der Ingenieurschulen bereits eine berufliche Ausbildung.

Als Zäsur und gleichzeitiger Ausgangspunkt für eine Veränderung der Ausbildungsstruktur kann das 1968 abgeschlossene „Abkommen der Länder in der

Bundesrepublik Deutschland zur Vereinheitlichung auf dem Gebiet des Fachhochschulwesens“[1] angesehen werden, welches die Fachhochschulen als eigenständige Einrichtungen des Bildungswesens im Hochschulbereich definierte und mit dem die Umwandlung der meisten Höheren Fachschulen und Ingenieurschulen in Fachhochschulen beschlossen und eingeleitet wurde. Damit verbunden war auch die Änderung der Zugangsvoraussetzungen. In Folge wird bis heute in der Politik eine stärkere Einheitlichkeit und Integration des deutschen Hochschulbereichs diskutiert.

In diesem Kontext versuchte man in den siebziger Jahren in einigen Bundesländern statt zweier getrennter Institutionen Gesamthochschulen zu schaffen, die, je nach Variante, rein konsekutiv den bisherigen TU/TH-Zweig auf den bisherigen Fachhochschulzweig aufsetzten (Konsekutivmodell) oder sich nach einem gemeinsamen Beginn von vier oder fünf Semestern in einen „theorieorientierten“ und „praxisorientierten“ Zweig spalteten (Y-Modell).

In Nordrhein-Westfalen, wo vor allem das Y-Modell praktiziert wurde, haben sich diese Modelle nicht durchgesetzt. Dort wurden seit dem 1. Januar 2003 alle Gesamthochschulen des Landes per Gesetz wieder in ausschließliche Universitäten bzw. anwendungsorientierte Fachhochschulen überführt. In Hessen entstand das so genannte „Kasseler Modell“, mit einer Diplomprüfung I, mit dem Ziel eines berufsqualifizierenden Abschluss der ersten Studienstufe und einer Diplomprüfung II, als wissenschaftlich vertiefender berufsqualifizierender Abschluss der zweiten Studienstufe (http://www.uni-kassel.de/fb14/stud/pruef/DPO_04.pdf).

Durch das Hochschulrahmengesetz des Bundes von 1976 wurden Fachhochschulen auf die gleiche rechtliche Ebene wie Universitäten gehoben. Damit verbunden waren die Bestrebungen der Ingenieurschulen, sich von der beruflichen Bildung abzukoppeln. Durch die Erhöhung der Semesterzahl auf sechs und später, auch durch entsprechende Anrechnung eines oder zweier Praxissemester als Studienzeit, auf acht Semester, wurde versucht, sich den Hochschulen weiter anzunähern. Die Umfirmierung der Praxissemester in „Praktische Studiensemester“ war auch für Äquivalenzregelungen und bei den so genannten reglementierten Berufen, wie z.B. der Architektur von Bedeutung.

Neben Neugründungen von Fachhochschulen ab 1969 firmierten die Ingenieurschulen in Fachhochschulen um. Dieser Prozess wird in jüngster Zeit durch eine erneute Umfirmierung der Fachhochschulen in „Hochschulen für angewandte Wissenschaften“ (und womöglich unter Ausnutzung der nicht vorhandenen englischen Übersetzung für Fachhochschule in „Universities of Applied Sciences“) fortgesetzt.

---

1 http://www.kmk.org/no_cache/wir-ueber-uns/gruendung-und-zusammensetzung/zur-geschichte-der-kmk.html

Alle drei Qualifikationsstufen der Bauberufe spielen aufgrund ihrer unterschiedlichen Profile und Qualifikationen im Bauwesen wichtige, sich ergänzende Rollen. Die Qualifikationsstufen ermöglichen jungen Menschen eine ihren Talenten und ihrem Entwicklungspotenzial angepasste Ausbildung. Die Vielfalt der Aufgaben für Bauingenieure und die Anforderungen aus der Praxis wurden bislang erfolgreich über Absolventen der beiden Studienabschlüsse im tertiären Bildungsbereich abgedeckt.

Fachhochschulabsolventen benötigen aufgrund ihrer eher anwendungsorientierten Qualifikation eine kürzere Einarbeitungszeit. Die universitäre wissenschaftsnahe Ausbildung an Technischen Universitäten war und ist für die technische Weiterentwicklung im Bauwesen und für den Transfer wissenschaftlicher Erkenntnisse in die Praxis unverzichtbar.

Auch im öffentlichen Dienst wurde diese Differenzierung bislang über unterschiedliche Laufbahnen berücksichtigt. Während gute Abschlüsse in Diplom-Fachhochschulstudiengängen bisher zur Laufbahnbefähigung zum gehobenen Dienst führten, befähigte ein guter Abschluss eines Diplomstudiengangs der Technischen Universitäten zum höheren Dienst.

Eine Aufteilung auf ca. zwei Drittel Fachhochschulabsolventen und ein Drittel Universitätsabsolventen wird in der Praxis als „marktgerecht“ erachtet. Das bedeutet, dass eine den bisherigen Fachhochschulstudiengängen entsprechende, anwendungsbezogene Ausbildung auch in Zukunft einen großen Teil des Bedarfs decken wird (ACATECH 2006).

Wenngleich eine differenzierte Struktur mit unterschiedlichen Ausbildungsgängen für die Praxis und für Studierende angemessen ist und auch der „gelebten Wirklichkeit“ entspricht, hat man in Deutschland das Bestreben, um jeglichen Beigeschmack von Diskriminierung zu vermeiden, Unterschiede zu negieren und in der Folge formal zu beseitigen. Die Entwicklungen der Fachhochschulen während der letzten 40 Jahre, die ja zunächst aus einem konkreten gesellschaftlichen Bedarf, der Schließung der Lücke zwischen Facharbeiter und theoretisch ausgebildetem Ingenieur entstanden sind, ist hierfür ein Beispiel. So wird z.B. der Begriff „wissenschaftliche Hochschule“, mit dem bisher die Hochschulen mit Promotionsrecht als formale Abgrenzung zu den Fachhochschulen bezeichnet wurden, im hochschulpolitischen Sprachgebrauch kaum mehr benutzt, da dies implizieren könnte, dass es „unwissenschaftliche“ Hochschulen gäbe.

Die Befürchtung, man würde mit Differenzierungen diskriminieren, ist in anderen Ländern weniger ausgeprägt. Dies kann z.B. auch im internationalen Vergleich anhand des unterschiedlichen Umganges mit an sich gleichen Sachverhalten erläutert werden: Während in Frankreich die Technischen Universitäten mit einem strengen Selektionsprozess – einem Ranking der Absolventen der classes préparatoires – werben („nur x% der Besten schaffen es, was heißt, 100-

x% werden selektiert“), wird in Deutschland in der Politik über hohe „drop-out“ Raten bei Ingenieurstudiengängen an Technischen Hochschulen lamentiert (x% werden selektiert, was heißt, 100-x% schaffen es). Dabei wird ignoriert, dass viele derjenigen, die während des ersten Jahres an einer TU erkennen, dass ihre Talente mehr durch eine eher anwendungsorientierte Ausbildung angesprochen werden, bisher an den Fachhochschulen ein auf sie zugeschnittenes Ausbildungsprofil erhalten konnten und der Branche nicht verloren gingen. Die allgemein zu beobachtende Tendenz in der politischen Diskussion, sinnvolle und ehrliche Differenzierungen mit „politisch unkorrekten“ Diskriminierungen zu verwechseln, spiegelt sich auch z.B. in den Bemühungen des Deutschen Industrie- und Handelskammertags und des Zentralverbands des Deutschen Handwerks wider, Handwerksmeister als „Bachelor professional“ zu etikettieren. Dabei wird außer Acht gelassen, dass mit den Bezeichnungen Meister und Bachelor, bislang wertfrei, völlig unterschiedliche Qualifikationen bezeichnet wurden und eine „Gleichstellung“ einer Abwertung des Handwerks mit seinen Alleinstellungsmerkmalen gleich kommt. Es entsteht der Eindruck, dass die Politik selbst einer universitären Ausbildung gegenüber einem „gestandenen Handwerksmeister“ einen höheren gesellschaftlichen Status zuweist. Ferner wird offensichtlich dünkelhaft unterstellt, dass sich das Handwerk durch ein akademisch klingendes Etikett „aufgewertet“ fühlen müsse.

3. Bologna-Prozess

Seit Beginn des Bologna-Prozesses, der wohl tiefst greifenden Hochschulreform der letzten Jahrzehnte, bei dem sich Deutschland mit seinen europäischen Nachbarn 1999 in Bologna das Ziel setzte, bis zum Jahre 2010 einen gemeinsamen europäischen Hochschulraum zu schaffen, werden die Ausbildungsstrukturen im tertiären Bildungsbereich neu diskutiert, was bislang zu unterschiedlichen Anpassungen an den einzelnen Universitäten und Fachhochschulen führte.

Im Zusammenhang mit den im Rahmen des Bologna-Prozesses anstehenden Neustrukturierungen der Studiengänge wurden auf der Kultusministerkonferenz der Länder vom 12.06.2003 zehn Thesen formuliert[2], welche Rahmenbedingungen für die Ausbildung von Bauingenieuren über Bachelor- und Masterstudiengänge vorgeben. Dort heißt es u.a.:

- „Die Bachelor- und Masterabschlüsse sind eigenständige berufsqualifizierende Hochschulabschlüsse.“

2 http://www.kmk.org/fileadmin/veroeffentlichungen_beschluesse/2003/2003_06_12-10-Thesen-Bachelor-Master-in-D.pdf

- „Als erster berufsqualifizierender Abschluss ist der Bachelor der Regelabschluss eines Hochschulstudiums und führt damit für die Mehrzahl der Studierenden zu einer ersten Berufseinmündung."
- „Als Regelabschluss eines Hochschulstudiums setzt der Bachelor ein eigenständiges berufsqualifizierendes Profil voraus, das durch die innerhalb der Regelstudienzeit zu vermittelnden Inhalte deutlich werden muss. Bachelorstudiengänge müssen die für die Berufsqualifizierung notwendigen wissenschaftlichen Grundlagen, Methodenkompetenz und berufsfeldbezogene Qualifikation vermitteln."
- „Masterstudiengänge sind nach den Profiltypen ‚stärker anwendungsorientiert' und ‚stärker forschungsorientiert' zu differenzieren und können entsprechend den unterschiedlichen Aufgaben der Hochschulen sowohl an Universitäten als auch an Fachhochschulen angeboten werden."
- „Der Masterstudiengang kann einen vorausgegangenen Bachelorstudiengang fachlich fortführen und vertiefen oder – soweit der fachliche Zusammenhang gewahrt bleibt – fächerübergreifend erweitern (konsekutive Studienstruktur). Als Weiterbildungsstudiengang setzt der Masterstudiengang eine Phase der Berufspraxis und ein Lehrangebot voraus, das die beruflichen Erfahrungen berücksichtigt."
- „Die Regelstudienzeiten betragen mindestens drei, höchstens vier Jahre für die Bachelorstudiengänge und mindestens ein Jahr und höchstens zwei Jahre für die Masterstudiengänge. Bei konsekutiven Studiengängen beträgt die Regelstudienzeit höchstens fünf Jahre."
- „Bachelorabschlüsse verleihen grundsätzlich dieselben Berechtigungen wie Diplomabschlüsse der Fachhochschulen; konsekutive Masterabschlüsse verleihen dieselben Berechtigungen wie Diplom- und Magisterabschlüsse der Universitäten und gleichgestellten Hochschulen." ... „Im Einzelnen regeln die Promotionsordnungen der Hochschulen den Zugang zur Promotion. Bei den Berechtigungen werden keine Unterschiede hinsichtlich der Dauer der Studiengänge, der Profiltypen und der Institutionen, an denen die Bachelor- oder Masterabschlüsse erworben wurden, gemacht."

In den darauf folgenden Beschlüssen einiger Bundesländer stellte man dazu fest, dass die gestufte Studiengangstruktur zu einer systematischen Strukturreform der Studien an deutschen Hochschulen führen solle (MWFKB 2003). So wurde z.B. in der Rahmenplanung der Ministerien für Wissenschaft, Forschung und Kultur des Landes Brandenburg formuliert:

> „... Nutzung der neuen Studienabschlüsse Bachelor und Master bei gleichzeitiger weitgehender Einstellung der bisherigen Diplom- und Magisterstudiengänge, um einen Innovationsprozess in Gang zu setzen, der die Studienstrukturreform voranbringt ..."

Die Thesen erinnern zunächst etwas an die in den siebziger Jahren geführten Diskussionen zu Gesamthochschulen. Ein differenzierter Bildungsauftrag der Fachhochschulen und Technischen Universitäten ist in den Thesen nicht mehr zu erkennen.

Als Reaktion hierauf hat der Zusammenschluss der TU9 als Verbund führender deutscher Technischer Universitäten (http://www.tu9.de/presse/1354.php) den Bologna-Prozess als Auftrag zu mehr Qualität und Wettbewerb aufgegriffen

> „... dass die Technischen Universitäten ihr Profil kontinuierlich schärfen müssen. Daraus folgt die Erkenntnis, dass die Funktion der Technischen Universitäten sich von jener der Fachhochschulen grundsätzlich unterscheiden muss", ... „dass Lehre und Studium an Technischen Universitäten grundlagen-, methoden- und forschungsorientiert sind, während sie an Fachhochschulen praxisbezogen auf der Basis gesicherten Wissens stattfinden. Der Erfolg dieses zweigliedrigen Modells ist weltweit vorbildlich, fördert die Vielfalt in den Ingenieurwissenschaften und ist eine wesentliche Grundlage für den Erfolg der deutschen Wirtschaft im globalen Wettbewerb. Eine Vermischung der Profile von Technischen Universitäten einerseits und Fachhochschulen andererseits ist daher zum Nachteil der Absolventinnen und Absolventen in den Ingenieur- und Naturwissenschaften sowie der Unternehmen, die sie beschäftigen möchten."

In der Konsequenz ergaben sich hieraus Forderungen nach konsekutiven Bachelor-, Masterstudiengängen für die Studierenden der Universitäten. Um ein hohes Niveau zu gewährleisten, wurden in Folge an verschiedenen Universitäten Eignungsfeststellungsverfahren eingerichtet.

4. Berufsqualifizierung, Employability

Der in der Hochschulrektorenkonferenz formulierte Anspruch, der Bachelorabschluss müsse eigenständig berufsqualifizierend sein, stellt für universitäre Studiengänge einen Paradigmenwechsel dar. Der seit über einem Jahrhundert unumstrittenen Bedeutung des Zeitbedarfs für das im Wesentlichen grundlagen- und theorieorientierte „Grundstudium" wird in den zehn Thesen der Kultusministerkonferenz nicht Rechnung getragen. Hieraus ergeben sich nun verschiedene grundsätzliche Optionen:

- Genereller Abbau der Lehre in theoretischen Grundlagen, um innerhalb von drei Jahren eine Berufsbefähigung mit konkretem Anwendungswissen zu erlangen, damit verbunden aber auch ein deutliches Absenken des Anspruchs,
- Änderung der zeitlichen Reihenfolge, d.h. anspruchsvolle theoretische Grundlagen im Master nach den Anwendungsfächern im Bachelor, was didaktisch fragwürdig ist,
- Eingrenzung des Begriffes Berufsbefähigung.

Es stellt sich also zunächst die Frage, was unter Berufsqualifizierung konkret zu verstehen ist und wie diese sinnvoll in der zweistufigen Struktur der Bachelor-, Masterausbildung abgebildet werden kann.

4.1 Diskussion in der Politik und im Umfeld der Hochschulen

Die Hochschulrektorenkonferenz bezieht sich bei den Begriffen Berufsqualifizierung auf die Entwicklung von so genannten Schlüsselqualifikationen (MWFKB 2003).

Unter Schlüsselqualifikationen versteht man dabei

> „Kenntnisse, Fähigkeiten und Fertigkeiten, welche a) die Eignung für eine große Zahl an Positionen und Funktionen als alternative Optionen zum gleichen Zeitpunkt und b) die Eignung für die Bewältigung einer Sequenz von (meist unvorhersehbaren) Änderungen von Anforderungen im Laufe des Lebens sicherstellen."

Die Vielfalt der Anforderungen an den Bauingenieur (Girmscheid 2007) erfordern Kreativität und unterschiedliche Kompetenzen, von der Problemlösungskompetenz über die soziale Kompetenz, von speziellen Managementfähigkeiten bis hin zu konkreten technischen Fähigkeiten. Ein Großteil dieser Kompetenzen entfaltet sich während der beruflichen Tätigkeit oder begründet sich auf Erfahrung. Ein anderer Teil wird in der Erziehung und während der Schulzeit gelegt und hängt auch von den charakterlichen Eigenschaften der Studierenden ab. Somit ist die obige Definition von „Schlüsselqualifikationen" viel zu umfangreich und für den Berufsstart wenig hilfreich.

Der nicht klar definierte Begriff „Berufsqualifizierung" gestattet somit einen erheblichen Interpretationsspielraum, der sich zwischenzeitlich in den unterschiedlich gestalteten Bachelor- und Masterprogrammen der verschiedenen Universitäten und Fachhochschulen widerspiegelt und damit zu einer Ausdifferenzierung und einem Leistungswettbewerb führt.

So erachtet die TU9 den Bachelor in der Ingenieurausbildung an Universitäten als „Türöffner" zum Masterstudium in gleichen und angrenzenden Fächern an deutschen oder internationalen Universitäten (Mobility Interface). Die Bachelor-Phase der konsekutiven TU9 Ingenieurstudiengänge ist dabei auf den universitären Master-Abschluss hin angelegt. Der universitäre Bachelor ist „employable but not professional"; er soll im Hinblick auf seine Kenntnisse und Fähigkeiten zwar kein professioneller Abschluss sein (http://www.tu9.de/presse/765.php) aber eine Beschäftigungsfähigkeit gewährleisten, was bei der Leistungsfähigkeit eines TU-Studenten, der in der Lage war, die Grundlagenausbildung des Bachelors erfolgreich zu absolvieren – wie bei einem sehr guten Abiturienten – eine Selbstverständlichkeit ist. Der universitäre Abschluss für den Übergang in den Beruf ist der Master. Dies ist konsequent, da der von den TU9 Universitäten erhobene Anspruch, eines forschungs- und innovationsorientierten Studiums mit der begrenzten Studiendauer des Bachelors unvereinbar ist.

In der Diskussion um die zweistufigen Studienabschlüsse außerhalb der TU9 wird von den Hochschulen in der Regel nicht auf das grundsätzliche Dilemma hingewiesen, dass mit begrenzter Ausbildungszeit eine erhebliche Priorisierung der Inhalte und eine deutlich geringere Qualifizierungsmöglichkeit akzeptiert werden muss. Bei signifikanter zeitlicher Verkürzung ist eine Niveauabsenkung unumgänglich, sonst hätte das international anerkannte System aus Fachhochschulen und Technischen Universitäten über Jahre hinweg in grober Form ineffizient gearbeitet.

4.2 Diskussion bei Arbeitgebern und Berufsverbänden

Der Bologna-Prozess löste umfangreiche Diskussionen aus dem Blickwinkel verschiedener „Abnehmer" von Absolventen der Bauingenieurstudiengänge aus. Auch die parallel stattfindende Diskussion zur Qualitätssicherung von Studiengängen führte in der Industrie zu einer grundsätzlichen – teilweise auch widersprüchlichen – Auseinandersetzung im Hinblick auf Ziele und Ausgestaltung moderner Studiengänge, die im Folgenden schlaglichtartig angesprochen wird.

So fordert der Verein Deutscher Ingenieure (VDI), dass das Bachelor-Studium in ein Grund-, Orientierungsstudium und in ein Fachstudium gegliedert werden sollte. Ferner sollte der Bachelor-Abschluss sowohl zum Übertritt in einen Ingenieurberuf als auch zur Aufnahme in ein weiterführendes Vertiefungsstudium mit dem Masterabschluss befähigen.[3]

Der Akkreditierungsverbund für Studiengänge des Bauwesens (ASBau) fordert, dass der Bachelor nicht einer Ausstiegsqualifikation für weniger begabte Studierende entsprechend dürfe (ASBau Standards 08/2003), d.h. im Umkehrschluss, dass auch begabte Studierende im Bachelor eine attraktive Ausstiegsqualifikation sehen können. Der ASBau formuliert ferner eine Reihe von Mindestanforderungen für Bauingenieurstudiengänge.

Dabei wird in der Praxis (z.B. Engelhardt 2007) andererseits regelmäßig betont, dass das Bildungsniveau nicht unter dem der bisherigen Diplomabschlüsse absinken dürfe. Der Widerspruch aus reduzierter Studiendauer und Studieninhalte wird nicht aufgelöst.

Auch im Musteringenieurgesetz von 2003 und im Bayerischen Baukammergesetz von 2007 werden die gestuften Ausbildungsgänge im Hinblick auf die Akkreditierung als Beratender Ingenieur und die Berufsbezeichnung Ingenieur in keiner Weise berücksichtigt. Diese Diskussion ist jedoch noch nicht abge-

---

3 http://www.vdi.de/fileadmin/media/content/hg/VDI-Stellungnahme_zur_Ingenieurausbildung_20042.pdf

schlossen: So wurde im Januar 2008 im Thüringer Landtag ein Änderungsantrag zum Entwurf des Thüringer Architekten- und Ingenieurkammergesetzes eingebracht, der darauf zielt, dass Beratende Ingenieure im Normalfall den Masterabschluss aufweisen müssen (CDU Thüringen 2008). Auch in anderen Bundesländern wird über „masteräquivalente Abschlüsse“ als Mindestanforderung für Kammerpflichtmitglieder nachgedacht. Auch im öffentlichen Dienst wird differenziert: So ist hier der Masterabschluss eine erforderliche Zugangsvoraussetzung für die Laufbahnen des höheren Dienstes.[4]

In Mitgliederbefragungen der Ingenieurkammern wurden Arbeitgeber hinsichtlich ihrer Einschätzung des Ingenieurnachwuchses bezüglich der Aspekte ingenieurspezifische Kenntnisse, praktische Fähigkeiten, soziale Kompetenz, Auslandsfähigkeit, BWL/Marketing und Recht befragt (Bundesingenieurkammer 2007). Insbesondere bei den Kenntnissen zu BWL und zu Recht schneiden die Absolventen eher schlecht ab. Bei Fragen zu den typischen „soft-skills“ erscheint die Altersgruppe wie ein typischer Bevölkerungsquerschnitt ohne Differenzierung zwischen den Hochschulen. Konsequenzen aus derartigen – durchaus hilfreichen – Umfragen sollten mit Vorsicht bedacht werden: Die Absolventen haben eine ca. 25-jährige Erziehungs-, Schul- und Hochschulphase hinter sich. Insbesondere bei den Fragen zur sozialen Kompetenz muss hinterfragt werden, inwieweit in der Erziehung angelegte Defizite bzw. charakterliche Eigenschaften durch die Hochschule korrigiert werden können. Vordergründige Defizite, die mit noch nicht vorhandener menschlicher Reife in Verbindung stehen und sich durch eine gute Einarbeitung bzw. durch zunehmende Lebenserfahrung beheben, sollten ebenfalls nicht überbewertet werden.

Für die allgemeine Bewertung von Studiengängen ist die Aufbereitung der Antworten von Umfragen häufig recht exemplarisch und kann bei separiert dargestellten Einzelbetrachtungen erheblich in die Irre führen. Auch muss bedacht werden, dass die Fragen selbst nicht unmittelbar von den Interessengruppen formuliert werden. Z.B. wird die Frage nach den Kenntnissen im Marketing erwartungsgemäß von über 50% der Arbeitgeber als gering eingestuft. Dies ist mit der begrenzt zur Verfügung stehenden Zeit bei den derzeitigen Curricula nicht anders zu erwarten. Die (in der Regel nicht gestellte) Frage, ob fachliche Inhalte (ingenieurspezifische Kenntnisse), die zu über 90% als „gut“ bzw. als „mittel“ eingestuft werden (Bundesingenieurkammer 2007), zugunsten von anderen Kenntnissen in der Priorität herabgesetzt werden sollten, würde womöglich das eine oder andere plakative Ergebnis solcher Umfragen relativieren.

Umfragen, die bewusst oder unbewusst die Fachkompetenz außer acht lassen und lediglich einen besonderen Fokus auf Aspekte wie soziale Kompetenz

---

4 http://www.kmk.org/fileadmin/veroeffentlichungen_beschluesse/2007/2007_09_20-Vereinbarung-Zugang-hoerer-Dienst-Master.pdf

und Internationalität legen, müssen mit besonderer Vorsicht ausgewertet werden; so z.B. das „employability-rating“ des Arbeitskreises für Personalmarketing (dapm) in Kooperation mit dem Centrum für Hochschulentwicklung (CHE).[5] Daraus resultierende Überschriften wie z.B.: „20 Prozent der Bachelor-Studiengänge bereiten nur unzureichend auf den Berufseinstieg vor. Zwölf von 100 Hochschulen haben dagegen vorbildliche Maßnahmen ergriffen, um die Studierenden fit für den Arbeitsmarkt zu machen“, sind zwar plakativ, führen jedoch in die Irre. Eine zu starke Betonung der sozialen Kompetenz ohne ausreichendes Fachwissen fördert Halbwissen und ist gefährlich.

In den gemeinsamen Forderungen der Wirtschaftsverbände HDB, VDMA und ZVEI wird auf die Bedeutung der bisherigen Qualität der Grundlagenausbildung hingewiesen. „Schlüsselqualifikationen“, wie Teamfähigkeit, Fremdsprachen, Projektmanagement und kommunikative Fähigkeiten, sollen „integrativ“, d.h. im Rahmen der sonstigen Ausbildung vermittelt werden (ACATECH 2006). Die Wirtschaftsverbände weisen darauf hin, dass sie eine staatlich festgelegte Quotierung der Anzahl der Absolventen, die in einem Bachelor- oder Masterstudiengang ausgebildet werden, als kontraproduktiv erachten. Ferner fördern sie den Ausbau weiterer berufsbegleitender weiterbildender Masterstudiengänge.

Die Ergebnisse umfangreicher Diskussionen im Konvent für Technikwissenschaften der Union der deutschen Akademien der Wissenschaften e.V. (acatech) sind in ACATECH 2006 zusammengefasst. Auch hier wird eine Quotierung für den Übergang in einen Masterstudiengang als kontraproduktiv abgelehnt und zum „vollen Qualifikationsprofil“ des Ingenieurs ein Abschluss des zweiten Zyklus zum Master als erforderlich erachtet. Das bedeutet, dass der Bachelor im Wesentlichen eine so genannte „Berufsfähigkeit“ und keine „Berufsqualifikation“ darstellt.

In Abbildung 1 ist die Vorstellung des acatech dargestellt. Die Ausrichtung der Achsen soll dabei sicher keine Wertung darstellen und wäre hier vor dem Hintergrund der geführten Diskussion besser neutral gewählt.

4.3 Umfragen bei Absolventen

Derzeit gibt es nur wenige belastbare Umfragen bei Absolventen, die Hinweise auf die Qualität der Einarbeitung und die Adäquanz zur ersten Berufstätigkeit geben. In der Befragung des Bayerischen Absolventenpanels wurde nur von 56% der Absolventen von Bauingenieurstudiengängen die Berufstätigkeit der fachlichen Qualifikation adäquat angesehen (Bayerisches Absolventenpanel 2008).

5 http://www.che-ranking.de/downloads/dapm_Rating_2007_Internet_655.pdf

Abb. 1: Einordnung der Universitäts- bzw. Fachhochschulausbildung im Hinblick auf eher Theorie- bzw. Anwendungsorientierung

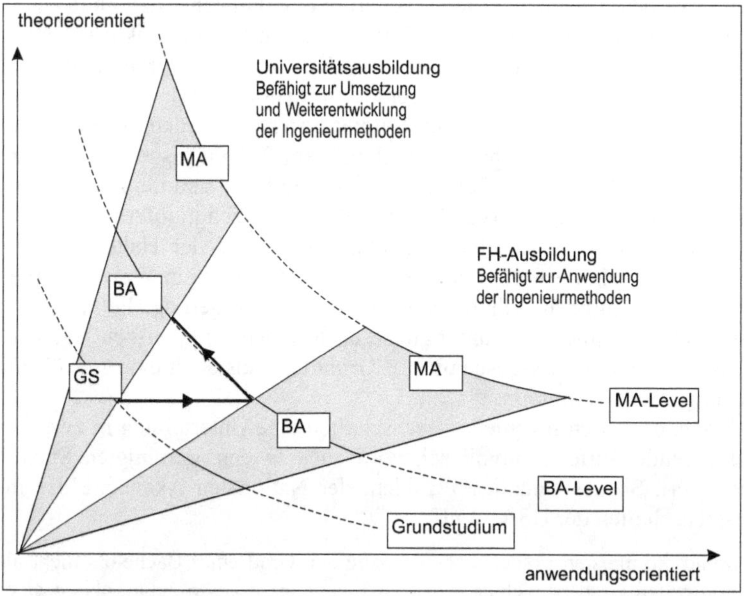

Quelle: ACATECH 2006

Lediglich 44% erachteten das Einkommen als angemessen. Derartige Befragungen werfen schlaglichtartig das Licht auf die aktuelle – auch konjunkturbedingte – Situation. Auch ist zu hinterfragen, inwieweit die Datengrundlage für eine belastbare statistische Aussage ausreichend ist. Für den Absolventenjahrgang des Jahres 2003 sind die Ergebnisse durch die damalige schlechte Konjunktur sicherlich verzerrt. Dies wird auch in der Befragung zu Problemen bei der Stellensuche bestätigt. So hatten ca. 50% der Bewerber den Eindruck, dass viele Firmen vor allem Praktikums- und Volontariatsstellen besetzen wollten.

4.4 Sicht aus dem Ausland

Im Ausland erscheint sowohl die Diskussion zur Berufsbefähigung als auch die diskriminierungsfreie Ausdifferenzierung etwas offener.

Traditionelle Bezeichnungen für Bachelor/Masterabschlüsse gibt es z.B. in Dänemark (Kandidat bzw. Diplom-Ingeniör/Magister bzw. Civil-Ingeniör), in Frankreich (Licencié/Maîtrise), in Italien (Laurea/Laurea specialistica), in den Niederlanden (Baccalaureus/Meester) und in Schweden (Kandidatexamen/Magisterexamen). In Dänemark wurde im Jahr 1993 erstmalig die Möglichkeit geschaffen, im so genannten Kandidat-Programm einen ersten akademischen Abschluss zu erwerben. Daneben bestand weiterhin das fünf Jahre dauernde einzügige Hochschulstudium fort. Trotz Einführung der gestuften Strukturen setzen 90% derjenigen Studenten, die den Grad eines Kandidaten erworben hatten, ihr Studium bis zum Erreichen des Magistergrades fort (Edel 2004).

Die Erfahrungen mit den gestuften Studiensystemen wurden vom Generalsekretär der Schweizer Hochschulrektorenkonferenz Nägeli insgesamt als eher kritisch bewertet (Nägeli 2000). Seiner Einschätzung nach sind die zweistufigen Studiensysteme eher studienzeitverlängernd als -verkürzend, sofern die Mehrzahl der Studierenden den zweiten Abschluss anstrebt. Jeder Haltepunkt, bei dem sämtliche bis dahin erforderliche Studienleistungen für ein Weiterkommen abgeschlossen sein müssen, schafft eine mögliche Verzögerung. Ferner merkt Nägeli an, dass es schlichtweg unmöglich sei, in einem dreijährigen Basisstudium sowohl eine solide wissenschaftliche Grundlage, als auch eine spezifische Berufsbefähigung zu vermitteln.

Die Frage, ob in den Ingenieurwissenschaften eine Unterteilung in zwei berufsqualifizierende Stufen sinnvoll sei, wird auch in den Vereinigten Staaten heftig diskutiert. So der damalige Präsident der Nationalen Akademie der Ingenieurwissenschaften der USA, Wulf:

> „Während die meisten akademischen Berufe den Grad eines Bachelors nicht als professionellen Grad betrachten, wird im Ingenieurwesen so getan, als ob er es noch wäre. Das ist sowohl für die Studenten, als auch für die Arbeitgeber eine Irreführung. Problematisch sind u.a.: Das ingenieurtechnische BA-Programm ist auf 130 Kreditstunden aufgebläht worden, doch enthält es noch immer nicht das erforderliche Material; die Arbeitgeber investieren im allgemeinen ein bis zwei Jahre in die Einarbeitung frisch angestellter BS-Absolventen zur Vervollständigung ihrer Berufsqualifikation, die durch unsere Untergraduierten-Programme unfertig geblieben ist; diese Probleme werden verschlimmert, da eine Anzahl von Staaten ein Maximum von 120 Kreditstunden für die Vergabe des BS festgelegt hat. Der Druck bei der Betrachtung des BS als einen professionellen Grad provoziert das Anführen der „magischen Formel:" „Das undergraduate Curriculum sollte (nur) die Lehre der Grundlagen zum Inhalt haben!" (Wulf 1998)

Diese Einschätzung wird auch in den Thesen und Empfehlungen zur universitären Ingenieurausbildung der DFG bestätigt:

> „Die Vorteile der einzügigen Ausbildungsgänge für das wissenschaftliche Ausbildungsprofil werden inzwischen auch in Ländern mit traditionell zweizügiger Bachelor-, Master-Ausbildung gesehen. So gelten in England einzügige vierjährige Master-Studiengänge effizienter als das zweizügige Bachelor-Master-System und werden daher an den führenden Universitäten verstärkt eingeführt." (Eigenberger 2004)

Offensichtlich sind Zäsuren im Ausbildungsgang mit reduzierter Effizienz verbunden.

An Hochschulen wie dem MIT, Yale, Harvard, Georgia Tech, Stanford, University of Illinois, Colorado State, UC Davies, Princeton, University of Maryland, University of Florida, North Carolina State führt diese Erkenntnis zur Koexistenz zweistufiger und einstufiger Studienstrukturen in den Ingenieurwissenschaften und der Informationstechnik („Accelerated BSc/MSc Dual Degree Programs", „Five Year BSc/MSc Programs", „Integrated", „Combined" oder „Joint" „BSc/MSc Programs", „Coterminal Bachelor/Master Degree Programs", „Concurrent Bachelor/Master Degree Programs").

Auch zu den Mindestinhalten der jeweiligen Ausbildungsprofile gibt es in den Vereinigten Staaten, wo eine große Erfahrung mit zweistufigen Studiengängen vorliegt, erhebliche Diskussionen:

J. S. Russel der damalige Vorsitzende des ASCE Task Committee meinte hierzu: „Der heutige Vier-Jahres-Bachelor-Grad ist zur Vorbereitung auf die Praxis der Bauingenieure im 21. Jahrhundert unangemessen geworden." (Civil Engineer The Newsletter 2004)

Von der Präsidentin der ASCE P. D. Galloway kam die Aussage:

> „Zu Beginn des letzten Jahrhunderts leisteten die Bauingenieur-Absolventen im Rahmen ihres Studiums 155 Kredit-Stunden; im Vergleich dazu bekommen die meisten heutigen Studenten 125 Kredit-Stunden ... mindestens 20 Kredit-Stunden weniger als in den 1920er Jahren."[6] (Lehmann, VDI Nachrichten, S. 2)

Das ABET (Accreditation Board for Engineering and Technology) fordert als Konsequenz in seiner Vision für den Ingenieur im Jahr 2020 eine solide Basis in Mathematik und Wissenschaft, sowie ein „grounding in humanities, social science and economics; emphasis on the creative process ..." (The National Academies Press 2005).

In der Studie der Firma Continental wird neben der vorausgesetzten Fachkompetenz ein besonderer Fokus auf die Problemlösungs- und Führungskompetenz gelegt (Continental AG 2006). In dieser Studie wird darauf hingewiesen, dass Ingenieure zunehmend mit der Modellierung von Strukturen und Abläufen betraut sind und computergestützte Berechnungen auf Plausibilität bewerten müssen. Der Umgang mit Störfällen, sowohl in technischen, wie in Geschäfts- und Projektabwicklungsprozessen, muss beherrscht werden. Dies setzt die Kenntnis wissenschaftlich fundierter Studieninhalte voraus.

In der ASCE wird die Bedeutung des Ingenieurs für die Gestaltung unserer Infrastruktur unter Berücksichtigung der Vernetzung aus Ökonomie, Nachhaltigkeit und Technologie besonders betont. Auch hieraus resultiert die Erfordernis

---

6 Bei diesen Creditangaben bleiben offensichtlich überfachliche Inhalte unberücksichtigt.

von wissenschaftlich fundierten Wissensinhalten. Eine Zusammenstellung dieser Aspekte findet man in Grimscheid 2007.

Das European Construction Research Network hat Strategien für EU Forschungsansätze für die Bauindustrie entwickelt (Construction Research Network 2005). Ziele ergeben sich aus den Anforderungen der Gesellschaft und aus einer nachhaltigen und wissensbasierten Bauindustrie. Sie sind mit Anforderungen hinsichtlich Umwelt und Nutzer hinterlegt und münden in laufende Veränderungen der Bauprozesse, der Materialen, der Bautechnologie, der Kooperation und Kommunikation und des Managements. Durch eine Lebenszyklusorientierung wird der Nutzen gesteigert (Abb. 2).

Abb. 2: Ziele und potenzielle Forschungsschwerpunkte zur Weiterentwicklung der Bauindustrie

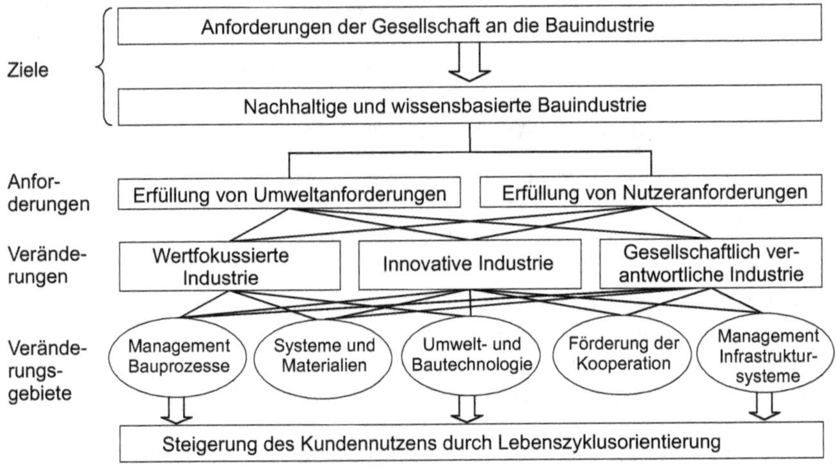

Quelle: Girmscheid 2007

5. Konsequenzen

Um den Prozess und die erforderlichen Innovationen im Bauwesen zu gestalten und zu betreiben, bedarf es unterschiedlicher Akteure, vom Absolventen einer Universität mit sehr gutem Grundlagenwissen des Bauingenieurwesens und einem eng an die Forschung gekoppeltem Studium über Absolventen von Fachhochschulen mit einer anwendungsbezogenen Ausbildung bis hin zu solide ausgebildeten Facharbeitern. Dabei muss die individuelle Begabung gefördert und in Abhängigkeit der Neigung und des Talentes junger Menschen der für sie richtige Weg ermöglicht werden. Ein unreflektiertes Lamentieren über eine niedrige Akademikerquote – die ja häufig im gleichen Atemzug mit dem Facharbeitermangel beklagt wird – darf nicht dazu führen, dass die individuellen Fähigkeiten der Bevölkerung gleichmacherisch auf der Strecke bleiben (Nida-Rümelin 2008). Es gibt auch ein „Recht auf Nichtstudieren“ (Gebbeken 2008) und einen Bedarf an „Nicht-Studierten“. Eine, der Statistik zuliebe, nicht ausreichend reflektierte Akademisierung und Gleichmachung der Gesellschaft führt zur Verflachung der Qualifikation und Frustration. Ihr kann nur über eine leistungsabhängige Ausdifferenzierung in der Hochschullandschaft begegnet werden.

Eine Reduktion von Studienzeiten auf insgesamt drei bis 3,5 Jahren bis zum Berufseinstieg ist sowohl bei den Fachhochschulen als auch bei den technischen Universitäten kontraproduktiv. Die veränderten Anforderungen an die Ausbildungsprofile von Bauingenieuren erfordern stetige Anpassungen der Studieninhalte. Bei gleichzeitiger Reduktion ist die Änderung nicht zu schaffen. In einem heutigen dreijährigen Bachelorstudium wird eine Qualifikation vermittelt, die deutlich unterhalb dessen liegt, was ein Diplomingenieur (TU) bzw. (FH) bisher in einem fünf- bzw. vierjährigen Studium geboten bekam. Der Fortfall des Praxissemesters führt zu einer Entfernung vom ursprünglichen Konzept der Fachhochschulen, der Zwang zur frühen Berufsqualifizierung zum Abbau des Grundlagenwissens bei den Universitäten. Dies führt zwangsläufig zur Entstehung neuer Formate in der Hochschullandschaft, wie z.B. Firmen-Akademien, mit denen versucht wird, im Sinne der ursprünglichen Fachhochschulen Anwendungsnähe zu gewährleisten (HOCHTIEF-Akademie 2006, S. 70).

Eine moderne Fakultät für das Bauingenieurwesen an einer Technischen Universität bietet derzeit ca. 250 Credits im Bachelor-Programm Bauingenieurwesen an. Im wesentlich breiteren Masterprogramm sind über 500 Credits realistisch. Unter Berücksichtigung der Credits der Abschlussarbeiten sind aus diesem Gesamtangebot lediglich insgesamt ca. 250 Credits zu wählen, also ca. ein Drittel des Gesamtangebots. Hierbei nicht enthalten sind Lehrangebote von Professuren, die lediglich schmale Randgebiete abdecken. Unter Hinzunahme derartiger Felder ist das Gesamtangebot entsprechend größer.

Um den Anforderungen an ein zukunftsfähiges Bauingenieurwesen gerecht zu werden, bedarf es der folgenden Elemente:

- Aufgrund der gesamtwirtschaftlichen Bedeutung des Bauwesens sind motivierte begeisterte und leistungsfähige Studienanfänger von entscheidender Bedeutung. Derzeit ist gerade an den Schulen und in den Medien, also dort wo für die Studiengänge des Bauingenieur- und Umweltingenieurwesens geworben werden müsste, kein ausreichender Kenntnisstand hinsichtlich der Berufsbilder vorhanden. Auch der niedrige Frauenanteil im Bauingenieurwesen resultiert aus dieser mangelnden Kenntnis.

- Um für Universitäten die besten Köpfe, das heißt leistungsfähige und -bereite Abiturienten zu gewinnen, ist sowohl eine adäquate gesellschaftliche Anerkennung der Bauingenieure als auch eine ausreichende Honorierung ihrer Arbeit zwingende Voraussetzung.
- Mit den unterschiedlichen Ausbildungs- und Studienprofilen muss sowohl den unterschiedlichen Neigungen und Talenten der Studierenden als auch der Vielfalt der Aufgaben und der unterschiedlichen Berufsprofile im Bauwesen Rechnung getragen werden. Die Gesellschaft benötigt den gewerblichen Bereich, anwendungsbezogene Fachhochschulstudiengänge mit ausreichendem Praxisbezug und Studiengänge an den Universitäten.
- Nicht alle Menschen können gleichermaßen den vielfältigen Anforderungen in technischer Expertise, Problemlösungskompetenz, Kommunikationskompetenz und Führungsqualitäten gerecht werden. Unterschiedliche Ausbildungsprofile müssen die Talente fördern ohne gleiche Muster auf alle Studierenden anzuwenden. Auch innerhalb der Studiengänge muss Raum für individuelle Schwerpunktsetzung gegeben sein.
- Der zunehmende Umfang von Studieninhalten, die Erfordernis von vernetzten Betrachtungen verschiedener Aspekte, die wachsende Komplexität der Hilfsmittel und die damit erforderliche Kompetenz zur Bewertung von Ergebnissen erfordern eine angemessene Ausbildungszeit. Selbst unter der Vorgabe einer Studienzeit von maximal fünf Jahren muss an Universitäten eine erhebliche Priorisierung und Spezialisierung erfolgen.
- Als Instrument zur Qualitätssicherung der Studiengänge hinsichtlich der Leistungsfähigkeit der Studierenden und als Voraussetzung für eine effiziente Lehre sind Eignungsfeststellungsverfahren ein sinnvolles Hilfsmittel. Auch die Abbrecherquote während der ersten Semester kann so signifikant reduziert werden. So konnte die Durchfallquote in einem theoretischen Grundlagenfach an der TUM durch das Eignungsfeststellungsverfahren (EFV) von knapp 50% auf unter 30% gesenkt werden. Weitere Elemente zur Qualitätssicherung sind z.B. realistische Erfassungen des Workload durch die Studierenden sowie Alumni-Netzwerke und die damit verbundene Möglichkeit den Werdegang der Absolventen zu verfolgen.
- Im ersten Studienjahr sind zur Orientierung begleitende Mentorengespräche der Studierenden sehr sinnvoll. Studierende, die während des ersten Jahres erkennen, dass sie einem Studium an einer Universität nicht gewachsen sind, sollten nicht abfällig als „Abbrecher“ bezeichnet werden. Jedes Eignungsfeststellungsverfahren hat eine begrenzte Aussageschärfe, sodass eine größere Zahl von „Abbrüchen“ insbesondere während des ersten Jahres unvermeidbar ist. Studierenden mit dem Berufsziel Bauingenieur, die den spezifischen Anforderungen eines universitären Studiums nicht gewachsen sind, sollten in Kenntnis ihrer Leistungsfähigkeit und Begabungen Wege aufge-

zeigt werden, wie sie ihre Fähigkeiten und Kompetenzen in den Berufsbildern des Bauwesens optimal einbringen können.

- Der Weg zu zunehmender Kreativität und Problemlösungskompetenz geht nicht über eine Verdichtung der Studieninhalte. Es bedarf technischer Module, in welchen sich mit entsprechender „Muße“ derartige Kompetenzen und Fähigkeiten entfalten können. Akademische Freiheit fördert Selbstständigkeit, Entfaltung und spezifische Talente.
- Eine solide Grundlagenausbildung zu Beginn des Studiums als Fundament für die folgenden Studieninhalte ist insbesondere für die Technischen Universitäten unumgänglich. In diese Grundlagenausbildung muss das Denken in vernetzten Prozessen sowie auch der Umgang mit computergestützten Methoden integriert werden. Ein „Umdrehen“ der Reihenfolge Grundlagen-Spezialisierung in Spezialisierung-Grundlagen mit dem Ziel eines Ausstiegs nach drei Jahren ist im Gesamtablauf kontraproduktiv.
- Die Schulung von Soft-Skills muss so in das Studium integriert werden, dass damit die Ausbildung in technischen Inhalten nicht verringert, sondern gefördert wird (siehe Abb. 3). Die Nutzung der Synergien zwischen den Fächern durch übergreifende Arbeiten unter Aufzeigung von Querbezügen,

Abb. 3: Integration von Softskill-Elementen in die Lehrinhalte einer Fakultät

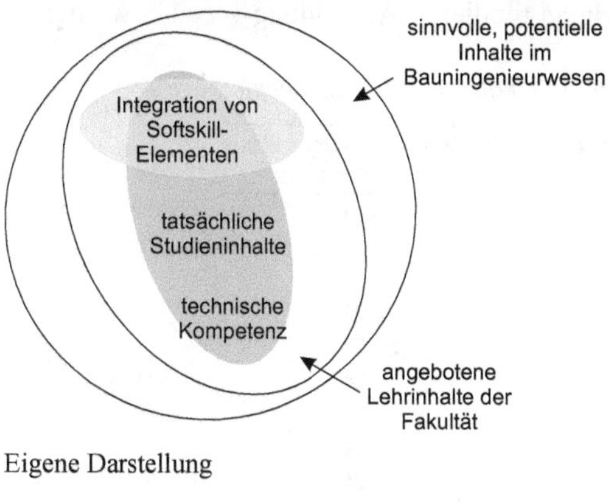

Eigene Darstellung

der Einbau von Präsentationen und von Projektarbeit in das Curriculum kann dies fördern. Auch kann über geeignete Prüfungsformen die Entwicklung von Soft-Skills unterstützt werden. Praktische Gruppenarbeiten gegen Ende des Bachelor-Studiums und ein Projektstudium im Master, d.h. angepasste Lehrformen ermöglichen die Integration von Veranstaltungen zur Förderung von Soft-Skills. Lehrinhalte mit isolierten, von den technischen Inhalten entkoppelten Soft-Skill-Kursen sind ineffizient und führen, sofern technische Kompetenz nicht ausreichend vermittelt wird, zu Halbwissen. Auslandssemester oder -praktika sind ebenfalls Bausteine zur Persönlichkeitsbildung. Die damit verbundenen Anforderungen müssen individuell an die Studierenden angepasst werden.

- Eine verengte Diskussion zum Abschlussalter im tertiären Bildungsbereich, wie sie in Deutschland mitunter geführt wird, ist wenig zielführend. Das Durchschnittsalter der Absolventen des tertiären Bildungsbereiches wird nach Einführung des G8 selbst für Masterabsolventen im internationalen Mittelfeld liegen (siehe Tab. 1).
- Ein kurzatmiges Überprüfen von Studieninhalten, jeweils nach dem unmittelbaren Nutzen, ist wenig zielführend. Wie in der Schulausbildung sollten Inhalte vermittelt werden, die nicht nur direkten sondern auch indirekten Nutzen haben. Abstraktionsvermögen und analytisches Verständnis hilft beim Einordnen komplizierter Zusammenhänge und fördert die Problemlösungskompetenz. Eine nüchterne Reduktion der Inhalte auf unmittelbar Verwertbares mag kurzfristig Kosten sparen, reduziert jedoch die Qualität der Entfaltung der Persönlichkeiten. Ausbildungen, die auf ein Mindestmaß reduziert sind und von „jedem etwas beinhalten", riskieren, dass grundlegende Inhalte zugunsten oberflächlicher, wenig nachhaltiger Qualifikationen zurückgefahren werden. Die Fortentwicklung der Ingenieurskunst kann nur über Ingenieure mit entsprechend fundierter Ausbildung gestaltet werden.

Tab. 1: Typisches Abschlussalter im tertiären Bildungsbereich

Land	Abschluss Sekundarbereich II	mit dem Diplom vergleichbarer Studienabschluss
Australien	17	22–23
Belgien (flämischer Teil)	18–19	22–25
Deutschland	19	25–26
Finnland	19	24–26
Frankreich	18–19	23–24
Großbritannien	–	24
Irland	18	24
Japan	18	24
Korea	17–18	24
Niederlande	17–18	23–25
Norwegen	18–19	22–25
Österreich	18	23–25
Spanien	18	23–24
Schweden	19	24–27
USA	18	23

Quelle: OECD nach Edel 2004

- Berufsbegleitende Lehrangebote sind für lebenslanges Lernen zwingend erforderlich. Es sollte jedoch nicht zum Programm werden, bestimmte technische Fähigkeiten erst zu einem späteren Zeitpunkt berufsbegleitend zu erwerben. Der Schwerpunkt der Ausbildung muss in den Zeitraum gelegt werden, in dem Menschen besonders aufnahmefähig sind. Damit entfaltet die Ausbildung einen optimalen Hebel.

Sämtliche in der Ausbildung beteiligten gesellschaftlichen Gruppen – Eltern-Schule-Hochschule-Arbeitgeber – müssen aufeinander abgestimmt ihre Aufgaben übernehmen: So ist ein großer Teil der Soft-Skills bereits in der Schulausbildung und in der Erziehung zu legen. Dort aufgetretene Versäumnisse können nicht allein durch die Hochschule ausgeglichen werden.

Die Schulung von Kenntnissen, die am effizientesten durch eine Einarbeitung in einem Betrieb erfolgen können, wie z.B. Einarbeitung in spezifische Software, die Schulung betriebswirtschaftlicher und juristischer Kenntnisse sollten auch in die berufliche Tätigkeit verlagert werden. Bei Spezialwissen ist stets zu hinterfragen, ob dessen „Halbwertszeit" so gering ist, dass es besser in die berufliche Weiterbildung integriert werden sollte. In Anbetracht der begrenzten Zeit muss sich die Hochschulausbildung verstärkt um jene Inhalte kümmern, die zu einem späteren Zeitpunkt autodidaktisch oder über Weiterbildung kaum mehr erworben werden können.

Literatur

Accreditation Board for Engineering and Technology 2004: Proceedings of the 2004 ABET Annual Meeting, Competing in a Diverse World. Baltimore

Akkreditierungsverbund für Studiengänge des Bauwesens – ASBau e.V. 2003: Akkreditierung und Qualitätssicherung zeitgemäßer Studiengänge des Bauingenieurwesens an deutschen Hochschulen, ASBau Standards 08/2003. Berlin

American Society of Civil Engineers 2004: American Society of Civil Engineering Body of Knowledge (BOK) for the 21. Century. Reston/Virginia

Backhaus, Klaus 1999: Happy Engineering. In: manager magazine, 8, S. 130-133

Bayerisches Absolventenpanel 2008: Bayerisches Staatsinstitut für Hochschulforschung und Hochschulplanung (IHF): Bayerisches Absolventenpanel. Erstbefragung des Absolventenjahrganges 2003/04. Berichte für die Technische Universität München

Birkhölzer, Karl 1976: Die Entwicklung der Didaktik der Ingenieurschulen der Bundesrepublik Deutschland, 2 Bände. Berlin: TU Berlin (Diss. Phil.)

Bundesingenieurkammer 2007: Mitgliederbefragung der Ingenieurkammern. Zweite bundesweite Umfrage, Mai 2007. Berlin

Bundesministerium für Bildung und Forschung der Bundesrepublik Deutschland 2001: Memorandum des Ingenieurdialogs, Zukunftssicherung des Ingenieurwesens in Deutschland. Ingenieurdialog unter Leitung des Bundesministeriums für Forschung und Bildung, Berlin (Internet: www.bmbf.de/pub/010511ingmemo.pdf; zuletzt abgefragt am 27.01. 2010)

Bundesministerium für Bildung und Forschung der Bundesrepublik Deutschland 2008: Aufstieg durch Bildung Qualifizierungsinitiative der Bundesregierung(Internet: www.bmbf. de/de/12042.php; zuletzt abgefragt am 27.01.2010)

CHE 2007: Centrum für Hochschulentwicklung GmbH: Rating von Studiengängen unter besonderer Berücksichtigung der Beschäftigungsbefähigung (employability). Gütersloh (Internet: http://www.che-ranking.de/downloads/dapm_Rating_2007_Internet_655.pdf; zuletzt abgefragt am 27.01.2010)

CDU Thüringen 2008: Änderungsantrag zum Entwurf des Thüringer Architekten- und Ingenieurkammergesetzes (ThürAIKG) der CDU-Landtagsfraktion vom 16.01.2008 (Internet: http://www.regioweb.de/archivitem+M51769313ee1.html?&tx_ttnews[day]=16&tx_ttnews[month]=01&tx_ttnews[year]=2008; zuletzt abgefragt am 27.01.2010)

Civil Engineer, The Newsletter 2004: Civil Engineers Define a New Body of Knowledge for the 21st Century. March 2004

Construction Research Network 2005: European Construction Research Network RTD Strategy. Brussels

Continental AG 2006: In Search of Global Engineering Excellence. Hannover

Deutsche Akademie der Technikwissenschaften (ACATECH) 2006: Bachelor- und Masterstudiengänge in den Ingenieurwissenschaften. Die neue Herausforderung für Technische Hochschulen und Universitäten in acatech BERICHTET UND EMPFIEHLT – Nr. 2/ März 2006

DATSCH 1938: Deutscher Ausschuß für technisches Schulwesen – DATSCH e.V.: 30 Jahre Deutscher Ausschuß für Technisches Schulwesen (DATSCH) e.V. In: Technische Erziehung 13 (1938), S. 73ff. 4. (veränderte) Auflage. Leipzig

Deutscher Bundestag, Drucksache 14/7999, 14. Wahlperiode 2002: Situation und Perspektiven der Ingenieurinnen und Ingenieure in Deutschland (Internet: dip21.bundestag.de/ dip21/btd/14/079/1407999.pdf; zuletzt abgefragt am 27.01.2010)

Ebel-Gabriel, Christiane 2004: Von Berlin nach Bergen – Über zukünftige Perspektiven des Bologna-Prozesses. In: Forschung und Lehre 11 (2004) 2, Erfurt

Edel, Karl-Otto 2004: Anmerkungen zum Bologna-Prozess und die Folgen seiner Instrumentalisierung. Fachhochschule Brandenburg

Eigenberger, Gerhart 2004: Kurzfassung der Thesen und Empfehlungen zur universitären Ingenieurausbildung. Diskussionspapier für das Präsidium der DFG, München, 2004 (Internet: http://www.dfg.de/download/pdf/dfg_im_profil/reden_stellungnahmen/2004/universitaere_ingenieurausbildung_kurz.pdf; zuletzt abgefragt am 29.01.2010)

Engelhardt, Boris 2007: Rückkehr des Baus. In: Tiefbau 05/2007, S. 324 BG BAU – Berufsgenossenschaft der Bauwirtschaft, Berlin

Gebbeken, Norbert 2008: Zwischenruf: Zur Forderung nach mehr Akademikern. In: Bautechnik 3/2008, S. 208–210, Berlin

Girmscheid, Gerhard 2007: Der Ingenieur im 21. Jahrhundert – Problemlöser zur Sicherung unserer Zukunft. In: Bauingenieur, Jg. 82/Nr.11, S. 465–470

Heine, Christoph/Egeln, Jürgen/Kerst, Christian/Müller, Elisabeth/Park, Sang-Min 2006: Bestimmungsgründe für die Wahl von ingenieur- und naturwissenschaftlichen Studiengängen, Zentrum für Europäische Wirtschaftsforschung (ZEW)

HOCHTIEF-Akademie 2006: Qualifizierte Ausbildung zum Bachelor of Engineering, Beratende Ingenieure, Nov./Dez. 2006, S. 70

Kreysing, Matthias 2003: Berufsausbildung in Deutschland und den USA. Institutionalisierung des dualen Berufsbildungssystems in vergleichender Perspektive , Sozialwissenschaftliche Fakultät der Georg-August-Universität Göttingen, Göttingen

Kuhn, Thomas Samuel 1991: Die Struktur wissenschaftlicher Revolutionen. Frankfurt/M.

Lehmann, Eike 2004: Bachelor und Master – noch fehlen die geeigneten Strukturen. In: VDI-Nachrichten, Nr. 29, S. 2

Maslow, Abraham 1943: A Theory of Human Motivation. In: Psychological Review, 50, S. 370-396

MWFKB 2003: Ministerium für Wissenschaft, Forschung und Kultur des Landes Brandenburg: Rahmenplanung der Ministerin für Wissenschaft, Forschung und Kultur des Landes Brandenburg

Nägeli, Rudolf 2000: Zur Einführung von Bachelor- und Master-Graden in Europa und die möglichen Folgen für die Schweiz, Schweizerische Hochschulrektorenkonferenz, ergänzte Fassung des Lageberichts zuhanden der Schweizerischen Hochschulrektorenkonferenz, 10. April 2000

Nida-Rümelin, Julian 2008: Der nächste Bildungsnotstand, der Umbau auf Bachelor und Master setzt auf Dequalifizierung. Es schadet dem Land, wenn immer mehr junge Menschen studieren sollen – besser wäre es, die Lehrberufe zu fördern. In:, Süddeutsche Zeitung vom 01.02.2008

Sekretariat der Ständigen Konferenz der Kultusminister und -senatoren der Länder: 10 Thesen zur Bachelor- und Masterstruktur, Beschluss der Kultusministerkonferenz vom 12.06. 2003 (Internet: http://www.kmk.org/fileadmin/veroeffentlichungen_beschluesse/2003/2003_06_12-10-Thesen-Bachelor-Master-in-D.pdf; zuletzt abgefragt am 27.01.2010)

Ständige Konferenz der Innenminister und -senatoren der Länder; Ständige Konferenz der Kultusminister und -senatoren der Länder in der Bundesrepublik Deutschland: Zugang zu den Laufbahnen des höheren Dienstes mit Masterabschluss in Fachhochschulen, Beschluss der Innenministerkonferenz vom 07.12.2007 (Internet: http://www.kmk.org/fileadmin/veroeffentlichungen_beschluesse/2007/2007_09_20-Vereinbarung-Zugang-hoerer-Dienst-Master.pdf; zuletzt abgefragt am 27.01.2010)

Ständige Konferenz der Innenminister und -senatoren der Länder; Ständige Konferenz der Kultusminister und -senatoren der Länder in der Bundesrepublik Deutschland: „Die 60er Jahre: Bildungsplanung und Bildungsreform“ (Internet: http://www.kmk.org/no_cache/wir-ueber-uns/gruendung-und-zusammensetzung/zur-geschichte-der-kmk.html; zuletzt abgefragt am 27.01.2010)

Stuhlhofer, Franz 1983: Unser Wissen verdoppelt sich alle 100 Jahre Grundlegung einer Wissensmessung. In: Berichte zur Wissenschaftsgeschichte, S. 169-193

The National Academies Press 2005: Educating the Engineer of 2020: Adapting Engineering Education to the New Century. Washington/D.C.

TU9 Universitäten 2006: Pressemitteilung vom 25.10.2006: Grundsätze der universitären Ingenieurausbildung im zweizyklischen Studiensystem. Der universitäre Professionsabschluss ist der Master (Internet: http://www.tu9.de/presse/765.php; zuletzt abgefragt am 27.01.2010)

TU9 Universitäten 2007: Zur Rolle der Technischen Universitäten und der Fachhochschulen in Deutschland, 14.05.2007 (Internet: http://www.tu9.de/presse/1354.php; zuletzt abgefragt am 27.01.2010)

Universität Kassel 2004: Prüfungsordnung für den konsekutiven Diplomstudiengang Bauingenieurwesen des Fachbereichs Bauingenieurwesen an der Universität Kassel vom 27. April 2004 (Internet: http://www.uni-kassel.de/fb14/stud/pruef/DPO_04.pdf; zuletzt abgefragt am 27.01.2010)

Verband Deutscher Ingenieure – VDI 2004: Stellungnahme zur Weiterentwicklung der Ingenieurausbildung in Deutschland, 2004 (Internet: http://www.vdi.de/fileadmin/media/content/hg/VDI-Stellungnahme_zur_Ingenieurausbildung_20042.pdf; zuletzt abgefragt am 27.01.2010)

Wikipedia.org: Employability (Internet: *www.wikipedia.org/wiki/Employability;* zuletzt abgefragt am 27.01.2010)

Wulf, William A. 1998: „The Urgency of Engineering Education Reform," The Bridge, Vol. 28/No. 1, 1998. National Academy of Engineering, Washington/D.C.

Künftige Anforderungen an Kompetenz von Bauingenieuren und Bauingenieurinnen und die Rolle der Ausbildung

Wolfgang Sorge

1. Vorbemerkungen

Bauingenieurinnen und Bauingenieure decken ein weites und vielfältiges Spektrum von Tätigkeitsfeldern, Aufgaben und Positionen ab. Sie belegen Tätigkeitsfelder im konstruktiven Ingenieurbüro, Wasserbau, Verkehrswegebau, Grundbau, Baubetrieb und Umweltschutz. Sie nehmen ihre Aufgaben in Form von Beratungen, Planungen, Berechnungen, Bauausführungen, Überwachungen und Prüfungen sowie in der Forschung und in der Lehre wahr. In verschiedenen Positionen führen sie Tätigkeiten in Ingenieurbüros, im öffentlichen Dienst, in der Bauindustrie und im Baugewerbe, in Hochschulen und in Forschungsinstituten aus.

Allen Aufgaben ist die Integration der Arbeitsprozesse und der Ergebnisse in Planungen, Ausführungen und beim Betrieb von Bauwerken gemeinsam. Bauingenieurinnen und Bauingenieure wenden sowohl technisches Wissen als auch ökonomisches und ökologisches Wissen an. Sie setzen dieses ein, um in gesamtheitlich agierenden Bauteams Planungen zu entwickeln, theoretisch nachzuweisen, zu kommunizieren, zu koordinieren, kritisch zu begleiten und zu überprüfen sowie Ausführungen zu initiieren, zu steuern und zu überwachen.

Arbeitgeber erwarten, dass die Absolventen von Hochschulen und Universitäten wissenschaftliche Grundlagen und berufsfeldbezogenes Fachwissen genauso beherrschen wie soziale Kompetenz, Teamfähigkeit und Kommunikationsfähigkeit.

In den nachfolgenden Abschnitten wird ein Überblick über die Tätigkeiten von Bauingenieurinnen und Bauingenieuren gegeben. Die Anforderungen an die Ausbildung sowie die Ausbildungsstruktur werden dargestellt und die zukünftigen Anforderungen an die Ausbildung zur Vermittlung der erforderlichen Kompetenzen erläutert. Da auf die Praxis – Ingenieurbüro, Behörden, Baugewerbe und Bauindustrie – mit den verkürzten Hochschulausbildungen zusätzliche Aufgaben zur Weiterbildung zu kommen werden, wird auch die Rolle der Praxis für die Ausbildung behandelt.

2. Tätigkeiten von Bauingenieurinnen und Bauingenieuren und Struktur der heutigen Hochschulausbildungen

Bauingenieure sind auf verschiedenen Tätigkeitsfeldern aktiv. Die Mehrzahl der Bauingenieure ist auf dem Gebiet des konstruktiven Ingenieurbaus im Bereich des Hochbaus beschäftigt. Dies wird auch in Zukunft der Fall sein, da für die große Zahl von Hochbauplanungen und Sanierungen von Hochbauten eine entsprechend große Zahl von Bauingenieuren mit dem Schwerpunkten von Tragwerksentwurf, Tragwerksplanung und Baukonstruktion benötigt wird.

Wenige, aber spezialisierte Bauingenieure nehmen Aufgaben auf Sondergebieten wahr, z.B. Planen und Bauen von Brücken, Hochhäusern, Spezial-Stahlbauten von Industrieanlagen, Planen und Bauen von Wasserstraßen, Talsperren, Deichen und Verkehrswegen.

Bauingenieure sind auch auf den Gebieten des Grundbaus und des Baubetriebes tätig. In den letzten Jahren kamen Themen des Umweltschutzes, der Ökologie und des nachhaltigen Bauens hinzu.

Die für die aufgezählten spezialisierten Tätigkeitsfelder benötigten Kompetenzen werden in den bisherigen Ausbildungen in Form von Vertiefungsmodulen (Wahlfächer) und in Form von Studien- oder Diplomarbeiten erworben. Umfangreiche Vertiefungsmodule, z.B. zu den aktuellen Themen der Energieeffizienz oder des nachhaltigen Bauens, werden nur in einem geringen Anteil in den Lehrplänen vorgefunden.

Bauingenieure beraten, berechnen, planen, sie überwachen und prüfen Bauausführungen und sind in der Forschung und Lehre tätig. Die Aufgaben werden als Freiberufler in den Ingenieurbüros, als Mitarbeiter im öffentlichen Dienst, in der Bauindustrie und im Baugewerbe, in Bauabteilungen von größeren Unternehmen oder in Hochschulen und Forschungsinstituten ausgeübt.

Allen Aufgaben, die von Bauingenieuren wahrgenommen werden, ist die Einbindung in den gesamten Entwicklungs- und Planungsprozess und die Integration in andere Planungsbereiche gemeinsam, wie z.B. die Integration in die Landschafts- und Strukturplanung, Städteplanung, die Architektur, den Umwelt- und Ressourcenschutz und die Integration in die beteiligten Fachplanungen.

In der bisherigen Struktur der Diplomstudiengänge und in den bisher angebotenen Bachelorstudiengängen sind im Wesentlichen die gleichen Lehrangebote bei geringerer Semesterzahl der Bachelorstudiengänge gegenüber den Diplomstudiengängen zu finden.

Für eine Gegenüberstellung wurden die Studien- und Prüfungsordnungen und die Studienpläne von Bauingenieurstudiengängen an neun Fachhochschulen (mit dem Schwerpunkt Bayerischer Fachhochschulen) und fünf Universitäten analysiert. Es zeigen sich folgende Ergebnisse.

Die Fächer, in denen Fachwissen – die mathematisch-naturwissenschaftlichen Grundlagen und die technischen Grundlagen – gelehrt werden, nehmen 90% bis 95% der Lehre (gemessen in Semesterwochenstunden, SWS) in Anspruch.

Etwa 90% der Lehre (SWS) in den ersten Semestern (bisheriges Grundstudium im Diplomstudiengang) werden in den zehn Kernfächern Mathematik (17%), Mechanik (14%), Baustoffe (13%), Baustatik und Tragwerkslehre (10%), Baukonstruktion und Hochbau (10%), Informatik (7%), Physik/Bauphysik (6%), Geometrie/Zeichnen (6%), Vermessungstechnik (4%) und Bauchemie (3%) erbracht.

In den höheren Semestern (bisheriges Hauptstudium im Diplomstudiengang) treten die Anteile der Grundlagenfächer gegenüber den Vertiefungen, Projekten und Wahlpflichtfächern zurück, dennoch ergibt sich etwa 75% der Lehre aus den folgenden Grundlagenfächern: Baubetrieb/Recht/Management/Planung (13%), Wasserwirtschaft (11%), Baustatik und Tragwerkslehre (10%), Verkehrs- und Städtebau (10%), Beton (5%) und Massivbau (5%), Stahlbau (5%), Holzbau (5%), Geotechnik (4%) und Grundbau (3%), Vermessung (2%) und Informatik (2%).

Die Fächer Mathematik, Mechanik, Baustatik/Tragwerkslehre und Baustoffe beanspruchen im Grundstudium (bzw. im ersten Semester) und die Fächer Baustatik/Tragwerkslehre sowie die Vertiefungen Wasserwirtschaft, Verkehrs- und Städtebau, Beton/Massivbau und Stahlbau/Holzbau in den höheren Semestern jeweils mehr als 50% der Semesterwochenstunden.

Soft-skill-Fächer wie BWL, Fremdsprachen, Kommunikation und Präsentation sind nur mit einem sehr geringen Anteil vertreten.

In den früheren, an denselben Hochschulen angebotenen, Diplomstudiengängen Bauingenieurwesen wurden dieselben Kernfächer mit einer ähnlichen Zahl der Semesterwochenstunden gelehrt.

Es gibt weder eine deutliche Verschiebung der Semesterwochenstunden zwischen denselben Fächern zwischen den Bachelor- und Diplomstudiengängen noch deutliche Verschiebungen der Semesterwochenstunden zwischen den Kernfächern untereinander und auch keinen Ersatz der Kernfächer durch neue Fächer. Die Schwerpunkte in den analysierten Bachelorstudiengängen entsprechen denen der Diplomstudiengänge.

In den Bachelorstudiengängen Bauingenieurwesen sind Themen wie Kommunikationstechnik und Präsentationstechnik – mit sehr geringem Anteil – neu aufgenommen und der Anteil der Projekte und Wahlpflichtfächer verstärkt worden. Der Anteil der soft-skill-Fächer wie BWL, Fremdsprachen, Kommunikation und Präsentation sind nur mit einem sehr geringen Anteil vertreten. Er liegt bei weniger als 3% der Semesterwochenstunden.

Zu berücksichtigen ist die geringere Zahl der Fachsemester bei den Bachelorstudiengängen gegenüber den Diplomstudiengängen an den Universitäten (von zehn Semestern auf sechs Semester). An den Fachhochschulen ergibt sich dagegen eine geringere Reduzierung der Fachsemester zwischen den beiden Studiengängen (von sieben Fachsemestern auf sechs Fachsemester). Bei Beibehaltung der Fächer müsste daher im Fall der verminderten Semesterzahl eine geringere Vertiefung in den einzelnen Fächern verbunden sein.

Aus den Studentenprotesten Ende 2009 und nach eigenen Erfahrungen kann davon ausgegangen werden, dass in vielen Fällen zwar die Studiendauer verkürzt wurde aber die Inhalte der Lehre gleich geblieben sind. Dies kann als positives Zeichen für eine breit angelegte, anspruchsvolle Lehre gewertet werden, lässt aber Zweifel bezüglich der Studierbarkeit zu. Der mögliche Lösungsweg in eine stärkere Verschulung der Hochschulausbildung ist nicht zielführend, da individuelle Entwicklungen und die Bildung von Persönlichkeiten darunter leiden.

3. Zukünftige Anforderungen an Kompetenzen und an die Ausbildung

3.1 Voraussetzungen

Von den Absolventen werden vielfältige Kompetenzen verlangt, wie:

- hard-skills, dies ist das Fachwissen, die mathematisch-naturwissenschaftlichen und die technischen Grundlagen sowie anwendungsbezogenes Spezialwissen und fachübergreifendes Wissen und
- soft-skills, dies sind Kompetenzen im Bereich der Kommunikation, der Führung, des stetigen Lernens und die Kompetenz, Schnittstellen in allen Planungs- und Ausführungsphasen zu beherrschen.

Wenn bei geringer werdender Studiendauer die zu erlernenden Fähigkeiten erweitert werden sollen, muss entweder ein großes Effizienzsteigerungspotential im Studium bestehen und ausgeschöpft werden oder es müssen Studieninhalte auf die Praxis und die Weiterbildung verlagert werden. Alternativ kommen gestufte Ausbildungssysteme mit einer Grundlagenausbildung an der Hochschule, einer Praxisphase im Beruf und einer dann folgenden Weiterbildung in Frage. Dieses Modell bedeutet keine Verkürzung der gesamten Studienzeit, kann aber als Modell für eine bedarfsgerechte Aufteilung der Ausbildung an Hochschulen und während der beruflichen Praxis angesehen werden.

Die Struktur der zweistufigen Ausbildung in Bachelor- und Masterstudiengängen entspricht in vielen Fällen der Struktur in den Diplomstudiengängen, wie dies mit der stichprobenartigen Analyse gezeigt werden konnte. Es wurde mit der Umstellung auf die neuen Studiengänge nicht die Chance genutzt, auf zukünftige Anforderungen an die Ausbildung mit veränderten Strukturen und angepassten Ausbildungsinhalten zu reagieren.

Mit den acht- bzw. zehnsemestrigen Diplomstudiengängen an Fachhochschulen und Universitäten wurde ein Breitenwissen vermittelt, welches gepaart mit Praxissemestern den Bedarf der Arbeitgeber erfüllte, gut ausgebildete Absolventen schnell und mit überschaubarem Aufwand in die Bearbeitungsteams zu integrieren und sie mit kurzen Einarbeitungszeiten als eigenverantwortliche Mitarbeiter einsetzen zu können.

Mit dem neuen, zweistufigen Modell werden die Absolventen der ersten Stufe, die Bachelor-Absolventen, in der Praxis weniger qualifizierte Aufgaben wahrnehmen als Absolventen von bisherigen Diplomstudiengängen. Während Master-Absolventen mit einer dem Diplom gleichwertigen Ausbildung als Projektleiter tätig sein werden, ist zu erwarten, dass Bachelor-Absolventen über längere Zeit in einem Team der Projektbearbeiter mitarbeiten und erst mit Weiterbildungen die gleiche Qualifikation und Position erreichen können, wie die in der Praxis tätigen Absolventen der Masterstudiengänge.

Diese Nachteile treffen insbesondere auf die Bachelor-Absolventen der Universitäten mit sechs- bzw. siebensemestrigen Studiengängen zu. Studierende an den Fachhochschulen werden in den siebensemestrigen Bachelorstudiengängen nahezu das gleiche Fachwissen erlangen können, wie bisher in den Diplomstudiengängen der Fachhochschulen. In den sechssemestrigen Bachelorstudiengängen ohne Praxissemester werden die Absolventen weder das Fachwissen in bisher gewohnter Weise verinnerlicht noch die bisher aus den Diplomstudiengängen gewohnte Praxiserfahrung haben. Die Bachelor-Absolventen von Universitäten und von Fachhochschulen mit dreijähriger Studiendauer werden erst durch bürointerne Weiterbildungen und die in einer ersten Berufsphase erlangten Praxiserfahrungen als Ingenieure mit gleicher Kompetenz ausgestattet sein wie die Absolventen der Diplomstudiengänge.

Die Bachelor-Absolventen von Universitäten werden ihr theoretisches Wissen in der anwendungsbezogenen Praxis nicht ausreichend erweitern können und somit ist grundsätzlich in Frage zu stellen, ob die Bachelor-Absolventen der Universitäten ohne Weiterbildung in einem Masterstudium Kompetenzträger sein können. Erst mit der Masterausbildung werden Bachelor-Absolventen der Universitäten das gleiche oder auch ein höheres Ausbildungsniveau gegenüber dem bisher gewohnten Niveau der Diplom-Ingenieure Univ. erreichen können. Die Einschätzung der Qualifizierungen der zweistufigen Ausbildungen wird auch aus dem Sprachgebrauch erkennbar, den Bachelor als berufsqualifizierend und den Master als berufstauglich zu bezeichnen. Die Einschätzung wird ebenfalls deutlich aus dem Tarifvertrag der Bauindustrie, wonach Bachelor wie Techniker und Master wie Diplom-Ingenieure eingestuft werden.

3.2 Kompetenzen

In Zukunft werden wie bisher Faktenwissen und darüber hinausgehend Methoden- und Lösungskompetenzen gefragt sein. Zu dem Faktenwissen gehören das mathematisch-naturwissenschaftliche und das technische Wissen. Die Kernfächer Mathematik, Mechanik, Baustatik/Tragwerkslehre, Bauphysik und Baustoffe sowie individuell zu wählende Vertiefungsfächer wie Wasserwirtschaft, Verkehrs- und Städtebau, Beton- und Massivbau, Stahlbau und Holzbau sind auch in Zukunft unverzichtbare Fächer im Bauingenieurwesen. Ergänzt werden müssen Kompetenzen wie problemorientiertes Denken und Fächer, die die Themen Nachhaltigkeit, Betriebswirtschaft, Marketing und vermehrt auch Fremdsprachen zum Inhalt haben. Den seit Jahren diskutierten Themen wie nachhaltiges Bauen und Energieeffizienz einschließlich der Behandlung der integralen Betrachtung von Gebäuden, Technik und Nutzer wird bisher kein angemessener Umfang in der Lehre eingeräumt. Hier ist ein erheblicher und dringender Nachholbedarf zu sehen. Zu den Methoden- und Lösungskompetenzen gehören die Kommunikations- und Teamfähigkeit, die Führungstechnik, stetiges Lernen und die Schnittstellenkompetenzen.

Während des Studiums wird Bildung vermittelt und die Entwicklung von Persönlichkeiten gefördert. Dies bedeutet, dass die Studierenden ein hohes Maß an Eigenverantwortung haben müssen und die Selbstorganisation gefordert wird. Mit einer Verkürzung und einer Verschulung der Studien sind diese notwendigen Entwicklungen gefährdet. Die Verschulung der Studien muss vermieden werden.

3.3 Bachelorstudiengänge

In den Bachelorstudiengängen wird das Fachwissen weiterhin einen Anteil von etwa 80% einnehmen müssen, um überhaupt ein erforderliches Mindest-Fachwissen vermitteln zu können. Die Ausbildungsziele in den Bachelorstudiengängen sind auf die allgemeinen Ingenieurgrundlagen zu konzentrieren. Auch wenn vereinzelt Bachelorstudiengänge in Spezialgebieten möglich sind, so muss in der Mehrzahl der Bachelorstudiengänge die Vermittlung des breiten Grundlagenwissens Vorrang haben. Die oben genannten Kernfächer gehören neben der Baustoffkunde, Baukonstruktion und Bauphysik, Bauchemie, Geometrie, Vermessungstechnik und Informatik auch in Zukunft zu den Grundlagenfächern.

Der in den sechssemestrigen Bachelorstudiengängen zu beobachtende Verzicht auf Praxissemester ist nicht richtig, da erfahrungsgemäß Studenten nach dem Praxissemester mit einer gesteigerten Motivation ihr Studium fortsetzen und erfolgreich abschließen. Das Praxissemester muss frühzeitig, z.B. während des vierten Semesters angeboten werden, so dass bei dem insgesamt siebensemestrigen Bachelorstudium eine ausreichend lange Vertiefungsphase nach dem Praxissemester verbleibt. Aus der Perspektive der Büros und des Baugewerbes, die Praxissemesterstellen anbieten, erscheint die Vorverlegung des Praxissemesters auf das vierte Semester sicherlich problematisch, da die Praxissemesterstellen weniger qualifizierte Praktikanten einstellen müssen und damit ein erhöhter Aufwand gegenüber Praktikanten aus höheren Semestern verbunden ist.

Bachelorstudiengänge an Universitäten sind mit sechs Semestern zu kurz, um die Studenten in die Lage zu versetzen, die wissenschaftlichen Kompetenzen in ausreichendem Umfang und angemessener Tiefe zu erlangen. Die Bachelor-Ausbildung an Universitäten muss auf die wissenschaftsnahe Ausbildung als Grundlage für eine konsekutive Masterausbildung abzielen. In sechs Semestern ist eine wissenschaftsnahe Berufsqualifikation als Ingenieur nur dann zu erreichen, wenn die breit angelegte Ausbildung verlassen und durch eine Spezialistenausbildung ersetzt wird. Mit dieser Art der Ausbildung, z.B. Bachelor für Massivbau, Bachelor für energieeffizientes Bauen, kann dem bisherigen Grundsatz nicht entsprochen werden, dass in Hochschulausbildungen die Absolventen in der Lage sein sollen, verschiedene Positionen und Funktionen auszuüben und flexibel auf Änderungen und Anforderungen des Arbeitsmarktes reagieren zu können.

3.4 Masterstudiengänge

Die Masterstudiengänge als konsekutive Studiengänge können entweder das Wissen aus den Bachelorstudiengängen vertiefen und erweitern oder Spezialisierungen anbieten. Masterstudiengänge, wie z.B. „Integrales Planen“, können Kompetenzen mit großem Breitenwissen, wie dieses bei Projektsteuerungen und beim Projektmanagement erforderlich ist, vermitteln, während in Masterstudiengängen wie „Energiedesign“, „Nachhaltiges Bauen“, „Denkmalpflege“, „Bauen im Bestand“ genauso wie in forschungsorientierten Masterstudiengängen Spezialwissen vermittelt werden muss.

Eine effiziente Ausbildung in den Masterstudiengängen erfordert den sicheren Umgang der Studierenden mit dem Grundlagenwissen und demnach Bachelorstudiengänge, in denen Grundlagenwissen und nicht Spezialwissen im Vordergrund steht. Die jetzigen Orientierungen der Fachhochschulen und der Universitäten können dabei auch in Zukunft genutzt werden. Die Fachhochschulen können Masterstudiengänge mit wissenschaftlich-anwendungsbezogenen Vertiefungen mit dem Schwerpunkt einer integralen Ausbildung anbieten, die Universitäten können sich dagegen auf wissenschaftlich-theoretische Masterstudiengänge konzentrieren, in denen neue Methoden erlernt und Forschungsbezüge hergestellt werden.

3.5 *Ausbildungsstruktur*

Die Effizienz der Ausbildung muss gesteigert werden. Die mit den Bachelor- und Masterstudiengängen beabsichtigte modulare Struktur bietet Chancen für ein intensives Studium. In den Bachelorstudiengängen wird mehr Wissen durch neue Lehrmethoden zu vermitteln sein, aber es besteht auch die Gefahr, die Intensität der Wissensvermittlung durch eine größere Verschulung zu vergrößern. Es wird darauf zu achten sein, dass die jetzigen positiven Erfahrungen der Selbstorganisation und der Kreativität nicht verloren gehen.

In den Masterstudiengängen werden die Ausbildungen spezifischer zugeschnitten sein. Damit lässt sich zwar spezialisiertes Wissen, aber dieses mit größerem Umfang und mit größerer Tiefe vermitteln. Die Studenten müssen in Teams Problemlösungen entwickeln. Interdisziplinäres Arbeiten ist gefragt, d.h. die Zusammenarbeit mit Studenten anderer Fachrichtungen, wie Städtebau, Architektur, Design, Informatik usw. sind genauso erforderlich wie die Zusammenarbeit mit der Praxis, um praxisorientierte Projekte bearbeiten zu können. Projektorganisation ist zu erlernen, die Projektarbeiten sind zu strukturieren, Arbeitsschritte festzulegen und sowohl Terminplanung als auch Terminkontrolle zu praktizieren. Die Optimierung der Präsentationen muss durch gezieltes Erlernen von Präsentationstechniken erreicht werden. Die Internationalisierung der Masterstudiengänge ist anzustreben und führt zu einem offenen und vorurteilsfreien Miteinander.

Mit der Masterausbildung in modularer Struktur können aktuelle Themen implementiert werden, wie z.B. Vertiefungen im internationalen Bauen, Energiedesign, nachhaltiges Bauen, und es können zusätzlich mit den ein- bis zweijährigen Masterstudiengängen aktuelle zukunftsorientierte Vertiefungen aufgenommen und die Ausbildungsinhalte angepasst werden. Auch in den Masterstudiengängen müssen die fachbezogenen Themen den Schwerpunkt bilden. Die Lehre von soft-skills dürfte in Abhängigkeit der Ausbildungsziele zwischen etwa 10% bis 20% der Lehre einnehmen. Soft-skills wie Kommunikations- und Präsentationstechnik und interdisziplinäres Arbeiten sind in die technischen Fächer einzubinden und in Projekt- und Gruppenarbeiten zu praktizieren.

4. Die Rolle der Praxis in der Ausbildung

Auf die Praxis werden neue Aufgaben zukommen, sie betreffen die Mitwirkung in der Ausbildungsphase, genauso wie nach der Ausbildung die Unterstützung der Weiterbildung. Die Grundkenntnisse der Praktikanten sind weniger gut, wenn die Praktika vor dem jetzt üblichen fünften Semester durchgeführt werden. Praktikanten können Bearbeitungen in Büros weniger unterstützen und der Lernerfolg ist geringer, wenn sie nur sechs Wochen in einem Büro tätig sind. Die Praxisphase sollte daher mindestens zwölf, besser 16 Wochen betragen.

Die Absolventen der Bachelorstudiengänge, insbesondere die Absolventen ohne Praxissemester, werden in den Arbeitsstellen zunächst ihre Praxisphase nachholen müssen. Diese Praxisphase entspricht der Trainee-Phase, wie sie in größeren Unternehmen schon heute üblich ist. Diese strukturierten Ausbildungen sind zumindest in Ingenieurbüros zurzeit nicht verbreitet. Sie waren bisher auch nicht erforderlich, da mit den bisherigen Diplomstudiengängen eine umfangreiche praktische Ausbildung vorlag und insbesondere bei den Fachhochschulabsolventen mit einem relativ langen Praktikum soviel Erfahrung vorlag, dass „learning by doing“ auch erfolgreich war.

Es besteht für die Büros trotz aller bisher geäußerten Befürchtungen eine Chance, nach einer Bedarfsanalyse im eigenen Büro Bachelor-Absolventen an den Hochschulen auszuwählen, mit einem zielführenden Programm effektiv zu schulen, zu spezialisieren und einzusetzen. Der Bedarf für diese so geschulten Projektbearbeiter dürfte in den Büros vorhanden sein. Die Absolventen müssen allerdings mit einer geringeren Anfangsbezahlung gegenüber den jetzigen Absolventen der Diplomstudiengänge und einer eingeschränkten Flexibilität im Falle des Wechsels einer Arbeitsstelle rechnen.

Auf das Modell der Weiterbildung nach einer Praxisphase durch Besuch eines Masterstudienganges sind Büros nicht vorbereitet. Berufsbegleitende Masterstudien werden zwar schon genutzt, der Ausstieg aus dem Beruf über ein Jahr bei Besuch eines Vollzeit-Masterstudienganges erscheint den meisten Büroinhabern – zumindest der kleineren und mittleren Ingenieurbüros (in Deutschland haben mehr als 85% der Ingenieurbüros weniger als zehn Mitarbeiter) kaum umsetzbar. Berufsbegleitende Masterstudiengänge mit Teilzeitmodellen können für die Inhaber und Mitarbeiter dieser Ingenieurbüros aber eine sinnvolle Möglichkeit sein, lebenslange Weiterbildungen zu nutzen.

5. Zusammenfassung

Es ist bisher nicht gelungen, in der Praxis die neue Studienstruktur der zweistufigen Studiengänge positiv darzustellen und als Chance zu begreifen. Allgemein wird der Verlust des Diploms beklagt – auch wenn einiges für die Berechtigung dieser Klagen spricht, müssen auch die Vorteile der neuen Studiengänge und für viele der zur Zeit angebotenen siebensemestrigen Bachelorstudiengänge die Gleichwertigkeit zum Diplomabschluss dargestellt werden.

Die Bachelorabschlüsse der Fachhochschulen erfordern eine mindestens sechssemestrige Theorieausbildung und ein einsemestriges Praxismodul, so dass die Kompetenzen für die anwendungsbezogenen Tätigkeiten in der Praxis erlangt werden können. Die Intensivierung des Grundlagenstudiums und Spezialisierung des Fachstudiums können die notwendige Qualifikation der Studierenden sicherstellen. In den zukünftigen Ausbildungen müssen zur Erlangung der Kompetenzen neben den fachlichen Kompetenzen die fachübergreifenden Kompetenzen und die soft-skill-Methoden und Lösungskompetenzen vermittelt und erlernt werden.

Das Ausbildungsziel für die qualifiziertesten Bachelor-Absolventen der Fachhochschulen und das regelmäßige Ausbildungsziel an Universitäten sollten Masterabschlüsse sein. Die Begrenzung des Zuganges zu den konsekutiven Masterstudiengängen muss daher allein nach Qualitätsanforderungen und nicht nach zahlenmäßigen Festlegungen erfolgen.

In den Masterstudiengängen sollte den soft-skills ein breiterer Raum eingeräumt werden als in den Bachelorstudiengängen, dies aber stets in enger Verbindung mit den Fachthemen.

Die Ausbildung an den Hochschulen ist zu ergänzen durch die Ausbildungsphasen in den Unternehmen. Hierzu müssen Praxis und Hochschulen enger zusammenarbeiten, so dass Weiterbildungen unmittelbar nach dem Studium und Weiterbildungen an Hochschulen nach einer Praxisphase und während der beruflichen Praxis sichergestellt werden.

Ingenieurinnen und Ingenieure wirken bei dem Erhalt und der Verbesserung von Lebensbedingungen, dem Schutz von Menschen und unserer Umwelt, dem Erhalt der Lebensgrundlagen und der Weiterentwicklung unserer Lebensräume mit. Diese, in viele Bereiche unseres Lebens wirkenden Tätigkeiten der Ingenieurinnen und Ingenieure müssen in unserer gesamten Gesellschaft verstärkt in das Bewusstsein gerückt und in der Öffentlichkeit dargestellt werden.

Voraussetzung für die Tätigkeiten der Ingenieurinnen und Ingenieure ist eine hohe Qualität der Ausbildung an den Hochschulen. Die gesellschaftlichen und politischen Entscheidungen müssen einer Stärkung der Lehre dienen.

B.
Kompetenzen für neue Organisationsformen des Planens und Bauens

Tradition und Entwicklung von Berufsbild und beruflichem Selbstverständnis von Architektinnen und Architekten

Christoph Hommerich

1. „Berufsbilder" – eine Frage der Perspektive

Die Vorstellungen oder „Bilder", über welche unterschiedliche Berufsgruppen gekennzeichnet werden, sind abhängig von den jeweiligen Perspektiven. Unterschiedliche Akteure können eine Berufsgruppe betrachten und sich ein Bild von ihr machen. So entwickeln Architekten ein eigenes Bild ihrer Berufsgruppe, das Selbstbild. Architekten werden von anderen Akteuren, also etwa Bauherren, Bauträgern, Handwerkern oder auch der Medienöffentlichkeit beobachtet oder bewertet. Es entsteht das Fremdbild der Architekten. Schließlich können Architekten sich darüber Gedanken machen, wie sie von ihrem Umfeld wahrgenommen werden. Es entsteht das „perzipierte Fremdbild", also eine Wahrnehmung dessen, was andere über Architekten denken.

Die Diskussion über das Selbstbild der Architekten ist – soweit sie überhaupt geführt wird – durch pointiert selbstkritische Beiträge gekennzeichnet. So schreibt Meinhard v. Gerkan in seiner Schrift zur „Verantwortung des Architekten": „Zunehmend gefallen sich Architekten in der Rolle eines kreativen Künstlers und gefälligen Umweltdesigners" (Gerkan 1982). Nach seiner Auffassung unterliegen die Architekten in ihrem Selbstbild einem Selbstbetrug, da sie sich überwiegend über ihre Entwurfstätigkeit definieren, die allerdings nur sechs bis acht Prozent ihrer Arbeitszeit ausmache. Die Folge dieses Selbstbildes sei zugleich ein verbreitetes „Zerrbild", also ein Fremdbild, das den Architekten als „weltfremden Künstler, der mit genialen Skizzen Baudenkmäler in die Welt setzt", kennzeichnet.

Solche sehr zugespitzten Behauptungen sind in Architektenkreisen nicht unüblich. So schreibt Frank Werner zum „Titanic-Effekt der Architektur":

> „Architekten von heute gelten (...) als unzuverlässige Kantonisten, Alles-und-Nichts-Könner, Veruntreuer der ihnen im guten Glauben anvertrauten Baugelder, disziplinlose Gesellen mit altmodischen Künstlerattitüden, für die modernes Baumanagement ein Buch mit sieben Siegeln darstellt." (Werner 1997)

Solche selbstkritischen Reflexionen müssen nicht unbedingt mit der Realität der Architekten zu tun haben. Sie sollen wohl eher dazu beitragen, die Diskussion über ein „realistisches“ Selbstbild oder auch über die Frage der Qualität der Architektenleistung anzuregen.

Nähert man sich dem Thema empirisch, so konnte man zumindest zu Beginn der 1990er Jahre noch ein Selbstbild der Architekten identifizieren, welches der Gerkan'schen Interpretation des Selbstbilds der Architekten vergleichsweise nahe kam. So ergab eine Befragung unter Architekten in Nordrhein-Westfalen, dass Architekten sich in der Tat eher als Planer und künstlerische Gestalter in Verbindung mit der Rolle eines „Anwalts der Bauherren“ sehen, denn als Unternehmer und „Controller“ (Hommerich/Küthe 1992, S. 28f.). Sichtbar wurde also, dass das Selbstbild der Architekten sehr stark im Sinne einer kreativen Rolle interpretiert wurde, während die funktionalen Seiten des Alltagsgeschäfts eher schwächer betont wurden. Beschrieben wurde also offenkundig ein Spannungsfeld unterschiedlicher Rollenelemente, die in der Tendenz eher als konkurrierende Elemente gesehen wurden.

Dieses Selbstbild, das eher durch die Pole „Kreativität“ versus „Funktionalität“ gekennzeichnet war, hat sich in der Zwischenzeit verschoben, zumindest aber relativiert. Eine Umfrage unter bayerischen Architekten zeigt, dass das Rollenelement des Architekten als künstlerischem Gestalter in der Zwischenzeit weit hinter einem Selbstverständnis des Architekten als Berater des Bauherrn, als Planer und Entwerfer und nicht zuletzt als Koordinator zurücktritt (vgl. Hommerich et al. 2007, S. 107ff.). Nach wie vor allerdings sehen Architekten ihre Rolle als Unternehmer, die sich einer strategischen Planung unterwerfen müssen, oder gar als Baucontroller mit deutlich ausgeprägter Skepsis.

2. Diskrepanzen zwischen Selbstbild und Fremdbild

Die möglichen Konflikte, die sich mit ihrer Rolle verbinden, werden von Architekten selbst relativ klar wahrgenommen. Werden sie nach ihrer Sicht der Erwartungen von Bauherrn an die Arbeit der Architekten befragt, so ergeben sich sehr eindeutige Diskrepanzen zwischen Selbstbild und eben diesem wahrgenommenen Fremdbild. So erwarten Bauherren aus Sicht der Architekten in allererster Linie Kostensicherheit, Terminsicherheit und Wirtschaftlichkeit und vielleicht noch „kontrollierte Qualität“; allerdings verbinden sie diese Erwartungen mit einem deutlichen Verzicht auf gestalterische Ansprüche oder auch auf eine Verbindung von sozialen, ökologischen und ökonomischen Kriterien. Damit zeigt sich, dass Architekten sich in einem erheblichen Spannungsfeld bewegen, innerhalb dessen sie ihren eigenen Anspruch mit den Erwartungen des Bauherrn in ein Gleichgewicht bringen müssen.

Fragt man private und gewerbliche Bauherren nach ihrem Bild vom Architekten, so wird auch aus dieser Perspektive dieses Spannungsfeld deutlich. Die seinerzeit befragten Bauherren nahmen Architekten im Wesentlichen als kreative Künstler und bedingt auch als Partner des Bauherrn wahr; zugleich aber attestierten sie ihnen eine Tendenz zur Komplizierung von Lebenssachverhalten und vor allem eine gewisse Lebensfremdheit mit fehlendem wirtschaftlichen und „praktischen“ Denken (Hommerich/Küthe 1992, S. 43f.). Potenzielle Bauherren schätzen die Arbeit von Architekten deutlich häufiger als „praktisch“, „zuverlässig“ und „wirtschaftlich“ ein als Bauherren, die bereits mit Architekten kooperiert haben. Darüber hinaus beschreiben potenzielle Bauherren die Arbeit von Architekten häufiger als „preiswert“.

Diese verschiedenen „Images“ verdeutlichen ein beachtliches Spannungsfeld unterschiedlichster Erwartungen, die Architekten an sich selbst richten und die Bauherren bzw. potenzielle Bauherren an die Architekten richten. Auffällig ist dabei, dass Bauherren, die bereits mit Architekten zusammen gearbeitet haben, ein deutlich negativeres Bild von Architekten haben als potenzielle Bauherren. Dies spricht dafür, dass am Bau negative Erfahrungen gemacht werden, die sehr stark auch den Architekten zugeschrieben werden. So befinden sich Architekten in einer Art „Sandwich-Position“ zwischen Bauherren und Handwerkern, die dazu führt, dass Differenzen zwischen Erwartungen der Bauherren und faktisch gelieferter Qualität am Bau vor allem bei den Architekten „abgeladen“ werden. Diese strukturell prekäre Rolle kann nur dadurch ausgeglichen werden, dass Architekten Schlüsselqualifikationen entwickeln, die geeignet sind, offenbar unvermeidliche Konflikte am Bau angemessen auszugleichen. Hierzu gehört nicht nur die Fähigkeit zu effektivem und effizientem Projektmanagement, zur Koordination unterschiedlicher Akteure, sondern auch zum Management von Konflikten auf möglichst minimal-invasive, schonende Art (z.B. durch Mediation).

3. Wandel der Geschäftsfelder

Gerade im Zusammenhang mit der Entwicklung eines Leitbildes, welches ja orientierende Wirkungen sowohl in Richtung der Architekten selbst als auch in Richtung der für sie relevanten Märkte entfalten soll, ist es von großer Bedeutung, die Rollenanforderungen zu identifizieren, denen Architekten angesichts der Marktentwicklung aktuell und zukünftig ausgesetzt sind.

Die Situation im privaten, gewerblichen und öffentlichen Bau ist durch einen fundamentalen Strukturwandel gekennzeichnet. Eine wohl zentrale Tendenz ist darin zu sehen, dass sich die Gewichte vom Neubaubereich in den Bereich des Bestandsbaus verschieben. Die durch den Zweiten Weltkrieg und die anschließende lange Phase wirtschaftlicher Prosperität ausgelöste Neubauphase ist ebenso abgeschlossen wie die an die deutsche Wiedervereinigung anschließende Neubauaktivität. Trifft dies vor allem den privaten Wohnungsbau, so ergeben sich auch für den Gewerbebau fundamentale Wandlungstendenzen. Im Zuge der Globalisierung fallen insbesondere in Deutschland immer mehr industrielle Arbeitsplätze weg. Ganze Industriebereiche wie etwa der Kohlebergbau werden aufgegeben. Andere Produktionsbereiche werden automatisiert und damit auch im Hinblick auf die benötigten Flächen in der Tendenz eher minimiert. Hieraus resultiert nicht nur ein deutlicher Rückgang im Gewerbebau, sondern zugleich ein neuer Umgang mit frei gewordenen Flächen und alten Industriebauten. Letztere werden – soweit erhaltenswert – anderen Nutzungen zugeführt, neue Industriebauten werden immer seltener erstellt.

Stattdessen entwickelt sich ein komplett neues Verständnis von „Dienstleistungsbauten", die als „endliche Güter" von ihrer Entstehung, über ihre Nutzung bis hin zu ihrer späteren Beseitigung einem aktiven Projektmanagement unterzogen werden. Dieser Typus des Funktionsbaus wird strategisch wie ein Wirtschaftsunternehmen geplant, ausgerichtet, im Verlaufe seines „Lebens" in seiner Verwendung an wechselnde Umweltbedingungen angepasst und schließlich „abgeschrieben".

Damit rücken neue Tätigkeitsbereiche in den Fokus: Projektentwicklung, Generalplanung, Gebäudemanagement, Objektbetreuung, Umbau und Rückbau, Leerstandsmanagement oder Raum- und Flächenmanagement bezeichnen neue Funktionen, in denen Architekten zunächst einmal ihre Rolle definieren müssen. Diese Rolle ist vor allem gekennzeichnet als die eines Akteurs in relativ komplexen Netzwerken aus Kapitalgebern, unterschiedlichsten Planern, ausführenden Handwerksunternehmen und nicht zuletzt „Verwaltern" (Facility Management), die jeweils ihre Schnittstellen zueinander und die jeweiligen Verantwortlichkeiten neu definieren müssen. Dies signalisiert die Notwendigkeit, dass Architekten ihr Berufsbild an die gewandelten Umweltbedingungen so anpassen müssen, dass sie einerseits die Verantwortlichkeit für die von ihnen wahrgenommenen Kernkompetenzen behalten, andererseits aber in dem Sinne „netzwerkfähig" sind, dass sie in einem komplexen Umfeld unterschiedlichster Akteure als konstruktive Problemlöser akzeptiert werden.

In diesem Zusammenhang lässt sich der folgende Hinweis auf die zukünftige Rolle von Architekten durch einen Vertreter der Bauindustrie einordnen:

> „Die Zusammenarbeit mit Architekten muss neu definiert werden. Es muss zu einer stärkeren Zusammenwirkung kommen. Ein häufiger Vorwurf an Architekten heißt, der Architekt plane Gebäude, ohne dass er wisse, wie es in der Praxis umgesetzt werden soll – im Extremfall. Auch bei Ausschreibungen beklagen sich viele Firmen beim Verband, dass der Architekt einen Vorschlag mit Vertragsbedingungen macht, die hinsichtlich der Kosten- und Risikenkalkulation nicht realisierbar sind. In vielen Fällen passiert das schon in der Ausschreibungsphase und in der Phase der Auftragsvergabe. Es muss ein stärkeres Miteinander entstehen, dann sind hier Marktchancen für Architekten." (Hommerich et al. 2005)

Betreffen diese Hinweise vor allem den gewerblichen und in Teilen auch den öffentlichen Bau, so muss auch der Strukturwandel im Bereich des privaten Baus unter dem Aspekt der Neudefinition des Berufsbild der Architekten diskutiert werden. Gerade im privaten Bau wird der demographische Wandel zu fundamentalen Veränderungen führen. Dies wird sich vor allem auf den Bestandsbau auswirken. Viele private Bauten müssen altersgerecht umgerüstet werden, vererbte Bausubstanz wird zukünftig verstärkt zu modernisieren sein. Damit müssen sich Architekten zwingend mit der Frage auseinandersetzen, wie sie über ihre Mitwirkung am Bestandsbau einen für sie überlebensnotwendigen Teilmarkt aktiv mitgestalten können. Dabei ist zu berücksichtigen, dass „Bauen im Bestand" oftmals sehr kleinteilige, arbeitsaufwändige und nicht zuletzt unter hohem Kostendruck stehende Projekte bezeichnet, an denen wiederum eine Vielzahl von Akteuren teilnehmen. Führt man sich vor Augen, dass Architekten, die in diesem Tätigkeitssegment einen Schwerpunkt haben, bereits jetzt wirtschaftlich deutlich schlechter gestellt sind als „Neubau-Architekten" (vgl. hierzu Hommerich/Ebers 2008, S. 41), so wird unschwer erkennbar, dass auch im Bestandsbau die Frage nach neuen Organisations- und Koordinationsformen der unterschiedlichen Akteure gestellt werden muss.

Wiederum wird im Vordergrund stehen, wie zukünftige Netzwerke zu organisieren sind, in denen unterschiedliche Experten unter Wahrung ihrer jeweiligen Eigenständigkeit konzeptionell sinnvoll sowie effektiv und effizient miteinander kooperieren können. Solche Netzwerke sind dadurch gekennzeichnet, dass Verantwortlichkeiten für einzelne Prozessteile klar definiert werden. Zugleich müssen die Bedingungen der Kooperation, also im Wesentlichen die Schnittstellen zwischen einzelnen Akteuren genau bezeichnet werden. Schließlich müssen Projekte im Ergebnis so definiert und durchgeführt werden, dass für die Bauherren nach wie vor Transparenz der Ziele und der einzelnen Projektschritte bis hin zum Ergebnis sichergestellt bleibt.

4. Vom Generalisten zum Spezialisten?

Insbesondere die Berufsrolle des Architekten war bislang durch ein generalistisches Selbstverständnis gekennzeichnet. Der Architekt nahm sich eines Problems „seines" Bauherrn an und konzipierte eine angemessene Problemlösung.

> „Ein normales überlebensfähiges Büro bietet qualitätsbewusst spezifizierte Leistung an, kooperiert ergänzend mit Fachkräften, korreliert zuverlässig mit fachübergreifenden Disziplinen, vervollständigt schließlich sein arbeitsteiliges Patchwork durch einen Überbau an hochqualifiziertem Generalismus und verliert nie die Fähigkeit zu Kommunikation und Diskurs." (Dechau 1997, S. 73)

Eine solche Vorstellung von universalistischen Fähigkeiten des Architekten vertritt auch von Gerkan. Er postuliert für Architekten die

> „Qualifikation, in übergreifenden Zusammenhängen zu denken, Zielkonflikte zu erkennen und widersprüchliche Teillösungen anhand subjektiver Leitbilder zu einer Synthese zu vereinigen."

Dem entspricht im Wesentlichen das Rollenbild eines die Komplexität am Bau integrativ einfangenden Architekten.

> „Berufsinhalt der generalistischen Architekten ist es, eine Integrationsleistung zu erbringen. Jedes Problem der Umweltgestaltung wird von einer Vielzahl von Einflusskomponenten bestimmt: sozialen, technischen, räumlichen, konstruktiven, funktionellen, ökonomischen und ästhetischen." (Gerkan 1982, S. 176f.)

Allerdings zeigt bereits diese Auflistung, wie kompliziert, um nicht zu sagen überkomplex eine solche Aufgabe ist. Damit aber stellt sich auf mehreren Ebenen genau diese Komplexitätsfrage: Kann der Beruf des Architekten angesichts zunehmender Komplexität am Bau und zudem angesichts zunehmender Komplexität der Bauprojekte selbst, ob nun im Gewerbebau oder auch im öffentlichen Bau, weiterhin mit dem Anspruch auf eine universalistische Qualifikation des Architekten ausgeübt werden? Dies verbindet sich mit der weitergehenden Frage, ob eigentlich Architekten zukünftig damit rechnen können, dass ihnen diese komplexe Rolle vom Markt eingeräumt und zugewiesen wird. Schließlich ist zu fragen, ob die bislang äußerst kleinteiligen Bürostrukturen der Architekten eine Bewältigung derart komplexer Aufgaben überhaupt möglich machen.

Diese Fragen sind angesichts der aktuellen Umbruchsituation nur schwer zu beantworten. Hinweise gibt es durchaus darauf, dass in der Zwischenzeit viele kleine Architekturbüros spezialisiert arbeiten. Hinweise gibt es auch darauf, dass Architekturbüros vom Markt im Rahmen komplexer Bauprojekte nur mit bestimmten Teilleistungen beauftragt werden, dass also die Architektenleistung im Rahmen solcher Projekte fragmentiert wird. Hinweise gibt es weiterhin darauf, dass Architekten teilweise bereit sind, sich in „Bauteams" zu integrieren, deren Ziel es ist, die komplexen Teilprozesse am Bau unter einem gemeinsamen Konzept inhaltlich und organisatorisch zu bündeln.

Die Umbruchsituation wird auch in Umfragen unter Architekten deutlich. Sie zeigen, dass Architekten im Hinblick auf das Spezialisierungsproblem eher gespalten sind. In der bereits zitierten Befragung bayerischer Architekten betonen insgesamt 44%, aus ihrer Sicht sei eine Spezialisierung sinnvoll. Als Spezialisierungsbereiche werden vor allem energieeffizientes Bauen und Bauen im Bestand genannt, aber auch einzelne Spezialgebiete wie Baurecht, Brandschutz oder weitere Spezialgebiete im Rahmen von Gutachtertätigkeiten. In diesem Zusammenhang zeigt sich vor allem, dass jüngere Architekten dem Spezialisierungsgedanken offener gegenüber stehen als ältere. Dies weist darauf hin, dass angesichts einer gewissen Überfüllungskrise die hierauf – auch historisch betrachtet – übliche Antwort gegeben wird. Erweist sich ein Teilmarkt als von der Anbieterseite her überfüllt, versuchen die Anbieter sich durch Spezialisierung zu differenzieren. Solche Entwicklungen sind in den verschiedensten freien Berufen als Expertensysteme zu beobachten, so etwa in der Ärzteschaft, in der Anwaltschaft, aber z.B. auch bei Ingenieuren.

Diese Frage der Spezialisierung wird nicht selten höchst emotional diskutiert, weil alte Leitbilder in Frage stehen. Sinnvoll wäre es, zunächst einmal die faktischen Spezialisierungsgrade innerhalb des Architektenberufs empirisch genauer zu analysieren, was allerdings eine klarere Definition dessen voraussetzt, was unter Spezialisierung verstanden werden soll.

Neben dem im Zusammenhang mit Berufsbildern immer wieder diskutierten Konflikt zwischen Spezialisten und Generalisten kann allerdings auch die „weichere" Frage diskutiert werden, wie ein „flexibilisiertes" Rollenbild des Architekten zukünftig aussehen könnte. Experten aus der Architektenschaft selbst definieren den hiermit verbundenen Anspruch wie folgt: Architekten müssen sich auf mehrere ausgewählte Schwerpunkte konzentrieren. Es gilt, eine marktgerechte Balance zu finden zwischen Spezialisierung auf der einen und einer Leistungsbreite, die flexible Reaktionen auf wechselnde Marktanforderungen ermöglicht, auf der anderen Seite (Hommerich et al. 2005, S. 138ff.).

Dieser Hinweis verdeutlicht, dass der Problemkreis „Spezialist oder Generalist" nicht dogmatisch diskutiert, sondern differenziert betrachtet werden sollte. Unter dem Druck des Marktes mit seinen veränderten Strukturen müssen sich Büros auf „ganzheitliche" Arbeit ebenso einstellen wie auf „fragmentierte". Dies wiederum verlangt Organisationsstrukturen, die beides ermöglichen, Teams also, die ganze Bauprojekte meistern und andere, die gelenkig in die Lücken springen, die aus spezialisierten Einzelaufträgen bestehen. Vermutlich kann dieses Spannungsverhältnis nur von Büros ausgehalten und bewältigt werden, die eindeutige fachliche Schwerpunkte ihrer Arbeit definieren und ihrerseits auf eng gefasste Spezialisierungen verzichten. Ein solcher Verzicht ist zwingend erforderlich, wenn man nicht in jedem denkbaren Spezialgebiet Kompetenzen vorhalten kann oder will. Solche Büros müssen darüber hinaus Organisationsformen schaffen, in denen sich projektorientierte Teams immer wieder neu zusammenfinden.

In diesem Zusammenhang ist eine sachlich orientierte Diskussion der zukünftigen Organisationsformen der Arbeit von Architekten zu führen. Innerhalb der Architektenschaft ist für neue Kooperationsformen eine gewisse Aufgeschlossenheit zu erwarten. Sie zeigt sich darin, dass Architekten durchaus dem Gedanken von Teambildung und Vernetzung offen gegenüber stehen, wobei temporäre Zusammenschlüsse oder Zusammenschlüsse für bestimmte Projekttypen (z.B. Sanierungen) festeren organisatorischen Verbindungen etwa auch mit Angehörigen anderer Professionen deutlich vorgezogen werden (vgl. Hommerich et al. 2007, S. 93ff.).

5. Notwendigkeiten

Der strukturelle Wandel in den verschiedenen für Architekten relevanten Teilmärkten wird erhebliche Konsequenzen für das Berufsbild der Architekten haben. Architekten bewegen sich zunehmend in gesättigten Märkten, wodurch sie immer stärker in eine wirtschaftliche Krise hineingeraten. Schon jetzt sind viele Büros nicht mehr überlebensfähig. In einer Repräsentativbefragung zur Analyse der Büro- und Kostenstruktur der freiberuflich tätigen Mitglieder der Architektenkammern . für das Berichtsjahr 2006 wurde ermittelt, dass 48% aller Büros einen Überschuss je Inhaber bzw. Partner von höchstens 30.000 Euro erwirtschafteten. Diesem Überschuss muss das Inhabergehalt entnommen werden (vgl. Hommerich/Ebers 2008, S. 34). Dies muss schon bald zu strategischen Konsequenzen führen.

Notwendig ist für die meisten Architekturbüros eine deutlichere strategische Profilierung am Markt. Ohne solche Profilierung ist angesichts der Überfülle von Büros eine aktive Markterschließung kaum mehr möglich, mit anderen Worten: Büros, die es versäumen, ein klares strategisches Profil zu definieren, bleiben darauf verwiesen, auf Nachfrage lediglich reagieren zu können, ohne neue Märkte zu erschließen.

Damit steht jedes einzelne Büro vor der Aufgabe, zu entscheiden, für welche Leistungen es steht und für welche nicht. Dies wiederum zwingt zu klaren Verzichtsentscheidungen, ohne die strategische Profilierung undenkbar ist. In diesem Zusammenhang muss zunächst einmal das Problem gelöst werden, inwieweit sich Architekten und ihre Büros als eher spezialisierte Problemlöser oder aber als Generalisten verstehen. Diese Fragen können nur unter Betrachtung der jeweils relevanten Teilmärkte beantwortet werden. Diese Märkte weisen eine zunehmend unterschiedliche Struktur auf, so dass im Ergebnis notwendigerweise differenzierte Antworten zu erwarten sind.

Strategische Verzichtsentscheidungen, die auf differenzierten Markteinschätzungen basieren, haben einen zentralen Vorteil. Sie versetzen Büros in die Lage, ihre Stoßkraft zu bündeln, statt sich angesichts eher zufälliger Nachfrage zu verzetteln. Viele Büros sind derzeit durch permanente Verzettelungskrisen gekennzeichnet. Dies hat in aller Regel die Folge, dass ein systematischer Kompetenzaufbau unterbleibt, Wissen immer nur projektbezogen und nicht orientiert an langfristigen Zielen erworben wird, wodurch im Ergebnis mindere Qualität in Kauf genommen wird. Damit aber wird deutlich, dass strategische Profilierung eine Maßnahme der Qualitätssicherung ist. Büros, die an klaren Zielen orientiert sind, können ihren Qualifikationsbedarf klar formulieren und dementsprechend Fort- und Weiterbildungsmaßnahmen verfolgen.

Neben diesem Qualitätssicherungsproblem stellt sich die Frage nach den zukünftigen Organisationsstrukturen der Büros. Angesichts der Komplexität des Marktes ist sehr zu bezweifeln, ob die extrem kleinteiligen Bürostrukturen der Architekten zukünftig überlebensfähig sind. Viele „Einzelkämpferinnen und Einzelkämpfer" sind in diesem Beruf strukturell überfordert. Sie können sich durch Arbeitsteilung kaum entlasten, sind bei guter Auftragslage chronisch überbeschäftigt und bleiben bezogen auf zwingende Zukunftsaufgaben (z.B. strategische Ausrichtung, betriebswirtschaftliche Büroführung, Akquisition) chronisch defizitär. Die bisherigen Analysen der Kosten- und Ertragsstrukturen von Architekturbüros zeigen, dass viele dieser Büros bereits jetzt nicht mehr wirtschaftlich überlebensfähig sind (vgl. Hommerich/Ebers 2008, S. 35). Vor allem auch deswegen ist es erforderlich, über zukunftsfähige Bürogrößen neu nachzudenken.

Die Komplexität der Märkte, die vermutlich – gewollt oder nicht gewollt – eine fortschreitende Schwerpunktsetzung und Spezialisierung vieler Büros erzwingen wird, stellt die Architekten vor eine neue Zukunftsaufgabe. Fortschreitende Spezialisierung verlangt neue Formen des Zusammenwirkens von Spezialisten. Dies gilt sowohl für das Zusammenwirken der Architekten innerhalb ihrer Profession als auch für das Zusammenwirken der Architekten mit anderen „Professionals". Die Architektenleistung führt erst im Zusammenwirken vernetzter Akteure zu einem Ergebnis. Dieses Ergebnis wiederum ist umso schwerer durch einzelne Akteure am Bau zu steuern, je komplexer die Bauprojekte selbst sind.

Damit stellt sich die zukunftsentscheidende Grundsatzfrage: Wie können Netzwerke geführt und organisiert werden, die aufgrund eines komplexen Zusammenwirkens der Einzelnen ein integriertes Gesamtergebnis erzielen können? Auf diese äußerst komplexe Frage gibt es bislang erst einzelne Teilantworten. Sie sind noch am ehesten bei der Diskussion über Bauteams zu finden, auch wenn die Profession der Architekten, die sich traditionell als Einzelkämpfer verstehen, nach wie vor Schwierigkeiten hat, sich mit dem Teamgedanken vertraut zu machen. Jede Form der Vernetzung verlangt Selbstbegrenzung und zugleich die Bereitschaft, partiell die Autorität derer zu akzeptieren, mit denen man kooperieren will. Solches Zusammenwirken ist nicht das Ergebnis heroischer Entscheidungen, sondern ein komplexer sozialer Prozess, innerhalb dessen Formen des Zusammenwirkens vereinbart, eingeübt, erprobt und gegebenenfalls revidiert werden müssen.

Netzwerkbildung mit Zukunftsaussichten kann daher nur als langfristiger Prozess betrachtet werden, innerhalb dessen sich die verschiedenen Akteure zu Lerngemeinschaften zusammenschließen müssen, die optimale Formen von Koordination und Organisation erproben. Die Hochschulen haben in diesem Zusammenhang einen besonderen Stellenwert. Sie können durch Vermittlung von Kenntnissen im Projektmanagement und in interdisziplinärer Problemlösung sowie von Fähigkeiten und Fertigkeiten im Zusammenhang mit Teamarbeit und angemessener Lösung von Konflikten die Voraussetzung dafür schaffen, dass die beschriebenen sozialen Prozesse frühzeitig eingeübt werden.

Der hier beschriebene Prozess strategischer Neuorientierung der Architektenschaft kann nur erfolgreich durchlaufen werden, wenn eine ergebnisoffene Diskussion geführt wird, die auf die Tabuisierung herkömmlicher Gewohnheiten in der Berufsausübung der Architekten verzichtet, die Kernkompetenzen der Architekten neu festschreibt und insbesondere neue Formen der Institutionalisierung der Arbeit von Architekten ermöglicht.

Literatur

Dechau, Wilfried 1997: Apocalypse now? Umfrage bei Architekten. In: Baus, Ursula (Hg): Architekten: Apocalypse now? Zur Veränderung eines Berufsbildes. München, S. 66-124

Gerkan, Meinhard von 1982: Die Verantwortung des Architekten – Bedingungen für die gebaute Umwelt. Stuttgart

Hommerich, Christoph/Küthe, Erich 1992: Das Image des Architekten – Aufbruch zu modernem Dienstleistungsmarketing. Bergisch Gladbach

Hommerich, Christoph/Ebers, Thomas 2008: Analyse der Büro- und Kostenstruktur der freiberuflich tätigen Mitglieder der Architektenkammern. Ergebnisse einer Repräsentativbefragung 2007 für das Berichtsjahr 2006. Eine empirische Analyse im Auftrag der BAK. Bergisch Gladbach

Hommerich, Christoph/Hommerich, Nicole/Riedel, Friederike 2005: Zukunft der Architekten. Berufsbild und Märkte. Studie im Auftrag der Architektenkammer Nordrhein-Westfalen; (unveröffentlichte Zitate aus Expertenworkshops). Bergisch Gladbach

Hommerich, Christoph/Hommerich, Nicole/Riedel, Friederike/Ebers, Thomas 2007: Die berufliche Situation der bayerischen Architekten. Eine empirische Analyse im Auftrag der Bayerischen Architektenkammer. Bergisch Gladbach, S. 107ff.

Werner, Frank R. 1997: Zum Titanic-Effekt der Architektur. In: Baus, Ursula (Hg): Architekten: Apocalypse now? Zur Veränderung eines Berufsbildes. München, S. 11-19

Integrierte Planung: Neue Konzepte oder Gefahr für die Selbständigkeit des Architektenberufs?

Das Beispiel des Bauteams

Klaus Wehrle

1. Ausgangslage

Seit Mitte der 1990 Jahre befindet sich die Bauwirtschaft in der Bundesrepublik Deutschland in einer stetigen Abwärtsentwicklung. Dadurch stehen alle wirtschaftlich Beteiligten unter einem erheblichen finanziellen Druck. Eine Untersuchung des Instituts Hommerich Forschung für die Architektenkammer Nordrhein-Westfalen aus dem Jahr 2005 beschreibt gerade für Architekten[1] eine ungünstige Ausgangslage (Hommerich/Hommerich 2005). Teile davon lassen sich auf das gesamte Bundesgebiet übertragen. Die Zahl der erwerbstätigen Architekten ist zwischen 2000 und 2005 in der Bundesrepublik Deutschland um rund 3,6% gestiegen. Dagegen sank das Bauvolumen bei Neubauten von 89,4 Mrd. Euro in 1994 auf 59,5 Mrd. Euro in 2001. Die im Untersuchungsbericht von Hommerich verwendete Prognose von Bartholmai und Veser (2003) sieht diesen Wert in 2010 bei 57,5 Mrd. Euro. Dagegen steigen die Investitionen im Modernisierungs- und Instandhaltungsbereich im gleichen Zeitraum von 67,9 Mrd. Euro auf 84,9 Mrd. Euro. Das Gesamtbauvolumen (Neubau sowie Modernisierung und Instandhaltung) fiel jedoch von 157,3 Mrd. Euro in 1994 auf 144,4 Mrd. Euro in 2001 zurück. Die gleiche Prognose sieht in 2010 eine Entwicklung des Gesamtbauvolumens bei 159,4 Mrd. Euro, so dass zumindest der Wert von 1994 wieder erreicht werden kann. Wenn man eine Bewertung der Inflation vornimmt, ist dieser Betrag jedoch deutlich niedriger anzusetzen, als das in 1994 erreichte Gesamtbauvolumen in der Bauwirtschaft.

Ein Weiteres lässt sich auf Grundlage von Erhebungen der Bundesarchitektenkammer aufzeigen. Die Anzahl der erwerbstätigen Architekten hat sich seit 1994 von 92.389 auf 119.425 in 2007 erhöht. Damit kann festgestellt werden, dass sich die extreme Konkurrenzsituation für Architekten in den nächsten Jahren fortsetzen wird, dies auch aufgrund der immer noch hohen Anzahl von Stu-

---

1 Im Interesse der Lesbarkeit verwendet der Autor Begriffe wie Architekt, Bauherr, Planer, Unternehmer, etc. zur allgemeinen Bezeichnung von Personen mit bestimmten Funktionen: sie beziehen sich grundsätzlich auf beide Geschlechter.

dierenden. Architekten müssen sich somit neue Berufsfelder erschließen und durch neue Angebote neue Märkte schaffen.

2. Voraussetzung für Markteröffnung ist Professionalität

Volkswirtschaftlich kann man die These vertreten, dass eine Dienstleistung oder ein Wirtschaftsgut dann Nachfrage auf dem Markt erzeugt, wenn die Notwendigkeit zum Handeln gegeben ist, also ein Bedarf dafür vorliegt, der Preis sich attraktiv gestaltet und ein großes Vertrauen in ein solches Produkt (Dienstleistung) vorhanden ist. Voraussetzungen dafür sind eine hohe Ausführungsqualität, Kostensicherheit, Termintreue, Beratungsqualität und Transparenz. Es müssen Rahmenbedingungen geschaffen werden, welche die Akteure in der Bauwirtschaft auch in die Lage versetzen, solche Voraussetzungen zu erfüllen.

Die Anforderungen an das Planen und Bauen in Deutschland haben sich in den letzten Jahren deutlich verändert. Neben hohen Anforderungen an die energetische Hülle und den Gesamtenergieverbrauch eines Gebäudes, gibt es eine gestiegene Erwartungshaltung zur Beratungsqualität und der Qualität der Bauausführung insgesamt. Dies resultiert zum einen aus einem gestiegenen Umweltbewusstsein und zum anderen aus Ansprüchen, die sich aus dem Verbraucherschutz ableiten.

Bedarf an Bauleistungen besteht in jeder sich verändernden Gesellschaft, dies alleine schon dadurch, dass durch Gebäude eine Infrastruktur geschaffen wird, welche eine handelnde Gesellschaft erst ermöglicht. Ohne zeitgemäße Gebäudestruktur ist ein modernes Gemeinwesen nicht funktionsfähig.

Bauleistungen werden nach wie vor notwendig sein, dies alleine schon aus folgenden Gründen: Wegen der Globalisierungsentwicklung weltweit und in dem sich neu ordnenden Wirtschaftsraum in Europa, der demografischen Entwicklung in Deutschland und den Anforderungen an Gebäude aus der von der Politik formulierten Zielsetzung zum zentralen Themenkomplex Klima- und Umweltschutz. Die Prognosen von Bartholomai und Veser sehen hier bereits bis 2010 ein wieder steigendes Gesamtbauvolumen.

Der Umfang dieser Investitionen ist vor allen Dingen aber davon abhängig, wie viel Vertrauen Investoren in die Bauleistung der Akteure setzen und wie viel Innovationskraft und Qualitätsbewusstsein man der Baubranche insgesamt beimisst. Hier gibt es gerade in Deutschland viele gute Ansätze, um ein zukünftig positives Image für die Baubranche aufzubauen (regenerative Energieformen, wie die Solarindustrie, etc.)

Eine Befragung zum derzeitigen Image der Bauwirtschaft des Allensbach-Instituts von 2007 ergab jedoch, dass diese im Ranking der verschiedenen Wirtschaftsbranchen in der unteren Hälfte aufzufinden ist (Köcher 2007). Bei Branchen, die mit Qualitätsmängeln assoziiert werden, liegt die Bauwirtschaft jedoch im oberen Drittel. Das momentan vorherrschende, eher negative Bild der Baubranche ist nicht förderlich für eine zukünftig positive Entwicklung. Alle betroffenen Akteure, sowie die politischen Vertreter, müssen das Ziel haben, die Professionalisierung dieses Wirtschaftszweiges weiter voranzutreiben, um das Image deutlich zu verbessern. Nur über eine positive Wahrnehmung können Vertrauen gebildet und dadurch weitere Investitionen ausgelöst werden.

3. Das Bauteam als alternatives Kooperationsmodell

Es stellt sich nun die Frage wie sich Architekten zukünftig in einem härter werdenden Markt positionieren können. Eine Lösung dieser vielfältigen Aufgaben sind Kooperationen, bei denen die Beteiligten integrativ zusammenarbeiten.

Kooperationen sind gerade bei komplexen Planungs- und Herstellungsprozessen in der Industrie üblich. Auch beim Bauen gibt es hier verschiedene Ansätze. Das Institut Weeber und Partner aus Stuttgart beschreibt in verschiedenen Veröffentlichungen die Ansätze und auch die Marktdurchdringung dieser Modelle. Von Komplexgewerken über Totalunternehmer bis zu Bauteams werden unterschiedliche Konzepte und Formen aufgezeigt. Durchgesetzt haben sich diese neuen Möglichkeiten der Baurealisierung in der Breite noch nicht. Man kann aber feststellen, dass das Interesse an Kooperationen groß ist. So waren bei Veranstaltungen zum Thema Bauteam der Architektenkammer und der Handwerkskammer in Freiburg 2005 nahezu 200 Teilnehmerinnen und Teilnehmer, die gleiche Veranstaltung in Stuttgart wurde von über 250 Personen besucht (60 weiteren Interessierten musste aus Kapazitätsgründen abgesagt werden). Auch die Nachfrage bei den Berufskammern zu diesem Themenbereich ist groß, auch wenn konstatiert werden muss, dass die Haltung der Architektenschaft in der Bundesrepublik solchen Kooperationsformen gegenüber durchaus unterschiedlich ist.

In anderen Ländern gibt es ebenfalls verschiedene Arten der Zusammenarbeit im Bauwesen. In der Schweiz hat sich das Model „Bauen nach Smart“ als alternatives Kooperationsmodell einen Namen gemacht. In den angelsächsischen Ländern werden die Konzepte „GMP“ und „Partnering“ als Alternativen zu den dort bekannten Vergabe- und Realisierungsformen praktiziert. Das Modell Bauteam stammt aus den Niederlanden und funktioniert dort als Zusammenwirken von Auftraggeber, Architekt und Generalunternehmer (Weeber/Bosch 2005).

Die Situation in der deutschen Bauwirtschaft stellt sich aufgrund der Unternehmerstruktur wesentlich anders dar als in den Niederlanden. In der Bundesrepublik ist diese deutlich vielschichtiger und in mehrere Ausführungsgewerke unterteilt. Aus diesem Grund musste das Konzept Bauteam auch für die mittelständisch geprägte Handwerksstruktur transponiert werden. Das Bauhandwerk in Deutschland hat eine lange Tradition und durch die Aus- und Fortbildungssysteme, vor allen Dingen in Süddeutschland, gute Voraussetzungen um sich den gestiegenen Anforderungen auch offensiv zu stellen.

Das Bauteam in Deutschland lässt sich am besten als strategischer Zusammenschluss von Auftraggeber, Planern und Handwerksunternehmen definieren, die sich zum Zweck einer Kostenoptimierung auf hohem technischem und handwerklichem Ausführungsniveau zusammenschließen (Wehrle 2004).

Voraussetzung für ein funktionierendes Team ist die Bereitschaft zur Zusammenarbeit. Die Akteure müssen aus diesem Grund Kenntnisse im Bereich Kommunikation und soziales Verhalten vorweisen können und vor allen Dingen in der Durchführung dieser Ausführungsform auch Vorteile für die eigene Arbeit erkennen. Erfahrungen im Bauteam sorgen für eine wirtschaftlichere Umsetzung der eigenen Leistung und für eine größere Identifikation mit dem Projekt. Alle Bauteampartner haben ein erklärtes Ziel: Die Realisierung eines erfolgreichen Bauvorhabens. Neben den rechtlichen Rahmenbedingungen, welche die Verdingungsordnung für Bauleistungen (VOB/B) für die Kontrolle der Leistung des Vorunternehmens definiert, zeigen Erfahrungen im Bauteam, dass aus der Gruppe heraus auch eine immaterielle Gesamtverantwortung für das ganze Projekt entsteht. Es wird der gemeinsamen Erstellung eines Gebäudes ideell Rechnung getragen. Eine solche Einstellung zum Produkt wird von den Kunden heute vorausgesetzt. Diese erwarten nämlich nicht nur die einwandfreie physische Erstellung eines Bauwerks, sondern auch eine positive Einstellung für das Projekt. Architekten sollten sich darüber im Klaren sein, dass sie neben dem Bauherrn die wichtigsten Faktoren für den Teamprozess sind. Aus diesem Grund ist ein vorurteilsfreier Umgang ohne Standesdünkel mit allen anderen Partnern eine grundlegende Voraussetzung für eine positive Kooperation. Aufgaben und Anforderungen für Architekten im Bauteam:

- Sicherstellung der Beratungs- und Betreuungsqualität gegenüber dem Auftraggeber,
- Teammoderation und Lenkungsfunktion im Bauteam,
- Gebäudegestaltung und technische Planung, gemäß Leistungskatalog der Honorarordnung für Architekten und Ingenieure (HOAI),
- Kostenplanung und Kostenkontrolle gemäß Leistungskatalog der HOAI,
- Leistungsabgrenzung der Gewerke (Leistungsbeschreibung und Leistungsverzeichnisse) gemäß Leistungskatalog der HOAI,
- Qualitäts- und Baukontrolle gemäß Leistungskatalog der HOAI,
- Leitung des Reklamationswesens,
- Etablierung eines Änderungsmanagements und
- After-Sales-Service nach Abnahme der Gewerke und Planerleistungen.

Eine Befragung des Institutes für angewandte Verbraucherforschung in Köln in Zusammenarbeit mit dem EMNID-Institut von Bauherren nach Beendigung von Baumaßnahmen ergab, dass die Zufriedenheit gerade bei der Betreuung durch Architekten besonders groß war.

Für die Sicherstellung von Kundenzufriedenheit ist also die Beauftragung von Architekten ein wesentlicher Bestandteil. Dieser Berufsstand ist aufgrund der umfassenden Ausbildung in der Lage die Gesamtheit des Bauens zu erfassen und dadurch dem Kunden auch eine komplexe Dienstleistung anzubieten. Gerade der in der HOAI dafür entwickelte Leistungskatalog stellt einen für den Kunden klar definierten Dienstleistungsumfang sicher. Somit ist auch im Sinne des Verbraucherschutzes die Verwendung der HOAI als Grundlage von Planungsverträgen eine sinnvolle und sichere Basis.

4. Die Sicherung von Ästhetik, Qualität, Produktivität, Termintreue und Kundennutzen im Bauteam

Bauwerke sollen gleichzeitig ästhetischen Anforderungen genügen, für den Kunden einen Nutzen darstellen, Qualitätsnormen einhalten, sowie produktiv und im Rahmen gesetzter Termine errichtet werden. Die einzelnen Elemente dieser Zielmatrix werden aber nicht selten gegeneinander ausgespielt. Um die Produktivität sicherzustellen und den Termin einzuhalten werden Qualitätsmaßstäbe vernachlässigt und ästhetische Forderungen hintangestellt. Die Bauwirtschaft darf aber das Ziel der Gleichwertigkeit dieser Forderungen nicht aufgeben. Das Bauteam stellt eine Form dar, diesem Ziel näherzukommen.

4.1 Ästhetik

Man kann die grundsätzliche Behauptung aufstellen, dass die Gestaltung von Gebäuden nicht von der Baurealisierungsform abhängig ist, sondern von der Kreativität und der Ausbildung der dafür Verantwortlichen und der Akzeptanz des Auftraggebers.

Der allein Verantwortliche für den Bereich Gestaltung im Bauteam ist der Architekt. Auch wenn im Zusammenhang von Optimierungen an Gebäudedetails das Fachwissen der Fachfirmen in die Detailbearbeitung einfließt, der Spezialist für die gestalterischen Belange bleibt der Architekt. Die Verwendung des Begriffes Team bedeutet also nicht, dass jeder für alles zuständig ist, sondern es geht hier um eine offensive Zusammenarbeit verschiedener Sparten und Professionen, bei der alle Teilnehmer ihr Fachgebiet kompetent bearbeiten und in einem offenen Dialog die beste Gesamtlösung im Blick haben. Dafür sind klare Regeln notwendig. Im Vordergrund steht der mit dem Bauherrn abgestimmte

Gebäudeentwurf. Bei der weiteren Planung muss man bei der technischen Durcharbeitung auch Positionen verändern können. Von dieser Regelung sind gestalterische Vorgaben, welche mit dem Bauherrn besprochen und geklärt wurden, im Grundsatz ausgenommen. Generell gilt jedoch für die technischen und wirtschaftlichen Belange: nur durch die offene Durchsprache der Einzelpunkte sind Verbesserungen, bzw. Optimierungen möglich. Die Gebäudegestaltung und das Design werden durch die Projektrealisierungsform Bauteam zusätzlich gefördert, da der Architekt auch bei der Werkplanung und der Projektrealisierung weiter im Team für die Gestaltung verantwortlich ist (Wehrle 2004).

Das gestalterische Ausbildungsniveau von deutschen Hochschulen ist als sehr hoch einzustufen. Auch im Ausland sind in Deutschland ausgebildete Architekten gesucht. Hier finden wir also im ganzen Bundesgebiet gute Voraussetzungen vor.

Für eine nachhaltige Sicherung ästhetischer Belange in einem Architekturbüro ist eine regelmäßige Fort- und Weiterbildung notwendig. Dieses Thema tritt in den Fortbildungsprogrammen der Institute oft hinter den kommunikativen, technischen und wirtschaftlichen Fachgebieten zurück. Dies könnte ein Indiz dafür sein, dass diese Fächer in der Hochschulausbildung nicht entsprechend berücksichtigt werden und nach dem erlangten Abschluss quasi als zusätzliche Ausbildung praxisbegleitend vermittelt werden müssen. Aus diesem Grund wird der eigentliche Schwerpunkt, die Gestaltungs- und Entwurfslehre später nicht mehr intensiv weiterverfolgt, da man davon ausgeht, hier genügend Fachwissen vermittelt zu haben.

Die zeitgemäße Gestaltung eines Gebäudes symbolisiert die Haltung der Gegenwart und stellt eine adäquate bauliche Form unserer Gesellschaft dar. Aus diesem Grund sind die gestalterischen Anforderungen an den Bauteamarchitekten genauso hoch wie bei anderen Baurealisierungsformen.

Wie die Realisierung eines Modellprojektes der Architektenkammer Rheinland-Pfalz mit verschiedenen Verbänden gezeigt hat, kann ein Bauteam auch mit einem Architektenwettbewerb kombiniert werden. Der Architekt sucht sich dafür erfahrene Handwerksunternehmen, mit denen er seinen Entwurf dann konstruktiv durcharbeitet und kalkuliert (Becker/Over 2007).

Der Auslober, bzw. der Auftraggeber hat mit dieser Vorgehensweise neben einem jurierten Wettbewerb, der nach architektonischen Kriterien bewertet wurde, auch eine optimierte Planung mit den Baukosten als Grundlage für seine Entscheidung zur Hand. Diese Vorgehensweise wird im Bauteamhandbuch der Architektenkammern Baden-Württemberg und Rheinland-Pfalz umfangreich dargestellt.

Die Variation von Bauteam mit einem Architektenwettbewerb ist auch in anderen Verknüpfungen möglich, etwa dass einem Ideenwettbewerb ein Realisierungsverfahren in Verbindung mit Bauteam nachfolgt. Die Argumentation, dass das Bauteam nicht konform mit öffentlichen Vergabemodellen sei, ist mittlerweile widerlegt (Weeber/Bosch 2005). Bauteammodelle eignen sich aufgrund der vorher beschriebenen Verfahren auch für die öffentliche Hand.

4.2 Qualität

Die Auswahl der ausführenden Partner im Bauteam erfolgt nicht nur aufgrund des Preises, sondern vor allen Dingen anhand von Qualitätskriterien. Auch hier zeigt das vorher beschriebene Bauteamhandbuch Möglichkeiten auf. Es gibt Bauteamkonzepte (z.B. TeamWerk-Bau, „Modell Freiburg"), die dafür einen Kriterienkatalog erstellt haben. Neben der Anzahl der insgesamt Beschäftigten wird darin auch die Zahl von ausgebildeten Fachkräften, die Qualifikation dieser Fachkräfte, die Lehrlingsausbildung, Referenzen von Projekten vergleichbarer Art, sowie die Bereitschaft für ein Arbeiten im Team und Maßnahmen zur Sicherung von Qualität abgefragt. Weiterhin arbeitet man bei diesem System nach einem fest vorgegebenen Ablaufmuster, bei dem sämtliche Vorgänge beschrieben sind und dadurch Vorgaben für die Arbeitsweise zu einem festen Bestandteil des Systems gehören. Somit hat man durch Checklisten auch Anleitungen für die auszuführenden Arbeitsschritte und kann die Vorgänge dann auch systematisch dokumentieren (Wehrle 2007). Natürlich sind die wirtschaftlichen Aspekte bei der Auswahl der Ausführungspartner ebenfalls zu werten und für die Marktfähigkeit des Konzeptes Bauteam von Bedeutung. Aufgrund der Optimierungsgewinne, die in der Planungsphase erzielt werden, müssen die ausführenden Firmen jedoch keine Dumpingpreise anbieten, um den Auftrag zu erhalten. Die Erfahrungen gerade beim „Modell Freiburg" zeigen, dass die dort beteiligten Handwerksunternehmen zu auskömmlichen Konditionen arbeiten konnten und somit auch überhaupt in der Lage waren, eine ordentliche Qualität abzuliefern (Wehrle 2007). In dieser Erkenntnis liegt wohl ein wesentlicher Unterschied zu den etablierten Vergabearten. Diese Einsicht drückt der Waldkircher Bauunternehmer Christof Karl Burger im Gespräch mit dem Verfasser so aus:

> „Es wird nicht gelingen, Qualität zu jedem Preis zu erhalten. Gut ausgebildete Fachkräfte müssen adäquat entlohnt werden und die treffen Sie bei einem gut geführten Unternehmen nicht nur an der Baustelle, sondern auch in der Arbeitsvorbereitung und im Büro an."

Auch hier gibt es also Unterschiede. Qualifizierte, mittelständische Firmen sind in der Lage die Umsetzung an der Baustelle so zu betreuen, dass der bauleitende Architekt seiner originären Aufgabe nachgehen kann: der Qualitätskontrolle an der Baustelle für den Auftraggeber. Die bauleitende Person muss also nicht noch die Organisation von Montagetrupps an der Baustelle durchführen. Sie hat somit Zeit, die entsprechenden Qualitätsüberprüfungen vorzunehmen. Man kann die

Behauptung aufstellen, dass die gute Vorbereitung eines Bauprojektes die Fehlerhäufigkeit reduziert und das Gebäude somit an Qualität gewinnt. Durch die vorgegebenen Abläufe sind die Planer dazu angehalten, die technischen Unterlagen (Pläne, Details, etc.) bereits vor Erstellung der Pauschalangebote der ausführenden Firmen fertig zu haben. Insofern ist gewährleistet, dass vermeintliche Probleme bzw. Fehler schon sehr früh erkannt und behoben werden können.

Aufgrund der intensiven Befassung mit dem Vorhaben während der Planungs- und Vorbereitungsphase ist der Informationsaustausch wesentlich umfangreicher als bei den üblichen Ausführungsarten. Hieraus ergibt sich folgende Schlussfolgerung: Wer gut vorbereitet eine Ausführungsanforderung umsetzt, kann dies mit einer besseren Qualität ableisten. Diese intensive Befassung mit dem Projekt gehört zu den elementaren Bausteinen von Bauteams und zwingt die planenden und ausführenden Unternehmen, also Planer und Handwerksfirmen, zu einer intensiven Auseinandersetzung im Vorfeld der Projektausführung.

Ein weiterer Unterschied von Bauteams zu etablierten Vergabearten liegt darin, dass sich alle Bauteampartner insgesamt für das Projekt verantwortlich fühlen, denn mit dem Gesamterfolg ist auch der eigene Erfolg verbunden. Bauteams, die erfolgreich arbeiten, werben somit auch für nächste Projekte. Dies betrifft insbesondere Gruppen von Planern und Handwerkern, die längerfristig gemeinsam zusammenarbeiten wollen. Mit dieser Einstellung ist also auch ein akquisitorischer Anreiz verbunden. Dies stellt sich bei der Bearbeitung der Projekte so dar, dass die Kontroll- und Überwachungspflichten, welche der Nachunternehmer nach VOB/B auszuführen hat, wesentlich intensiver durchgeführt werden, zum einen zum Selbstschutz der eigenen Leistung und zum anderen für den Gesamterfolg des ganzen Teams. Diese Arbeitsweise erfordert von allen Beteiligten einen offenen und kommunikativen Umgang. Dies führt erfahrungsgemäß dazu, dass die ausführenden Unternehmen nicht nur einen Schritt nach vorne denken, sondern das Projekt viel umfassender im Blick haben. Für diese Arbeitsweise sind qualifizierte Unternehmen und gut ausgebildete Fachkräfte eine Voraussetzung (Wehrle 2004).

Durch diese Erfahrungen lässt sich die These aufstellen, dass zukunftsorientierte Baudurchführungsarten kommunikativ und teamorientiert sein müssen. Sie müssen auch zu mehr wirtschaftlichem Erfolg der einzelnen Akteure führen, damit sie erfolgreich sein können, so dass für den einzelnen Teilnehmer das Engagement für die Gruppe eigene finanzielle Vorteile generiert.

Zusätzlich zu diesen „internen Abläufen“ der ausführenden Unternehmen, welche vom Architekten ständig begleitet werden, führt er als verantwortlicher Bauleiter auch noch Qualitätsüberprüfungen durch, welche dann eine zusätzliche Kontrolle der Ausführungsleistungen darstellen. Aufgrund seines Vertrages erfüllt der Architekt als Bauleiter seine Tätigkeit im Interesse des Auftraggebers und stellt damit die geschuldete Werkleistung sicher.

Wenn aber die Beschäftigung nicht qualifizierter Unternehmen dazu führt, dass der Architekt als Bauleiter sich mit Ihnen ständig befassen muss, um Qualität und Termine sicherzustellen, liegt ein Großteil seiner Arbeit in der Kontrolle und Organisation von Handwerksleistungen, welche per se eigentlich schon ordentlich abgeleistet hätten werden müssen, was aber nicht geschieht, weil die damit beauftragten Firmen fachlich und organisatorisch dazu gar nicht in der Lage sind. Der Architekt als Bauleiter muss somit zwangsweise Aufgaben der jeweiligen Firmenleitung dieser Unternehmen übernehmen, um das Projekt zum Erfolg zu bringen. Für seine eigentliche Aufgabe, eine unabhängige Qualitätskontrolle, hat er dann nur noch begrenzt Zeit.

Zusammenfassend ist festzustellen, dass die hohe Qualifikation der Handwerksunternehmen und der Planer eine Voraussetzung für die Erstellung von hochwertigen Bauprodukten ist, welche im Bauteam angestrebt wird. Fällt diese Qualifizierung weg, so sind zusätzliche Steuerungsaufgaben und qualitätssichernde Tätigkeiten durchzuführen, damit die geschuldete Qualität geliefert werden kann. Dies ist insbesondere in Regionen eine Alternative, in denen die vorhandenen Strukturen im Handwerk sich eher auf reine Montageleistungen reduzieren.

4.3 Produktivität

Durch den intensiven Vorbereitungsgrad im Bauteam wird die an der Baustelle zu realisierende Bauleistung sehr gut präpariert. Das heißt, gerade in der Planungsphase ist der Aufwand für die Architekten und Firmen verhältnismäßig hoch. Dies führt aber in der Realisierungsphase zu einer besseren Produktivität, da die einzelnen Arbeitsschritte vorgedacht und miteinander logistisch abgestimmt und verknüpft werden können.

Es gibt bei der Betrachtung dieser Situation zwei Ebenen: Die Produktivität der Planer und die Produktivität der ausführenden Firmen. Im Bauteam sind die Planer angehalten, sich relativ früh über die technische Umsetzung Gedanken zu machen. Durch diese Vorgaben muss schon in einem frühen Stadium des integrierten Planungsprozesses eine Grundlage für die technische Planung vorliegen, die mit den ausführenden Unternehmen auch durchgesprochen und optimiert werden kann. Anhand der dann vorliegenden Unterlagen erstellen die Firmen ein Pauschalangebot. Damit wird sichergestellt, dass vor der Realisierung des Bauvorhabens die Ausführungsunterlagen in jedem Fall erarbeitet sein müssen. Für die Planer bedeutet dies eine effektive und ausführungsorientierte Arbeitsweise. Zusätzlich werden damit Fehler besser vermieden, da die Unterlagen nicht mit „heißer Nadel" gestrickt sind. Ferner werden viele Arbeitsschritte, welche später an der Baustelle umgesetzt werden, intensiv im Vorfeld besprochen. Dadurch entsteht eine Verlagerung des Aufwandes von der Baustelle in die Planungsphase. Insgesamt sind diese Projekte für die Planer jedoch effektiver, da diese vorgedacht sind und dadurch gut gesteuert werden können. Erfahrungen aus dem Bauteamkonzept TeamWerk-Bau („Modell Freiburg“) zeigen, dass die Bauleitung des Architekten deutlich effektiver durchgeführt werden kann, damit aber ein zusätzlicher Aufwand in den vorherigen Leistungsphasen, vor allen Dingen in der Werkplanung und in der Vorbereitung der Vergabe verbunden ist. Weiterhin wird die Planerschaft bei dieser Vorgehensweise vor „unliebsamen Überraschungen“ geschützt, denn umfangreiche Umplanungen beim Nichterreichen der Kostenvorgaben des Bauherrn unterbleiben. Durch die Vorgehensweise Bauteam besteht auch hier schon frühzeitig Klarheit über die Kostensituation (Becker et al. 2007).

Die ausführenden Firmen profitieren von einer gut vorbereiteten Baustelle und können damit ihre eigene Produktivität steigern. Dies liegt daran, dass die Personalauslastung gut vorbereitet werden kann und die Materialdisposition vernünftige Vorlaufzeiten hat. In Zeiten immer teurer werdender Baustoffe sind ein frühzeitiger Ankauf und eine zeitlich optimale Lieferung der Materialien ein wesentlicher Kostenfaktor. Auch ergeben sich für die Logistik (Lagerflächen, Baustelleneinrichtung, Hebezeuge) weitere Vorteile, da deren Verwendung ebenfalls besser geplant werden kann.

Durch die intensivere Vorbereitungsphase wird die Bauzeit verkürzt. Zwar verlängert sich die Zeit der Planung davor. Insgesamt aber zeigen die Erfahrungen aus verschiedenen Bauteamprojekten, dass sich der Gesamtaufwand reduziert und Bauteamprojekte insgesamt produktiver sind. Denn der größte Block der realen Kosten eines Bauwerks entsteht in der Realisierungsphase. Wenn diese reduziert und effektiver durchgeführt werden kann, so wird der Gesamtablauf auch insgesamt produktiver. Das liegt daran, dass die Vorbereitung eines Projektes von deutlich weniger Personen durchgeführt wird als die physische Erstellung eines Gebäudes. Dieser relativ geringe Personaleinsatz in der Planung im Verhältnis zur Realisierung wirkt sich effektiv aus. Auch der Materialeinsatz in der Bauphase ist wesentlich höher als in der Vorbereitungsphase. Ein positiver wirtschaftlicher Nebeneffekt dieses Sachverhaltes sind die geringeren Zinsaufwendungen für die Zwischenfinanzierung bis zur Fertigstellung insgesamt, da der Gesamtaufwand des Zinses vor allen Dingen auch von der Dauer der Bauphase abhängig ist. Ist diese geringer, wird gerade in der Zeit wo die höchsten Geldabflüsse zu verzeichnen sind, Geld durch geringere Zinsaufwendungen eingespart.

4.4 Termintreue

Die gute Vorbereitung eines Bauprojektes im Bauteam sichert genaue Aussagen zu End- und Zwischenterminen. Im Vorfeld wird mit den ausführenden Firmen die Terminplanung besprochen und verbindlich in den Verträgen festgeschrieben. Der gemeinsam optimierte Bauzeitenplan wird Bestandteil des Bauvertrages. Durch die vorgegebene Arbeitsweise ist es unabdingbar, dass alle Verträge mit den ausführenden Unternehmen vor Baubeginn abgeschlossen werden. Deshalb hat der Aufraggeber zu einem sehr frühen Zeitpunkt auch Sicherheit für die von ihm vorgegebene Terminsituation. Als Grundlage der Bauverträge wird z.B. beim „Modell Freiburg“ die VOB/B vereinbart. Sämtliche in dieser Verordnung enthaltenen Sicherungsinstrumente für den Auftraggeber (finanzielle Sicherheiten für die Ausführung, Umgang mit Abweichungen von festgelegten Terminen, etc.) gelten ohne Einschränkung.

Bei komplexen Produktionsprozessen, wie der Erstellung von Gebäuden, muss man sich jedoch im Klaren darüber sein, dass die vorgegebene Terminstruktur von äußeren Einflüssen, wie Wetter, Verkehrswegen und anderen Faktoren abhängig ist. Somit sind die Regelung der Abläufe und der Einfluss nicht absehbarer Veränderungen ein wichtiges Element in der Terminsteuerung. Die Verlässlichkeit eines Systems lässt sich aber am besten bei Störungen bewerten und diese sind am effektivsten zu beheben, wenn die Firmen eine positive Einstellung trotz Störung zur Termineinhaltung haben. Außerdem wird durch eine klare, mit allen Akteuren abgestimmte Ausführungsstruktur die Grundlage für eine Beeinflussung der Abläufe geschaffen. Vom Grunde her gilt hier das Gleiche wie bei den vorher schon beschriebenen Punkten Qualität und Produktivität. Das Bauteam steht ideell als Team für die Erreichung der gemeinsam gesetzten Ziele ein. Für diese Einstellung ist natürlich eine vernünftige Entlohnung aller Bauteammitglieder eine notwendige Basis. Insofern haben alle Mitwirkenden das gemeinsame Ziel: Störungen am Bauablauf zu beseitigen und den Projekterfolg insgesamt zu sichern. Das bauleitende Architekturbüro führt eine ständige Kontrolle der gemeinsam vereinbarten Termine durch. So ist sichergestellt, dass Abweichungen zum Terminplan auch relativ zeitnah festgestellt werden können (Becker et al. 2007). Für den Projekterfolg ist es wichtig, dass Versäumnisse von Vorleistungen nicht durch die nachfolgenden Gewerke kompensiert werden müssen, die dann die Fehler anderer zu beheben haben. Dazu muss der Bauleitende auch exakt die geforderten Leistungen abfordern und falls Verzögerungen durch einzelne Gewerke entstehen, diese unverzüglich auf die Einhaltung der festgelegten Termine verpflichten.

4.5 Kundennutzen

Der Bauherr erhält eine qualitativ hochwertige Immobilie zu einem optimierten Preis und zu einem vertraglich vereinbarten Fertigstellungstermin. Durch die vorgegebene Arbeitsweise, durch die Summe der pauschalen Planungshonorare und durch die Summe der Pauschalangebote der Handwerkerleistungen hat der

Auftraggeber eine Kostensicherheit. Diese basiert auf einer konkreten Planung mit einer dazugehörigen Leistungsbeschreibung. Die Wahrscheinlichkeit von Nachträgen ist somit relativ gering (Wehrle 2007). Durch die Tatsache, dass die ausführenden Firmen nicht nur über den Preis, sondern hauptsächlich über den Faktor Qualitätssicherung ausgesucht werden, hat der Auftraggeber eine höhere Qualität zu erwarten (Becker et al. 2007).

Die Beratungsqualität im Team ist in der Regel höher, als wenn der Auftraggeber sich nur an einen Einzellieferanten (z.B. Generalunternehmer) vertraglich bindet, denn alle planenden und ausführenden Partner stehen dem Bauherrn als Ansprechpartner zur Verfügung. Im Gegensatz zu der sonst auch üblichen Einzelgewerkevergabe, stimmen sich alle Akteure intensiver miteinander ab und optimieren die Planung und die Ausführung auch zum finanziellen Vorteil des Auftraggebers (Becker et al. 2007).

Durch den Abschluss von Einzelverträgen, die der Auftraggeber mit den Unternehmen abschließt, hat dieser eine sehr gut abgesicherte Haftungssituation, denn jedes Unternehmen muss für die eigene Leistung einstehen. Aufgrund der gesamtschuldnerischen Haftung stehen dem Bauherrn bei gemeinsamen Verschulden von Planenden und Ausführenden, und dies ist erfahrungsgemäß die Regel, oft mehrere Haftungsgaranten zur Verfügung. Der Auftraggeber kann sich dann aussuchen, welcher Unternehmung er die Mangelbeseitigung überantwortet. Dies ist gegenüber der Generalunternehmervergabe ein weiterer Vorteil, denn auch bei einer möglichen Insolvenz eines Bauteampartners, stehen die anderen Firmen gegebenenfalls noch zur Verfügung. Bei der Insolvenz eines Generalunternehmens ist neben einer Bürgschaft über einen geringen Teilbetrag (in der Regel 5% der Gesamtbausumme) im schlechtesten Fall niemand mehr haftbar. Die Wahrscheinlichkeit, dass Gewährleistungsgaranten noch vorhanden sind, ist bei Bauteamprojekten aus diesem Grund einfach höher, weil mehrere Akteure vorhanden sind und diese Beteiligten die vorliegenden Anforderungen auch klarer und eindeutiger kalkulieren können, da die notwendigen Grundlagen (Planungen des Architekten und der Fachplaner) dafür vorliegen (Becker et al. 2007). So geht der Bundesrechnungshof aufgrund seiner Nachprüfungen von der Regelvermutung aus, dass Generalunternehmervergaben etwa 10% teurer sind als eine Vergabe nach Fachlosen (vgl. Landkreistag Rheinland-Pfalz 2000).

Die Verträge werden vom Architekturbüro vorbereitet, so dass der Bauherr keinen größeren Aufwand hat. Die Beseitigung von Ausführungsfehlern und etwaiger Gewährleistungsmängel werden vom Architekturbüro organisiert und überwacht. Hier bestehen also auch Steuerungsmechanismen.

Ein weiterer Vorteil für den Kunden ist, dass ihm bei diesem Konzept der Architekt als Treuhänder und Sachwalter seiner Interessen zur Seite steht. Dieser muss dafür Sorge tragen, dass die Belange seines Kunden gewahrt bleiben und darf diese nicht für die eigene Gewinnmaximierung preisgeben.

Durch die vorgegebenen Planungs- und Ausführungsabläufe im Bauteam kann dem Bauherrn auch ein Änderungsmanagement angeboten werden. Das heißt der Auftraggeber kann während des Projektes auch Entscheidungen treffen, welche die Grundzüge der bisherigen Planung verändern. Für diesen Fall gibt es eine etablierte Arbeitsweise, welche Vorgaben zu Ablaufmustern definiert, so dass auch klar geregelt ist, wie mit solchen Änderungen umzugehen ist, damit diese Wünsche auch mit einer vernünftigen Realisierungszeit und optimalen finanziellen Aufwendungen für den Bauherrn umgesetzt werden können (Wehrle 2007). Durch die vorhandene Struktur bekommt der Kunde ein Konzept „aus einer Hand", denn der Architekt ist der zentrale Ansprechpartner im Bauteam.

5. Voraussetzungen der Aus- und Fortbildung für die Durchführung von Kooperationsmodellen für Architekten

Neben der fachlichen gestalterischen und technischen Ausbildung bedarf es in der Architekturausbildung weiterer Qualifizierungsschritte. Hier geht es um die Themen Kommunikation, interdisziplinäres Lernen und emotionale und soziale Kompetenz. An deutschen Hochschulen werden dazu bereits verschiedene Ansätze der Ausbildung zu diesen Inhalten durchgeführt. Diese sollten für die Anforderungen, welche Kooperationsmodelle an alle Akteure stellen, jedoch ausgebaut und weiterentwickelt werden.

Gerade an die Kommunikationsfähigkeit der zentralen Figur „Architekt" werden hier große Anforderungen gestellt. Dieses Thema trainieren die Studierenden in der Regel an den Hochschulen recht effektiv, da man auch lernen muss, sein Produkt, also seinen Entwurf zu verkaufen und darzustellen.

Die Kommunikationsfähigkeit erweitert sich bei Kooperationsprojekten aber auf die Informationsweitergabe im Team und den Umgang mit allen Projektbeteiligten. Man muss hier vor allen Dingen auch lernen, dass man sich alle notwendigen Informationen zu holen hat, also auch eine Verpflichtung besteht, Informationspool bei dieser Kooperationsform zu sein. Die interdisziplinäre Zusammenarbeit mit anderen Fachgebieten, wie Tragwerksplanung, Baubetrieb, über die Bauproduktenhersteller bis hin zu den ausführenden Firmen sollte intensiviert und ausgebaut werden. Hier geht es in der Ausbildung vor allen Dingen darum die Abläufe in Kooperationen zu trainieren.

Gerade die Durchführung von gemeinsamen Optimierungsprozessen ist komplexen Abläufen unterworfen, die am Praxisbeispiel am ehesten dargestellt werden können. Über Tagesworkshops muss dies bis zu Praktika in unterschiedlichen Betrieben verschiedener Fachbereiche führen. Es sollten dazu Studienarbeiten unter Praxisbedingungen bearbeitet werden, bei denen alle Akteure im Baugeschehen repräsentiert sind.

Bauen ist ein komplexer Prozess. Die Beteiligten müssen lernen sich auseinanderzusetzen. Hier sind die Bereiche Konfliktvermeidung, Konflikterkennung und -lösung sowie Kenntnisse mit dem zielorientierten Umgang in Krisensituationen unabdingbar und nicht nur für die Durchführung von Kooperationsmodellen wie dem Bauteam hilfreich. Auch für diese Themen müssen Ausbildungsformen definiert und durchgeführt werden.

Die reine Ausbildung aller am Bau Beteiligten muss sich somit um das Feld Kooperationen und der damit verbundenen zusätzlichen Anforderungen erweitern, falls man auch wissenschaftlich solche Konzepte aufarbeiten und lehren will und die Studierenden auf solche Baurealisierungsformen präparieren möchte.

6. Schlussfolgerungen und Ergebnisse

Bauteam ist ein alternatives Kooperationsmodell. Daneben bestehen noch andere Konzepte.

Entgegen der vorherrschenden Meinung können Bauteamprojekte auch VOB-konform durchgeführt werden. In Rheinland-Pfalz wurde ein Bauteamprojekt mit einem Architektenwettbewerb kombiniert. Dieses Verfahren ist in dem mehrfach zitierten Bauteamhandbuch umfangreich beschrieben. Es bestehen also objektive Auswahlverfahren für die Planer und Unternehmen, welche an einem Projekt im Bauteamverfahren beteiligt werden sollen. In der Regel ist bei Bauteams die wirtschaftliche Trennung von Planung und Ausführung eingehalten (Becker et al. 2007). In einem Bauteam arbeiten Planer, ausführende Unternehmen und in der Regel auch der Bauherr eng zusammen. Dies ist ein wesentlicher Unterschied zu anderen Kooperationsformen, bei denen nur ein Teil der Beteiligten- zum Beispiel die Handwerker- zusammenarbeitet. Die Teamarbeit bringt Vorteile für alle Beteiligten (Becker et al. 2007).

Den Fähigkeiten und dem Engagement des Architekten kommt im Bauteam eine große Bedeutung zu. Er nimmt die koordinierende und moderierende Rolle ein und hat damit große Verantwortung. Gleichzeitig bedeutet Teamarbeit für die Architekten auch Risikobeschränkung. Fehler werden reduziert, weil Planer und Ausführende gemeinsam am Projekt arbeiten und sich somit gegenseitig unterstützen können. Durch die komplette Betreuung eines Bauteam-Projektes von Leistungsphase 1 bis 8 der HOAI hat der Architekt ein größeres Auftragsvolumen als bei vielen anderen Verfahren (Becker et al. 2007).

Bei einem Bauteam-Verfahren sind Planer wieder in der Lage, Komplettkonzepte zu erstellen, ohne selbst – wie Generalunternehmer – ins Obligo gehen zu müssen. Die Risikotragung, die aufgrund der Refinanzierungsanforderungen der Banken eine nicht zu unterschätzende Hürde darstellt, wird minimiert. Für die Architekten hat ein Bauteam-Verfahren immer auch einen Lerneffekt. Zwischen den Beteiligten gibt es eine völlig andere Vertrauensbasis als bei klassischen Verfahren. Architekten und Unternehmen profitieren durch den offenen Austausch von Informationen und Erfahrungen gegenseitig von ihrem Fachwissen (Becker et al. 2007).

Ein Bauherr bekommt auch bei einem Bauteam-Verfahren mit Einzelgewerken, wie dem Freiburger Modell, eine gut abgestimmte Leistung. Man könnte sagen: er bekommt eine Generalunternehmerleistung ohne Generalunternehmerzuschlag und – aufgrund der Pauschalverträge – ohne Nachträge. Die Gewerke werden nicht isoliert abgearbeitet, sondern die Vorteile integrierter Lösungen werden gesucht, was oft auch zu wirtschaftlicheren Ergebnissen führt. Gleichzeitig hat der Bauherr im Bauteam, anders als bei der Beauftragung eines General- oder Totalunternehmers, direkten Kontakt zu allen beteiligten Planern und Firmen, wodurch die Betreuungs- und Beratungsqualität wesentlich höher ist. Mit einem Bauteam hat der Bauherr auch eine höhere Gewährleistungssicherheit (Becker et al. 2007).

Bei einem Bauteam-Verfahren mit Einzelgewerken oder mit einer Arbeitsgemeinschaft (ARGE) haben Handwerksunternehmen eine andere, bessere Position im Bauprozess als bei Generalunternehmer-Verfahren. Die Fachunternehmen sind nicht nur als Subunternehmer Erfüllungsgehilfen eines Generalunternehmers oder Totalunternehmers, sondern sie tragen mit ihrer Fachkompetenz und ihrem Ausführungs-Know-how schon in der Planungsphase zur Optimierung des Projektes bei. Auch die Preisgrundlage ist für Unternehmen im Bauteam besser. Dazu tragen die durch die Optimierung erarbeiteten Kostenvorteile und eine effiziente Bauabwicklung bei. Im Übrigen ist die Auseinandersetzung mit dem Bauprojekt während der Optimierungsphase – also weit vor Baubeginn – für die Unternehmen schon eine effektive Form der Arbeitsvorbereitung. Weil in einem Bauteam die Gewerke sich nicht gegenseitig behindern, sondern zusammenarbeiten, entsteht bei der Planung und auch auf der Baustelle weniger Konfliktpotential, wovon alle Beteiligten profitieren (Becker et al. 2007).

Die entscheidende Phase im Bauteam ist die gemeinsame Optimierung der Planung, im Idealfall beginnt sie bereits im Entwurfsstadium. Im Rahmen der Zielvorgaben des Bauherrn und der in der Regel vorgegebenen Kostenobergrenze werden integrierte Lösungen entwickelt, die dem Bauherrn ein gutes Preis-Leistungs-Verhältnis bieten und für die Unternehmen gleichzeitig auskömmliche Aufträge bringen. Um die beste Lösung zu finden und Kosteneinsparpotentiale zu erschließen, braucht das Team aber Spielräume. Voraussetzung für eine gute Bauteam-Arbeit ist kreatives und innovatives Denken im Team. Kein Gewerk darf sagen: „Wir machen es wie immer“ (Becker et al. 2007).

In einem Bauteam-Verfahren ist die Kostensicherheit für den Bauherrn durch die üblicherweise vorgegebene Kostenobergrenze ab einem frühen Projektzeitpunkt und über das gesamte Projekt hoch. Die Einhaltung der Kostenobergrenze ist das Zielkriterium für ein Bauteam. Damit sie sicher eingehalten wird, ist in allen Projektphasen eine umfassende Kostensteuerung notwendig. Neben einer Kostenobergrenze tragen dann die Pauschalverträge über Planung und Ausführung dazu bei, dass im Projektverlauf für den Bauherrn keine unerwarteten Kosten entstehen – vorausgesetzt das Projekt wird ohne ständige Änderungen, also wie geplant, umgesetzt (Becker et al. 2007).

In einem Bauteam-Verfahren gewährleisten gut abgestimmte, integrierte Lösungen und lokale, erfahrene Handwerksunternehmen eine hohe Objektqualität und die gut koordinierte Teamarbeit sorgt für eine hohe Projektqualität. Bei einem eingespielten Bauteam trägt die Routine in der Zusammenarbeit zu einer höheren Qualität bei. Durch die intensive Zusammenarbeit sind alle Beteiligten aufmerksam und haben nicht nur ihre eigene Leistung, sondern die Gesamtleistung im Blick. Die Teamarbeit führt zu einer besseren Qualitätskontrolle und verringert das Fehlerrisiko (Becker et al. 2007).

Optimierungspotential gibt es bei jedem Projekt, eine intensive Optimierung im Bauteam lohnt sich immer. Ein privater Bauherr kann für den Bau seines Einfamilienhauses auch die Vorteile eines Bauteams – fester Preis, gutes Preis-Leistungs-Verhältnis, geringere Schadenswahrscheinlichkeit – nutzen (Weeber/ Bosch 2006). Optimieren lohnt sich wirtschaftlich, insbesondere bei größeren sich wiederholenden Projekten.

Zukünftig wird es für die am Bau Beteiligten noch mehr als in der Vergangenheit darauf ankommen, die richtige strategische Ausrichtung in der Bauwirtschaft vorzunehmen. Gute Partner zu finden, ist eine wesentliche Voraussetzung für ein erfolgreiches Agieren am Markt. Netzwerke sind die Organisationsformen der Zukunft. Einerseits braucht man immer mehr Spezialisten, weil die Anforderungen wachsen, gleichzeitig wird der Wunsch der Kunden nach nur einem Ansprechpartner immer wichtiger. Dieser Spagat kann nur gelingen, wenn die Beteiligten als Team auftreten. Auftraggeber haben dadurch den Vorteil, dass die Anzahl der Marktteilnehmer größer wird, es dominieren nicht wenige Konzerne den Markt (Becker et al. 2007).

Literatur

Bartholmai, Bernd/Veser, Jürgen. 2003: Zukunftsstudie Baugewerbe. Berlin

Becker, Cornelia/Bosch, Simone/Over, Reinhold/Weeber, Hannes/Wehrle Klaus 2007: Bauteam – ein Leitfaden für Architekten und Handwerker, herausgegeben von der Architektenkammer Baden-Württemberg und Architektenkammer Rheinland-Pfalz. Stuttgart, Mainz

Bundesarchitektenkammer (Hg.) 1994: Bundeskammerstatistik. Unterverzeichnis „Daten und Fakten. Berlin

Bundesarchitektenkammer (Hg.) 2007: Bundeskammerstatistik. Unterverzeichnis „Daten und Fakten. Berlin

Hommerich, Christoph/Hommerich, Nicole 2005: Zukunft der Architekten, Berufsbild und Märkte, eine Untersuchung im Auftrag der Architektenkammer Nordrhein-Westfalen. Bergisch-Gladbach

Institut für angewandte Verbraucherforschung, Köln; in Zusammenarbeit mit dem EMNID-Institut, Bielefeld, im Auftrag der Arbeitsgemeinschaft der Verbraucherverbände – AgV

Köcher, Renate 2007: Das Image der Bauwirtschaft. Ergebnisse einer repräsentativen Bevölkerungsumfrage. In: IfD-Allensbach

Landkreistag Rheinland-Pfalz, Sonderrundschreiben S 534/2000, 18.08.2000

Weeber, Hannes/Bosch Simone 2005: Unternehmenskooperationen und Bauteam-Modelle. Fraunhofer IRB, Bauforschung für die Praxis, Band 71. Stuttgart

Weeber, Hannes/Bosch Simone 2006: Planung plus Ausführung? Fraunhofer IRB, Bauforschung für die Praxis, Band 79. Stuttgart

Wehrle, Klaus 2004: Kooperation auf Augenhöhe, Praxisbeispiel eines erfolgreichen Bauteam-Modells. In: Deutsches Architektenblatt, 5, S. 32–33

Wehrle, Klaus 2007: „Bauteam Freiburg“ in Bauteam – ein Leitfaden für Architekten und Handwerker, herausgegeben von der Architektenkammer Baden-Württemberg und Architektenkammer Rheinland-Pfalz. Stuttgart, Mainz, Seite 16–71

Integrierte Planung: Neue Konzepte oder Gefahr für die Selbständigkeit des Architektenberufs?

Das Beispiel PPP

Klaus Wiechers

Der Begriff „Öffentlich Private Partnerschaft“ (ÖPP) bzw. „Public Private Partnership“ (PPP) umfasst sämtliche Formen der Zusammenarbeit zwischen öffentlicher Hand und Privatwirtschaft, um Leistungen für den öffentlichen Sektor zu erbringen. Dies hat zur Folge, dass der Begriff vielfältig interpretiert wird. Im Vordergrund steht meistens der Finanzierungsaspekt, was Folge des kommunalen Kassentiefs der Jahre 2002/2003 ist (Grönebaum 2007). Im Sinne der ÖPP-Zielsetzung sollte jedoch immer eine ganzheitliche Betrachtung über den gesamten Projektlebenszyklus, d.h. Planung, Bau, Finanzierung, Betrieb, Unterhaltung und gegebenenfalls Wiederverwertung inklusive einer angemessenen Risikoübertragung erfolgen. Die Ausschreibungen der Projekte erfolgen in der Regel gemäß der Verdingungsordnung für Bauleistungen (VOB/A) und beinhalten meist alle zuvor genannten Leistungsbereiche. Die Laufzeit der Verträge geht oft über mehr als 20 Jahre. Vertragspartner der öffentlichen Hand ist in der Regel eine Objektgesellschaft, die unter Federführung der Leistungserbringer für den Bau, der Finanzierung und/oder des Betriebs speziell für das geplante Bauvorhaben gegründet werden.

Eines der wichtigsten Ziele ist, Wirtschaftlichkeit und Effizienz der öffentlichen Bauvorhaben zu steigern. Der Anteil der in Deutschland in einer Öffentlich Privaten Partnerschaft realisierten Projekte ist in den vergangenen Jahren kontinuierlich gestiegen und soll nach den Vorstellungen der Bundesregierung von derzeit ca. 3% auf ca. 15% aller öffentlichen Bauaufgaben deutlich weiter zunehmen. Um diese Entwicklung voranzutreiben, wurde die „ÖPP Deutschland AG“ gegründet. Das Projekt ist selbst eine ÖPP, mit 49,9% in Händen der Wirtschaft. Die ÖPP Deutschland AG soll öffentliche Auftraggeber bei der Durchführung von ÖPP-Projekten unterstützen. Vor diesem Hintergrund besteht die Gefahr eines Interessenskonflikts zwischen der Rolle des Beraters der öffentlichen Auftraggeber und der Rolle des potentiellen Vertragspartners. Von Seiten der Kommunen wird daher befürchtet, dass sich die Wirtschaft damit selber Aufträge zuschanzt.

Die Erfahrungen mit PPP-Projekten sind in Deutschland noch relativ gering. Bisher wurden ca. 50 Projekte abgeschlossen, über 120 weitere sind in der

Planung. Die meisten Projekte wurden bisher auf kommunaler Ebene geplant. Von den Bundesländern wird ÖPP mit unterschiedlicher Intensität betrieben. Die weitaus größte Zahl an PPP-Projekten wird in Nordrhein-Westfalen umgesetzt, gefolgt von Niedersachsen und Bayern. Bereits 2001 startete Nordrhein-Westfalen als erstes Bundesland eine PPP-Initiative und richtete später eine PPP-Task Force ein (Grabow et al. 2005).

In der Folge von ÖPP-Projekten haben die Vergaben von gekoppelten Leistungen (z.B. Planungs- und Bauleistung) gemäß VOB/A trotz des gemäß GWB (Gesetz gegen Wettbewerbsbeschränkungen) und VOB/A niedergelegten Gebots der Berücksichtigung mittelständischer Interessen (d.h. kleinteiliger Vergabe) zugenommen und werden voraussichtlich weiter zunehmen. Vor diesem Hintergrund müssen sich die Architekten mit den Veränderungen in der Vergabepraxis auseinandersetzen und sich an der Erarbeitung von geeigneten Verfahrensabläufen aktiv beteiligen.

Die Betrachtung des Lebenszyklus ist für ein konventionelles Projekt ebenso wie für ein ÖPP-Projekt eine Selbstverständlichkeit. Durch das Umsetzen von ÖPP-Projekten ist dies in den vergangenen Jahren zu Recht wesentlich stärker ins Bewusstsein getreten.

Die Rolle des Architekten muss in ÖPP-Projekten entsprechend der spezifischen Projektkonstellation angepasst werden. Gravierender Unterschied ist für den Architekten, dass er zur Erbringung der Architektenleistungen nicht mehr – wie gewohnt – vom öffentlichen Auftraggeber direkt beauftragt wird, sondern von der speziell für das Bauvorhaben gegründeten Objektgesellschaft. Eine Gefahr für die Selbständigkeit des Architektenberufs muss damit nicht einhergehen. Im Gegenteil. Die Auswahl der geeigneten Bieter im ÖPP-Verfahren unterscheidet sich nicht von dem konventionellen Teilnahmewettbewerb. Dies betrifft auch die Auswahl des beteiligten Architekten, wie es für freiberufliche Leistungen gemäß VOF (Verdingungsordnung für freiberufliche Leistungen) bekannt ist. Bei der Auftragsakquisition steht der Leistungswettbewerb nach wie vor im Vordergrund. Ebenso wie der öffentliche Auftraggeber erwartet die Objektgesellschaft vom Architekten eine treuhänderische Leistung. Entscheidend für die Beibehaltung der Selbständigkeit der Berufsausübung wird aber auch die Haftung für die zu erbringenden Architektenleistungen sein.

Das Berufsbild des Architekten wird in der öffentlichen Wahrnehmung häufig als Entwerfer gesehen oder als „Künstler“. Er ist aber viel mehr. Er ist Sachwalter des Auftraggebers, Hauptverantwortlicher am Bau, Koordinator im Prozess einer „integrativen Planung“, d.h. er koordiniert alle am Bau beteiligten Fachdisziplinen (Tragwerksplanung, Gebäudetechnik, Brandschutz, Bauphysik, Schallschutz etc.). Er ist der Gestalter der gebauten Umgebung und ist Garant für kontrollierte Qualität am Bau, technische Perfektion, Schadensfreiheit, Wirtschaftlichkeit sowie Kosten- und Terminsicherheit.

Sich selbst verstehen die Architekten als Generalisten. Dies bezieht sich sowohl auf Gebäudetypologien als auch auf die Leistungsphasen von der Grundlagenermittlung bis zur Bauüberwachung. In der Praxis ist allerdings festzustellen, dass sich bei der überwiegenden Zahl der Büros Schwerpunkte der Tätigkeiten (z.B. Entwurfs- und Ausführungsplanungen sowie Ausschreibung, Vergabe und Bauüberwachung etc.) und Spezialisierungen (z.B. Planen im Bestand, Denkmalschutz, Planen von Krankenhäusern etc.) herausgebildet haben. Im Gegensatz zu anderen Berufsgruppen, wie z.B. bei Ärzten, kommt dies nicht in der Außendarstellung bzw. in der Berufsbezeichnung zum Ausdruck. Durch die Notwendigkeit der engen Zusammenarbeit mehrerer Fachdisziplinen in ÖPP-Verfahren von Anfang an ist die Generalistentätigkeit von großem Vorteil. Das betrifft insbesondere auch Leistungen, die über die klassischen Architektenleistungen hinaus gehen. Um als Generalist über alle Leistungsphasen tätig sein zu können, bedarf es zunehmend zusätzlich der Spezialisierungen. In der beruflichen Perspektive erscheint die erfolgreiche Auftragsakquisition ansonsten wohl gefährdet.

Die Berufsbezeichnung Architekt ist in Deutschland geschützt. Neben der Treuhänderschaft gegenüber dem Bauherrn oder Auftraggeber haben die Architekten durch die Berufsordnungen der Länderarchitektenkammern einen gesellschaftlichen Auftrag zu berücksichtigen. In dem folgenden Auszug aus der Berufsordnung der Bayerischen Architektenkammer kommt dies besonders stark zum Ausdruck:

> „Der Architekt wirkt an der Gestaltung der Umwelt des Menschen. Dabei hat er die Aufgabe zu planen, Abläufe der Planung und der Ausführung als einzelner oder in der Gruppe zu lenken und aufeinander abzustimmen. Der Architekt muss bei seiner Arbeit die Lebensbedürfnisse des einzelnen und die der Gesellschaft berücksichtigen. Die Lösung der ihm gestellten einzelnen Aufgaben ist deshalb stets als Teil einer größeren, der Gesellschaft dienenden Ordnung anzusehen."

Bei der Erfüllung des gesellschaftlichen Auftrags in einem ÖPP-Verfahren ist der Architekt an der Seite einer privaten Objektgesellschaft in der Regel wohl stärker eingeschränkt, als dies bei einer Direktbeauftragung durch einen öffentlichen Auftraggeber der Fall wäre. Das Vakuum muss durch eine entsprechende Interessenvertretung auf Seiten des öffentlichen Auftraggebers ausgeglichen werden.

Die Berufsaufgaben der Architekten sind demnach sehr komplex. Im Vergleich zu anderen Berufsgruppen setzen die Arbeitsergebnisse einen besonders hohen Abwägungs- und Koordinationsprozess voraus. Zahlen und Fakten, Kosten und Termine sind meist entscheidende Kriterien in diesen Entscheidungsprozessen. Hier sind es Architekten darüber hinaus gewohnt, auch „weiche" Kriterien der Qualität der Gestaltung mit einzubeziehen, was für den Bestand von

Immobilien letztendlich von nicht unerheblicher Bedeutung ist. Die Begleitung von ÖPP-Verfahren auf privater wie auf öffentlicher Seite erfordert aufgrund der Komplexität der Aufgabenstellung genau dieses Anforderungsprofil.

1. Öffentliche Auftragsvergaben

Bei öffentlichen Auftragsvergaben gemäß der VOF ist die Forderung eines Nachweises von nicht älter als drei Jahre alten Referenzprojekten einer annähernd identischen Gebäudetypologie beinahe zur Regel geworden. Die Chance, in einer bisher nicht bearbeiteten Gebäudetypologie Erfahrungen zu sammeln, wird den meisten Büros dadurch genommen. Von öffentlichen Vergabestellen ist daher eine hohe fachliche Kompetenz zu fordern, um den Rahmen für die Vergleichbarkeit von Referenzprojekten angemessen offen zu gestalten und den Ermessensspielraum der VOF fachgerecht zu nutzen. Gravierender an dieser Entwicklung ist jedoch, dass jüngeren Architekten Wege in die Selbständigkeit nur noch über bereits bestehende Bürostrukturen oder über einen privaten Auftraggeber verbleiben. Nachweise über einen geforderten Jahresmindestumsatz oder über Referenzprojekte in einer vergleichbaren Gebäudetypologie können von Neugründungen nicht erbracht werden. Innovative Ideen und besondere Kreativität, die bei jüngeren Architekten häufig erwartet werden, erhalten dadurch eine nur geringe Chance. In einer vergleichbaren Situation befinden sich kleinere Bürostrukturen, die kaum in der Lage sind, einerseits die Leistungsnachweise und Referenzen und andererseits den nach den Vergabeordnungen geforderten Aufwand für die Bewerbungsverfahren zu erbringen. Die Vergabeordnungen werden auf der europäischen Ebene vorgegeben, wo man von Bürogrößen nicht unter 50 Mitarbeitern ausgeht. In Deutschland wird dies für die Architekten voraussichtlich zu einer weiteren erheblichen Strukturveränderung führen. In mehr als 80% der Büros sind derzeit weniger als fünf Architekten beschäftigt.

Diese Fehlentwicklung, der in der Vergangenheit durch das Ausloben von offenen Wettbewerbsverfahren begegnet worden ist, wird durch ÖPP-Verfahren gemäß VOB/A noch verstärkt. Der Gestaltung des Vergabeverfahrens, bei dem zum Beispiel bei entsprechender Eignung junge Architekten und kleine Bürostrukturen berücksichtigt werden können, kommt deshalb eine große Bedeutung zu.

2. Doppelfunktion des Architekten: Berater und „Werkunternehmer“

Die Leistungen des Architekten unterliegen dem Werkvertragsrecht gemäß §§ 631ff. BGB. Der Architekt gilt vergleichbar einem Handwerker oder einem

Bauunternehmen als „Werkunternehmen“, das den Erfolg seiner Planung schuldet. Der Eintritt des geschuldeten Erfolges muss von der wirtschaftlichen Interessenslage ausgehend mit möglichst geringen Mitteln erfolgen. Gleichzeitig hat der Architekt in seiner konventionellen Rolle eine Beraterfunktion. Dies ist mit der zuvor genannten Rolle als Werkunternehmer nicht immer vereinbar. Durch ÖPP-Verfahren könnte sich ein positiver Effekt ergeben, die beiden Rollen etwas mehr voneinander zu trennen. Während die klassischen Werkunternehmerleistungen ihren Schwerpunkt beim privaten Partner haben liegt der Schwerpunkt der Beratungsleistungen beim öffentlichen Partner.

Die rechtliche Einstufung der Architektenleistungen als Werkleistung widerspricht ihrem Charakter als Dienstleistung. Der Architekt erhält seinen Auftrag in der Regel über einen Leistungs- und nicht über einen Preiswettbewerb. Um sich eine qualitätsvolle Planungsleistung nicht über Gebühr bezahlen zu lassen und um zugleich den gesellschaftlichen Auftrag zu erfüllen, wird der Architekt im Sinne des Verbraucherschutzes nach der Honorarordnung für Architekten und Ingenieure bezahlt. In die unternehmerische Initiierungsphase, in der Ausnutzung des Grundstücks, Genehmigungsfähigkeit und Finanzierbarkeit festgestellt werden, wird der Architekt mit so genannten Akquisitionsleistungen einbezogen. Der Umfang dieser Leistungen steht oft in keinem Verhältnis zu dem Risiko, dass das Projekt nicht in die Realisierung geführt wird. Zudem kann der Architekt die meist entscheidenden Risikofaktoren, die nichts mit seiner Planung zu tun haben, nicht beeinflussen. Dem Eingehen solcher Risiken muss nach unternehmerischen Überlegungen ein entsprechender Gewinn gegenüber stehen. Der Erfolg des Architekten stellt sich nach dieser risikoreichen Initiierungsphase jedoch nur durch den Abschluss eines Vertrages über Architektenleistungen ein, meist über Leistungen, die zur Feststellung der Realisierbarkeit längst erbracht worden sind. Unter wirtschaftlichen Gesichtspunkten wird der Architekt vor der Entscheidung zur Projektrealisierung demnach als Unternehmer gesehen und danach als Dienstleister. Der Architekt partizipiert unter den Rahmenbedingungen nur bedingt am wirtschaftlichen Erfolg einer Projektentwicklung, trägt aber durch den Umfang der von ihm zu erbringenden Entwicklungsleistung einen Großteil des wirtschaftlichen Risikos. Dadurch wird nicht nur in wirtschaftlich schwierigen Zeiten die Existenz von zahlreichen Architekturbüros aufs Spiel gesetzt.

Diese weitere Fehlentwicklung wird durch die Form, in der derzeit zahlreiche ÖPP-Verfahren praktiziert werden, in hohem Maße verstärkt, dem muss entgegengewirkt werden. Zuerst ist hier die Durchsetzung der Honorierung von notwendigerweise geforderten Planungsleistungen in der Angebotsphase zu nennen. Geregelt ist dies seit jeher in § 20 Abs. 2(1) VOB/A, jedoch wird es von den Vergabestellen nur selten oder nicht auskömmlich berücksichtigt. Gerügt werden kann dies nur von dem Bieterkonsortium, das in der Regel durch einen

Generalunternehmer geführt wird, der jedoch meist aus strategischen Überlegungen kein Interesse hat, dass die Vergabestelle gerügt wird. In so einem Fall ist der Honorierungsanspruch des Architekten gegenüber dem Generalunternehmer vor dem Hintergrund der zuvor beschriebenen Situation nur sehr schwierig durchzusetzen. Durch das Handeln der Vergabestellen fühlt sich der Generalunternehmer zu diesem Verhalten sogar aufgefordert. In Deutschland muss es wie in England selbstverständlich werden, dass die Investoren die in Bewerbungsverfahren abverlangten umfangreichen Planungsvorleistungen auskömmlich honorieren.

Die Rolle des Architekten als Berater seines Auftraggebers wird vielfach unterschätzt. Im Zusammenhang mit den Grundleistungen der Werkleistung ist in der Leistungsbeschreibung nach der HOAI vieles beschrieben. Es bedarf einer sorgfältigen Beachtung durch den Architekten, will er sich vor möglichen späteren Schadensersatzforderungen seines Auftraggebers schützen.

Der gute Entwurf und die gute Gestaltung werden vom Auftraggeber immer mehr als Selbstverständlichkeit gesehen. Erwartet wird vom Architekten im Planungs- und Bauprozess insbesondere seine Kompetenz in der Termin- und Kostensicherheit, in der Rechtssicherheit sowie in der Finanzierungssicherheit. Das Architekturbüro der Zukunft erfordert mehr unternehmerisches Denken und Handeln als bisher und es braucht ein Marketing- und Kommunikationskonzept. Von entscheidender Bedeutung wird die Managementkompetenz sein. Darüber hinaus ist die Fähigkeit zur Kooperation mit anderen Disziplinen gefragt.

3. Arbeitsgebiete außerhalb der Leistungsbeschreibung nach HOAI

Der Anteil der Leistungen, die außerhalb der Leistungsbeschreibung der HOAI liegen, ist in den Architekturbüros in den vergangenen Jahren auf durchschnittlich ca. 25% angestiegen. Bei kleineren Bürostrukturen liegt der Anteil durchschnittlich bei 30%. Insgesamt wird der Anteil weiter steigen. Die Kompetenz für das Projektmanagement macht den Architekten für den Auftraggeber zu einem attraktiven Berater. Verbunden mit seiner wirtschaftlichen und rechtlichen Kompetenz eröffnen sich zahlreiche Tätigkeitsfelder: u.a. Bedarfsplanung, Bauherrenberatung, Projektentwicklung, Projektsteuerung, Sachverständigentätigkeit oder Immobilienberatung.

Die Tätigkeitsfelder lassen sich auf die gesamten Lebenszyklusphasen eines Gebäudes erweitern. Dazu ist es wichtig, dass die Architekten ihr Bewusstsein als Generalisten schärfen und die gesamten Leistungsphasen in der Gebäudeplanung wie auch die dazugehörigen Besonderen Leistungen übernehmen. Bisher nimmt neben der Sachverständigentätigkeit die Projektentwicklung mit nahezu 25% den größten Stellenwert bei den alternativen Tätigkeiten ein (Hommerich/

Ebers 2006). Da über die Projektentwicklung die Architektenleistungen nach HOAI akquiriert werden können, ist es verständlich, dass sie den größten Anteil ausmacht. Der Anteil sollte aufgrund der hier liegenden Kernkompetenzen der Architekten auch noch steigen. In ÖPP-Verfahren kann hier ein neues Tätigkeitsfeld auf Architekten zukommen, sowohl auf der Seite des öffentlichen Partners als auch auf Seiten des privaten Partners.

4. Architekten als Generalplaner

Ein erweitertes Tätigkeitsfeld erhalten Architekten zudem über die Leistung als Generalplaner, der Leistungen aus dem Bereich der Projektsteuerung anbietet, was zu einem Leistungsbereich gehört, der zu den Kernkompetenzen eines Architekten zählt.

Das Auftragsverhältnis in ÖPP-Verfahren im Unterschied zur konventionellen Beauftragung

Der Architekt ist bei konventionellen Projektabläufen einer der ersten Ansprechpartner des Auftraggebers. Die weiteren an Planung und Bau Beteiligten kommen wesentlich später hinzu, meist erst zu dem Zeitpunkt wenn die Finanzierung des Vorhabens gesichert ist. Der Architekt versteht sich als Sachwalter des Bauherrn, der die Planung bis zur Ausführungsreife vorantreibt und die Bauunternehmen aufgrund einer Ausschreibung zur Beauftragung vorschlägt. Im weiteren Planungs- und Bauprozess bleibt der Architekt für den Bauherrn der Hauptansprechpartner. Er ist der Koordinator der an der Planung Beteiligten und führt den Planungsprozess in Abstimmung mit dem Bauunternehmen voran. Er ist der Vertreter der Interessen des Bauherrn und wird als Garant für die Qualität der Gesamtleistungen verstanden.

Vorteil für den Auftraggeber bei der Beauftragung eines Generalplaners ist, dass er nur noch mit einem Ansprechpartner kommuniziert. Der Generalplaner ist in ÖPP-Verfahren in einem noch größeren Umfang nachgefragt. Die Regel-Leistungsbilder des Generalplaners umfassen neben der Objektplanung für Gebäude und Freianlagen die Leistungen des raumbildenden Ausbaus, Tragwerksplanung, Fassadenplanung und -beratung, technische Ausrüstung, Wärmeschutz sowie vorbeugender Brandschutz. In der Regel wird ein Architekt diese Leistungen nur mit im Untervertrag gebundene Ingenieurbüros erbringen können. In Abhängigkeit zur Komplexität des Bauvorhabens kommen noch weitere zusätzliche Leistungsbilder und sonstige Leistungen hinzu. Außerhalb der Leistungsbeschreibung nach der HOAI bietet der Generalplaner umfangreiche besondere Leistungen an, wozu Tätigkeiten der Organisation, Beratung, Berichtswesen/

EDV-Dokumentation sowie Leistungen der Koordination und Steuerung gehören. Weitere Leistungen des Generalplaners sind das Vertragsmanagement, das Nachtragsmanagement sowie Projektentwicklung und Objektbetreuung.

Abb. 1: Auftragsverhältnisse von Architekten bei verschiedenen Vergabeformen.

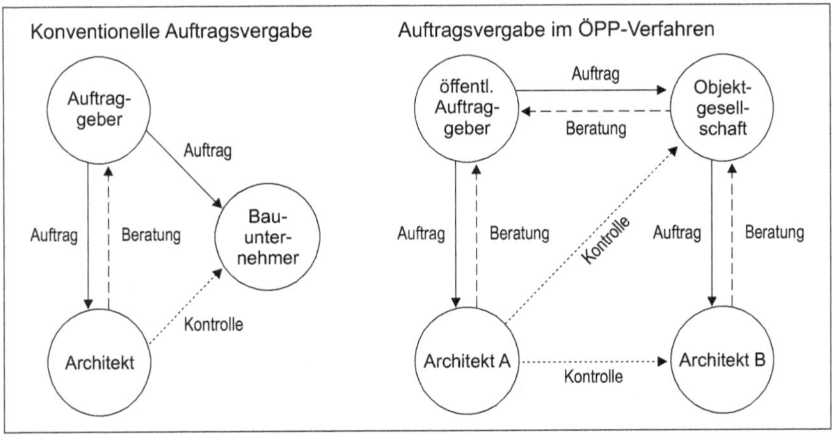

Eigene Darstellung

Das Auftragsverhältnis in ÖPP-Verfahren unterscheidet sich erheblich von der konventionellen Beauftragung. Die Interessenslage der Beteiligten ist eine andere. Auftraggeber für die klassischen Architektenleistungen gemäß HOAI ist der private Partner (Objektgesellschaft). Daraus folgt, dass der Architekt die Interessen des privaten Partners gegenüber dem öffentlichen Partner zu vertreten hat. Der öffentliche Partner ist deshalb auf die beratenden Leistungen eines Architekten angewiesen, der seine Interessen gegenüber dem privaten Partner vertritt. Die öffentliche Hand hat in den vergangenen Jahren immer mehr Personal abgebaut, zudem gibt es nicht immer kompetentes Personal. Die Komplexität von ÖPP-Verfahren und die langfristige Bindung der Öffentlichen Hand an einen privaten Partner machen es erforderlich, dass der öffentliche Partner über ausreichend Sachkunde und Kompetenzen verfügt, um das Verfahren qualifiziert zu begleiten. Hierbei kann er sich eigenen Personals bedienen oder externen Sachverstand einholen. Zur Erzielung eines optimalen Ergebnisses sollten von den Kommunen nicht nur die Finanzabteilungen und die juristischen Berater eingebunden, sondern umfangreiche städtebauliche, architektonische und konstruktive Qualifikationen hinzugezogen werden. Aufgrund des zunehmenden Abbaus der Bauverwaltung wird es zukünftig Aufgabe des Architekten sein, sachgerecht und umfassend den Planungsablauf zwischen den öffentlichen und den privaten Partnern zu moderieren. Dabei ist eine intensive Auseinandersetzung mit den Anforderungen des öffentlichen Partners und den Möglichkeiten des privaten Partners unerlässlich. Die Interessen beider Seiten können nur bei genauer Kenntnis der technischen, rechtlichen und wirtschaftlichen Zusammenhänge erfolgreich verwirklicht werden.

5. Gewährleistung der Beraterfunktion für den öffentlichen Auftraggeber

In ÖPP-Verfahren sind Architekten in Erfüllung ihrer vertraglichen Pflichten und Ausübung ihrer Treuhänderschaft bisher allein für den privaten Bieter tätig. Die unabhängige und umfassende Interessenwahrnehmung für den öffentlichen Partner verbietet sich allein schon aufgrund der klaren Zuordnung des Architekten zum Bieterkonsortium. Damit wird nicht nur rechtlich sondern auch faktisch die für den öffentlichen Auftraggeber bewährte treuhänderische Leistung des Architekten unmöglich. Aus diesem Grund ist es erforderlich, dass sich der öffentliche Auftraggeber diese umfangreiche Leistung unabhängig von dem beauftragten Bieterkonsortium zu Nutze macht, indem er selbst unabhängige architektonische Beratung hinzuzieht. Der auf Seiten des öffentlichen Partners stehende Architekt gleicht das Defizit aus, welches durch die fehlende Möglichkeit des im Bieterkonsortium tätigen Architekten entstanden ist.

Aus England, dem „Mutterland" von ÖPP-Verfahren, wird nach mehr als 15 Jahren Erfahrungen berichtet, dass die Ursache von schlechter Architektur und schlechter Nutzungsqualität von in ÖPP realisierten Gebäuden in der fehlenden Fachkompetenz auf Seiten des öffentlichen Partners liegt. Dies führte zu mangelhaften Leistungsbeschreibungen und somit nicht vergleichbaren Angeboten, zu niedrig angesetzte Kostenbudgets und vor allem die Unterbewertung der architektonischen Qualität zugunsten der Wirtschaftlichkeit. Weitere Gründe sind die Bewertung der Entwurfsqualität durch dafür nicht qualifizierte, zumeist unmittelbar in das Verfahren eingebundene Personen, wie z.B. Projektsteuerer, Juristen, die Dominanz der Investoren in Bieterkonsortien mit Unterbindung des unmittelbaren Kontakts Auslober/Architekt, der Kostendruck des Investors auf die Architektur nach Erhalt des Auftrags sowie die fehlende Qualitätskontrolle bei Fortschreibung des Entwurfs und der Ausführung (Rosenberger 2006). Es fehlt also an einer qualifizierten Verfahrensbegleitung auf Seiten des öffentlichen Auftraggebers durch einen Architekten.

Es wurde vom britischen Parlament die „Commission of Architecture and Built Environment" (CABE) gegründet, eine Organisation zur Beratung der Regierung in Fragen der architektonischen Qualität. Aufgabe ist die Evaluierung bislang geführter ÖPP-Projekte, die Entwicklung von Verfahren und verbindlichen Mindeststandards zur Sicherung von architektonischer Qualität und Entwicklung eines „Design Review Panels“, das Empfehlungen aussprechen kann, staatliche Förderung einzustellen, wenn die Qualität der Architektur nicht sichergestellt ist.

Inzwischen gehört in England für ÖPP-Verfahren zur Regel, dass die Öffentliche Hand zunächst einen Architekten als Berater und Verfahrensbegleiter beauftragt. Vom RIBA (Royal Institute of British Architects) wurde eine Liste von „Client-Design-Advisors“ eingerichtet, das sind für ÖPP besonders qualifizierte Architekten, die öffentliche Auftraggeber bei der Verfahrensdurchführung und der Leistungsbeschreibung bis zur Fertigstellung des Gebäudes zur Seite stehen, vergleichbar einer „Bauverwaltung auf Zeit“. Auch werden Verfahrensabläufe entwickelt, bei denen der Bewerberaufwand verringert, die architektonische Qualität gesichert und ein angemessenes Vergabeverfahren gewährleistet werden sollen (Rosenberger 2006).

6. Rolle des Architekten auf Seiten des Privaten Partners

Der Architekt als Auftragnehmer des Privaten Partners (in der Regel Objektgesellschaft) ist der zentrale Ansprechpartner für die Planung. Dies gilt sowohl für die Vermittlung der Planung innerhalb der Strukturen des Privaten Partners als auch bei der Vermittlung gegenüber dem öffentlichen Auftraggeber. Insbesondere für den Fall, wenn von Seiten der Leitung des Privaten Partners diese Leistung nicht übernommen wird, wird von den Architekten eine koordinierende bzw. projektsteuernde Tätigkeit erwartet. Dies ist ebenso der Fall, wenn das Architekturbüro die Rolle des Generalplaners einnimmt. Die Qualifikation des Architekten als Projektsteuerer wird daher zunehmend wichtig sein.

Das Aufgabenfeld des Architekten auf Seiten des privaten Partners unterscheidet sich nicht wesentlich von dem einer konventionellen Auftragsvergabe. Auch in ÖPP-Verfahren geht es darum, die für die individuelle Bauaufgabe bestmögliche planerische Lösung im Interesse von Nutzer und Bauherrn zu entwickeln. Der Architekt sollte dabei umfassende Kenntnis von den besonderen vertraglichen, vergaberechtlichen und wirtschaftlichen Rahmenbedingungen eines ÖPP-Projekts haben, um seine Leistung qualifiziert erbringen zu können.

Die Rolle des Architekten ist in der ÖPP zwar nicht mehr diejenige des „Treuhänders“ gegenüber dem initiierenden Bauherrn, dafür aber die des Integrators der vielen Beteiligten. Die Planenden befinden sich bei ÖPP-Projekten in einem neuen Umfeld; Investor und Betreiber sind von Beginn an am gleichen Tisch. Der Architekt muss sich selbst stärker mit anderen Fachgebieten vernetzen. Er hat insbesondere dafür zu sorgen, dass die Leitidee des Projekts von den anderen Beteiligten bis zuletzt nicht vergessen wird. Das Anforderungsprofil für den Architekten geht stärker in Richtung Kommunikator, Vernetzer, Aufklärer und Sensibilisierer. Entsprechend sind Sozialkompetenzen und Netzwerkarbeit von ihm gefragt. Um die Wirtschaftlichkeit des Projekts für den Privaten Partner zu erreichen, kommt dem Architekten eine besondere Rolle zu; er übernimmt Verantwortung bei der Einhaltung des Budgets. Er ist der zentrale Berater seines Auftraggebers und führt den Abwägungsprozess mit allen Beteiligten über den Einsatz der Mittel.

Die neue Rolle des Architekten im Abhängigkeitsverhältnis zu einem Generalunternehmen kann zu Konflikten führen, wenn gleichzeitig die klassische Rolle als Treuhänder des Bauherrn in konventionellen Projekten ausgeübt wird. Nicht selten werden auch ÖPP-Projekte vom Architekten initiiert und eine Bewerbergemeinschaft zusammengestellt. Seine Kompetenzen in der Koordination und Projektsteuerung kommen in der Bewerbungsphase besonders zum tragen.

In der folgenden Übersicht werden die Tätigkeitsfelder von Architekten in den sieben Phasen des Lebenszyklus eines Gebäudes auf der Seite des Öffentlichen Partners und auf der Seite des Privaten Partners dargestellt (vgl. Übersicht 1).

7. Förderung der Qualifikation der Architekten durch Fortbildung

Die Bundesarchitektenkammer (BAK) hat 2005 in Begleitung der Task Force des Bundesministeriums für Verkehr, Bau und Stadtentwicklung eine Expertengruppe ins Leben gerufen, über die die Rolle des Architekten in dem veränderten Planungs- und Realisierungsprozess aktiv mitgestaltet werden soll. Ziel ist, angestammte Tätigkeitsfelder nicht zu verlassen, ohne zugleich neue zu erschließen und die Ergebnisse in den Diskussionsprozess mit den weiteren Beteiligten an ÖPP-Projekten einzubringen.

Um die Rolle des Architekten in ÖPP-Projekten sowohl auf Seiten des Privaten als auch auf Seiten des Öffentlichen Partners umfassend und kompetent wahrnehmen zu können, kommt der beruflichen Fortbildung eine wesentliche Bedeutung zu. Die Architekten- und Stadtplanerkammer Hessen hat die Initiative der ÖPP-Expertengruppe der Bundesarchitektenkammer (BAK) aufgenommen und Ende 2007 einen Fortbildungslehrgang unter der Leitung von Univ.-Professor Dr.-Ing. Peter Racky, Universität Kassel, erfolgreich abgeschlossen. In einem Zertifikatslehrgang mit abschließender Klausur wurden Architekten die Grundlagen von ÖPP-Kompetenzen vermittelt. Ausbildungsinhalte sind neben dem Ablauf des ÖPP-Beschaffungsprozesses der ÖPP-Eignungstest, die Wirtschaftlichkeitsuntersuchungen für ÖPP-Projekte, die Finanzierungsmodelle, die steuerlichen Aspekte, die rechtlichen Aspekte, das Vergabe- und Vertragsrecht, die Nutzungskosten sowie das Facility Management. Ergänzt wurde der Lehrgang mit Projektexkursionen.

Übersicht 1: Tätigkeitsfelder von Architekten im Lebenszyklus eines Gebäudes bei ÖPP-Verfahren

Leistungen von Architekt A Treuhänder des Öffentlichen Partners	**in Zusammenarbeit mit**	**Leistungen von Architekt B** Treuhänder des Privaten Partners (Objektgesellschaft)	**in Zusammenarbeit mit**

0 – Bedarfsfeststellung u. Maßnahmenidentifizierung

Projektleitung/Koordination	öffentl. Partner		
Feststellung Bedarf – Erstellung Raum- und Funktions-programm	Nutzer		
– Nachweis Maßnahmenwirtschaft-lichkeit	Berater		
– Nachweis finanzielle Realisierbarkeit	Berater		
Definition der Ziele – Zusammenstellen der Projektziele und Beratung zum Projektablauf	Berater		
Grundsätzliche Identifizierung und Grobselektion potentieller Realisierungskonzepte – Standortuntersuchungen – Projektentwicklung – Machbarkeitsuntersuchungen etc.	Nutzer Berater		
– ÖPP-Eignungstest –	Berater		

1 – Projektvorbereitung und Eignungsüberprüfung

Projektleitung/Koordination	öffentl. Partner		
Aufsetzen Projektorganisation			
vorläufige Leistungsbeschreibung – Abstimmen der Quantitäten und Qualitäten – Aufstellen des Kostenrahmens für Planung, Bau und Betrieb	Nutzer		
Identifizieren monetär bewertbarer Projektrisiken	Berater		

2 – Vorbereitung, Konzeption und Wirtschaftlichkeitsuntersuchung

Projektleitung/Koordination	öffentl. Partner		
Entwickeln möglicher konventioneller Realisierungskonzepte			
Vergleich möglicher konventioneller Realisierungskonzepte			
Ermittlung konventioneller Beschaffungsvariante			
Entwicklung möglicher ÖPP-Realisierungskonzepte	Berater		
Vergleich möglicher ÖPP-Realisierungskonzepte	Berater		
Ermittlung ÖPP-Beschaffungsvariante	Berater		
Beschaffungsvariantenvergleich	Berater		
bevorzugte Beschaffungsvariante	Berater		
Veranschlagung im Haushalt	öffentlicher Auftraggeber		

Übersicht 1: (Fortsetzung)

3 – Ausschreibung und Vergabe

Projektleitung/ Koordination	Öffentlicher Partner	**Koordination der Bewerbung Teilnahmewettbewerb und der Angebotserarbeitung**	Privater Partner (Objekt-gesellschaft)
Wahl der Verfahrensart – Feststellen der Ausschreibungspflicht – Beratung des öffentl. Auftraggebers zum Verfahren und zur Reihenfolge der Verfahren (ggf. vorgeschalteter oder integrierter Architektenwettbewerb u.a.)	Jurist		
Erstellung Vergabeunterlagen – Erstellen Leistungsphase 1 gem. § 15 HOAI – Erstellen Leistungsbeschreibung für Entwurf und Planung – Erstellen Leistungsphase 6 gem. §15 HOAI als funktionale Leistungsbeschreibung für schlüsselfertige Herstellung Gebäude und Freianlagen – Mitwirken beim Vertragsentwurf	Nutzer, Jurist, Landschaftsarchitekt, Ingenieur für TGA, Facility Manager		
Vorbereitung und Durchführung Teilnahmewettbewerb – Definieren der Eignung und Leistungsfähigkeit für die Beteiligten der Objektgesellschaft – Erstellen Bekanntmachungstext	Jurist, Berater		
		Nachweis der Leistungsfähigkeit für die Planung	Bewerbergemeinschaft
Auswerten des Teilnahmewettbewerbs Vorbereitung und Durchführung des Verhandlungsverfahrens – Aufforderung zur Angebotsabgabe – Beantwortung von Rückfragen	Jurist, Berater		
		Bearbeitung des Angebotes – i.d.R. Erstellen Planung Lph. 2 und Teilleistungen Lph. 5 gem.§ 15 HOAI sowie Besondere Leistungen – Abstimmen der Planung	Fachingenieure, Generalunternehmer (GU), Facility Management (FM)
Vorbereitung und Durchführung des Verhandlungsverfahrens – Gegenüberstellung/Vorprüfung der Angebote hinsichtlich der Leistungen für Planung und schlüsselfertige Herstellung Bau – Feststellen des Überarbeitungsbedarfs für die Angebote in Zusammenarbeit mit Sachverständigen – Unterstützung bei der Leitung der Verhandlungsgespräche – Aufforderung der Bieter zur Überarbeitung	Nutzer, Jurist, TGA-Ingenieur, Landschaftsarchitekt, FM, Sachverständige		

Übersicht 1: (Fortsetzung)

		Überarbeitung der Planung – Teilnahme an den Verhandlungsgesprächen – Abstimmen der Planung	Fachingenieure, GU FM
Vorbereitung und Durchführung des Verhandlungsverfahrens – Gegenüberstellung/Vorprüfung der Überarbeitung der Angebote hinsichtlich der Leistungen für Planung und schlüsselfertige Herstellung Bau – Bewertung der Angebote in Zusammenarbeit mit Sachverständigen – Erarbeiten des Vergabevorschlags – Mitwirken bei der Vertragsgestaltung – Erarbeiten der Vergabedokumentation **Parallele Weiterentwicklung konventionelle Beschaffungsvariante und konventioneller Abgleich mit PPP-Angeboten** – Zusammenstellen und Bewerten monetärer und nicht monetärer Kriterien sowie Sicherstellen der Vergleichbarkeit der Varianten	Nutzer, Jurist, Ingenieur für TGA, Landschaftsarchitekt, FM, Sachverständige		
PPP-Wirtschaftlichkeitsnachweis – Zuschlag –	Berater		

4 – Planen und Bauen, Vertragscontrolling

Projektleitung/ Koordination	Öffentlicher Partner	**Koordination der Planung**	Privater Partner (Objektgesellschaft)
		Erarbeiten Entwurfsplanung – Überarbeitung Leistungsphase 2 – Abstimmung mit öffentl. und privaten Partner	Fachingenieure, GU, FM
Abgleich der Planung mit der beauftragten Leistung – Mitwirkung bei Freigabe der Planung Leistungsphase 2	Ingenieur für TGA		
		Erarbeiten Entwurfsplanung – Leistungsphase 3 – Abstimmung mit öffentl. und privaten Partner	Fachingenieure GU, FM
Abgleich der Planung mit der beauftragten Leistung – Mitwirkung bei Freigabe der Planung Leistungsphase 3	Ingenieur für TGA		
		Erarbeiten Genehmigungsplanung – Leistungsphase 4 – Abstimmung mit öffentl. und privaten Partner	Privater Partner, Fachingenieure GU, FM

Übersicht 1: (Fortsetzung)

Abgleich der Planung mit der beauftragten Leistung – Mitwirkung bei Freigabe der Planung Leistungsphase 4	Ingenieur für TGA		
		Einreichen Genehmigungsplanung	Privater Partner Fachingenieure
		Erarbeiten Ausführungsplanung – Leistungsphase 5 – Abstimmung mit öffentl. und privaten Partner	Fachingenieure
Abgleich der Planung mit der beauftragten Leistung – Mitwirkung bei Freigabe der Planung Leistungsphase 5	Ingenieur für TGA		
		Erarbeiten der Leistungsbeschreibung, Leistungsverzeichnisse	Fachingenieure
Abgleich der Bauleistung mit der beauftragten Leistung – regelmäßige Baustellenbegehungen, Dokumentationen – Mitwirken bei der Freigabe von Bemusterungen – Terminkontrolle – ggf. Rechnungsprüfung – ggf. Mitwirken beim Abrufen von Fördermitteln; Bearbeiten des Fördermittelnachweises	Ingenieur für TGA	**Objektüberwachung** – Leistungsphase 8	Fachingenieure
Mitwirken bei der Bauabnahme – gemeinsame Abnahmebegehung und Mängelfeststellung – Überprüfung der Mängelbeseitigung	Ingenieur für TGA	**Mitwirken bei der Bauabnahme** – gemeinsame Abnahmebegehung und Mängelfeststellung – Überprüfung der Mängelbeseitigung	Fachingenieure
Mitwirken bei der Übergabe, Inbetriebnahme	Ingenieur für TGA	**Mitwirken bei der Übergabe, Inbetriebnahme**	Fachingenieure
		5 – Betreiben, Bewirtschaften	
Abgleich des Facility Managements mit der beauftragten Leistung	Öffentlicher Partner	**Koordination des Facility Managements**	Privater Partner (Objektgesellschaft)
		6 – Verwerten (nach Ablauf des Vertrages)	
– in Abhängigkeit von der Vertragskonstellation-:		– in Abhängigkeit von der Vertragskonstellation-:	
Projekentwicklung Machbarkeitsuntersuchungen etc.	Öffentlicher Partner	**Projektentwicklung Machbarkeitsuntersuchungen etc.**	Privater Partner (Objektgesellschaft)

Eigene Darstellung

Von Seiten der Bundesarchitektenkammer wird bei den Länderkammern die Einrichtung von Listen mit besonders qualifizierten Architekten vorgeschlagen, die öffentlichen Auftraggeber bei der Verfahrensdurchführung und der Leistungsbeschreibung bis zur Fertigstellung eines ÖPP-Bauvorhabens zur Seite stehen. Ein entsprechendes erfolgreiches Fortbildungszertifikat ist eine der Voraussetzungen, um in der Liste geführt zu werden. Weitere Voraussetzungen sollen der Nachweis entsprechender Referenzen und der Nachweis einer Zusammenarbeit im Netzwerk mit Fachingenieuren, Juristen, Finanz- und Steuerexperten sowie Facility Managern sein.

Eine Anforderung an die Architektur-Ausbildung der Universitäten und der Fachhochschulen ist die Stärkung der Ausbildungsinhalte Baumanagement, Kommunikation und Projektsteuerung. Neben dem Entwerfen sollten diese Ausbildungsinhalte den gleichen Stellenwert und die gleiche Wertschätzung im Berufsbild eines Architekten erlangen. Die enge Zusammenarbeit mit anderen Disziplinen muss zur Selbstverständlichkeit werden und zur Kernkompetenz eines Architekten ausgebaut werden.

Literatur

Grabow, Busso/Reidenbach, Michael/Rottmann, Manuela/Seidel-Schulze, Antje 2005: Public Private Partnership Projekte. Eine aktuelle Bestandsaufnahme in Bund, Ländern und Kommunen. Berlin

Grönebaum, Stefan 2007: Ernüchterung über Öffentlich-Private Partnerschaften. In: Demo, Die Monatszeitschrift für Kommunalpolitik, 08.10.2007. Vorwärts-Verlagsgesellschaft, Berlin

Hommerich, Christoph/Ebers, Thomas 2006: Analyse der Kosten- und Ertragssituation in Architekturbüros, im Auftrag der Bundesarchitektenkammer e.V. Berlin

Rosenberger, Eckart 2006: Public Private Partnership – learning from Great Britain? In: Deutsches Architektenblatt, Ausgabe Oktober 38 (2006), Nr. 12, S. 4–7

Ausbildung und Fortbildung für die Bewältigung von Schnittstellen im Prozess des Planens und Bauens

Das Beispiel Architektur

Beate Ginzel, Johannes Ringel

Die Sprache des Architekten ist die Zeichnung. Diese Sprache hat sich in den letzten zwanzig Jahren durch die Entwicklung von digitalen Planungswerkzeugen verändert. Damit einher ging eine Revolution der Architektur. Architektursprache wird nicht mehr nur bestimmt von der Vorstellungs- und Darstellungskraft des Planers, sondern von den Möglichkeiten der Softwareprogramme und der Leistungsfähigkeit der Hardware. All das, was mit der verfügbaren Soft- und Hardware darstell- und berechenbar ist, kann auch geplant und gebaut werden. Doch nicht nur der Ausdruck von Bauwerken hat sich verändert, sondern auch ihre Konstruktion, ihre Ausstattung, ihr Entstehungsprozess und die ökonomischen sowie zeitlichen Rahmenbedingungen.

Bei früheren Bauplanungen bauten die einzelnen Phasen sequenziell aufeinander auf. Es gab einen Vorschlag vom Architekten, dieser wurde vom Bauingenieur weiterentwickelt und mit Informationen angereichert. Der Haustechniker plante auf Basis dieser Informationen das Konzept zur Technischen Gebäudeausrüstung (TGA) und zu einem späteren Zeitpunkt auf der Baustelle konnte es sein, dass per Hand – z.B. vom Polier – noch Änderungen in den Planunterlagen durchgeführt wurden. Dieser Plan war eine ganz einfache Botschaft, die für alle am Bau Beteiligten verständlich war und jeden in die Lage versetzte, daran weiter zu arbeiten. Die sequenzielle Arbeitsweise und die einfache Plansprache waren verbunden mit funktionierenden Schnittstellen.

Der zunehmende Zeit- und Kostendruck haben zu weitgehend simultanen Planungsprozessen geführt. Die nahezu parallel ablaufenden Arbeitsphasen der Architekten, Tragwerksplaner und TGA-Ingenieure wurden erst durch den Einsatz der entsprechenden digitalen Werkzeuge möglich. Diese Simultanität hat den Planungszeitraum stark verkürzt. Gleichzeitig sind die Anforderungen an die Integration aller am Bau Beteiligten und den Kommunikationsbedarf zwischen ihnen; als Grundlage für funktionierende Schnittstellen; gestiegen.

1. Aktuelle Herausforderungen für die Branche

Daraus ergeben sich die aktuellen Herausforderungen. Einerseits für die am Bau Beteiligten, die als Planer und Bauunternehmer die Potenziale der digitalen Planung in der Praxis noch nicht ausschöpfen. Denn der Schritt von der digitalen zweidimensionalen Planung hin zum Einsatz von digitalen Gebäudemodellen wurde noch nicht konsequent vollzogen. Andererseits für die Bauherren, die die gestiegenen Investitionen – die eine konsequent digitale Planung erfordern – nicht ausreichend honorieren. Aber auch für die Entwickler der digitalen Planungsinstrumente, die gefordert sind, die technischen Schnittstellen zwischen den Softwarelösungen der einzelnen Planungsdisziplinen zu verbessern und so die Kommunikation und Integration aller Beteiligten zu erleichtern.

Darüber hinaus beeinflussen äußere Faktoren die Bauplanungsprozesse. Die Globalisierung z.B. führt auch in der Baubranche zu räumlich weit verzweigten Teamstrukturen. Diese Distanzen müssen im Planungsablauf überwunden werden.

Um im Entwurf und bei der Konstruktion der Gebäude kompetent auch auf die Folgen des Klimawandels und die steigenden Energiepreise reagieren zu können, haben sich neue Kompetenzfelder herausgebildet. Neue Experten müssen in die Planungspraxis eingebunden werden.

Für jede am Planungsprozess beteiligte Fachdisziplin gibt es bereits spezifische Softwarelösungen, die – konsequent eingesetzt – die jeweiligen Arbeitsprozesse optimal unterstützen können. Architekten, Tragwerksplaner, TGA-Ingenieure und Bauunternehmer arbeiten mit den für sie angebotenen Teilinnovationen, die Potenziale die die Softwareprodukte bieten, werden jedoch nicht ausgeschöpft.

Im Folgenden sollen zunächst typische, heute schon genutzte Anwendungsfelder von digitalen Gebäudemodellen verdeutlicht werden.

2. Potenziale und nicht genutzte Chancen von digitalen Gebäudemodellen

Die Mehrzahl der Architekten nutzt heute dreidimensionale Gebäudemodelle in einer sehr frühen Phase zur Akquisition bei Bauherren oder Wettbewerbsverfahren.

Mit einer Visualisierung, wie z.B. das Meilenwerk in Düsseldorf (siehe Abb. 1) lassen sich nicht nur Bauherren begeistern. Bei der Integration von Neubauten in den Gebäudebestand können anhand solch konkreter Darstellungen auch Fragen des Denkmalschutzes geklärt werden.

3D-Visualisierungen erreichen heutzutage einen sehr hohen Realitätsgrad. Das dreidimensionale Modell, das einer Visualisierung zugrunde liegt, hat allerdings bei einem Großteil der Projekte nach Abschluss der Akquisition ausgedient und wird nicht mehr weiterverwendet.

Abb. 1: Visualisierung des Meilenwerks in Düsseldorf

Quelle: RKW Architektur + Städtebau

Nicht nur auf Gebäudeebene, sondern auch im städtischen Kontext werden dreidimensionale Visualisierungen und Animationen dafür eingesetzt, den Bauherren und die Kommunalvertreter zu begeistern oder verschiedene Entwurfsvarianten in der Entscheidungsfindung bezüglich ihrer städtischen Einbindung und räumlichen Aussage, wie z.B. bei innerstädtischen Handelsimmobilien (Abb. 2), gegeneinander abzuwägen und zu diskutieren. Gleichzeitig nutzen Investoren visualisierte Bauvisionen zum Verkauf von Gewerbeflächen und Wohnimmobilien noch bevor der erste Spatenstich erfolgt ist. Aber auch hier endet der dreidimensionale Planungsprozess mit Abschluss der Entwurfs- und Antragsphase.

Bei der Bearbeitung von Spezialimmobilien, wie z.B. bei der Planung des ISS Domes in Düsseldorf, siehe Abbildung 3, können dreidimensionale Gebäudemodelle über die reine Visualisierung hinaus für die Überprüfung von Sichtlinien und Entfluchtungs- oder Beleuchtungskonzepten genutzt werden.

Auch die Abstimmung komplexer Tragwerksstrukturen wird zwischen den am Bau Beteiligten durch dreidimensionale Darstellungen – z.B. von Knotenpunkten – vereinfacht.

Die Integration von 3D-Daten aller Fachplaner ist erforderlich, wenn Fehler mittels Kollisionsbetrachtungen identifiziert werden sollen. Diese Methode der Überprüfung kommt ursprünglich aus der Fabrikplanung. Mittels 3D-Daten

Abb. 2: Visualisierung Frankfurt a.M. Zeil

Quelle: RKW Architektur + Städtebau

Abb. 3: Visualisierung ISS-Dome

Quelle: RKW Architektur + Städtebau

werden Kollisionspunkte zwischen den dynamischen Produktionsanlagen und der statischen Baukonstruktion ermittelt. Dadurch können typische Fehlerquellen vermieden werden, die bei einer sequenziellen Bearbeitungsweise oft gar nicht bzw. erst zu einem späteren Zeitpunkt, wenn die Flexibilität durch den fortgeschrittenen Planungsstand bereits stark eingeschränkt ist, entdeckt werden. Grundvoraussetzung für Kollisionsbetrachtungen ist eine von Anfang an konsequent umgesetzte Datenstruktur in 3D-Modellen.

Bauablaufsimulation, Mengenermittlung in der Ausschreibungs- und Angebotskontrolle, Baustandskontrolle und die Überwachung von Materialflüssen sind vor allem für große und komplexe Bauwerke interessant. Hierfür reicht eine reine dreidimensionale Darstellung mittels Volumenkörpern nicht mehr aus. Dafür sind dynamische Bauwerksmodelle mit intelligenten Bauteilen, denen Datenbanken mit relevanten Informationen über Dimension, Materialgüte, energetische Eigenschaften etc. hinterlegt sind, erforderlich. Der konsequente Einsatz solcher Gebäudemodelle bis in die Realisierungsphase hinein ist immer noch die Ausnahme.

Der Blick in die Zukunft als ein Instrument der Planung, wie z.B. bei einer Bauablaufssimulation, wird auch bei der Konzeption von Strategien in der Stadtentwicklung angewandt. Auf städtischer Ebene werden dreidimensionale Modelle u.a. zur Visualisierung von Stadtentwicklungsprozessen, z.B. bei der Entwicklung und Dokumentation von Szenarien angewandt. Im Forschungsprojekt „Stadtquartiere im Umbruch", welches das Institut für Stadtentwicklung und Bauwirtschaft (ISB) bearbeitete, wurden Animationen von dreidimensionalen Quartiersmodellen mit realen Filmsequenzen verknüpft. Die entstandenen Filme für verschiedene Stadtquartierstypen beschreiben die Risiken und die Potenziale der Quartiersentwicklung in Form von Szenarien. Sie werden in der Lehre, in Abstimmungsprozessen mit Kommunen und Infrastrukturunternehmen sowie zur Information der Bevölkerung eingesetzt (siehe auch www.uni-leipzig.de/isb/squ).

Die hier beschriebenen Anwendungsfelder stehen am ISB im Fokus verschiedener Forschungsprojekte. Zielstellung der Forschung ist die Untersuchung und Optimierung von Planungsprozessen und Bauabläufen mit Hilfe von innovativen digitalen Planungswerkzeugen und der Virtual-Reality-Technologie.

Denn betrachtet man die gegenwärtige Planungspraxis ist erkennbar, dass die Möglichkeiten, die gängige Softwarelösungen zur effektiven Planung, Kalkulation, Ausschreibung und Bauablaufplanung bieten, von den Planern und Bauunternehmen selten umfassend ausgeschöpft werden. Ziel der Arbeit am Forschungsbereich „Prozessmanagement und Virtuelle Planung" am ISB ist es deshalb, im Rahmen von praxisorientierten Projekten rationelle und für die Forschungspartner aus der Bauwirtschaft leicht umsetzbare Planungsprozesse zu entwickeln.

Abb. 4: Sequenz aus den Filmen des Forschungsprojektes SQU

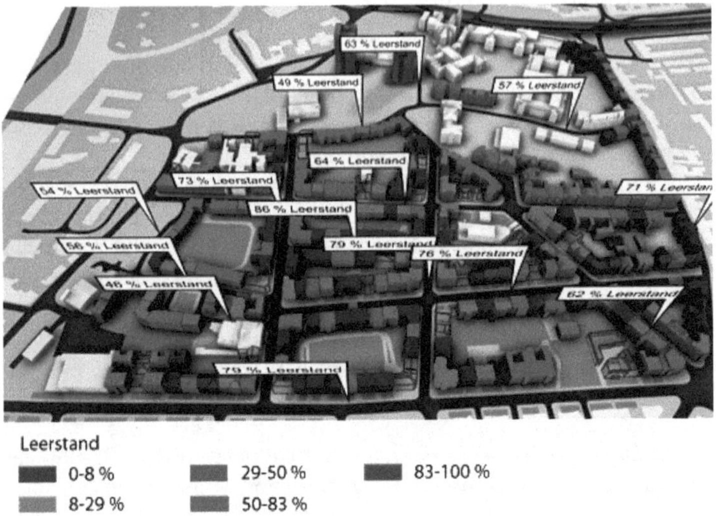

Quelle: Eigenes Material

3. Hemmnisse und Entwicklungsfaktoren für die digitale Planung

Hemmnisse für den flächendeckenden Einsatz von intelligenten, dreidimensionalen Gebäudemodellen sind noch immer:

- der hohe Arbeitsaufwand in den frühen Planungsphasen, der sich erst später während der Ausschreibung z.B. bei der Ermittlung von Baumassen oder der Realisierung durch die Vermeidung von Planungsfehlern rentiert,
- die mangelnde Honorierung des zusätzlichen Modellierungsaufwandes von Seiten der Bauherren,
- die geringe Akzeptanz digitaler Planungsinstrumente, vor allem in der älteren Planergeneration,
- aber auch noch nicht optimierte, von allen Planungsbeteiligten konsequent umsetzbare Planungsprozesse und
- ein nicht fehlerfrei funktionierender Datenaustausch zwischen den Softwareprogrammen.

Noch immer gibt es kein Planungskonzept, das Antworten darauf geben kann, welcher Detaillierungsgrad in den einzelnen Planungsphasen wirtschaftlich ist oder die Wahl des richtigen Mittels im Planungsprozess ermöglicht. Noch immer scheinen sich Verfechter der digitalen, dreidimensionalen Gebäudeplanung und deren Skeptiker antipodisch gegenüber zu stehen. Aber weder „Technischer Narzissmus“ (Lipczinsky 2007) noch Fortschrittsskeptizismus sind für die Optimierung von Planungsprozessen förderlich.

Globalisierungsprozesse, der Klimawandel und der technische Fortschritt erfordern mehr und mehr den Einsatz intelligenter, dreidimensionaler Modelle von Beginn der Planung entlang des gesamten Lebenszyklus von Gebäuden. Eine, für alle an der Planung und Umsetzung von Gebäuden Beteiligten, optimierte Wertschöpfungskette kann es nur geben, wenn alle gemeinsam an der Entwicklung praxistauglicher Planungsprozesse mit innovativen Instrumenten mitarbeiten und gleichzeitig ein interdisziplinärer Wissenstransfer stattfindet.

4. Neue Aufgabenfelder und Handwerkszeuge für Planer

Neben interdisziplinären Planungs- und Kommunikationsprozessen bedarf es auch einer Neuausrichtung der traditionellen Rolle des Architekten. Ihnen kann in der weiteren Entwicklung als Koordinator der Bau- und Bauprozessdaten eine Schlüsselrolle zuteilwerden (Donath/Spiekermann 2007). Es eröffnen sich neue Kompetenzfelder, die mit der entsprechenden Aus- und Weiterbildung von Architekten besetzt werden können.

Auf allen Ebenen setzen sich interdisziplinäre, integrierte Entwicklungs- und Planungsprozesse durch. Ob es die deutschen Kommunen sind, die in Zusammenarbeit aller Fachabteilungen und der Bevölkerung mit der Abstimmung von integrierten Stadtentwicklungskonzepten (siehe Abb. 5) auf die zurückgehenden Bevölkerungszahlen in Städten reagieren.

Oder Bauunternehmen und Planungsbüros, die gemeinsam an der Entwicklung von integrierten Projektabläufen arbeiten. In verschiedenen Anwendergruppen und Allianzen wird mittels Pilotprojekten z.B. die Erstellung von ganzheitlichen, virtuellen Gebäudemodellen getestet, um die Zusammenarbeit und die Koordinierung der Fachplaner im Datenerstellungsprozess sowie die Schnittstellen zwischen den verschiedenen Softwarelösungen für einen verlustfreien Datenaustausch zu verbessern. Die Industrieallianz für Interoperabilität (IAI) z.B. hat sich zum Ziel gesetzt, den modellbasierten Ansatz für die Optimierung der Planungs-, Ausführungs-, und Bewirtschaftungsprozesse im Bauwesen im Rahmen der Initiative buildingSMART zu etablieren und dabei die Industry Foundation Classes (IFC) als den offenen Standard für Gebäudemodelle durchzusetzen (http://www.buildingsmart.de/).

Im Rahmen der Industrieallianz arbeiten Bauunternehmen, Planungsbüros und Softwareentwickler in Dänemark, Deutschland, Finnland, Norwegen, Singa-

Abb. 5: Prinzip der integrierten Stadtentwicklung

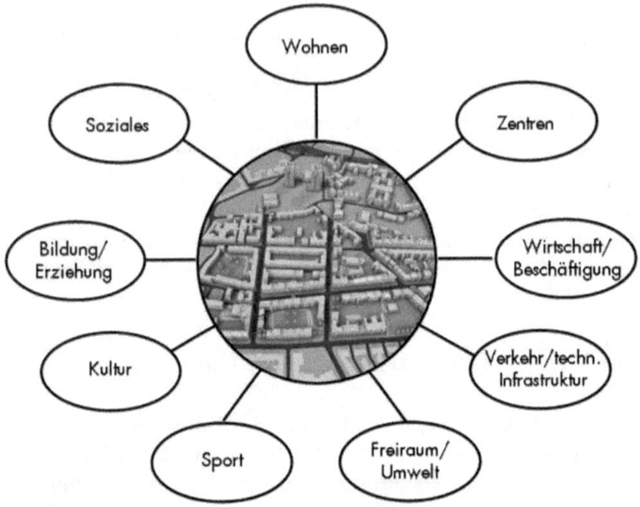

Quelle: RKW Architektur + Städtebau, eigenes Material

Abb. 6: Anwendungsfelder von integrierten, digitalen Gebäudemodellen

Quelle: RKW Architektur + Städtebau, eigenes Material

pur sowie USA an der Entwicklung von so genannten Building Information Modells (BIM) und der Verbesserung des Datenaustausch mit Hilfe des IFC-Standards.

Bei einem Building Information Modell sind den einzelnen Bauteilen Datenbanken hinterlegt, die eine Nutzung des Modells für alle Fachplaner über den gesamten Lebenszyklus hinweg erlauben. Im Unterschied zur bisherigen Arbeitsweise mit digitalen Planungsinstrumenten – Erstellung digitaler 2D-Pläne, 3D-Modelle nur in der Akquisition – ist zu Beginn der Planung ein höherer Aufwand für die Modellierung und die Pflege des Bauwerksmodells erforderlich. Von diesem Mehraufwand sind also maßgeblich Architekten betroffen, die in der Entwurfsphase die Datengrundlage für die anderen Fachplaner in den späteren Leistungsphasen legen. Datenstruktur, Softwareanforderungen und der Datenaustausch sollten also von Beginn an definiert sein. Der Bauherr, Betreiber und/ oder spätere Eigentümer einer Immobilie profitiert von dem anfänglichen Mehraufwand durch erhöhte Planungsqualität und erweiterte Einsatzmöglichkeiten bei der Mengenermittlung, Berechnung der Energiebilanz, Nutzung der Daten für das Facility Management etc.

Damit sich diese integrierte Planungsmethode mit Hilfe von BIM durchsetzen kann, muss sie für alle an der Planung und dem Bau Beteiligten wirtschaftliche Vorteile bieten. Dafür muss der Mehraufwand auch durch die HOAI berücksichtigt werden (Liebich/Weise 2007). Im Zuge dieser veränderten Arbeitsprozesse und der Ausweitung der Akteurskonstellationen und Teamstrukturen ergibt sich ein neuer Koordinierungs- und Steuerungsbedarf bei der Abwicklung von Bauprojekten, der insbesondere von den Architekten übernommen werden muss, da diese mit der Entwurfsplanung am Anfang der Prozesskette stehen. Dieser neuen Schlüsselrolle können sie allerdings nur gerecht werden, wenn sie gut ausgebildet und pro aktiv den neuen Herausforderungen gegenübertreten.

Aber auch auf städtischer Ebene werden Generalisten gebraucht, die die integrativen Prozesse in der Stadtentwicklungsplanung steuern und die Vielzahl an Akteuren koordinieren können.

Aus diesen neuen Aufgabenfeldern leiten sich ebenso neue Anforderungen für eine interdisziplinäre und praxisorientierte Aus- und Weiterbildung für Architekten und Ingenieure ab.

5. Interdisziplinäre Bildungskonzepte in der Lehre

5.1 Das Dortmunder Modell

Seit vielen Jahren werden an der Fakultät Bauwesen der TU Dortmund Ingenieure und Architekten im „Dortmunder Modell Bauwesen“ gemeinsam ausgebildet. Zusätzlich zur fachspezifischen Ausbildung in den eigenen Disziplinen erlernen Architektur- und Bauingenieurstudenten die interdisziplinäre Zusammenarbeit im Team. Damit knüpft das „Dortmunder Modell" gedanklich an das Berufsbild des früheren Baumeisters an, der den architektonischen und ingenieurmäßigen Anforderungen, die mit der Lösung einer Bauaufgabe verbunden sind, gerecht werden konnte, da er durch seine disziplinübergreifenden Kenntnisse über die Gesamtkonzeption verfügte.

5.2 Master of Science in Urban Management

Zur Bewältigung der vielfältigen demografischen, ökonomischen und strukturellen Schrumpfungsprozesse kann der Stadtumbau nicht mehr eindimensional als planerische Aufgabe beschränkt auf den Städtebau und die Architektur betrachtet werden, sondern ist als Integration vieler Fachdisziplinen zu verstehen, die Schrumpfungsprozesse steuern und positiv lenken müssen. Die Komplexität von Problemstellung, Handlungserfordernis, Instrumenten und Akteursstruktur erfordert neue Kompetenzen von Seiten der Planer, Mitarbeiter in den Stadtverwaltungen und in der Immobilienbranche.

Diesen Bedarf hat das ISB frühzeitig erkannt und bietet seit 2003 den postgradualen Studiengang Master of Science in Urban Management an. Der Masterkurs vermittelt Kompetenzen und Fertigkeiten für den Umgang mit modernen Planungsinstrumenten und -techniken. Diese Kenntnisse gelten als Voraussetzung, um den wirtschaftlichen und demografischen Strukturwandel mit seinen Ursachen und Auswirkungen erfassen und in der Planung sowie Realisierung nachhaltig einwirken zu können.

Das postgraduale Studienangebot Urban Management richtet sich an Absolventen der zahlreichen Fachrichtungen, die in den Stadtumbauprozess integriert sind.

Zu den Themenfeldern des auf Interdisziplinarität ausgerichteten Studiengangs gehören neben Aspekten der Steuerung von Qualität des städtischen Lebens auch Finanzierung und Recht. Durch die strategische Verknüpfung einzelner in der Praxis oft isolierter Handlungsfelder werden die Kenntnisse und Fähigkeiten der Studierenden vertieft und erweitert. Des Weiteren werden sie mit den in Managementprozessen unentbehrlichen Methoden der Projektplanung und -entwicklung, Organisation von komplexen Fragestellungen, mit Partizipations- bzw. Entscheidungsprozessen, Moderations- und Präsentationstechniken sowie der Vermittlung interdisziplinärer Kompetenz verknüpft. Der interdisziplinäre Anspruch des Studiengangs wird durch die Einbindung verschiedener Fakultäten und externe, branchenübergreifende Praxispartner als Dozenten (siehe Abb. 7) erfüllt.

Abb. 7: Eingebundene Fakultäten und Praxispartner in den Master of Science in Urban Management

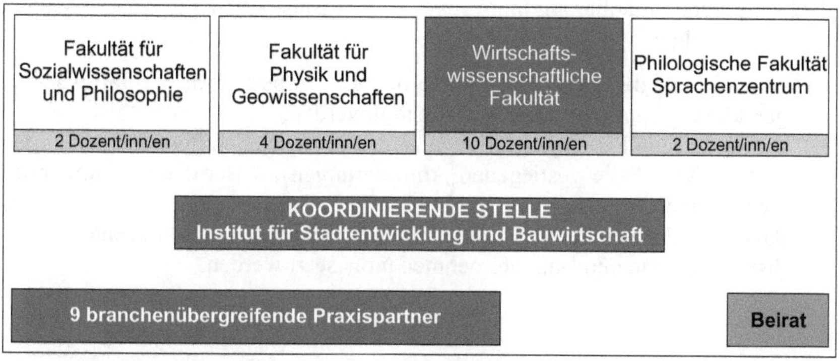

Quelle: Eigenes Material, http://www.uni-leipzig.de/mum/

Der Modus des Masterstudiengangs bietet die Möglichkeit nach dem so genannten „Blended Learning Konzept" – einer Kombination aus Präsenzblöcken und Selbstlernphasen mit E-Learning. Dies ermöglicht ein berufsbegleitendes Studium. Die Studenten kommunizieren mit den Dozenten und im Rahmen von Teamprojekten über digitale Medien miteinander. Der digitale Projektraum ist ein Lernelement, durch dessen Nutzung die Studenten so – über die interdisziplinären Lerninhalte hinaus – auf die neuen Anforderungen der Zusammenarbeit in räumlich getrennten Teams vorbereitet werden.

6. Fazit

Die sich entwickelnden neuen Planungsprozesse in der Bau- und Stadtplanung bergen sowohl Chancen im Bezug auf neue Tätigkeitsfelder und Koordinierungsaufgaben für Architekten und Ingenieure aber stellen auch neue Anforderungen an die einzelnen Planungsdisziplinen.

Große Auftraggeber der Automobil- und Immobilienbranche, wie z.B. die Daimler AG haben die Potenziale von integrierten, digitalen Planungsprozessen bereits erkannt. Sie beteiligen sich als Pioniere an der Optimierung der digitalen Planungsinstrumente und fordern deren Nutzung im Planungsprozess von ihren Auftragnehmern ab.

Sich diesen neuen Entwicklungen zu verschließen, hieße, in wenigen Jahren nicht über die erforderlichen Kompetenzen im Umgang mit den neuen Planungsinstrumenten und mit integrierten Arbeitsprozessen zu verfügen. Um dies zu vermeiden, sind auch von Seiten der Planer und Bauunternehmen Investitionen in die Weiterbildung der Mitarbeiter und in Softwareprodukte vonnöten. Für eine flächendeckende Etablierung innovativer Planungsinstrumente in der Baubranche ist es erforderlich,

- dass die mit den neuen Planungsprozessen verbundenen Mehraufwendungen künftig honorarseitig berücksichtigt werden,
- dass die neuen Planergenerationen an den Hochschulen praxisnah und interdisziplinär auf die gestiegenen Anforderungen im Berufsleben vorbereitet werden und,
- dass neue Formen der Zusammenarbeit zwischen den verschiedenen Planerdisziplinen und den Bauunternehmen umgesetzt werden.

Literatur

Donath, Dirk/Spiekermann, Christoph 2007: Ganzheitliche Bauwerksmodellierung in der Architekturplanung, Vortrag zum 17. Leipziger Bauseminar. Digitale Planung, virtuelle Realität – Die Akteure zwischen Akzeptanz und Ablehnung. 02.-03.12.2007 am ISB der Universität Leipzig

Liebich, Thomas/Weise, Matthias 2007: Building Information Modell mit IFC – nationale und internationale Erfahrungen bei der Umsetzung, Vortrag zum 17. Leipziger Bauseminar. Digitale Planung, virtuelle Realität – Die Akteure zwischen Akzeptanz und Ablehnung. 02.–03.12.2007 am ISB der Universität Leipzig

Lipczinsky, Margrit 2007: Architektur und Psyche – der Mensch in der virtuellen und digitalen Planung, Vortrag zum 17. Leipziger Bauseminar. Digitale Planung, virtuelle Realität – Die Akteure zwischen Akzeptanz und Ablehnung. 02.-03.12.2007 am ISB an der Universität Leipzig

Beißen den Letzten die Hunde?

Das Schnittstellenmanagement der Baustellenleiter

Bernd Dörr

1. Einleitung

Meinen Beitrag zu dem Thema Schnittstellenmanagement in der Baustellenleitung habe ich aus meiner Sicht als Polier mit rund 20 Jahren Berufserfahrung in vier Abschnitte eingeteilt. Wie sollte eine Baustelle von Beginn an betreut, ausgestattet und durchgeführt werden? Wie sieht dies in der Realität aus? Wodurch entstehen Diskrepanzen auf der Baustelle zwischen Auftraggeber, Ingenieurbüro, Architekt, Bauleiter, Polier und den ausführenden Arbeitnehmern? Durch welche Maßnahmen im Rahmen von Fortbildung können diese Probleme gemindert werden?

2. Schnittstellenmanagement in der Bauproduktion

2.1 Wie sollte aus Sicht des Poliers eine Baustelle von Beginn an betreut, ausgestattet und durchgeführt werden?

Eine der wichtigsten Maßnahmen zu Beginn einer Baustelle ist das Baustellen-Startgespräch mit folgenden Teilnehmern: Kalkulator, Bauleiter, Kaufmann und Polier. In diesem Gespräch sollen Bauleiter und Polier über das Zustandekommen von verschiedenen Preisen des Leistungsverzeichnisses (LV) sowie über Leistungsansätze und Zeitplanung informiert werden. Auf der Basis der Ergebnisse dieses Zusammentreffens sollte dann die Zusammenstellung der Kolonnen, der Gerätschaften und der Baustelleneinrichtung sowie der Zeitpunkt des Baustellenbeginns festgelegt werden. Außerdem sollten die notwendigen Unterlagen (Leistungsverzeichnis mit Preisen, gültige Pläne, Materialabrufliste, Unterlagen der Bauberufsgenossenschaft usw.) an den zuständigen Polier übergeben werden. Für größere Baustellen müsste in der heutigen Zeit die elektronische Bearbeitung des Leistungsverzeichnisses Standard sein, d.h. Laptop mit eingescanntem LV, um Abschlagsrechnungen von der Baustelle in Zusammenarbeit zwischen Polier und Bauleiter direkt und auf schnellstem Wege zu erstellen. Im Anschluss an das Baustellenstartgespräch sollte dann die örtliche Einweisung durch den Auftraggeber erfolgen. Daran sollten auch alle Versorgungsträger (wie Stromversorgung, Wasser, Gas, Telekom) teilnehmen.

Zwischen Baustellenstartgespräch und Einweisung durch den Arbeitgeber sollte es dem Team Bauleiter-Polier ermöglicht werden, Pläne und Leistungsverzeichnis auf eventuelle Fehler bzw. Unstimmigkeiten zu untersuchen, um diese dann gleich bei der Baustelleneinweisung vorbringen zu können. Bei Einhaltung dieser Anfangsregelungen, die man auch durch eine Checkliste vereinfachen kann, dürfte dem positiven Start einer Baustelle nichts mehr im Wege stehen.

Der weitere Verlauf (Erfolg oder Misserfolg) der Baustelle hängt dann im Prinzip von dem Zusammenwirken von Bauleiter, Polier und Mannschaft und dem Verhältnis zum örtlichen Auftraggeber (Amt, Architekt, Ingenieurbüro) ab.

2.2 Wie sieht dies in der Realität aus? – Euphorie im Bürogebäude der Firma

Der Schauplatz: die Firma

Mein Beispiel spielt in einem mittelständischen Tiefbauunternehmen in einer ländlichen Region. In der Firma sind ca. 50 Personen beschäftigt. Die abgewickelten Aufträge liegen im Mittel zwischen 100.000 und zwei bis drei Millionen Euro. Die Firma bildet aus, nicht immer hat sie genug Bewerber für ihr Ausbildungsangebot.

In unserem Beispiel hat die Firma den Zuschlag für ein Millionen-Projekt erhalten, womit sie nicht unbedingt gerechnet hat. Bauleiter Benno Mutig erhält vom Chef den Auftrag, die Baustelle abzuwickeln. Bauleiter Mutig macht sich Gedanken und kommt zu dem Schluss: Ich nehme mir den Polier Ludwig Sorglos und ziehe die Baustelle mit diesem durch. Ingenieur Benno Mutig fährt am Freitagmorgen zu der noch laufenden Baustelle des Poliers Ludwig Sorglos und es kommt zu folgendem Dialog.

Bauleiter und Polier

> *Benno Mutig:* „Mensch, Ludwig Sorglos, wir haben gestern einen Auftrag über zwei Mio. bekommen, unten in der Wetterau. Da musst Du am Dienstag dringend anfangen, Terminsache. Ich muss am Montag noch etwas vorbereiten, wir treffen uns dann Dienstag um 7.30 Uhr in Bad Nauheim auf der Baustelle. Dann zeige ich Dir, was zu machen ist. Um 10.00 Uhr kommt dann der vom Ingenieurbüro, mit dem kannst Du dann den Rest besprechen. Ich muss um 9.00 Uhr wieder in Marburg sein, dort habe ich einen anderen Termin. Du nimmst dann noch den Azubi Michel und den Baggerfahrer Bodo mit, das reicht erst einmal. Die EON bestelle ich Dir dann auch noch. Das Büro macht noch eine Kopie vom Leistungsverzeichnis, das bringe ich Dir noch mit. Alles klar?“

Ludwig Sorglos schaut etwas skeptisch und antwortet:

> „Mensch Benno, ich bin doch hier noch gar nicht fertig, wie soll es denn dann hier weitergehen?“

Benno Mutig: „Ach, dass bisschen, was hier noch zu machen ist, dass soll der Ali fertig machen. Sagst ihm am Montag noch mal alles, dann klappt das schon."

Ludwig Sorglos: „Wenn Du meinst, das funktioniert so, dann ist mir das recht. Was ist das denn für eine Maßnahme und wo treffen wir uns genau?"

Benno Mutig: „Ach, wir sollen da so ungefähr ein' Kilometer Betonkanal austauschen, Durchmesser 800, teils innerorts und der Rest geht dann ins freie Feld. Ist kein Problem. Am Dienstag früh treffen wir uns um 7.15 Uhr, Abfahrt Bad Nauheim Süd, hinter dem Ortsschild, dann sehen wir weiter. Ich habe jetzt aber keine Zeit mehr, ich muss weiter oder hast Du noch was?"

Ludwig Sorglos: „Ja, was kommt denn für ein Bagger? Was ist mit meinem Werkzeugcontainer? Hast Du schon passende Pläne? Haben wir einen Platz für die Baustelleneinrichtung? Welches Ingenieurbüro leitet die Baustelle? Hast Du schon ein Dixi bestellt?"

Benno Mutig: „Was für ein Bagger kommt, kläre ich bis Montag mit dem Chef, Pläne bringt das Ingenieurbüro ‚Schöne Ansicht' mit. Wo wir die Baustelleneinrichtung hinstellen, sehen wir dann am Dienstag und ein Dixi kannst Du Dir über den Einkauf bestellen lassen. Ich muss jetzt aber wirklich los, muss noch Rohre und Schächte bestellen, also bis Dienstag."

Benno Mutig schwingt sich in sein feuerrotes Firmenmobil und braust davon. Ludwig Sorglos steht leicht benommen da und schüttelt den Kopf. War denn alles umsonst, was ich auf dem Polierlehrgang gelernt habe? Na ja, warten wir mal den Dienstag ab.

Die neue Baustelle

Dienstagmorgen, 7.15 Uhr, hinter dem Ortsschild Bad Nauheim Süd. Ludwig Sorglos, Baggerfahrer Bode und der Azubi stehen mit ihrem Transporter auf dem Seitenstreifen und werden langsam ungeduldig. Das Handy klingelt: „Hallo Ludwig, ich komme 15 Minuten später, stehe im Stau. Bis gleich."

Ludwig Sorglos murmelt in sich hinein: „Der hätte es ja wissen müssen, das mit dem Stau, ist ja jeden Morgen so!".

7.35 Uhr: Das rote Firmenauto schießt heran, der Bauleiter Benno Mutig gestikuliert wild mit den Händen aus dem Auto, ihm zu folgen und nach zehn Minuten erreichen Bauleiter, Polier und Arbeitskollegen den vorgesehenen Anfangspunkt der Baustelle. Auf einem Planentwurf – ausgebreitet über der Motorhaube des Firmenwagens – erläutert Benno Mutig die Baustelle, als der Tieflader, beladen mit einem Bagger, sich in der engen Straße mit parkenden Autos verkeilt.

Nach ca. zwei Stunden sind alle parkenden Autos der Anlieger so weit entfernt, dass der Tieflader eine etwas außerorts gelegenen Stelle gefunden hat, um den Bagger abzuladen. Benno Mutig ist schon seit ca. einer Stunde unterwegs zu seinem nächsten Termin.

Ludwig Sorglos und seine Männer sind leicht angesäuert, denn sie hatten noch kein Frühstück und da kommt auch schon der BMW des Ingenieurbüros „Schöne Ansicht“, mit Dipl.-Ing. Zippel. Planer Zippel sieht, was vorgefallen ist, schüttelt den Kopf und ranzt den erstbesten Vertreter der Baufirma an, der ihm über den Weg läuft.

> „Die Zufahrt zur Baustelle ist von Unterhausen und nicht durch die Stadt. Dort oben ist auch die Baustelleneinrichtung geplant. Das hatte ich aber doch auch schon alles mit einem Herrn Mutig am Telefon geklärt.“

An Ludwig Sorglos gewandt:

> „Sind Sie der Herr Mutig, mit dem ich telefoniert habe? Mein Name ist Zippel und ich bin der Planer dieser Maßnahme.“
>
> *Ludwig Sorglos:* „Nein, ich bin der Polier, Ludwig Sorglos, ich soll die Baustelle leiten. Unser Herr Mutig hat noch einen dringenden Termin und hat deswegen hier diese Baustelle vor 20 Minuten verlassen.“

Herr *Zippel* schaut etwas finster.

> „Ich habe Ihnen hier die geänderten Ausführungspläne mitgebracht, auch der Platz für die Baustelleneinrichtung hat sich geändert, an der vorgesehenen Stelle sind die Eigentumsverhältnisse noch nicht klar. Ich habe gerade den Bagger gesehen, wollten Sie denn diese Woche schon mit den Arbeiten anfangen?“

Ludwig Sorglos erstaunt:

> „Ja natürlich, sonst wären wir nicht hier. Mein Bauleiter Herr Mutig hat alles sehr dringend gemacht – wegen der kurzen Bauzeit.“
>
> *Dipl.-Ing. Zippel:* „Ich bin frühestens von nächstem Montag ausgegangen. Bis dahin sollte sich Herr Mutig auch noch um die Änderungen der Pläne, eine anständige Beschilderung und die Baustelleneinrichtung kümmern. Sagen Sie Herrn Mutig, er möchte mich bis heute Abend zurückrufen. Ich kläre dann alles weitere mit ihm. Hier haben Sie die neuen Pläne, ich muss jetzt auch zu einem anderen Termin. Auf Wiedersehen.“

Ludwig Sorglos kocht innerlich, nimmt seine Pläne und geht zu seinen beiden Arbeitskollegen ... und das Dilemma nimmt seinen Lauf.

Man kann sich leicht vorstellen, wie es auf dieser Baustelle weitergegangen ist. Ich will mich lieber auf das Thema der Schnittstellenkompetenz konzentrieren und vor allem einiges zur Ausbildung und Weiterbildung zur Herstellung dieser Schnittstellenkompetenz beim mittleren Baustellenmanagement ausführen.

2.3 *Wodurch entstehen Diskrepanzen auf der Baustelle zwischen Auftraggeber, Ingenieurbüro, Architekt, Bauleiter, Polier und den ausführenden Arbeitnehmern?*

In dem Beispiel wurde nahezu alles falsch gemacht, was nur möglich ist und was unweigerlich zu Fehlern, Verlusten und Reibereien auf der Baustelle führt. Insider mögen das Verhalten aller drei Beteiligten als dilettantisch und unfähig bezeichnen. Wahrscheinlich werden auch alle hier begangenen Fehler nicht auf einmal vorkommen. Doch um eine Baustelle zum Scheitern zu bringen, reicht schon ein einzelnes Fehlverhalten von Führungspersonen. Weiterhin ist davon auszugehen, dass nicht nur Führungspersonen Menschen sind, sondern dass auch die ausführenden Arbeitnehmer Fehler verursachen können, d.h., dass die Palette der Diskrepanzen auf der Baustelle eine große Vielfalt aufweist. Zudem sind auch die Gründe für die Probleme ganz verschiedener Art.

Untersuchen wir erst die Fehler des Bauleiters Benno Mutig:

1. Benno Mutig lässt sich durch seinen Chef verleiten, auf ein Baustellenstartgespräch zu verzichten.
2. Er belügt seinen Polier (indem er vorgibt, es handele sich um eine Terminsache).
3. Er erklärt die Baustelle nur halbherzig.
4. Durch die Aussage „Was hier noch zu tun ist, soll der Ali fertig machen" nimmt er dem Polier jegliche Motivation, nach seiner Manier die Baustelle zu beenden. Und schon ist es dem egal, was mit der letzten Baustelle passiert.
5. Er stürzt sich in etwas hinein, ohne sich über die Sachlage im Klaren zu sein und die Örtlichkeit zu kennen.
6. Er bereitet die Baustelle nicht richtig vor.
7. Er lässt seinen Polier in einer brenzligen Situationen alleine.
8. Er hält Termine mit Vertragspartnern nicht ein.
9. Er hält sich nicht an Absprachen.

Ein Bauleiter, der nur zwei bis drei dieser Fehler macht, ist normalerweise für keine Firma tragbar. Worin können nun die Gründe für so ein Verhalten liegen? Sind es Kompetenzmängel oder sind es menschliche Fehler?

Punkt 1, 2, 7, 8 und 9 liegen in diesem Falle klar im Bereich des Verhaltens eines Menschen.

Zu 1: Benno Mutig hat Angst vor seinem Chef bzw. er will sich vor ihm profilieren, indem er Zusagen macht, die nicht realisierbar sind.

Zu 2: Er belügt seinen Polier, um mit der Aussage „Terminsache" den Leistungsdruck auf den Polier zu erhöhen.

Zu 7: Dem Polier in einer kniffeligen Situation zu helfen, ist er sich zu schade. Außerdem meint er, sich vor Ärger schützen zu können, indem er sich einfach von der Baustelle entfernt.

Zu 8 und 9: Einen Auftraggeber zu versetzen, ohne ihn zu benachrichtigen oder sich nicht an Absprachen zu halten, ist entweder reiner Hochmut oder pure Dummheit.

Zu 3, 4, 5 und 6: Die Punkte 3, 4, 5 und 6 sind klare Kompetenzmängel. All diese Fehler dürften bei einem Bauleiter nicht auftreten, wenn er das, was er in seinem Studium gelernt hat, auch anwenden würde. Doch leider ist es auch in anderen Kreisen so, dass Menschen mit einer gewissen Erfahrung im Beruf glauben, sich über erlernte Regeln hinweg setzen zu können. Das funktioniert aber in den meisten Fällen nicht. Der Faktor „keine Zeit" wird auch bei Benno Mutig immer wieder vorgeschoben. Ein Bauleiter jedoch, der sich zu viel zumutet und sich überschätzt, wird nie Zeit zur korrekten Abwicklung seiner Aufgaben haben. Und er wird entweder sich oder auch seiner Firma Schaden zufügen.

Die meiste Schelte in unserem Beispiel hat, zu Recht, Bauleiter Benno Mutig einstecken müssen. Doch muss man klar sehen, dass sich auch sein Polier Ludwig Sorglos nicht richtig verhalten hat. Ein Polier, der sich von seinem Bauleiter ohne jede Gegenwehr zu einem solchen Verhalten hinreißen lässt, verdient sein Geld nicht zu Recht. Auch er muss anhand seiner Ausbildung wissen, wie eine Baustelle vorzubereiten ist. Er darf sich keineswegs nur auf die Anordnungen seines direkten Vorgesetzten verlassen, sondern hat – bei Erkennen von Fehlern – diesen direkt darauf aufmerksam zu machen, um eventuellen Schaden von der Firma abzuwenden. Die Einstellung „Wenn Du meinst, ist mir das Recht" oder noch schlimmer „Ist mir doch egal" darf nicht zu dem Berufsbild eines Poliers gehören, da er auch derjenige ist, der seine Einstellung an die Arbeiter weitergibt. Ist diese negativ, wird sie auch demotivierend auf die Arbeiter wirken. Das wird die Leistung und den Fortschritt auf der Baustelle verhindern und zu Spannungen und Diskrepanzen mit Bauleitung und Auftraggeber führen.

2.4 Durch welche Maßnahmen im Rahmen von Fortbildungen können diese Probleme gemindert werden?

Um den Kompetenzmängeln vorzubeugen, denke ich, wäre eine alle ca. fünf Jahre wiederkehrende Schulung mit dem Thema „Qualitätsmanagement" notwendig. Die durch menschliche Verhaltensfehler wie Lügen, Arroganz oder Missachtung, im Umgang mit den Arbeitskollegen entstehenden Probleme könnten durch einen Workshop mit dem Thema „Psychologisch geschickter Umgang mit Partnern auf der Baustelle" auch dem Bauleiter Benno Mutig sehr von Nutzen sein. Leider sind diese Schulungen sehr kostspielig und sie bringen auch nur solange Nutzen, wie das dort Erlernte auch angewendet wird.

Die Teilnahme an einem solchen Workshop wäre auch für die beiden anderen Figuren in dem geschilderten Beispiel, den Dipl. Ing. Zippel und den Polier Ludwig Sorglos nur von Vorteil. Unterstellt man, dass bei allen drei Personen die fachliche Kompetenz vorhanden ist, dürfte ein aus solch einem Workshop hervorgehendes Team für eine optimale Baustellenführung geeignet sein. Dazu muss aber natürlich auch der Wille vorhanden sein, miteinander zu kooperieren. Sobald ein Feindbild auf der Baustelle zwischen Arbeiter, Polier, Bauleiter und Auftraggeber (oder auch zwischen Ingenieurbüro und Architekt) entsteht, sind natürlich all diese Bemühungen umsonst.

Also muss bei einer Firmenleitung die Einsicht vorhanden sein, solche Schulungen anzuordnen. Dies ist aber jedoch meistens erst der Fall, wenn es schon fast zu spät ist, d.h., wenn die Bilanzen rote Zahlen aufweisen.

Den Umgang mit den Arbeitern, dem Bauleiter und den verschiedensten Bauherren kann man einem Polier durch Schulungen vermitteln. Dann wird er auch mit einem Bauleiter wie Benno Mutig umzugehen wissen. Die Motivation des Poliers und seine Einstellung zur Firma ist meines Erachtens nach Chefsache, d.h., der Chef selbst oder ein entsprechender Vertreter der Firmengruppe muss in internen Schulungen oder Gesprächen dafür sorgen, dass die Motivation seiner Mitarbeiter stimmt und keine unnötigen Spannungsfelder entstehen.

Kommen wir nun zum Schluss zu unserem Dipl.-Ing. Zippel, dem Vertreter des Auftraggebers. Sein Verhalten ist typisch für viele Architekten bzw. Vertreter von Ingenieurbüros und Auftraggeber. Ca. einmal die Woche tauchen diese Herren in sauberen Schuhen, eventuell im Anzug und bei Regen mit Schirm, auf der Baustelle auf. Wenn möglich, umgehen sie den Polier, um kurz das Geschehen auf der Baustelle zu beobachten. Dabei entdecken sie etwas, was nicht zu 100% dem Lehrbuch oder diversen Vorschriften entspricht. Sofort wird der Arbeiter aufgerufen, seine Tätigkeiten zu unterbrechen und die Arbeit so durchzuführen, wie der Auftraggebervertreter es sich vorstellt. Die Haare des Arbeiters sträuben sich und es ertönt ein: „Das geht nicht anders und außerdem hat es mir mein Polier so gesagt". Ist es ein kluger Architekt oder Dipl.-Ing. lässt er sich auf keine weitere Diskussion mehr ein und sucht den Polier auf, um die Sache mit diesem zu klären. Ein Feindbild zwischen Arbeiter und Architekt bzw. Dipl.-Ing. ist nun schon vorhanden und jedes weitere Wort würde das Verhältnis nur verschlechtern. Der Polier muss ihm dann Rede und Antwort stehen, warum er Arbeiten so und nicht anders ausführen lässt.

In den letzten fünf bis acht Jahren habe ich selbst festgestellt, dass das Gelingen einer Baustelle in hohem Maße von dem Verhältnis des Auftraggebervertreters zum Polier abhängig ist, da diese beiden oft mehr in Kontakt stehen als der Bauleiter mit dem Auftraggebervertreter, denn die Probleme auf den Baustellen sind meist besser an Ort und Stelle zu lösen, als über lange bürokratische Wege. Bei größeren Veränderungen oder Zusatzmaßnahmen ist natürlich der Bauleiter der auszuführenden Firma mit einzubeziehen.

3. Einflüsse von außen und ihre Folgen

Was sich weiterhin sehr negativ auf die Baustellen und auch das Verhältnis Auftraggebervertreter, sprich Ingenieurbüro oder Architekt, Polier und Bauleiter auswirkt, ist die Tatsache, dass bei unerwartet auftretenden Problemen oder Hindernissen die Entscheidungen viel zu lange dauern, die notwendig sind, um die Probleme zu beheben. Vielfach fühlt sich keiner der Verantwortlichen imstande, eine schnelle Entscheidung zu treffen und zu verantworten. Oft bleibt es auf dem Polier hängen, etwas auf seine Kappe zu nehmen, um den ungestörten Fortlauf der Baustelle zu gewährleisten.

Sind die Grenzen der Verantwortlichkeit nicht genau abgesteckt, was selten der Fall ist, kann das für den Polier natürlich zu schwerwiegenden Folgen führen. Die korrekte Vorgehensweise ist klar. Bei auftretenden Hindernissen, Problemen oder notwendigen Planänderungen, die immer Geld kosten, informiert der Polier seinen direkten Vorgesetzten und den zuständigen Auftraggebervertreter. Dieser muss in der Lage sein, ohne tagelang dauernde Rücksprache und Rückversicherungen oder verschiedene Ortstermine über die Angelegenheit zu entscheiden und zwar so schnell, dass der weitere Ablauf der Baustelle nicht behindert wird. Dann sind auch in der Regel die entstehenden Kosten am geringsten. Dieses Prozedere muss jedoch vor Beginn der Baustelle zwischen dem Auftraggeber, dessen Vertretung und der ausführenden Firma geklärt worden sein.

Ein weiterer Punkt, der in diesem Zusammenhang von Bedeutung ist, hat normalerweise nichts mit menschlichen Beziehungen und den Spannungen zwischen den Personen zu tun, kann aber einen erheblichen Einfluss auf den reibungslosen Ablauf einer Baustelle haben. Das sind die Pläne. Ich habe es in über 25 Jahren auf allen Baustellen noch nicht erlebt, dass ein Gewerk zu 100% so ausgeführt werden konnte, wie es ausweislich der Pläne beabsichtigt war. Zum Teil handelte es sich einfach um Fehler wie z.B. verkehrte Vorzeichen von Gefälle, aus Promille werden Prozent, aus Zentimetern werden Meter usw. So etwas kann jedem passieren. Aber spätestens bei einer Überprüfung durch Architekt, Dipl.-Ing. oder Bauleiter müssten diese Fehler bemerkt werden – wenn sich diese Personen denn Zeit für eine Überprüfung nehmen. Doch leider kommt es oft vor, dass erst der Polier oder das letzte Glied in der Kette bei der Bauausführung diese Fehler feststellt. Meist kostet es dann schon richtig Geld und außerdem stört es den Ablauf auf der Baustelle.

Noch nachteiligere Folgen entstehen, wenn Arbeiten auf Anordnung des Auftraggebers oder dessen Vertreter trotz einer Eingabe von Polier, Bauleiter oder dem Ausführenden durchgeführt werden, die sich später als falsch oder unzweckmäßig herausstellen. Ein Vorschlag zur Vermeidung solcher Fehlern wäre einfach, dass Planer, d.h. Architekten und Vertreter von Ingenieurbüros in gewissen zeitlichen Abständen Praktika auf Baustellen ableisten und dabei selbst das ausführen, was sie geplant haben. Das würde bestimmt den Bezug von Planung und Plänen zur Realität verbessern.

Aus all diesen Erkenntnissen geht hervor, dass gemeinsame Seminare, Workshops und Lehrgänge von Führungspersonen und Auftraggebervertretern auf der einen Seite und Baustellenleitung, d.h. und Polier auf der anderen Seite dazu führen würden, die Spannungsfelder auf den Baustellen abzubauen. Die dadurch entstehenden positiven Firmenbilanzen würden Arbeitsplätze sichern und der Volkswirtschaft nur von Nutzen sein.

4. Auf die handelnden Personen kommt es an

Man kann in vielen Lehrgängen natürlich einem Menschen großes Wissen und zweckmäßige Verhaltensformen beibringen und vermitteln. Einen Menschen zu formen, wie man ihn gerne hätte, wird jedoch in den seltensten Fällen möglich sein. Also müssen wir durch Verständnis, Toleranz und Akzeptanz untereinander das Zusammenleben auf der Baustelle so gut wie möglich gestalten.

C.
Aspekte der Weiterbildung in der Bauwirtschaft

Formen und Wirkungen obligatorischer Weiterbildung am Beispiel der Weiterbildung für Architektinnen und Architekten in Hessen

Carola Iller

1. Einleitung

Vor dem Hintergrund der hohen und sich ständig fortentwickelnden Anforderungen an die berufliche Qualifikation von Architektinnen und Architekten einerseits und der zunehmenden Konkurrenz mit anderen Berufsgruppen und gewerblichen Unternehmen auf Teilmärkten des Hochbaus andererseits hat sich eine intensive Diskussion darüber entsponnen, wie die Qualität der Architektenleistungen sichergestellt und in der Öffentlichkeit nachgewiesen werden kann. Dabei zeichnen sich verschiedene Strategieansätze ab, wie dem drohenden Imageverlust des Berufsstandes und dem existenzgefährdenden Kostendruck begegnet werden können (vgl. Welter 2006). Ein zentraler Ansatzpunkt wird in der Aus- und Weiterbildung[1] von Architektinnen und Architekten gesehen, die in mehrfacher Hinsicht einen Beitrag zur Sicherung des Berufsstandes leisten sollen, indem sie die Qualität der Dienstleistung erhöhen, den Zugang zum Markt regulieren, Kompetenzen zur Bewältigung des Strukturwandels in der Branche vermitteln und allgemein gewährleisten, dass die Mitglieder des Berufsstandes der hohen Verantwortung und den Risiken ihrer Tätigkeit gewachsen sind.

Diese vielfältigen Erwartungen an die Aus- und Weiterbildung von Architektinnen und Architekten haben unter anderem dazu geführt, dass in einigen Bundesländern in den vergangenen Jahren eine Nachweispflicht für die Weiterbildungsteilnahme von Architektinnen und Architekten eingeführt wurde. Sie verpflichtet zumindest die Mitglieder der jeweiligen Architektenkammern, regelmäßig ein Mindestmaß an Weiterbildung nachzuweisen und damit die Einhaltung

1 Im Folgenden wird von Weiterbildung als übergeordnetem Begriff der organisierten Bildung im Anschluss an die Erstausbildung gesprochen. Zum Teil wird in Publikationen oder auch in Kammerregelungen zwischen Fortbildung und Weiterbildung unterschieden, wobei mit Fortbildung die Aktualisierung des in der Ausbildung erworbenen Berufswissens bezeichnet wird und unter Weiterbildung eine Erweiterung im Sinne einer Zusatzqualifikation verstanden wird. Diese Unterscheidung wird jedoch in vielen Kammergesetzen nicht getroffen und steht außerdem nicht in Übereinstimmung mit der berufsbildungswissenschaftlichen Begriffsverwendung. Ich werde sie deshalb hier auch nicht übernehmen. Vielmehr werden im Folgenden die Begriffe Fortbildung und Weiterbildung synonym verwendet.

der Berufspflichten, denn zu diesen gehört die regelmäßige Weiterbildung, überprüfbar zu machen.

Die Aufgabe des vorliegenden Beitrages ist es, der Frage nachzugehen, ob eine solche Nachweispflicht die Weiterbildung von Architektinnen und Architekten und damit die Qualität der Dienstleistung befördern kann. Da die erste Fortbildungsordnung, die eine Nachweispflicht vorsieht, im Jahr 2003 in Kraft getreten ist, ist eine abschließende Beantwortung dieser Frage zum jetzigen Zeitpunkt nicht möglich. Nachhaltige Wirkungen werden sich – wenn überhaupt – erst in einigen Jahren abzeichnen. Im Folgenden steht deshalb die Analyse der bisher erkennbaren Auswirkungen der obligatorischen Weiterbildung im Vordergrund, wobei einerseits die Entwicklung des Weiterbildungsangebots und der Weiterbildungsteilnahme seit der Einführung der Nachweispflicht von Interesse ist. Andererseits soll geklärt werden, ob und wie sich die Nachweispflicht auf die Einstellung zur Weiterbildung auf Seiten der Architektinnen und Architekten auswirkt und welche Bedeutung die Architektinnen und Architekten der Weiterbildung beimessen. Des Weiteren soll diskutiert werden, auf welcher Informationsgrundlage die Wirkungen der Weiterbildung von Architektinnen und Architekten zuverlässig beurteilt werden könnten.

Die Analyse zu Formen und Wirkungen der obligatorischen Weiterbildung wird am Beispiel Hessens vorgenommen, da in der Architekten- und Stadtplanerkammer Hessen die erste Fortbildungsordnung mit Nachweispflicht beschlossen wurde. Neben einer Material- und Dokumentenauswertung stützt sich die Analyse auf ein Interview mit einem Vertreter der kammereigenen Akademie. Die Perspektive von Architektinnen und Architekten wurde durch drei leitfadengestützte Interviews in ausgewählten Architekturbüros ermittelt. Im Folgenden werden zunächst allgemein die Voraussetzungen der obligatorischen Weiterbildung für Architektinnen und Architekten aufgezeigt, indem berufspolitische und branchenbezogene Begründungen sowie rechtliche Regelungen erläutert werden. Im Weiteren werden vorliegende Informationen zur Entwicklung der Anbieter- und Angebotsstruktur der Weiterbildung für Architektinnen und Architekten dargestellt. Ausführlich wird anschließend der Stellenwert der Weiterbildung aus Sicht von Architektinnen und Architekten thematisiert. Abschließend werden die Wirkungen der Einführung einer obligatorischen Weiterbildung für Architektinnen und Architekten zusammengefasst und Empfehlungen für die zukünftige Dokumentation von Weiterbildungsaktivitäten gegeben.

2. Zum Stellenwert kontinuierlicher Weiterbildung von Architektinnen und Architekten für die Entwicklung der Branche

Die Baubranche hat „den heftigsten Nachfrageeinbruch der Nachkriegszeit hinter sich“ (Raabe 2004, S. 11), doch trotz leicht verbesserter Auftragslage rechnen die Arbeitsmarkt- und Wirtschaftsprognosen mit einem anhaltenden Selektionsdruck und Strukturwandel für viele Teilmärkte des Hochbaus. Bei den Architektinnen und Architekten drückt sich der Strukturwandel in verschiedener Form aus. Die Nachfrage nach Architekturleistungen stagniert und in Teilbereichen, wie dem privaten und öffentlichen Wohnungsneubau, wird mittelfristig eine sinkende Nachfrage prognostiziert (vgl. Hommerich/Ebers 2006, S. 18f.). Lediglich in Teilmärkten, z.B. dem altengerechten Wohnungsbau, und vor allem bei Baumaßnahmen im Bestand und Altbausanierung werden Auftragschancen vermutet (ebd.).

Die Veränderungen auf der Nachfrageseite gehen einher mit einer veränderten Wettbewerbssituation auf der Anbieterseite. Trotz der schlechten Auftragslage der vergangenen Jahre sind die Studierenden- und Absolventinnen- und Absolventenzahlen unverändert hoch. Auf den enger werdenden Markt drängen also immer wieder neue Berufsanfängerinnen und Berufsanfänger nach und versuchen, Praxiserfahrung zu sammeln. Zudem sehen sich Architektinnen und Architekten vor allem in den expandierenden Märkten der Bestandsmaßnahmen und einiger gewerblicher Bauprojekte zunehmend in der Konkurrenz mit anderen Berufsgruppen (auch aus Handwerksberufen) und Herstellern von Fertigbauten (vgl. Hommerich/Ebers 2006, S. 18f.). Hinzukommt, dass im Zuge der Internationalisierung von Produkt- und Dienstleistungsmärkten die Schutzregelungen für den Berufsstand an Bedeutung verlieren oder ganz in Frage gestellt werden (insbesondere die Honorarordnungen geraten mit dem Hinweis auf vergleichbare Wettbewerbsbedingungen innerhalb der EU immer wieder in die Kritik).

Angesichts dieser Konkurrenz- und Marktsituation ist es nicht verwunderlich, dass die Umsätze der Architekturbüros seit Mitte der 1990er Jahre um 13% gesunken und die Insolvenzen gestiegen sind (vgl. Raabe 2004, S. 23). Trotz leichter Gewinnsteigerungen in den letzten Jahren wird die wirtschaftliche Situation der freischaffenden Architektinnen und Architekten in der Studie von Hommerich/Ebers (2009a) nach wie vor als prekär angesehen. Vor allem in Ein-Personen-Büros sind die erwirtschafteten Einkommen zum Teil nicht mehr auskömmlich. 20% der in der Untersuchung von Hommerich/Ebers befragten Ein-Personen-Büros erwirtschafteten weniger als 15.000 Euro, mehr als die Hälfte erwirtschafteten einen Überschuss von unter 30.000 Euro (vgl. Hommerich/Ebers 2009b, S. 42).

Auf die veränderte Marktsituation, insbesondere die Anforderungen an eine kundenorientierte Gestaltung der Dienstleistungen und ein ertragsorientiertes Büromanagement, werden Raabe zu Folge Architektinnen und Architekten in ihrer Ausbildung nur unzureichend vorbereitet (vgl. Raabe 2004, S. 5ff.). Nur ein Viertel der in einer HIS-Studie befragten Absolventinnen und Absolventen von Architekturstudiengängen bewerteten die Verknüpfung von Theorie und Praxis im Studium als gut bis sehr gut (ebd.). Vor allem die koordinierenden Aufgaben bei der Bauleitung sowie das Management der rechtlichen, organisatorischen und finanziellen Anforderungen bei einer umfassenden Bauherrenbetreuung werden von Architektinnen und Architekten in der Praxis gefordert, kommen laut HIS-Studie in der Ausbildung so gut wie nicht vor (ebd.).

Vor diesem Hintergrund kann der Stellenwert der Weiterbildung von Architektinnen und Architekten im Wesentlichen auf zwei Ebenen eingeordnet werden:

1. Durch Weiterbildung können Architektinnen und Architekten ihre in der Ausbildung erworbenen Kompetenzen erweitern und aktualisieren und werden dadurch in die Lage versetzt, neue Aufgabenfelder zu übernehmen und ihre Geschäftsstrategien zu optimieren.
2. Weiterbildung kann einen Beitrag zur Sicherung des Berufsstandes leisten, indem ein auch in anderen freien Berufen bekanntes Instrument zur Qualitätssicherung angewandt wird und darauf aufbauend Marketing für die Dienstleistungen des Berufsstandes betrieben werden kann.

Weiterbildung soll also die erforderlichen Kompetenzen zur qualifizierten Aufgabenerfüllung vermitteln. Dies umfasst eine praxisorientierte Ergänzung zum Studium, die in einigen Bundesländern als obligatorische Weiterbildung während der ersten Berufsjahre mittlerweile zu einem systematischen Übergang vom Studium in die freiberufliche Tätigkeit eines/einer Architekt/in entwickelt wurde. Des Weiteren kann durch regelmäßige Weiterbildung das Berufswissen aktuell gehalten und die technischen, rechtlichen, organisatorischen Veränderungen sowie Entwicklungstrends in der Branche nachvollzogen werden. Darüber hinaus kann Weiterbildung auch zur Bewältigung des Strukturwandels in der Branche beitragen, indem sie für neue Aufgabenfelder oder Arbeitsverfahren qualifiziert. Hier wäre vor allem eine „betriebswirtschaftliche Befähigung" und die Strategieentwicklung zu nennen (vgl. Hommerich/Ebers 2006, S. 16f.). Im Unterschied zur regelmäßigen Aktualisierung des Wissens kann diese Art von Weiterbildung allerdings nicht in wenigen Kurzzeitveranstaltungen erfolgen, sondern sie nimmt einen größeren Zeitraum in Anspruch, wenn sie zu einem „strategischen Aufbruch" (ebd.) beitragen soll.

Auf der anderen Ebene wird der Weiterbildung vor allem eine berufspolitische Funktion bei der Sicherung des Berufsstandes zugeschrieben. In allen freien Berufen wird die regelmäßige Weiterbildung von den Angehörigen des Berufsstandes erwartet. Sie ist das wichtigste und älteste Instrument der Qualitätssicherung während der Berufsausübung, d.h. nach der Zulassung. Erst in der jüngeren Vergangenheit sind andere Verfahren des Qualitätsmanagements, wie die Zertifizierung nach DIN-EN-ISO 9000:2000 oder EFQM hinzugetreten (vgl. BfB 2007). In den meisten „verkammerten" freien Berufen ist Weiterbildung gesetzlich verpflichtend geregelt, neben den Architektinnen und Architekten (siehe unten) unterliegen die Ärzte, Zahnärzte, Tierärzte, Wirtschaftsprüfer, Steuerberater, Anwälte und Notare einer solchen Fortbildungspflicht (ebd.). Lediglich für Apotheker und für Psychotherapeuten gibt es keine gesetzliche Fortbildungspflicht. Auch international gibt es von den Berufsorganisationen der Architektinnen und Architekten Bestrebungen, gemeinsame Qualitätskriterien für Dienstleistungen von Architektinnen und Architekten festzulegen und eine entsprechende Aus- und Weiterbildung für diese Berufsgruppe zu etablieren. Die regelmäßige Weiterbildung soll dazu beitragen, dass der Titel „Architekt/in" in der Öffentlichkeit als Gütesiegel und Garant für gute Qualität wahrgenommen werden kann. In dieser Argumentation darf der Titel deshalb folgerichtig auch nur von denjenigen getragen werden, die sich weiterbilden und damit das in den gesamten Berufsstand gesetzte Vertrauen verdienen: „Titelschutz = Verbraucherschutz" (Pfeffer 2005) ließe sich diese Begründung für Weiterbildung zusammenfassen.

3. Rechtliche Regelungen zur Weiterbildung von Architektinnen und Architekten

Angesichts der hohen und sich kontinuierlich wandelnden Qualifikationsanforderungen an Architektinnen und Architekten gehört die regelmäßige Weiterbildung zu den Berufspflichten für diese Berufsgruppe. Sie ist in allen Architektengesetzen festgeschrieben oder es gibt einen Verweis auf eine von den Kammern zu beschließende Berufsordnung, die zur regelmäßigen Weiterbildung verpflichtet. So heißt es z.B. im Niedersächsischen Architektengesetz zu den Berufspflichten von Architektinnen und Architekten:

> „Sie (die Architektinnen und Architekten – d. Verf.) sind insbesondere verpflichtet
>
> 1. sich beruflich fortzubilden und sich dabei auch über die für ihre Berufsausübung geltenden Bestimmungen zu unterrichten." (NArchtG, § 24 Abs. 2) (...)

Die Gesetze enthalten jedoch keine konkreten Bestimmungen darüber, in welchem Umfang und in welcher Form Fortbildung betrieben werden soll. Über die allgemeine Verpflichtung hinausgehend sind in den vergangenen Jahren in insgesamt vier Bundesländern (Hessen, Nordrhein-Westfalen, Sachsen und Thüringen) von den Architektenkammern so genannte Nachweispflichten eingeführt worden, die einen zeitlichen Umfang für obligatorische Weiterbildung und weitere Verfahrensregeln festlegen. Diese Fortbildungsordnungen werde ich im Folgenden vergleichend darstellen und auf Unterschiede eingehen. In drei Bundesländern (Brandenburg, Nordrhein-Westfalen, Sachsen-Anhalt) gibt es darüber hinaus Regelungen für die Weiterbildung von Hochschulabsolventinnen und Absolventen, die berufsbegleitend in den ersten Jahren nach Abschluss der Ausbildung in Anspruch genommen und nachgewiesen werden muss, um als

Kammermitglied aufgenommen werden zu können. Auf diese Regelungen werde ich hier nicht weiter eingehen, möchte sie aber zumindest erwähnen, da sie ebenfalls in den Kontext der Bemühungen zur Professionalisierung des Architektenberufs einzuordnen sind (siehe oben) und auch zur gleichen Zeit erlassen wurden. Ebenso wäre zu erwähnen, dass es Fortbildungsregelungen für Sachverständigentätigkeiten und Nachweisberechtigte in Teilbereichen des Bauwesens gibt (z.B. Prüfsachverständige im Brandschutz), die für diese speziellen Tätigkeiten die regelmäßige Weiterbildung festlegen. Diese Regelungen sollen hier ebenfalls ausgeklammert werden. Im Zentrum der folgenden Ausführungen steht damit die Nachweispflicht der Weiterbildung für alle eingetragenen Architektinnen und Architekten in den oben genannten Bundesländern.

Die erste Fortbildungsordnung mit Nachweispflicht für die regelmäßige Weiterbildung von Architektinnen und Architekten wurde 2002 von der Vertreterversammlung der Hessischen Architekten- und Stadtplanerkammer beschlossen. In Sachsen und Thüringen wurden 2004 Fortbildungsordnungen erlassen und in Nordrhein-Westfalen 2005. Zwischenzeitlich wurden diese Fortbildungsordnungen in drei der vier Kammerbezirke novelliert. Den folgenden Ausführungen liegen jeweils die aktuell gültigen Fassungen der Fortbildungsordnungen zu Grunde. Die Fortbildungsordnungen enthalten – neben formalen Hinweisen – Regelungen zu folgenden Punkten: dem verpflichteten Personenkreis, dem Umfang der nachzuweisenden Weiterbildung, den anzuerkennenden Inhalten der Weiterbildung, den anzuerkennenden Formen der Weiterbildung, der Qualitätssicherung, den Verfahren der Dokumentation sowie den Sanktionen bei Nichterfüllung der Fortbildungspflicht.

Die Fortbildungsordnungen verpflichten alle Mitglieder der jeweiligen Architektenkammern zum Nachweis von Weiterbildungsteilnahmen. Ausgenommen von der Nachweispflicht sind Mitglieder, die ihren Beruf aus Altersgründen (meist wird die Altersgrenze auf das 65. Lebensjahr datiert) oder aufgrund von Erwerbsunfähigkeit nicht mehr ausüben.[2]

Der Umfang der nachzuweisenden Weiterbildung ist in den vier Fortbildungsordnungen unterschiedlich geregelt. In der novellierten Verordnung der Architektenkammer Thüringen werden keine quantifizierbaren Angaben gemacht. In Hessen müssen die Mitglieder in einem Vierjahreszeitraum 64 Unterrichtsstunden (eine Unterrichtsstunde entspricht 45 Minuten), d.h. durchschnittlich 16 Stunden oder zwei Tage pro Jahr, nachweisen. In den anderen beiden Fortbildungsordnungen wird der Nachweis von acht Stunden oder einem Tag Weiterbildung in einem Einjahreszeitraum verlangt. In allen Ordnungen – außer der Thüringischen – ist der vorgegebene Umfang differenziert nach Veranstaltungsformen (siehe unten).

2 Keine der Fortbildungsordnungen enthält einen Hinweis darauf, ob die Nachweispflicht auch bei vorübergehender Nichtausübung des Berufs, z.B. in der Elternzeit, gilt.

Die hessische Fortbildungsordnung spricht deshalb nicht von nachzuweisenden Unterrichtsstunden, sondern von Fortbildungspunkten. In der Ordnung von Sachsen ist von Anrechnungsfaktoren die Rede. Seminare, Lehrgänge u.ä. Veranstaltungsformate werden als Tagesveranstaltungen mit acht Unterrichtsstunden verrechnet, Halbtagesveranstaltungen mit vier Stunden. Exkursionen und Baustellenbesuche werden nur mit der Hälfte der Zeit berechnet, d.h. eine Tagesveranstaltung wird mit vier Unterrichtsstunden angerechnet.

Alle Fortbildungsordnungen enthalten eine Auflistung von Themenbereichen, zu denen Weiterbildungsveranstaltungen ausgewählt werden können. Die differenzierteste Auflistung enthält die nordrhein-westfälische Fortbildungsordnung, die zunächst zwischen Themen für Architektinnen und Architekten und für Innenarchitektinnen und Innenarchitekten unterscheidet und dann für jede Gruppe sieben Themenfelder benennt. In den Fortbildungsordnungen der drei anderen Kammerbezirke werden jeweils fünf Bereiche genannt:

1. Planung, Entwurf, Gestaltung,
2. Konstruktionsplanung, Technik, Ausführung,
3. Recht,
4. Büromanagement,
5. Sonstige fachbezogene Themenbereiche.

Die hessische Fortbildungsordnung sieht zusätzlich vor, dass mindestens die Hälfte der nachzuweisenden Zeit in den Themenbereichen zwei bis vier erbracht werden soll.[3]

Wie bereits erwähnt kann die Weiterbildungsteilnahme in unterschiedlichen Veranstaltungsformaten erfolgen. In allen Fortbildungsordnungen werden Seminare, Lehrgänge, Workshops, Kongresse, Tagungen und Exkursionen genannt. E-Learning-Seminare sind in Hessen und Sachsen anrechenbar. Baustellenbesuche werden nur in Hessen explizit genannt.

Alle vier Fortbildungsordnungen enthalten Regelungen für die Qualitätssicherung der anrechenbaren Weiterbildungsveranstaltungen. Diese Qualitätssicherung bezieht sich auf die Zulassung von Anbietern bzw. von einzelnen Veranstaltungen. In allen Ordnungen wird das Angebot der Architektenkammern (auch anderer Kammerbezirke) grundsätzlich anerkannt. Darüber hinaus werden in Hessen, Sachsen und Thüringen die Angebote von Universitäten und Hochschulen, Berufsverbänden, Behörden und anderen Körperschaften des öffentlichen Rechts grundsätzlich, d.h. ohne Qualitätsprüfung, anerkannt. In Hessen und Thüringen werden auch (gewerbliche) Veranstalter, „deren Hauptziel es ist, Fortbildungen anzubieten“ (Fortbildungsordnung Hessen, § 5, Abs. 1) ohne be-

3 Nach Auskunft der hessischen Architekten- und Stadtplanerkammer ist die Regelung bewusst als eine Soll-Bestimmung und nicht als eine Verpflichtung formuliert worden.

sondere Prüfung zugelassen. In anderen Fällen, insbesondere den so genannten Hersteller-Kursen, kann eine Zulassung bei der jeweiligen Kammer beantragt werden (lediglich in Sachsen ist dies nicht vorgesehen), die dann die Qualität der Veranstaltungskonzeption und der vorgesehenen Referentinnen und Referenten prüft und dem Veranstalter gegebenenfalls die Eignung bescheinigt. Diese Qualitätsprüfung ist gebührenpflichtig.

Das Verfahren der Dokumentation der Weiterbildungsteilnahmen ist in Hessen, Sachsen und Thüringen ähnlich geregelt: die Mitglieder sind verpflichtet, der zuständigen Kammer bis zu einem Stichtag alle Weiterbildungsveranstaltungen, die nicht bei den kammereigenen Akademien besucht wurden, zu melden. Die Meldung umfasst in der Regel Angaben zum Thema und der Dauer der Veranstaltung sowie die Teilnahmebescheinigung. In Nordrhein-Westfalen ist eine Meldung bei der Kammer nicht erforderlich, die Mitglieder sind lediglich verpflichtet, die Nachweise der Weiterbildungsteilnahme auf Anforderung vorzulegen. Eine solche Prüfung wird jährlich bei 10% einer zufällig ermittelten Stichprobe der Mitglieder durchgeführt.

Die Nichterfüllung der Fortbildungspflicht wird in allen Fortbildungsordnungen als Verstoß gegen die in den Architektengesetzen ausgeführten Berufspflichten gewertet. In Hessen und Nordrhein-Westfalen wird eine Nachfrist von zwölf bzw. sechs Monaten eingeräumt, innerhalb dieses Zeitraumes können die Versäumnisse nachgeholt werden. Ansonsten wird in allen vier Ordnungen auf die möglichen Sanktionen verwiesen, die in den Architektengesetzen bei Verstößen gegen die Berufspflichten vorgesehen sind. Im hessischen Architekten- und Stadtplanergesetz werden z.B. folgende Maßnahmen genannt:

> „einen schriftlichen Verweis, eine Geldstrafe, (...) Löschung der Eintragung in dem Berufsverzeichnis, Untersagung der Führung der Berufsbezeichnung.“ (HASG § 18, Abs. 6)

Wie im Folgenden erläutert wird, sind – zumindest in Hessen – die Fortbildungsordnungen nicht in ihrer strategischen Intension, sondern vor allem in der konkreten Umsetzung des Nachweises von Weiterbildung umstritten. Dabei spielen zum einen die Qualitätssicherung und zum anderen die möglichen Sanktionen eine Rolle. Während für die Anerkennungsverfahren bereits erste Erfahrungen vorliegen, ist der Umgang mit Fortbildungsversäumnissen noch offen.

4. Entwicklung der Anbieter- und Angebotsstrukturen in der Weiterbildung von Architektinnen und Architekten

Wie aufgezeigt wurde, spielt Weiterbildung für die Berufsausübung von Architektinnen und Architekten eine gewichtige Rolle und ist überdies gesetzlich verpflichtend geregelt. Im Folgenden soll dieser Fortbildungspflicht die erkennbaren Anbieter- und Angebotsstrukturen gegenüber gestellt werden, um nachvollziehen zu können, ob für die obligatorische Weiterbildung auch ein angemessenes Angebot zur Verfügung steht. Insbesondere interessiert dabei, ob die Einführung der Nachweispflicht für Weiterbildung zu Veränderungen im Angebot geführt hat. Die Darstellung bezieht sich auf die Situation in Hessen, wobei auch auf verschiedene Anbieter außerhalb Hessens verwiesen wird, da viele Teilnehmende auch Veranstaltungen in anderen Bundesländern besuchen und dies durch die Regelungen der Fortbildungsordnung auch explizit vorgesehen ist.

Das Weiterbildungsangebot für Architektinnen und Architekten wird von einer Vielzahl von Anbietern und Anbietertypen bereitgestellt. Zu den wichtigsten zählen: die Akademien und Fortbildungseinrichtungen der Architektenkammern, Universitäten und Fachhochschulen, vor allem wenn sie in der Architektenausbildung aktiv sind, Behörden, wie beispielsweise die Landesgewerbeanstalten, die Berufsverbände, insbesondere der Bund Deutscher Architekten (BDA), die Vereinigung Freischaffender Architekten (VFA), der Bund Deutscher Baumeister (BDB), andere Vereine und Interessensverbände, vor allem das Deutsche Volksheimstättenwerk oder der Architekten- und Ingenieursverein AIV, kommerzielle Anbieter, wie die Technische Akademie Süd-West, der TÜV und einige Spezialanbieter sowie Hersteller von Bauprodukten (z.B. Baustoffe, Wärmedämmstoffe u.ä.). Ein Gesamtüberblick über Angebote und Anbieter existiert nicht. Lediglich die Architektenkammern sind dabei, ein gemeinsames Portal aller Architektenkammern unter der Internet-Adresse: www.architektenweiterbildung.de oder unter www.architekten-fortbildung.de aufzubauen.

Wie oben ausgeführt, sehen die Fortbildungsordnungen der Kammern zur Qualitätssicherung der obligatorischen Weiterbildung ein Verfahren zur Anerkennung von Anbietern bzw. von Angeboten vor. Dieses Anerkennungsverfahren ist in Hessen jedoch nur für Anbieter vorgesehen, „die nicht in erster Linie Fortbildung betreiben“ (Fortbildungsordnung der Architekten- und Stadtplanerkammer Hessen – AKH, § 5, Abs. 2). Damit sind vor allem die Weiterbildungsangebote von Herstellern von Bauprodukten oder Arbeitsmitteln erfasst, die einer Prüfung unterzogen werden, bevor sie als anrechnungsfähige Weiterbildung im Sinne der Fortbildungsordnung ausgeschrieben werden dürfen. Ein Überblick über das gesamte für die obligatorische Weiterbildung anerkannte Angebot lässt sich durch das Anerkennungsverfahren nicht gewinnen, denn bei allen anderen Anbietern (Hochschulen, Kammern, Behörden, Berufsverbänden und kommerziellen Weiterbildungsanbietern) wird unterstellt, dass das Angebot den allgemeinen Qualitätsansprüchen genügt. Eine Akkreditierung dieser Anbieter gibt es nicht und wird auch nicht angestrebt.

Nach Auskunft der AKH wurden im Jahr 2004 insgesamt 94 Veranstaltungsangebote gebührenpflichtig anerkannt, im Jahr 2006 waren es 106 Angebote. Die Zahl der anerkannten Angebote ist jedoch nicht identisch mit der Anzahl der durchgeführten Veranstaltungen, denn die Veranstaltungen können an mehreren Orten und über mehrere Jahre wiederholt durchgeführt werden. Die AKH geht davon aus, dass seit der Einführung der Nachweispflicht für Weiterbildung vor allem das Angebot an Herstellerkursen angestiegen ist, da diese aber erst durch die Zulassung ihrer Angebote erfasst werden, kann die Entwicklung nicht zuverlässig festgestellt werden. Immerhin steht die Einschätzung aber auch in Übereinstimmung mit den Beobachtungen der befragten Architektinnen und Architekten (siehe unten). Bei den anderen Anbietertypen hat die Einführung der Nachweispflicht nach Einschätzung der AKH nicht zu auffälligen Veränderungen in der Anbieterstruktur geführt, jedoch ist die Anzahl der Veranstaltungen insgesamt gestiegen.

Zuverlässige Daten über die Entwicklung von Veranstaltungszahlen und Teilnahmefällen liegen nur über die Veranstaltungen der Akademie der AKH vor. Danach verdoppelte sich die Zahl der Veranstaltungen und der Teilnahmefälle zwischen 2002 (also vor Einführung der Nachweispflicht) und 2006. Die meisten Veranstaltungen werden als Tagesveranstaltungen eintägig oder halb- bzw. dreiviertel-tägig durchgeführt (siehe Tab. 1). Weniger als 20% der Veranstaltungen haben einen Umfang von mehreren Tagen. An dieser Struktur hat sich nach Angaben der AKH gegenüber dem Vergleichsjahr 2002 nichts verändert.

Bei den Teilnahmefällen wird nicht hinsichtlich der Veranstaltungsdauer unterschieden, so dass keine Berechnungen zu Teilnahmestunden (als Äquivalent zu den Fortbildungspunkten) berechnet werden können. Ebenso wäre es aufschlussreich, die Größe der Veranstaltungen zu berücksichtigen, sie schwankt nach Angaben der AKH zwischen acht und 800 Teilnehmenden. 2002 nahmen im Schnitt 13 Personen pro Veranstaltung teil, 2006 waren es 13,3 Teilnehmende pro Veranstaltung. Die durchschnittliche Veranstaltungsgröße ist also leicht gestiegen, dies könnte darauf hindeuten, dass mehr Großveranstaltungen durchgeführt werden oder für einzelne Veranstaltungen die Anzahl der Plätze erhöht wurde.

Tab. 1: Dauer der Fortbildungsveranstaltungen der AKH im Jahr 2006

Dauer der Veranstaltung	Anteil an allen Veranstaltungen (in v.H.)
halb- bis dreivierteltägig	25
eintägig	56
zweitägig	7
dreitägig	5
viertägig	1
fünf- und mehrtägig	6
	100

Quelle: Nach Angaben der Akademie der Architekten- und Stadtplanerkammer Hessen, Stand 15.11.2007

Insgesamt hat sich nach Einschätzung der AKH die Teilnahmestruktur im Vergleichszeitraum nicht wesentlich verändert, es wird jedoch vermutet, dass sich Architektinnen und Architekten aus räumlich abgelegenen Standorten nun stärker an Weiterbildung beteiligen, seit sie ihre Teilnahme nachweisen müssen. Teilnahmedaten werden zum Status und der Dauer der Berufsausübung der Teilnehmenden erhoben. Danach sind 61% der Teilnehmenden selbständig, 31% angestellt oder verbeamtet tätig. Die Teilnahmestruktur entspricht damit nicht ganz dem Verhältnis der jeweiligen Statusgruppe in der Mitgliederstruktur der AKH, danach sind 53% Selbständige und 47% Angestellte und Beamte (vgl. Bundeskammerstatistik 2007). Die selbständigen Mitglieder werden also überproportional von dem Angebot der Kammer erreicht. Hinsichtlich der Dauer der Berufsausübung ergibt sich folgendes Bild: zwei Drittel der Teilnehmenden sind über zehn Jahre in ihrem Beruf tätig, 19,2% sind zwischen sechs und zehn Jahren und 14,6% bis zu fünf Jahre tätig. Zu der Dauer der Berufsausübung liegen keine Vergleichszahlen für die Kammermitgliedschaft vor, immerhin kann jedoch festgestellt werden, dass das Angebot vor allem von berufserfahrenen Architektinnen und Architekten in Anspruch genommen wird.

Zu den Inhalten der Veranstaltungen liegen keine genauen Angaben vor. Nach Einschätzung der AKH wurden im Berichtszeitraum vor allem die Themen Energie, Bauschadenslehre und vorbeugender Brandschutz besonders nachgefragt. Die erhöhte Nachfrage lässt sich vor allem mit rechtlichen Veränderungen erklären. Des Weiteren wurden Managementthemen besonders nachgefragt sowie im Kontrast zur Ausbildung, die häufig die künstlerischen Aspekte der Architektur stark betont, der technische, rechtliche und organisatorische Ablauf des Bauprozesses.

Die vorliegenden Daten zum Weiterbildungsangebot lassen sich nicht unmittelbar in Bezug zur nachgewiesenen Weiterbildungsteilnahme aufgrund der Nachweispflicht setzen, zumindest die mir verfügbaren Informationen lassen eine solche Analyse nicht zu. Nach Auskunft der AKH unterliegen von den insgesamt 11.000 eingetragenen Architektinnen und Architekten 8.500 der Nachweispflicht.[4] Von den meldepflichtigen Mitgliedern sind im letzten Erhebungszeitraum 230 Mitglieder nicht ihrer Fortbildungspflicht nachgekommen bzw. haben ihre Weiterbildungsteilnahme nicht gemeldet. Die überwiegende Mehrheit (97%) der Architektinnen und Architekten hat also durchschnittlich zwei Tagesveranstaltungen pro Jahr besucht. Damit stehen 8.270 Teilnahmen mit je 16 Unterrichtsstunden, d.h. 132.320 Teilnahmestunden, durch das Angebot der Akademie der AKH ein Angebot für 4.500 Teilnahmefällen mit durchschnittlich zehn

4 Nicht meldepflichtig sind Mitglieder, die älter als 65 Jahre alt sind und Mitglieder im Ruhestand (siehe oben).

Unterrichtsstunden[5], das entspräche 45.000 Teilnahmestunden, gegenüber. Bei aller Vorsicht hinsichtlich der geschätzten Werte würde also in etwa ein Drittel des nachgewiesenen Umfangs an Weiterbildung in der Akademie der AKH angeboten.

Umgekehrt hieße das aber auch: zwei Drittel der Angebote werden von anderen Anbietern erbracht, auf deren Angebote die Kammer nur insofern Einfluss nimmt, als dass sie im Rahmen des Anerkennungsverfahrens unangemessene Angebote nicht für die Erfüllung der Nachweispflicht zulässt. Damit ist allerdings das Steuerungspotential im Sinne der oben genannten Aufgaben der Weiterbildung sehr gering. Da wir auf Seiten des Angebots keine zuverlässigen Daten über die Angebotsstrukturen und insbesondere über die Teilnahmestunden haben, lassen sich keine präzisen Angaben über die Anteile einzelner Anbieter oder Anbietertypen ermitteln. Insofern lassen sich diese Vermutungen hier nicht auf einer soliden Datenbasis vertiefen. Im übrigen ist zu berücksichtigen, dass in den Fortbildungskonten nur das erforderliche Mindestmaß an Weiterbildungsteilnahmen erfasst wird, so dass von einer weit größeren Nachfrage und auch einem größeren Angebot ausgegangen werden sollte.

5. Stellenwert der Weiterbildung aus Sicht von Architektinnen und Architekten

Im Folgenden soll die Weiterbildung aus der Perspektive der (potentiellen) Nutzerinnen und Nutzer, also der Architektinnen und Architekten, betrachtet werden und dabei insbesondere der Weiterbildungsbedarf, die Beteiligung, die Organisation sowie die strategische Bewertung der Weiterbildung thematisiert werden. Basis der Ausführungen sind Interviews, die Ende 2007 bis Anfang 2008 mit Architektinnen und Architekten aus drei Architekturbüros in Südhessen geführt wurden. Die Kontaktaufnahme erfolgte auf Empfehlung der Architektenkammer. Die Interviewten waren in der Regel die Büroinhaberinnen und Büroinhaber bzw. Personen mit Leitungsfunktion im Büro, so dass in den Interviews nicht nur die individuelle Sicht einzelner Architektinnen und Architekten erfasst wurde, sondern auch die betriebliche Perspektive des Büros, einschließlich der Organisation und Geschäftsstrategie.

5 Dies ist aber nur eine sehr vage Angabe, die auf der Berechnung der durchschnittlichen Veranstaltungsdauer beruht. Im Übrigen werden hier auch Teilnahmefälle den personenbezogenen Angaben zu Weiterbildungsteilnahmen aus den Fortbildungskonten gegenüber gestellt. Dies ist irreführend, denn unter den Teilnahmefällen der Akademie könnten auch Nichtmitglieder sein oder Personen, die sich zu mehreren Veranstaltungen angemeldet haben. Die Angaben sind also mit großer Vorsicht zu behandeln – sie sollen lediglich mögliche Strukturzusammenhänge illustrieren.

Bei den Büros handelt es sich um zwei mittlere (Fall A1 und A2, ca. 15 Mitarbeiterinnen und Mitarbeiter) und ein großes Büro (Fall A3, über 50 Mitarbeiterinnen und Mitarbeiter), die zwischen 1973 und 1998 gegründet wurden, wobei sich diese Angaben auf die derzeitige Struktur beziehen, teilweise hat sich diese über eine lange Geschichte mit Führungswechseln und Strukturveränderungen entwickelt. Alle drei Büros bieten ein breites Leistungsspektrum an, in jedem Fall Stadtplanung und Architektur. In einem Fall hat sich die Auftragsstruktur dahingehend verändert, dass die privaten Aufträge anteilig gestiegen sind, in einem anderen Fall hat sich das Leistungsspektrum in den letzten Jahren erweitert. Die Beschäftigungsentwicklung ist in den drei Büros unterschiedlich: in einem Fall hat sich die Anzahl der Beschäftigten leicht erhöht, in einem anderen ist das Büro nach einer Schrumpfungsphase wieder stark expandiert, im dritten Fall ist die Zahl der Mitarbeiterinnen und Mitarbeiter leicht zurück gegangen. Wie im Folgenden noch detailliert ausgeführt wird, engagieren sich alle drei befragten Büros schon seit Längerem in der Weiterbildung ihrer Mitarbeiterinnen und Mitarbeiter. Dieses hohe Weiterbildungsengagement ist vermutlich nicht repräsentativ, wobei zuverlässige Aussagen zur Repräsentativität aufgrund der fehlenden Daten zur Weiterbildungsbeteiligung von Architektinnen und Architekten insbesondere vor Einführung der Nachweispflicht nicht möglich sind. Bei der Bewertung der Ergebnisse muss dennoch berücksichtigt werden, dass es sich bei den befragten Büros wahrscheinlich um besonders weiterbildungsaktive und dem Thema aufgeschlossene Fälle handelt.

5.1 Weiterbildungsbedarf

Zunächst soll geklärt werden, in welchen Themenbereichen die befragten Architektinnen und Architekten Weiterbildungsbedarf sehen und wie sie auf neue Bedarfe aufmerksam werden. Eine wichtige Bezugsgröße ist hier die Qualifikationsstruktur der Mitarbeiterinnen und Mitarbeiter sowie die Anforderungen an die Mitarbeiterinnen und Mitarbeiter, die sich aus den Aufgabenzuschnitten und der Arbeitsteilung ergeben. Im Fall A1 decken die im Büro beschäftigten Architektinnen und Architekten unterschiedliche Arbeitsschwerpunkte ab, für die sich die Mitarbeiterinnen und Mitarbeiter zum Teil in Aufbaustudiengängen qualifiziert haben. Die heterogene Struktur der Ausbildungen ist bewusst gewählt, um komplexe Projekte innerhalb des Büros bearbeiten zu können, und hat sich bewährt. Die Aufträge werden in Teams bearbeitet, lediglich CAD-Zeichnungen werden als spezialisierte Aufgabe von zwei (Teilzeit-)Mitarbeiterinnen und Mitarbeiter bearbeitet. Im Fall A3 sind die Aufgaben in drei Bereiche gegliedert: Wettbewerbe und Auftragsakquisition, Planung und Baumanagement. Zur Bearbeitung von Aufträgen arbeiten die Bereiche dann projektförmig zusammen, Teamarbeit spielt deshalb eine große Rolle. In den Projekten gibt es jeweils eine

Projektleitung, meist auch eine Stellvertretung, darüber hinaus werden phasenweise Mitarbeiterinnen und Mitarbeiter hinzugezogen. In beiden Büros hat sich an dieser Büroorganisation in den letzten Jahren nichts wesentlich verändert. Insofern ergibt sich aus der Arbeitsorganisation kein zusätzlicher Weiterbildungsbedarf, zumindest sehen die Befragten hier keinen Bedarf. Auch im dritten Fall, in dem sich das Leistungsspektrum in den letzten Jahren erweitert hat, wurde dies nicht durch Weiterbildung begleitet.

Auch aus der Personalstruktur und Entwicklung des Personalbedarfs heraus wäre es denkbar, dass sich Weiterbildungsbedarf abzeichnet. Beispielsweise beschäftigen alle befragten Büros Praktikantinnen und Praktikanten, die meist auch nach dem Praktikum stundenweise weiter im Büro mitarbeiten. Die Anleitung der Praktikantinnen und Praktikanten und auch deren gezielter Einsatz in Projekten oder bei der Entwicklung neuer Geschäftsfelder könnte im Rahmen der Personalentwicklung systematisch genutzt werden. Eine strategisch ausgerichtete Personalplanung und Personalentwicklung wird von den Befragten jedoch nicht anvisiert. In einem Fall wird darüber nachgedacht, ein internes Trainee-Programm zu entwickeln. Dies könnte der Tatsache geschuldet sein, dass die bisherige Rekrutierungsstrategie und der Einbezug von Praktikantinnen und Praktikanten noch nicht als befriedigend angesehen wird. Insgesamt findet die mittelfristige Entwicklung des qualitativen wie auch des quantitativen Personalbedarfs jedoch keinen Niederschlag in der Weiterbildungsplanung.[6]

Vielmehr wird der Weiterbildungsbedarf projektbezogen und damit auftragsbezogen ermittelt. Es kann z.B. vorkommen, dass Mitarbeiterinnen und Mitarbeiter weitergebildet werden müssen, um für einen Auftrag eingesetzt werden zu können oder Mitarbeiterinnen und Mitarbeiter aus der Projektarbeit heraus auf neue Themen oder Probleme aufmerksam werden und diese Hinweise dann als Weiterbildungsbedarf identifiziert werden. Die Bandbreite der möglichen Themen reicht dabei von technischen Neuerungen über besondere Rechtsgebiete bis hin zu Moderation und Mediation.

Im Bereich der rechtlichen Grundlagen ergibt sich regelmäßig Weiterbildungsbedarf durch Novellierungen von Gesetzen und Vorschriften (z.B. Brandschutzverordnungen, Bauvorschriften). Bedarf und regelmäßige Teilnahmen sind vor allem im Bereich der städtebaulichen Projekte festzustellen, hier gibt es

---

6 Eine strategische Ausrichtung der Personalentwicklung wird in kleinen und mittleren Unternehmen nur selten praktiziert, was einerseits auf den Mangel an professionellen Personalmanagement-Funktionen zurückzuführen ist (in KMU wird die Personalleitung meist von der Geschäftsführung „nebenbei“ wahrgenommen). Zum anderen sind KMU häufig aufgrund ihrer instabilen Marktposition nicht in der Lage, ihren Personalbedarf mittel- und langfristig zu planen. Hier könnten Angebote der Weiterbildungsberatung oder Serviceleistungen im Weiterbildungsmanagement z.B. durch Kammern oder Bildungsträger Unterstützung bieten (vgl. Iller 2009).

besonders häufig Veränderungen, die in der täglichen Arbeit berücksichtigt werden müssen: „Jährlich wird das Baugesetzbuch geändert und wir können hier nur überleben, wenn wir in der rechtlichen Diskussion auf dem neuesten Stand sind“ (A1). Weiterer Weiterbildungsbedarf ergibt sich durch neue Förderprogramme, z.B. „Städteumbau“. Über neue Förderprogramme wird üblicherweise durch Veranstaltungen von Ministerien oder zuständigen Behörden informiert.

Die Informationen zu aktuellen Themen und möglichem Weiterbildungsbedarf beziehen alle Befragten aus Fachzeitschriften und Weiterbildungsprogrammen von Anbietern. Vor allem in der stark regulierten Stadtplanung reagieren Anbieter umgehend auf Veränderungen (insbesondere Gesetzesnovellierungen) mit einem entsprechenden Weiterbildungsangebot. Aber auch in anderen Bereichen (technische Innovationen, neue Trends) wird der Bedarf aus dem bestehenden Angebot abgeleitet. Die Weiterbildungsinformationen scheinen vielfältig und regelmäßig bei den Büros einzugehen (siehe unten), so dass die Befragten den Eindruck gewonnen haben, es bestehe ein ausreichend bedarfsdeckendes Angebot, aus dem sie lediglich das für sie Passende auswählen müssen. Darüber hinaus scheint es keine Nachfrage nach Weiterbildung zu geben. Lediglich in einem Fall wird durch die interne Weiterbildungsorganisation (siehe unten) ein anderes Prinzip der Bedarfsorientierung gewählt.

Da die Interviews mit Inhaberinnen und Inhaber bzw. den Leitungskräften von Architekturbüros geführt wurden, ist es wichtig, zwischen dem Weiterbildungsbedarf aus Sicht des Büros und dem Bedarf einzelner Mitarbeiterinnen und Mitarbeiter zu unterscheiden. In allen drei Fällen wird thematisiert, dass es über Weiterbildungserfordernisse aus Sicht des Büros hinausgehend Weiterbildungsbedarf von einzelnen Mitarbeiterinnen und Mitarbeiter gibt, der aber nicht mit deren aktuellen Aufgaben verbunden ist. Dieser Weiterbildungsbedarf wird dann in der Regel auch nicht während der Arbeitszeit und auf Kosten des Büros sondern in der Freizeit der Mitarbeiterinnen und Mitarbeiter und auf deren Kosten gedeckt. Da sich die Leitungen für diesen Weiterbildungsbedarf und auch die daraus resultierende Weiterbildungsteilnahme nicht zuständig fühlen, ist den Befragten auch wenig über inhaltliche Schwerpunkte und das quantitative Ausmaß dieser Aktivitäten bekannt.

5.2 Weiterbildungsbeteiligung

Alle befragten Büros sehen sich als schon lange weiterbildungsaktiv an und schätzen, dass die Weiterbildungsbeteiligung höher ausfällt, als durch die Nachweispflicht erforderlich ist. Dies erklärt sich nach Ansicht eines Befragten daraus, dass die Entscheidung über eine Weiterbildungsteilnahme bedarfsabhängig getroffen wird, nämlich dann, wenn etwas angeboten wird, was für die Arbeit notwendig ist. Der zeitliche Umfang spielt deshalb nur eine untergeordnete Rolle.

Über die Weiterbildungsbeteiligung aller Mitarbeiterinnen und Mitarbeiter liegen in keinem der drei Fälle gesicherte Informationen vor. Bei den beiden mittelgroßen Büros scheint es wegen der überschaubaren Anzahl von Personen nicht notwendig zu sein, in dem großen Büro entspricht es nicht der Weiterbildungsphilosophie, auch hier geht man davon aus, dass das bedarfsorientierte Angebot keine Lücken hinterlässt.

Lediglich in einem Fall werden Schätzungen über die Weiterbildungsbeteiligung genannt, danach nehmen alle Architektinnen und Architekten des Büros zwei Tage pro Jahr an Weiterbildung teil. Davon wird ca. 75% vom Büro finanziert, ca. 25% ist selbst initiierte und finanzierte Weiterbildung. Da das Büro aber nicht vollständig über alle selbst initiierten Weiterbildungsaktivitäten der Mitarbeiterinnen und Mitarbeiter informiert ist, handelt es sich bei den Angaben eher um eine Vermutung als um eine gesicherte Information.

Bevorzugt werden von den Befragten Veranstaltungen in Form von Seminaren besucht, überwiegend als eintägige Veranstaltungen, gelegentlich auch mehrtägige Veranstaltungen. Wie unten noch detaillierter ausgeführt wird, gibt es auch interne Veranstaltungen, die eine kürzere Dauer haben. Für externe Veranstaltungen scheint aber die Tagesveranstaltung die optimale Dauer zu haben. Letztendlich wird die Entscheidung für eine Veranstaltungsform in Abhängigkeit von der Wichtigkeit des Themas und dem Zeitbudget getroffen. Insgesamt gehen die Befragten davon aus, dass sich an der Weiterbildungsbeteiligung seit der Einführung der Nachweispflicht für Fortbildungen weder in der Häufigkeit noch in der Dauer der Veranstaltungen etwas verändert hat.

Die Einstellung zur Weiterbildung wird von den Befragten insgesamt als positiv bewertet. Unterschiede innerhalb eines Büros sind meist nicht zu erkennen, lediglich zwischen den Berufsgruppen der Stadtplaner und der „Hochbauer“ werden von einem Befragten Unterschiede gemutmaßt: für die Stadtplaner sei Weiterbildung selbstverständlicher, für Architektinnen und Architekten sei es „eine lästige Pflicht“ (A1). Inwieweit diese Beobachtung zu generalisieren ist, kann hier allerdings nicht geklärt werden. Übereinstimmend stellen alle Befragten fest, dass sich an der positiven Einstellung zur Weiterbildung durch die Einführung der Nachweispflicht nichts verändert hat.

Die Nachweispflicht hat also in den drei Büros keinerlei Einfluss auf die Weiterbildungsbeteiligung und Einstellung gehabt. Sind sie Ausnahmefälle? Dies lässt sich auf Grundlage der Interviews nicht beantworten. Angesichts der in Punkt 3 angeführten Daten zur Erfüllung der Nachweispflicht kann jedoch vermutet werden, dass der überwiegende Teil der Architektinnen und Architekten ohne allzu große Probleme die Vorgabe von durchschnittlich zwei Tagen pro Jahr erfüllen konnte. Dennoch ist auch festzustellen, dass es einen deutlichen Zuwachs zumindest bei einem Anbieter gegeben hat. Dies bestätigen die Interviewten mit ihren Beobachtungen:

> „Ich habe mich auch schon gewundert, wenn ich auf Fortbildungen gegangen bin und Kollegen, die im Metier drin sind, das gleiche beackern, dort nie gesehen habe. Da habe ich mich auch gefragt: wie erfahren die die Veränderungen? Und solche sind jetzt auch eher mal auf Seminaren." (A1)

Insgesamt, so vermuten die Befragten, hat sich das Weiterbildungsangebot verändert. Es gibt ein Segment an Weiterbildung zu städtebaulichen und baurechtlichen Themen, das sich kaum seit Einführung der Nachweispflicht verändert hat, allenfalls hat es einen leichten Zuwachs dieser Angebote gegeben. Zugenommen haben Angebote von privaten Anbietern, vor allem Hersteller-Kurse, z.B. „eine Pflasterfirma, die ein Seminar zu Pflasterarbeiten angeboten hat und dann in die Ankündigung schreibt: das ist anerkannt" (A1). Diese Anbieter haben zudem ihre Werbung intensiviert und bieten auch verstärkt Inhouse-Kurse an. Weitere Anbieter sind z.B. aus der Immobilienwirtschaft hinzu gekommen, die aber sehr teure Angebote unterbreiten (1.000 € pro Veranstaltung) und deshalb nach Einschätzung eines Befragten ihr Angebot nicht zur Erfüllung der Nachweispflicht unterbreiten, sondern Architektinnen und Architekten neue Geschäftsfelder eröffnen wollen und in diesem Kontext eine höhere Investitionsbereitschaft vermuten.

Angesichts der Vielfalt an Angeboten und Anbietern stellt sich die Frage, wie Architektinnen und Architekten die Übersichtlichkeit es Angebots beurteilen. Eine bessere Übersicht über das gesamte Angebot wäre demnach wünschenswert, problematisch ist die Marktübersicht jedoch nicht. Die Büros haben aufgrund ihrer langjährigen Weiterbildungserfahrungen einen guten Überblick. Unterschiedlich wird die Entwicklung der Qualität der Weiterbildungsangebote eingeschätzt: während in einem Fall eine Qualitätsverbesserung konstatiert wird, die vor allem auf das Akkreditierungsverfahren durch die AKH (siehe oben) zurück geführt wird, äußern sich andere kritisch über die Qualität eben dieser Herstellerkurse.

> „Ich kann das aus eigener Erfahrung sagen, ich habe auch schon an Veranstaltungen teilgenommen, die bessere Firmenpräsentationen waren und das bringt dann nichts. Es muss dann ein qualifizierter Referent oder eine Referentin sein, die das Wissen gezielt vermitteln kann." (A3)

Andererseits wird festgestellt, dass das Angebot professioneller geworden sei und vor allem die privaten Anbieter systematischere und vertiefende Angebote machten.

5.3 Organisation von Weiterbildung im Architekturbüro

In zwei der drei Architekturbüros wird die Weiterbildung nahezu ausschließlich über externe Anbieter abgedeckt. Deshalb stellt sich zunächst die Frage, wie die Leitungen oder die Mitarbeiterinnen und Mitarbeiter über die externen Angebote informiert werden. In allen Fällen findet diese Information über die Kammermitteilungen, das Internet und durch Postzusendungen statt. Vornehmlich werden Informationen von Anbietern wahrgenommen, bei denen auch früher schon Weiterbildungsveranstaltungen besucht wurden. Neben der Architektenkammer werden hier vor allem Hochschulinstitute und im Bereich der Stadtplanung das Deutsche Volksheimstättenwerk genannt. Bei diesen Anbietern werden regelmäßig Veranstaltungen besucht und das Programm systematisch gesichtet. Die Anbieter senden Prospekte und neuerdings auch Werbung über E-Mail. In einigen Fällen wurden die Befragten auch selbst aktiv und hatten sich in einen Verteiler aufnehmen lassen. Informationen zu Veranstaltungen kommen nahezu wöchentlich ins Haus. In einem Fall gibt es deshalb mittlerweile einen Geschäftsgang für die eingehende Weiterbildungswerbung: sie wird von einem Mitarbeiter entgegen genommen (er ist „Pate“ für die Weiterbildung), von ihm vorsortiert und dann gezielt weiter gegeben.

Interessante Hinweise aus dem Weiterbildungsangebot werden von den Leitungen aufgegriffen und gezielt Mitarbeiterinnen und Mitarbeiter ausgewählt, die diese Weiterbildung besuchen sollen. Ein Befragter führt hierzu weiter aus, dass sich die Auswahl von Mitarbeiterinnen und Mitarbeiter für Weiterbildung nicht anders gestaltet als die Vergabe von Aufträgen oder die Einteilung von Mitarbeiterinnen und Mitarbeiter zu Projekten. Im Büro herrscht eine offene Kommunikation zwischen den Mitarbeiterinnen und Mitarbeiter und der Leitung und Transparenz in der Aufgabenverteilung, so dass die Mitarbeiterinnen und Mitarbeiter meist keine Einwände gegen die Auswahl zur Weiterbildung haben. Im Übrigen stand schon vor der Einführung der Nachweispflicht in den Arbeitsverträgen der Mitarbeiterinnen und Mitarbeiter, dass sie zwei Tage pro Jahr an Weiterbildung teilnehmen sollen. Insofern ist die regelmäßige Weiterbildung – auch bei den Nicht-Kammermitgliedern – schon lange Normalität in der Aufgabenwahrnehmung. Bislang war es noch nie notwendig, eine Weiterbildungsteilnahme anzuordnen. Zum Teil geht die Initiative zur Weiterbildung auch von den Mitarbeiterinnen und Mitarbeiter aus, die sich eigenständig um Weiterbildungsangebote gekümmert haben und dann die Leitung um Unterstützung für ihre Weiterbildungsteilnahme bitten. In einem Fall benennt die Leitung Themen, die im Büro benötigt werden und die Mitarbeiterinnen und Mitarbeiter können sich dann selbst für eine Teilnahme vorschlagen.

In einem der befragten Büros wird zusätzlich zu den externen Weiterbildungsangeboten auch interne Weiterbildung (so genannte Inhouse-Seminare) durchgeführt. Dabei werden gezielt Veranstaltungen organisiert, meist mit externen Referentinnen und Referenten, z.B. Kooperationspartnern oder aus Firmen, die ihre Produkte vorstellen oder über aktuelle Marktentwicklungen referieren. Diese Veranstaltungen werden entweder offen angeboten, so dass alle interessierten Mitarbeiterinnen und Mitarbeiter teilnehmen können, teilweise werden die Seminare aber auch verpflichtend für Mitarbeiterinnen- und Mitarbeiter-

Gruppen durchgeführt, wenn z.B. für ein Projekt oder einen Funktionsbereich gezielt Mitarbeiterinnen und Mitarbeiter qualifiziert werden sollen. Die Inhouse-Seminare finden nicht regelmäßig statt, aber schätzungsweise viermal im Jahr. Insgesamt wird der Umfang an intern organisierten Schulungen, Workshops, Baustellenbesuchen etc. auf zehn Stunden pro Quartal geschätzt. Die Veranstaltungen finden in der Regel freitags am Nachmittag statt.

Neben organisierten Veranstaltungen spielt für den Wissenserwerb auch informelles Lernen[7] durch die Lektüre von Fachzeitschriften, dem Erfahrungsaustausch mit Kolleginnen und Kollegen, Besichtigungen etc. eine Rolle. Die Bedeutung dieser Lernformen wird von den Befragten jedoch sehr unterschiedlich eingeschätzt. In einem Fall wird die Position vertreten, dass schätzungsweise 90% des Wissenserwerbs in Seminaren und ähnlichen Formen stattfindet. Für organisierte Veranstaltungen spräche, dass gezielt Informationen vermittelt werden und Expertise eingebracht wird. Dies sei gerade bei rechtlichen Grundlagen sehr wichtig, denn dort reiche es nicht aus, den Gesetzestext zu kennen, vielmehr müsse durch die Veranstaltungen – die Vorträge und Diskussionen – ein „Gesamtbild" der Gesetzesnovellierung vermittelt werden. In einem anderen Fall wird die Bedeutung des informellen Lernens hingegen sehr hoch eingeschätzt. Das Büro stellt den Mitarbeiterinnen und Mitarbeiter Fachzeitschriften zur Verfügung, die als Informationsquelle über aktuelle Themen dienen. Außerdem werden interne Workshops zum Erfahrungsaustausch innerhalb und zwischen den Büros sowie Hospitationen bei ausländischen Partnern organisiert, um den Mitarbeiterinnen und Mitarbeiter innerhalb der Arbeit möglichst viele Lerngelegenheiten zu bieten und damit Arbeiten und Lernen eng miteinander zu verbinden.

---

7 In der Untersuchung wurde auch nach Lernprozessen außerhalb von Bildungseinrichtungen gefragt, wobei in Anlehnung an die in der Bildungswissenschaft und Bildungspolitik mittlerweile gebräuchliche Unterscheidung zwischen formalem, nicht-formalem und informellem Lernen folgendermaßen differenziert wird. Als formales Lernen werden Lernprozesse bezeichnet, die in Bildungs- und Ausbildungseinrichtungen stattfinden und zu anerkannten Abschlüssen führen, unter nicht-formalem Lernen wird das Lernen „außerhalb der Hauptsysteme der allgemeinen und beruflichen Bildung", z.B. am Arbeitsplatz, im Verein etc. bezeichnet, und unter informellem Lernen ist das Lernen zu verstehen, das nicht notwendigerweise intentional als „eine natürliche Begleiterscheinung des täglichen Lebens" stattfindet (vgl. Europäische Kommission 2000, S. 9f.). Informelles Lernen umfasst demnach all jene Lernprozesse, die außerhalb von traditionellen pädagogischen Organisationsformen des Lehrens stattfinden, in denen keine Lehrperson plant und steuert, für die es keinen ausgearbeiteten Ablaufplan gibt und in denen der Lehr-Lern-Prozess nicht in einem Unterrichts- bzw. Seminarraum erfolgt. Dabei ist zu berücksichtigen, dass nicht die Lerntätigkeit als formell oder informell angesehen werden kann, sondern die Bedingungen unter denen das Lernen stattfindet. Präziser wäre es deshalb, von „Lernen unter formellen, non- und informellen Bedingungen" (Straka 2000, S. 21) zu sprechen.

Diese Form der lernförderlichen Arbeitsgestaltung wird im Büro systematisch durchgeführt. Zunächst war es die Aufgabe einer Mitarbeiterin, den Informationsaustausch zu organisieren, mittlerweile wird diese Aufgabe von den Projektleitungen wahrgenommen. In Form von Jourfixen werden monatlich Zusammenkünfte zum zielgerichteten Erfahrungsaustausch abgehalten. Zudem wird das Lernen in Projekten durch die Vielfalt der Aufgaben und wechselnde Anforderungen in den Projekten gefördert. Nach Ansicht der Befragten sind Kurse und Seminare dennoch wichtig, vor allem um spezielles Wissen zu vermitteln. Sie werden aber nur dann als nützlich empfunden, wenn die Qualität der Veranstaltungen gut ist.

Wie bereits im Zusammenhang des Weiterbildungsbedarfs dargestellt, unterscheiden die Befragten durchgängig zwischen Weiterbildung, die für das Büro notwendig ist, und Weiterbildung, die die Mitarbeiterinnen und Mitarbeiter darüber hinaus aus eigenem Interesse besuchen wollen. Diese Unterscheidung ist vor allem für die Kostenübernahme und die Freistellung zur Weiterbildung relevant. Ist die Weiterbildung aus Sicht der Leitungen nicht für das Büro relevant, müssen die Mitarbeiterinnen und Mitarbeiter die Kosten selbst tragen und für die Zeit der Weiterbildung ihre Freizeit oder Erholungsurlaub aufbringen. Wenn es sich um für das Büro notwendige Weiterbildung handelt, übernimmt in allen drei Fällen das Büro die Kosten und stellt den/die Mitarbeiter/in zur Teilnahme frei. Im Fall der internen Weiterbildung fallen teilweise Honorarkosten für die Referentinnen und Referenten an, darüber hinaus sind die Ausfallzeiten der teilnehmenden Mitarbeiterinnen und Mitarbeiter zu berücksichtigen. Bei den externen Seminaren fallen die Kursgebühren und die Freistellung an, in einem Fall wurde auch eine längere Weiterbildung mit Übernachtungskosten etc. vom Büro finanziert, weil ein hohes Interesse daran bestand, das Know-how für das Büro aufzubauen. Zum Teil werden Mitarbeiterinnen und Mitarbeiter auch gezielt zu einzelnen Themen auf Kosten des Büros zu Seminaren geschickt und sollen hinterher dann das erworbene Wissen im Rahmen von Inhouse-Seminaren an andere weiter geben.

Die Kosten und die Effektivität der Weiterbildungsteilnahme werden in keinem der befragten Büros systematisch ermittelt. Die Kosten von Weiterbildung werden in einem Fall jedoch als ein noch nicht gelöstes Problem angesehen, das durch die Nachweispflicht an Dringlichkeit gewonnen hat. In diesem Fall werden die Kosten für Seminare, vor allem die Freistellungskosten, als große Belastung wahrgenommen, wenngleich eingeräumt wird, dass bisher noch keine präzise Berechnung stattgefunden hat. „Es gibt Themen, da sind wir bereit, etwas in die Weiterbildung unserer Mitarbeiter zu investieren." (A3)

Ist der Bedarf thematisch aber nicht erkennbar, so wäre es nach Ansicht der Befragten problematisch, Weiterbildung durchzuführen bzw. Mitarbeiterinnen und Mitarbeiter freizustellen, nur um das mit der Nachweispflicht zu erbringende

Zeitvolumen zu erfüllen. Dass dieses Problem nur von einem Büro thematisiert wird, könnte damit zusammen hängen, dass insgesamt in Architekturbüros selten die Arbeitszeit ermittelt und für die Auftragsbearbeitung kalkuliert wird (vgl. Hommerich/Ebers 2006, S. 104f.). Insofern könnte es sein, dass die zeitliche und damit auch finanzielle Belastung durch Weiterbildung nur dort besonders wahrgenommen wird, wo diese Ressource differenziert erfasst wird.

Grundsätzlich gehen die Befragten davon aus, dass eine objektiv überprüfbare Messung der Effekte kaum möglich sei. Durch die sehr bedarfsbezogene Auswahl von Weiterbildungsveranstaltungen erwarten die Inhaberinnen und Inhaber bzw. Leitungen der Büros, dass sich das neu erworbene Wissen unmittelbar anwenden lässt und dadurch die positiven Effekte durch die Qualität der Arbeit nachgewiesen sind.

Die Organisation der Weiterbildung hat sich in allen drei Fällen durch die Einführung der Nachweispflicht nicht wesentlich verändert. Im Fall der internen Weiterbildung wurde die Anzahl der intern durchgeführten Veranstaltungen leicht erhöht, zumal diese Veranstaltungen in der Regel als anrechenbare Veranstaltungen anerkannt sind. Der organisatorische Aufwand zur Erfüllung der Nachweispflicht wird als unproblematisch eingeschätzt: nach der Teilnahme an Weiterbildung wird der Nachweis „aufs Fax-Gerät gelegt und nach Wiesbaden geschickt" (A1). Von anderen wird die Nachweispflicht, vor allem die Unterteilung in zwei Gruppen von Veranstaltungsthemen (siehe oben), jedoch als zu bürokratisch empfunden.

5.4 Bedeutung der Weiterbildung im Rahmen der Geschäftsstrategien

Der Stellenwert regelmäßiger Weiterbildung wird von den Architektinnen und Architekten als sehr hoch eingestuft. Vor allem die raschen Veränderungen im fachlichen Wissen erfordern nach Ansicht der Befragten eine regelmäßige Aktualisierung des Wissens. Nur so ist es möglich, innovative Dienstleistungen auf dem aktuellsten Stand von Wissenschaft und Technik anzubieten, aber auch das hohe Haftungsrisiko zu minimieren. Deshalb ist es auch im Interesse der Büros, dass die Mitarbeiterinnen und Mitarbeiter gut qualifiziert sind. Wie schlägt sich diese Einsicht in der konkreten Arbeit nieder, welche Bedeutung haben Weiterbildung und gut qualifiziertes Personal in der Außendarstellung und der Geschäftspolitik der Büros?

Insgesamt äußern sich die Befragten hierzu eher zurückhaltend, in einem Fall gibt es Überlegungen, die Weiterbildungsaktivitäten auf der Homepage auszuweisen, dies ist aber noch nicht realisiert. Ansonsten weisen alle drei Büros in Ausschreibungen auf die Qualifikationen und die hohe Kompetenz hin, z.B. „durch einen Satz: ‚durch regelmäßige Fortbildungen sind wir immer rechtlich auf dem neuesten Stand'" (A1).

Oder es werden im Angebot die Qualifikationen der Mitarbeiterinnen und Mitarbeiter genannt, die später den Auftrag bearbeiten werden. Inwieweit diese Praxis aber für die Auftragserteilung wirklich ausschlaggebend ist, kann von den Befragten nicht mit Sicherheit gesagt werden. Zweifel werden dahingehend geäußert, dass insgesamt eine „Schnäppchenmentalität" auch in der Baubranche zu beobachten sei, die nach wie vor günstige Angebote einer guten, aber entsprechend auch teureren Leistung vorziehen. Zum anderen wird eingewandt, dass durch die Nachweispflicht die Weiterbildung nicht mehr als besonderer Vorteil herauszustellen sei, da nun alle auf ihr Weiterbildungsengagement verweisen können. Trotzdem wird die Weiterbildungsteilnahme als wichtige Strategie angesehen, um Kompetenz zu erwerben und nach außen, z.B. in Gesprächen mit Kunden deutlich zu machen. In einem Fall wird auch darauf verwiesen, dass die permanente Weiterbildung mit dazu beigetragen habe, immer auf dem Laufenden zu sein und deshalb die Krisenzeiten der vergangenen Jahre besser überstanden zu haben.

Vor diesem Hintergrund wird die Nachweispflicht für Weiterbildung von den Befragten im Wesentlichen in ihrer berufspolitischen Bedeutung anerkannt. Die regelmäßige Weiterbildungsbeteiligung von Architektinnen und Architekten kann nach Einschätzung der Befragten in der Außenwirkung dazu beitragen, die Qualität der Dienstleistung von Architektinnen und Architekten herauszustellen.

> „Der Berufsstand der Architekten hat an Renommee unheimlich verloren und das macht sich auch bemerkbar an dem Honorar, das er erzielen kann. (...) Das Renommee hat er verloren, weil er zumindest zum Teil schlecht ausgebildet war oder einseitig ausgebildet war (...) und da hat er ungeheuer an Ansehen verloren. Die Leute sagen, ich kauf' mir lieber ein Fertighaus, weil, wenn ich zum Architekten gehe, wird es erstens teurer, zweitens dauert es länger und dann habe ich irgendwann noch Bauschäden." (A1)

Durch die obligatorische Weiterbildung für Architektinnen und Architekten wird diesem Bild entgegengewirkt. Ohne die Nachweispflicht wäre die Verpflichtung zu regelmäßiger Weiterbildung jedoch ein „Versprechen, das niemand überprüfen kann" (A1). Die Einführung der Nachweispflicht wird von zwei Befragten deshalb positiv gewertet, zumal die Umsetzung als unproblematisch angesehen wird. In einem Fall wird diese Position jedoch nicht unterstützt. Vielmehr wird in Frage gestellt, dass die Nachweispflicht das Ansehen des Berufsstandes verbessern kann. Eigentlich, so wird argumentiert, sollte es selbstverständlich sein, dass sich Architektinnen und Architekten regelmäßig weiterbilden. Die Nachweispflicht wirkt deshalb so, als bedürfe es einer Kontrolle, damit die Angehörigen des Berufsstandes dieser Notwendigkeit auch nachkommen.

6. Schlussfolgerungen

Die Aufgabe der vorliegenden Beitrages war es, am Beispiel Hessens die Formen und Wirkungen der obligatorischen Weiterbildung für Architektinnen und Architekten zu analysieren und Hinweise darauf zu geben, wie die Informationsgrundlage zur langfristigen Evaluation dieser Maßnahme verbessert werden kann. Die Beurteilung der Formen und Wirkungen der obligatorischen Weiterbildung muss sich hier auf konkrete, weiterbildungsbezogene Aspekte beschränken. Die mit der Einführung der Nachweispflicht verbundenen strategischen Ziele, wie die Erhöhung der Kompetenz zur Entwicklung neuer Aufgabenfelder und Geschäftsstrategien sowie die Sicherung des Berufsstandes sind weder allein durch die obligatorische Weiterbildung zu realisieren noch lassen sich die Wirkungen von Maßnahmen kurzfristig feststellen. Aussagen über Formen und Wirkungen der obligatorischen Weiterbildung können sich deshalb nur auf mögliche Veränderungen im Weiterbildungsangebot, in der Weiterbildungsbeteiligung und der Einstellung zu Weiterbildung beziehen. Für eine zukünftige Evaluation der obligatorischen Weiterbildung wäre es sinnvoll, konkret überprüfbare Ziele und Bewertungskriterien festzulegen. Erste Hinweise darauf lassen sich bereits aus der vorliegenden Analyse ableiten.

Zuverlässige Daten über Veränderungen des Weiterbildungsangebots liegen nur über die Veranstaltungen der Akademie der AKH vor. Danach verdoppelte sich die Zahl der Veranstaltungen und der Teilnahmefälle zwischen 2002 (also vor Einführung der Nachweispflicht) und 2006. An der zeitlichen und inhaltlichen Angebotsstruktur hat sich hingegen durch die Nachweispflicht nichts geändert. Auch hinsichtlich der Ausgaben, die von den Architekturbüros für Weiterbildung getätigt werden, lassen sich keine erkennbaren Veränderungen in Folge der Nachweispflicht feststellen (vgl. Hommerich/Ebers 2009, S. 38).

Eine differenziertere Datenlage könnte jedoch Aufschluss darüber geben, ob sich innerhalb der Grobstruktur von Veranstaltungen Verschiebungen ergeben haben, die auf Veränderungen in der Nachfrage hinweisen. Sinnvoll wäre eine Erfassung der Inhalte entsprechend der in der Fortbildungsverordnung genannten Themenbereiche, der Dauer und zeitlichen Lage der Veranstaltungen (Wochentage, Tageszeiten), der vorgesehenen Teilnehmerinnen- und Teilnehmerzahl und der Adressatinnen und Adressaten der Angebote, sofern gezielt Personen- oder Berufsgruppen angesprochen werden. Aufschlussreich wäre auch ein Abgleich zwischen geplanten und realisierten Angeboten.

Auch hinsichtlich der Teilnehmerinnen- und Teilnehmer-Struktur konnten keine Veränderungen festgestellt werden, wobei hier nur die Daten für 2006 vorliegen und nicht alle relevanten Kriterien vom Anbieter erfasst werden. Allerdings ist aus der allgemeinen Weiterbildungsstatistik bekannt, dass Datenerhebungen bei den Teilnehmerinnen und Teilnehmer nur begrenzt ausdifferenziert werden können, da ansonsten die Bereitschaft zur Beantwortung der Fragen erheblich sinkt. Insofern sollte die Erfassung von Daten der Teilnehmerinnen und Teilnehmer auf das Notwendigste beschränkt werden. Notwendig wären Angaben zum Status, der Geschlechtszugehörigkeit, der Dauer der Berufszugehörigkeit, der Größe des Unternehmens/des Büros und zum Tätigkeitsschwerpunkt.

Ein Überblick über das gesamte für die obligatorische Weiterbildung anerkannte Angebot lässt sich bislang nicht gewinnen. So lässt sich nicht überprüfen, welche Anbieter überhaupt einen Beitrag zur Qualifizierung der Architektinnen und Architekten leisten und ob deren Angebot den oben formulierten Erwartungen an die obligatorische Weiterbildung langfristig gerecht wird. Eine systematische Bestandsaufnahme der Anbieter und Angebote von Weiterbildung für Architektinnen und Architekten wäre deshalb dringend erforderlich. Sie sollte Informationen zum Profil der Anbieter hinsichtlich der inhaltlichen Schwerpunkte, der Größe der Organisation, den Adressatinnen und Adressaten, der pädagogischen Organisation und dem Qualitätsmanagement sowie zu den Teilnehmerinnen- und Teilnehmer-Strukturen entsprechend den oben genannten Merkmalen enthalten. Möglicherweise könnte eine Auswertung der in den Fortbildungskonten erfassten Daten ergänzend Informationen zu Anbietern und Angebotsschwerpunkten liefern, die durch eine Längsschnittsanalyse auch Hinweise zu Entwicklungstrends liefern würde. Da mir über die Datenstruktur der Fortbildungskonten keine Informationen vorliegen, kann die Reichweite der Analysemöglichkeiten hier nicht genauer abgeschätzt werden.

Ein markantes Ergebnis der Einführung der Nachweispflicht ist die Feststellung, dass die überwiegende Mehrheit der nachweispflichtigen Architektinnen und Architekten in Hessen (97%) die Nachweispflicht im vergangenen Erhebungszeitraum erfüllt hat, also durchschnittlich zwei Tage pro Jahr an Weiterbildung teilgenommen hat. Dass derart präzise Aussagen über das Weiterbildungsengagement der Architektinnen und Architekten getroffen werden können, ist eindeutig als positive Wirkung der Nachweispflicht zu bewerten. Im Übrigen zeigt dieses Ergebnis, dass der vorgegebene Umfang für die meisten Architektinnen und Architekten zu bewältigen ist. Gleichzeitig ist festzustellen, dass es einen deutlichen Zuwachs an Teilnahmefällen zumindest bei einem Anbieter gegeben hat. Da wie gesagt kein Gesamtüberblick über das Angebot besteht, kann nicht beurteilt werden, ob es sich um Verschiebungen zwischen Anbietern oder tatsächlich um eine Erhöhung der Weiterbildungsbeteiligung handelt. Die Interviews mit Architektinnen und Architekten haben zumindest ergeben, dass sich der Umfang an Weiterbildungsteilnahmen weder in der Häufigkeit noch in der Dauer der Veranstaltungen bei den Mitarbeiterinnen und Mitarbeiter der befragten Büros seit Einführung der Nachweispflicht erhöht hat. Auch in einigen Angebotsbereichen konnten keine nennenswerten Veränderungen festgestellt werden. Zugenommen haben nach Einschätzung der befragten Architektinnen und

Architekten Angebote von privaten Anbietern, vor allem Hersteller-Kurse. Insofern lässt sich nicht eindeutig klären, ob durch die Nachweispflicht die Weiterbildungsbeteiligung erhöht wurde und ob sich dies auf die Anbieterstruktur ausgewirkt hat.

Im Übrigen ist zu berücksichtigen, dass in den Fortbildungskonten nur das erforderliche Mindestmaß an Weiterbildungsteilnahmen erfasst wird. Ebenso wird das informelle Lernen der Architektinnen und Architekten nicht erfasst. Gerade mit Blick auf die angestrebten Ziele einer Erhöhung der Weiterbildungsbeteiligung von Architektinnen und Architekten als Instrument der Qualitätssicherung wäre eine Dokumentation des gesamten Weiterbildungsengagements jedoch wichtig.

In der vorliegenden Untersuchung wurden die Daten zur Weiterbildungsteilnahme durch Informationen zum Stellenwert der Weiterbildung aus Sicht von Architektinnen und Architekten ergänzt. Dadurch lassen sich weitere Hinweise zu den Wirkungen der obligatorischen Weiterbildung ableiten. Demnach teilen die befragten Architektinnen und Architekten uneingeschränkt die Auffassung, dass regelmäßige Weiterbildung für die kompetente Aufgabenerfüllung in ihrem Beruf unerlässlich ist. Die Weiterbildungsbeteiligung ist deshalb hoch und die Erfüllung der Nachweispflicht kein Problem. Auch wenn in keinem der befragten Büros die Effekte der Weiterbildungsteilnahme überprüft werden, so sind sich doch alle einig, dass ein Unterschied zwischen „Weitergebildeten" und anderen bemerkbar ist.

Die Weiterbildungsziele sind meist reaktiv, es sollen Veränderungen nachvollzogen, das Wissen aktuell gehalten werden. Als Ressource für Innovationen wird die Weiterbildung nur in einem Fall genannt. Damit korrespondiert auch die Organisation der Weiterbildung in den Architekturbüros: die Bedarfslage orientiert sich stark am Angebot, nur in Ausnahmefällen wird die Teilnahme zum strategischen Wissensaufbau im Büro geplant, zumal dem auch deutliche finanzielle und zeitliche Grenzen gesetzt sind. Die Kosten, vor allem die Freistellungskosten, werden bislang nur in einem Fall als Problem der Erhöhung der Weiterbildungsbeteiligung angesprochen. Dies heißt aber nicht, dass in den anderen Fällen solche Limitierungen nicht bestehen.

Obwohl der Weiterbildung ein hoher Stellenwert für die Qualität der Dienstleistung eingeräumt wird, nutzen die befragten Architektinnen und Architekten dies nur sehr zurückhaltend in ihrer Außerdarstellung. Man gewinnt den Eindruck, als sei die Weiterbildung für die Architektinnen und Architekten so selbstverständlich, dass sie keiner weiteren Erwähnung bedarf. Dies ist möglicherweise auch der Grund für die ambivalente Haltung gegenüber der Nachweispflicht, die zumindest in einem Fall geäußert wurde.

Eine bessere Übersicht über das gesamte Angebot wäre nach Ansicht der befragten Architektinnen und Architekten wünschenswert, wenngleich die Marktübersicht nicht als problematisch angesehen wird, da die Befragten langjährige Erfahrungen mit Anbietern gesammelt oder Kooperationen aufgebaut haben. Unterschiedlich wird die Entwicklung der Qualität der Weiterbildungsangebote eingeschätzt: während in einem Fall eine Qualitätsverbesserung konstatiert wird, die vor allem auf das Akkreditierungsverfahren durch die AKH zurück geführt wird, äußern sich andere kritisch über die Qualität. Da das Zulassungsverfahren von Anbietern in Hessen nur die kommerziellen, nicht auf Weiterbildung spezialisierten Anbieter erfasst, ist die Qualitätssicherung in diesem Rahmen ohnehin sehr eingeschränkt. Im Übrigen ist durch das Zulassungsverfahren nur eine Erfassung der Qualität der Konzeption möglich. Insofern wird auch von Seiten der Kammer eine Verbesserung der Informationsgrundlage angestrebt, die mindestens auch die Rückmeldungen der Mitglieder zur Qualität der Weiterbildungsveranstaltungen umfassen sollte. Darüber hinaus wäre zu überlegen, ob nicht generell von den Anbietern der Nachweis eines Qualitätsmanagementverfahrens gefordert werden könnte, wie dies z.B. in einigen Bereichen der öffentlich geförderten Weiterbildung mittlerweile üblich ist. Dies würde auch dem Umstand Rechnung tragen, dass die Anbieter großen Einfluss auf die Ausgestaltung der Weiterbildungsmöglichkeiten nehmen.

Dies wird durch die Befragung der Architektinnen und Architekten zu den bisherigen Weiterbildungsaktivitäten sehr deutlich. Nicht nur, dass der Großteil der Weiterbildung bei externen Anbietern in Anspruch genommen wird, dieses Angebot ist auch die zentrale Informationsquelle der Architektinnen und Architekten über relevante Themen und Trends, aus denen Weiterbildungsbedarf abgeleitet wird. Nur in einem vergleichsweise großen Büro wurde die Weiterbildung nach anderen Bedarfskriterien entwickelt und in der Folge dann auch durch interne Weiterbildungsveranstaltungen abgedeckt. Da davon auszugehen ist, dass der überwiegende Teil der Architektinnen und Architekten in kleinen und mittleren Büros tätig ist, kann eine solche Weiterbildungspraxis nicht zum Maßstab gemacht werden. Eine stärkere Steuerung des externen Weiterbildungsangebots wäre deshalb dringend erforderlich. Nur so kann sichergestellt werden, dass der mit der Nachweispflicht intendierten Weiterbildungsbeteiligung auch ein angemessenes Angebot gegenüber steht.

Literatur

Akademie der Architekten- und Stadtplanerkammer Hessen 2007: Lernende Branche Bau – Fragebogen (schriftliche Auskunft zu Veranstaltungstagen und Teilnehmerstruktur der Akademie und Managementberatung); Mail vom 15.11.2007

Architekten- und Stadtplanerkammer Hessen: Fortbildungsordnung als Anlage 1 zur Hauptsatzung, geändert durch Beschluss der Vertreterversammlung vom 08.12.2009 (download unter: http://www.akh.de/media/pdf/Recht/Fortbildungsordnung%2007.12.2009.pdf; letzter Zugriff: 29.01.2010)

Architektenkammer Nordrhein-Westfalen: Fort- und Weiterbildungsordnung, beschlossen am 23.09.2006 (download unter: http://www.aknw.de/data/aktuelles/detail/1222091485-3733441.pdf; letzter Zugriff: 29.10.2010)

Architektenkammer Sachsen 2010: Fortbildungsordnung, beschlossen am 14. Mai 2004, zuletzt geändert am 04.11.2005 (download unter: http://www.aksachsen.org/index.php?id=1459; letzter Zugriff: 29.01.2010)

Architektenkammer Thüringen: Fortbildungsordnung, beschlossen am 27.11.2009 (download unter: http://www.architekten-thueringen.de/berufsrecht/index.php; letzter Zugriff: 29.01.2010)

Bundesarchitektenkammer 2007: Bundeskammerstatistik, Stand 1.1.2007 (download unter: http://www.bak.de/userfiles/bak/daten-fakten/bundeskammerstatistik/bundeskammerstatistik 2007.pdf; letzter Zugriff: 25.08.2009)

Bundesverband der freien Berufe (BfB) 2007: Übersicht Qualitätssicherung/-management in den verkammerten Freien Berufen; Stand 09.10.2007

Europäische Kommission 2000: Memorandum über Lebenslanges Lernen. Arbeitsdokument der Kommissionsdienststellen, SEK (2000)1832, Kommission der Europäischen Gemeinschaften, Brüssel

Hommerich, Christoph/Ebers, Thomas 2006: Analyse der Kosten- und Ertragssituation in Architekturbüros – Ergebnisse einer Repräsentativbefragung im Auftrag der Bundesarchitektenkammer, Bergisch Gladbach (download unter: http://www.bak.de/userfiles/bak/daten-fakten/architektenbefragungen/ertrags_und_kostenstrukturanalyse_institut_hommerich_forschung.pdf; letzter Zugriff: 25.08.2009)

Hommerich, Christoph/Ebers, Thomas 2009a: Analyse der Büro- und Kostenstruktur der freiberuflich tätigen Mitglieder der Architektenkammer – Ergebnisse der Repräsentativbefragung 2009 für das Berichtsjahr 2008, Tabellenband, im Auftrag der Bundesarchitektenkammer, Bergisch Gladbach (download unter http://www.bak.de/userfiles/bak/daten-fakten/architektenbefragungen/Analyse 2008/Bericht [Bund].pdf; letzter Zugriff: 29.01.2010)

Hommerich, Christoph/Ebers, Thomas 2009b: Analyse der Büro- und Kostenstruktur der freiberuflich tätigen Mitglieder der Architektenkammer – Ergebnisse der Repräsentativbefragung 2009 für das Berichtsjahr 2008, im Auftrag der Bundesarchitektenkammer, Bergisch Gladbach (download unter http://www.bak.de/userfiles/bak/daten-fakten/architektenbefragungen/Analyse 2008/Tabellen [Bund].pdf; letzter Zugriff: 29.01.2010)

Iller, Carola 2009: Kleinsein muss kein Nachteil sein – Spezifika der Beratung in kleinen und mittleren Unternehmen. In: Arnold, Rolf/Gieseke, Wiltrud/Zeuner, Christine (Hg.): Bildungsberatung im Dialog. Band II – 13 Wortmeldungen. Baltmannsweiler 2009, S. 193–213

Pfeffer, Heinrich 2005: Profilierung durch Fortbildung, Architektenkammer Nordrhein-Westfalen – Aktuell (download unter: http://www.aknw.de/aktuell/index.htm?modus=aktuelles_detail&id=696; letzter Zugriff: 25.08.2009)

Raabe, Beate 2004: Architekten – Lage weiterhin schwierig. Gesamtbetrachtung zum Beruf und der aktuellen Arbeitsmarktsituation. In: ibv – informationen für die Beratungs- und Vermittlungsdienste, Bundesagentur für Arbeit (Hg.), Nr. 19/04 vom 29. September 2004

Straka, Gerhard 2000: Lernen unter informellen Bedingungen (informelles Lernen) – Begriffsbestimmung, Diskussion in Deutschland, Evaluation und Desiderate. In: Arbeitsgemeinschaft Qualifikations-Entwicklungs-Management (Hg.): Kompetenzentwicklung 2000, Münster u.a.O., S. 15–70

Uni-magazin 2002: Arbeitsmarkt Architekten – Umdenken gefragt. In: uni-magazin: Perspektiven für Beruf und Arbeitsmarkt, hg. von der Bundesagentur für Arbeit, Heft 4/ 2002, S. 48–53

Uni-magazin 2007: Arbeitsmarkt Architekten – Auf der Suche nach Nischen und Alternativen. In: uni-magazin: Perspektiven für Beruf und Arbeitsmarkt, hg. von der Bundesagentur für Arbeit, Heft 7/2005, S. 12–17

Welter, Thomas 2006: Thesen zur Lage und Zukunft der Architekten und Stadtplaner in Deutschland, Bundesarchitektenkammer e.V. (download unter: http://www.bak.de/site/ 1185/default.aspx; letzter Zugriff: 29.02.2008)

Die Bedeutung der Herstellerschulung für die Weiterqualifizierung in der Bauwirtschaft

Stefanie Weimer

Die Innovations- und Wettbewerbsfähigkeit der Bauwirtschaft und ihre Fähigkeit, auch in Zukunft ihren Bedarf an qualifizierten Fach- und Führungskräften sicherzustellen, wird ganz wesentlich davon abhängen, inwieweit die Branche in der Lage ist, attraktive Arbeits- und Beschäftigungsbedingungen und Möglichkeiten zur beruflichen Weiterentwicklung zu bieten. Lebenslanges Lernen und die Entwicklung eines in sich konsistenten und transparenten Weiterbildungssystems sind Kernstücke einer dafür erforderlichen Branchen- und Unternehmensstrategie.

Trotz tendenziell steigender Qualifikationsanforderungen an die Baufachkräfte auf allen Ebenen liegt die Weiterbildungshäufigkeit der Beschäftigten in der Bauwirtschaft deutlich unter der anderer Branchen. In den letzten Jahren war sogar ein deutlicher Rückgang der Weiterbildungsaktivitäten zu verzeichnen. Dabei ist allerdings zu berücksichtigen, dass in der Bauwirtschaft den von den Produktherstellern – in der Bauwirtschaft sind dies die Hersteller von Geräten und Handwerkszeugen sowie von Stoffen und Materialien – bereitgestellten Schulungsangeboten eine erhebliche Bedeutung für die laufende Anpassungsqualifizierung der Belegschaften an den technischen Wandel zukommt.

Diese Form der Weiterbildung entzieht sich weitgehend der statistischen und forschungspraktischen Erfassung. Dies liegt zum einen daran, dass ihre Anbieter nicht als Organisationen der Weiterbildung, sondern als Produkthersteller auftreten und ihre Aktivitäten in der Regel eng mit dem Produktmarketing verflochten sind, so dass schon die Identifizierung als „Weiterbildung" oft auf rein praktische Schwierigkeiten stößt. In der Bauwirtschaft kommt hinzu, dass es sich um Hersteller handelt, die nach der Systematik der Wirtschaftszweige nicht zum Bauhauptgewerbe gehören. Außerdem haben diese Weiterbildungsaktivitäten vielfach den Charakter kurzer Einweisungen am Arbeitsplatz, so dass sie von den Beteiligten möglicherweise kaum als Bildungsaktivität wahrgenommen werden. Es kann daher nicht ausgeschlossen werden, dass diese Form der Weiterbildung bei den bekannten empirischen Erhebungen zu Weiterbildungsaktivitäten in der Bauwirtschaft nicht erfasst wird und das Weiterbildungsgeschehen in dieser Branche somit tendenziell untererfasst bleibt. Um ein vollständigeres Bild über Weiterbildung in der Bauwirtschaft zu erhalten, wurde daher in einer Fallstudie die Bedeutung der Herstellerschulungen für die Bauwirtschaft untersucht.

Auf Seiten der Anbieter von Herstellerschulungen standen bei dieser Fallstudie folgende Fragenkomplexe im Zentrum:

- Entwicklung, gegenwärtiger Stellenwert und organisatorische Einbindung der Herstellerschulungen in den Unternehmen;
- Durchführung, Kosten und Finanzierung der Schulungsangebote;
- Inhalte der Herstellerschulungen und ihre didaktische Vermittlung;
- Perspektiven der Herstellerschulung in der Zukunft.

Auf Seiten der die Herstellerschulungen in Anspruch nehmenden Unternehmen des Bauhauptgewerbes ging es um folgende Fragen:

- Umfang, Form und Inhalte der in Anspruch genommenen Schulungsangebote;
- Verhältnis der Herstellerschulungen zu anderen Weiterbildungsaktivitäten der Unternehmen;
- Akzeptanz, Einschätzung der Qualität der Herstellerschulungen durch die Unternehmen;
- zukünftige Bedeutung der Herstellerschulungen für die technologisch-organisatorische Leistungsfähigkeit der Unternehmen.

Mit der Frage nach der Struktur und Rolle von Herstellerschulungen für die Weiterbildung der Beschäftigten in der Bauwirtschaft nahm diese Fallstudie ein Weiterbildungssegment in den Blick, das bisher noch kaum Gegenstand der Weiterbildungsforschung geworden ist. Sie stößt damit in eine ausgeprägte Forschungslücke.

Eine der wenigen Studien, die sich – am Beispiel des Sanitär-, Heizungs- und Klimahandwerks – explizit mit Herstellerschulungen befasst, ist die in den Jahren 1998 bis 2001 vom Bundesinstitut für Berufsbildung durchgeführte Studie „Innovative Technologien und auftragsorientiertes Lernen im Handwerk" (Hahne 1999, 2001). Die Studie, bei der vornehmlich berufspädagogische und bildungstechnologische Fragen im Mittelpunkt standen, kam zu dem Schluss, dass Herstellerschulung sich zur wichtigsten Form der Vermittlung von Kompetenzen für die Beratung, Installation, Inbetriebnahme, Wartung und Störfallbehebung bei Produktinnovationen in diesem Handwerk entwickelt habe.

> „Von einer Werbeveranstaltung zur Imagepflege und Verkaufsförderung hat sie sich in den letzten Jahren zu einer Form intensiver Qualifikationsvermittlung im Hinblick auf die Beherrschung innovativer Technologien entwickelt, die von den Betrieben als besonders problemgerecht und praxisnah eingeschätzt wird." (BMBF 2002, S. 241f.)

Eine weitere Thematisierung erfuhren Herstellerschulungen in den letzten Jahren im Zusammenhang mit der Diskussion um die mangelnde Dienstleistungsorientierung der deutschen Industrie und die wachsende Bedeutung produktbegleitender Serviceleistungen für die Wettbewerbsfähigkeit der Unternehmen. Kundenschulungen zählen in der deutschen Investitionsgüterindustrie neben Wartungsleistungen zu den klassischen und am weitesten verbreiteten Formen solcher produktbegleitenden Dienstleistungen, die im Maschinenbau von nahezu zwei Dritteln der Unternehmen angeboten werden (Lay 1998, S. 9). Ihr Angebot steigt mit der Größe der Unternehmen und der Komplexität der hergestellten Produkte (ebd., S. 8). Untersuchungen zu produktbegleitenden Serviceleistungen und Kundenschulungen fokussierten daher auf den Maschinen- und Anlagenbau mit seinen komplexen, technologieintensiven und oft kundenindividuellen Produkten. In diesem Forschungsstrang standen betriebswirtschaftliche und organisatorische Fragen des Aufbaus, der Steuerung, des Controllings und der integrativen Entwicklung von Produkten und innovativen Dienstleistungen im Mittelpunkt (vgl. z.B. Osswald et al. 2002).

1. Methodisches Vorgehen und Datenbasis

Ausgangsvermutung des vorliegenden Beitrags ist, dass in der Bauwirtschaft die Herstellerschulungen für die qualifikatorische Anpassung an den technischen und organisatorischen Wandel, die so genannte Anpassungsfortbildung, eine oft unterschätzte Rolle spielen. Diese Einschätzung ist vor dem Hintergrund zu sehen, dass in der Bauwirtschaft – wie in anderen Branchen auch – die Anpassungsfortbildung keiner gesetzlichen Regulierung unterliegt und insgesamt wenig transparent ist. Neben den wichtigsten Weiterbildungsanbietern in diesem Bereich, den Bildungszentren der Bauindustrie, agiert auf dem Weiterbildungsmarkt der Bauwirtschaft eine Vielzahl verschiedener Anbietertypen: private Anbieter (wie Bauingenieur- und Architekturbüros), Fachverbände, Zertifizierungsanstalten – und nicht zuletzt eben die Lieferanten der Bauwirtschaft, die Hersteller. Die Angebotskonzepte dieser verschiedenen Anbieter und ihre Inanspruchnahme durch die Unternehmen sind bisher kaum systematisch untersucht worden.[1] Auch die vorliegende Studie kann keinen umfassenden oder gar repräsentativen Überblick über den Stand, die Bedeutung und die Strukturen von Herstellerschulungen in der Bauwirtschaft und ihre Inanspruchnahme durch die Bauunternehmen liefern, sondern nicht mehr – aber auch nicht weniger – als eine exemplarische Darstellung von Zielen und Formen ihrer Durchführung, die die Rolle und das Gewicht verdeutlicht, welche diesem Teil der Weiterbildung

1 Eine erste systematische Untersuchung der Rolle und des Angebots der Bildungszentren der Bauwirtschaft für das Weiterbildungsgeschehen in der Bauwirtschaft fand im Rahmen der Untersuchung des BAQ Forschungsinstituts für Beschäftigung Arbeit Qualifikation, Bremen, „Weiterbildung in der europäischen und deutschen Bauwirtschaft“, herausgegeben vom Bundesinstitut für Berufsbildung (BIBB), Bonn 2004, statt.

in der Bauwirtschaft zukommen. Die dabei herausgearbeiteten Entwicklungstendenzen bedürfen also einer weiteren empirischen Validierung.

Die Aussagen der Studie basieren auf qualitativen, leitfadengestützten Experteninterviews mit Schulungsleitern, die in Herstellerunternehmen für Kundenschulungen zuständig sind, und auf einer mündlichen bzw. schriftlichen Expertenbefragung von Unternehmensleitungen bzw. Weiterbildungsverantwortlichen in Bauunternehmen.

Einbezogen auf Anbieterseite waren vier Unternehmen, die verschiedene für die Bauwirtschaft relevante Produktgruppen repräsentieren:

- ein Hersteller von handgeführten Kleingeräten (A),
- ein Hersteller von Baukomponenten wie Fenster-, Tür- und Fassadensystemen und Anlagen der Gebäudeautomation (B),
- ein Hersteller Baumaterial wie Dämmstoffen für Bau- und Anlagentechnik (C),
- ein Hersteller von Baugeräten und Baumaschinen.

Die empirische Basis auf der Nachfrageseite von Herstellerschulungen ist weit schmaler. Die ursprüngliche Absicht, den Zugang zu Bauunternehmen über die Anbieter von Herstellerschulungen herzustellen, konnte aus datenschutzrechtlichen Gründen nicht verwirklicht werden. Die Erschließung von Unternehmen der Bauwirtschaft für Expertengespräche hatte mit den bekannten Schwierigkeiten zu kämpfen, die mit der überwiegend klein- und mittelbetrieblichen Struktur des Bauhauptgewerbes verbunden sind: der dünnen Personaldecke und einem entsprechend hohen Zeitdruck und einer Überbelastung der verantwortlichen Mitarbeiter mit operativen Aufgaben sowie dem Fehlen einer institutionellen und personellen Zuständigkeit für das Thema Weiterbildung. Realisiert werden konnten schließlich:

- ein Expertengespräch mit Vertretern der Unternehmensleitung eines größeren Bauunternehmens, das in den Bereichen Hoch-, Tief- und Ingenieurbau tätig ist (A),
- eine schriftliche Expertenbefragung des Leiters der Personalabteilung in einem Bauunternehmen mit den Geschäftsbereichen Verkehrswegebau, Ingenieurbau und Schlüsselfertigbau (B).

Zusätzlich konnten die Ergebnisse eines Expertengesprächs mit dem Vertreter eines Berufsverbands der Bauindustrie in die Auswertung einbezogen werden, das durch Mitarbeiter des BAQ Forschungsinstituts für Beschäftigung Arbeit Qualifikation, Bremen, durchgeführt wurde.

Die empirischen Erhebungen fanden im Zeitraum Februar bis April 2008 statt. An dieser Stelle sei allen Gesprächspartnern bei Herstellerunternehmen und Bauunternehmen, die sich für ein Expertengespräch zur Verfügung gestellt und damit zum Gelingen dieser Expertise beigetragen haben, herzlich gedankt.

2. Kundenschulungen in der Bauwirtschaft aus Sicht der Hersteller

2.1 Organisatorische Stellung und Ziele der Herstellerschulung

Die organisatorische Einbindung der Kundenschulungen in den Herstellerunternehmen stellt einen Indikator für die Relevanz und Funktion dar, die dieser Dienstleistung von Seiten der Hersteller beigemessen wird. In den einbezogenen Fällen sind zwei unterschiedliche Formen der organisatorischen Stellung von Kundenschulungen anzutreffen:

- Eine Integration der Kundenschulungen in die Abteilung Marketing und Vertrieb. Die inhaltliche Konzipierung, Organisation und Vermarktung von Kundenschulungen fällt in den Arbeitsbereich der Mitarbeiter dieser Abteilung und wird von diesen quasi „mit erledigt".
- Die Organisation der Kundenschulungen als eigenständige Abteilung mit einem angeschlossenen eigenen Schulungszentrum und eigens für dieses Angebot abgestelltem Schulungs- und Verwaltungspersonal. Auch dort, wo das Schulungszentrum auch für die Weiterbildung der eigenen Mitarbeiter genutzt wird, stellt die Kundenschulung innerhalb der Schulungsabteilung doch einen eigenständigen Arbeitsbereich dar.

Ein Hersteller, der gerade ein eigenes Schulungszentrum errichtet hat – verbunden mit einer inhaltlichen und zielgruppenbezogenen Ausweitung der Schulungen –, konstatiert, dass damit die Bedeutung der Kundenschulung im Unternehmen deutlich gestiegen sei und sie sich auf dem Weg „von einem Anhängsel des Marketings und Vertriebs" zu einer eigenständigen Abteilung befinde.

Hinter der unterschiedlichen organisatorischen Einbindung stehen unterschiedliche „Philosophien" und Organisationsformen von Kundenschulung. In der Marketingabteilung vergleicht man die Kundenschulung mit einer „Guerillataktik: Schulung dezentral, ad hoc, nah am Kunden, flexibel". Dieses Schulungskonzept wird von einem Hersteller von Kleingeräten für die Bauindustrie praktiziert, der den Service und die Reparatur seiner Produkte über eigene Mitarbeiter in seinen Niederlassungen organisiert hat, während ein Hersteller von Großmaschinen ein eigenes Schulungszentrum betreibt, auch wenn die Reparatur und Wartung seiner Produkte zum großen Teil ebenfalls über eigene Servicetechniker in seinem Niederlassungsnetz erfolgt. Dies könnte ein Indiz dafür sein, dass im Hinblick auf die Anbieterkategorie „Maschinen und Geräte" eine Differenzierung nach diesen Produktgruppen angemessen ist. Da es kein festes Schulungsprogramm gibt, werden Kundenschulungen auch nicht durch einen Katalog beworben, sondern den Bauunternehmen durch die Vertriebsmitarbeiter im Rahmen des Kundenkontakts bei Bedarf angeboten. Eine Ausnahme bilden bei diesem Hersteller die produktbezogenen Schulungsangebote, die mit einem vorgeschriebenen Zertifikat verbunden sind und bei denen man mit externen Prüfern zusammenarbeiten muss. Hier gibt es feste Schulungstermine, diese Angebote werden zusätzlich über das Internet vermarktet.

Dagegen ist bei den anderen Herstellern das Bemühen zu erkennen, der Kundenschulung das Image der reinen Produktwerbung zu nehmen und sich über Schulungsangebote auch als Problemlöser für den Kunden zu profilieren. Die bei einigen Herstellern in der Bauwirtschaft anzutreffende Bezeichnung ihrer Schulungszentren als „Akademie“ ist sicher auch Ausdruck dieser Strategie, Kompetenzvermittlung zum Bestandteil des Markenimages zu machen.

Unabhängig von der Stellung der Kundenschulungen im Unternehmen: Ihre strategische Funktion liegt aus Sicht der Hersteller eindeutig in der Vertriebsunterstützung (den Vertrieb „schärfen“, dem Kunden den „Produktnutzen nahe bringen“, „Kundenkenntnis“ erlangen etc.) und in der Kundenbindung. Auch das Motiv, durch Kundenschulung die anwendungsbezogenen Stärken und Schwächen der eigenen Produkte kennen zu lernen und so Innovationsimpulse für die stetige Verbesserung der Produkte zu erhalten, wird in einem Fall als wichtiger Nebeneffekt genannt: „Wir merken, was der Kunde täglich beachten muss, lernen seine Prozesse noch besser kennen.“ So ist in diesem Fall das Trainerteam, das auch für die Schulung der Servicemitarbeiter beim Kunden zuständig war, in die Entwicklung neuer Produkte, ihrer Tests und die Markteinführungsplanung einbezogen.

Gemessen an der mit Schulungsangeboten erreichten Zahl von Teilnehmern pro Jahr erreichen die Schulungsaktivitäten der einbezogenen Hersteller doch einen beträchtlichen Umfang: So nahmen an Angeboten des Herstellers A im Jahr 2007 ca. 13.000 Personen teil, an den verschiedenen Angeboten des Herstellers B rund 5.000 Personen, an denen des Herstellers C 3.000 Personen. Für keinen der befragten Hersteller stellte Kundenschulung ein neues Serviceangebot dar, sondern man konnte größtenteils auf eine lange Tradition von Kundenschulungen zurückblicken.

2.2 Adressaten und Vermarktung von Herstellerschulungen

Welche Beschäftigtengruppen und Unternehmenstypen werden mit Kundenschulungen angesprochen? Wie werden Weiterbildungsangebote der Hersteller den potenziellen Nachfragern nahe gebracht? Welche Erfahrungen machen die Hersteller bei der Vermittlung ihrer Schulungsangebote in die Baubetriebe? Wie wirkt sich der Strukturwandel der Bauwirtschaft auf die Nachfrage nach Herstellerschulungen aus?

Die Zielgruppen und Organisationsformen von Kundenschulungen folgen – entsprechend ihrer primären Funktion als Instrument der Vertriebsunterstützung – eng den jeweiligen Vertriebsstrukturen der Hersteller. Entsprechend unterschiedlich und in sich differenziert stellt sich in den einbezogenen Fällen das Adressatenspektrum der Herstellerschulungen dar. Auffallend ist auch eine Tendenz zur Ausweitung der mit Schulungen angesprochenen Zielgruppen.

Hersteller A und D bieten ihre Produkte ausschließlich bzw. überwiegend im Direktvertrieb an und verfügen über ein dichtes Netz von regionalen Vertriebs- und Servicezentren. Die Schulungsangebote werden den Baufirmen im täglichen Kundenkontakt direkt über die Vertriebs- und Servicemitarbeiter der Niederlassungen angeboten. Zielgruppe sind die Baufachkräfte, die die Geräte bedienen, sowie – im Fall D[2] – die für die Reparatur und Wartung des Maschinenparks zuständigen Servicetechniker in den Baufirmen. Darüber hinaus spricht man – z.B. im Rahmen von Bauleiterbesprechungen – die mittlere und obere Führungsebene in den Baufirmen an, die über die Anschaffung von Ausrüstung entscheidet.

Standen bis vor kurzem bei Hersteller D Einsatzschulungen für die Bediener und Serviceschulungen der für Reparatur und Wartung der Baumaschinen zuständigen Techniker der Baufirmen – sofern diese eine eigene Werkstatt unterhielten[3] – im Mittelpunkt der Schulungsangebote für Kunden, tritt neuerdings neben die Produkt- und Serviceschulung ein neuer Typ von Schulungsangeboten: die so genannte Prozessschulung. Darunter sind Schulungsthemen zu verstehen, die entlang von Arbeitsprozessen in den Baufirmen organisiert sind, d.h. in denen nicht mehr nur die Produkte, sondern der gesamte Prozess, in dem sie eingesetzt werden, zum Gegenstand gemacht wird und in denen auch produktübergreifende Fragestellungen wie z.B. effiziente Prozessorganisation, Effektivität des Maschineneinsatzes etc. thematisiert werden. Ziel ist es, die „Kompetenz des Kunden bei bestimmten Prozessen zu erhöhen“, denn vor dem Hintergrund immer ähnlicher werdender Produkte ist zunehmend der Hersteller wertvoll, „der nicht nur etwas verkaufen will, sondern der mir hilft, erfolgreich zu sein“. Verbunden mit dieser inhaltlichen Neuorientierung ist eine Ausweitung des Adressatenkreises. Neben den Servicemitarbeitern und Bedienern der Kunden spricht man nun verstärkt Führungspersonal in den Baufirmen an: Poliere, Bauleiter, Meister, Techniker und Ingenieure.

Hersteller C vertreibt seine Produkte nur zu geringen Anteilen im Direktvertrieb, hauptsächlich aber über den Baustofffachhandel. Hauptzielgruppe seiner Schulungsangebote waren daher bis vor kurzem die Fachverkäufer des Baustofffachhandels. Neben Produktschulung und – mit den Produkten des Herstel-

---

2 Hersteller A übernimmt die Reparatur seiner Produkte in einer zentralen Kundenwerkstatt selbst.

3 Im Zuge der Baukrise sind viele Baufirmen dazu übergegangen, die Wartung ihres Maschinenparks auszulagern oder über Serviceverträge an die Niederlassungen der Hersteller zu vergeben. Die Verringerung der Betriebsgrößen in der Bauwirtschaft verstärkte diesen Trend noch. Vor dem Hintergrund steigender Kapitalintensität und damit teurer werdender Stillstände ist nach dem Eindruck dieses Herstellers hier aber in den letzten Jahren wieder eine Trendumkehr zu beobachten.

lers verbundenen – anwendungstechnischen Fragen spielte entsprechend die Vermittlung verkaufsfördernder Techniken in seinem Schulungsangebot eine große Rolle. Die Anwender der Produkte, die Baufirmen, erreichte man nicht. In jüngster Zeit ist man dazu übergegangen, die Schulungen auch für die Anwender und Verarbeiter der Herstellerprodukte, die Baufirmen – und dort insbesondere viele Handwerksbetriebe der Gewerke Sanitär-, Heizungs- und Klimahandwerk (SHK), Dachdecker, Stuckateure, Trockenbauer – zu öffnen. Anstoß ist einmal der Wunsch der Fachhändler („ihr müsst was für unsere Kunden tun"), die derartige Schulungsangebote gerne ihrerseits als Marketinginstrument und Mittel zur Kundenbindung gegenüber ihrer eigenen Kundschaft einsetzen. So ist es nicht unüblich, dass der Fachhandel einen Teil der Schulungskosten für „seine Kunden" übernimmt bzw. diese als Form eines indirekten Rabatts bei der Preisgestaltung einsetzt. Entscheidendes Motiv ist aber die Tatsache, dass das verarbeitende Handwerk als entscheidende Schnittstelle zum Verbraucher den Markt für die Herstellerprodukte – es handelt sich um den als Wachstumsmarkt eingeschätzten Markt der energieeffizienten Gebäudemodernisierung – nur unzureichend erschließt und nicht über die notwendigen fachlichen Qualifikationen für die kompetente Bearbeitung dieses Zukunftsmarktes verfügt. Für die Zielgruppe Handwerk wurde ein zertifizierter Weiterbildungsgang mit dem Abschluss „Modernisierungsprofi Gebäudemodernisierung" entwickelt, angesprochen mit diesem Zertifikat werden vor allem Meister, Gruppenleiter und Inhaber von Handwerksbetrieben. Dieses Schulungsangebot für anwendende Baubetriebe wird über den Fachhandel vermittelt und beworben.

Hersteller B betreibt keine eigene Produktion. Die Profile und Komponenten für die von ihm entwickelten Systeme und Produkte für den Fassaden-, Fenster- und Türenbau werden von mit dem Hersteller fest verbundenen externen Fertigern – Unternehmen des Stahl- und des Metallbaus und der Kunststoffverarbeitung, Schlosserbetriebe – produziert, den so genannten Fertigungskunden, und von diesen über den Bauelemente-Fachhandel bzw. direkt an Ingenieurbüros, die größere Bauprojekte betreuen, vertrieben. Diese Fertigungskunden bilden den hauptsächlichen Vertriebskanal des Herstellers. Entsprechend sind diese Fertigungsbetriebe eine der wichtigsten Zielgruppen der Kundenschulungen. Gegenstand der Kundenschulung ist hier ist die technische Beherrschung der Fertigungsverfahren für die Komponenten- und Profilfertigung auf in Lizenz erworbenen herstellerspezifischen Maschinen (CNC-Bearbeitungsmaschinen) und der dabei eingesetzten Software. Teilnehmer der Herstellerschulungen sind Fertigungsmitarbeiter und Arbeitsvorbereiter, Poliere und Meister. Die Schulungsangebote des Herstellers werden diesen Betrieben über die für den Vertrieb zuständigen Gebietsmanager angeboten. In Seminarangebote für diese Fertiger versucht man zunehmend auch die Baufachhändler einzubeziehen, um auf diesem Wege dem Endkunden ein Stück näher zu kommen.

Eine zweite Zielgruppe der Schulungsangebote dieses Herstellers sind Baufirmen und Handwerksbetriebe, die die Produkte des Herstellers ihren Endkunden anbieten, ihre Auslegung planen, die Produkte installieren und warten und dazu Profile und Komponenten beim Hersteller beziehen (z.B. Solaranlagen, Tür- und Fenstersysteme, Wintergärten). Gegenstand dieser Schulungen ist die konstruktive und planerische Auslegung von Anlagen des Herstellers und ihre sachgerechte Montage. Hier spricht man vor allem Poliere und Meister in Baufirmen, aber auch die Geschäftsführer, Inhaber und Führungsmitarbeiter der Baubetriebe an, z.B. wenn es um die Entscheidung über den Einstieg in ein neues Geschäftsfeld geht.

Für alle einbezogenen Hersteller stellen Ingenieure, Architekten und Planer – sowohl in den Baufirmen als auch aus selbstständigen Ingenieur- oder Architekturbüros – eine wichtige, im Bereich Kundenschulung gesondert behandelte Zielgruppe dar. Sie entscheiden über den Einsatz der Produkte des Herstellers und verfügen über den direkten Kontakt zum Bauinvestor, zu dem der Hersteller von Baumaterialien und -komponenten keinen unmittelbaren Zugang hat. Die Betreuung dieser Zielgruppe im Vertrieb liegt oft in der Hand eigens dafür zuständiger Fachberater oder technischer Berater, die auch die Herstellerschulungen anbieten, welche für diese Gruppe dann eher unter dem Label „Beratung“ als „Schulung“ laufen.

Zwar betonen die befragten Hersteller, dass ihre Schulungsangebote das gesamte Spektrum der Qualifikationsgruppen in den Baufirmen erreichen, es drängt sich aber der Eindruck auf, dass im Mittelpunkt der Schulungsbemühungen der Hersteller die mittleren und oberen Führungskräfte in den Bauunternehmen stehen.

Herstellerschulungen werden nicht aktiv vermarktet in dem Sinne, dass die Schulungsabteilungen sie als eigenständiges Dienstleistungsangebot auf den Markt bringen, die dafür zuständigen Abteilungen haben in der Regel keinen direkten Zugang zum Kunden. Schulungen werden auf den für die Produkte genutzten Vertriebswegen im Rahmen des normalen Kundenkontakts als Support angeboten. Sofern die Hersteller über eine eigene, ausgebaute Infrastruktur für Kundenschulungen in Form eigener Schulungszentren mit festem, standardisiertem Seminarangebot verfügen, werden für die Kundenschulungen eigene Kataloge erstellt, die den Unternehmen über die jeweiligen Vermittler – die Vertriebsmitarbeiter oder den Fachhandel – zur Verfügung gestellt bzw. an die Stammkunden regelmäßig verschickt werden. Darüber hinaus erstellt man für bestimmte, gut besuchte oder neu ins Programm genommene Angebote zusätzliche Flyer und bewirbt seine Herstellerschulungen im Internet.

Das Größenspektrum der Unternehmen, die Herstellerschulungen in Anspruch nehmen, ist grundsätzlich sehr breit. Dennoch stellen Großunternehmen eher die Ausnahme dar, da sie in der Regel über eigene Schulungskapazitäten verfügen. Bei allen Herstellern machten kleine und mittelständische Betriebe, darunter sehr viele Klein- und Kleinstbetriebe des Bau- und baunahen Handwerks mit unter zehn Beschäftigten, das Gros der Kunden und damit der Nachfrager nach Kundenschulungen aus. Darin wird ein Ergebnis der vergangenen Krise und des Strukturwandels in der Bauwirtschaft gesehen, die mit einer dramatischen Verringerung der Betriebsgrößen einhergingen. Diese wirkt sich nach Einschätzung der Hersteller insofern auf die Nachfrage nach Herstellerschulungen aus, als die Akquisition von Schulungsteilnehmern schwieriger und aufwändiger wird. Zunehmend hat auch Herstellerschulung mit den für Kleinbetriebe typischen Barrieren gegenüber Weiterbildung zu kämpfen. Dies gilt auch dort, wo der Hersteller durchaus attraktive, weit über Produktwissen hinausgehende, mit werbewirksamen Zertifikaten belegte Qualifizierungsmaßnahmen zu günstigem Preis anbietet. Ursache der geringen Aufgeschlossenheit gegenüber Weiterbildung unter den Kleinbetrieben der Bauwirtschaft ist in den Augen der Hersteller einmal eine besonders im Handwerk verbreitete Einstellung „das können wir doch alles“. Das Handwerk überschätze seine Fähigkeiten und produziere dann im Ergebnis Qualitätsmängel. So ist man bei einem Hersteller dazu übergegangen, das Weiterbildungsangebot zum Modernisierungsfachmann Gebäudemodernisierung mit einstündigen Einführungsseminaren beim Baustofffachhandel zu bewerben, in denen an exemplarischen Fragestellungen die Komplexität der Probleme des energieeffizienten Modernisierens verdeutlicht wird – mit Erfolg. Weiterhin wird auf die ausgedünnte Personaldecke in den Baufirmen hingewiesen. Selbst im Handwerk werden die Personalkapazitäten kurzfristig der Auslastungslage angepasst, d.h. in der Wintersaison, in die man bisher die Schulungsangebote schwerpunktmäßig gelegt hat, werden die Fachkräfte gar nicht mehr im Unternehmen vorgehalten. Anfahrtswege und Zeitpunkt erweisen sich als große Weiterbildungsbarriere: „Es ist immer der falsche Ort oder der falsche Zeitpunkt und die Weiterbildungsbereitschaft ist stark konjunkturabhängig.“

Die auf der Hand liegende Vermutung, dass es Herstellerschulungen auf Grund der ihnen zugeschriebenen größeren Praxis- und Kundennähe leichter haben, die Weiterbildungsbarrieren kleiner Betriebe in der Bauwirtschaft zu überwinden, bestätigt sich also nicht.

Herstellerschulungen sind auch von einem anderen Aspekt des Strukturwandels der Bauwirtschaft betroffen: dem Trend zur Untervergabe. So wird von einigen Herstellern festgestellt, dass die Zahl deutscher gewerblicher Fachkräfte auf den Baustellen deutlich zurückgegangen sei. Die mit den ausführenden Arbeiten beauftragten Subunternehmen setzen ausländische, oft gering qualifizierte Saison- und Leiharbeiter ein. An der Weiterqualifizierung dieser stark fluktuierenden Arbeitskräfte hätten die Bauunternehmen kein Interesse, worin eine wichtige Ursache für den Rückgang der Weiterbildungsaktivitäten in der Branche in den vergangenen Jahren zu sehen sei. Dabei wird eine Qualifizierung gerade dieser Beschäftigtengruppen von einigen befragten Herstellervertretern als dringend erforderlich angesehen – neben Qualitätsmängeln wird z.B. angeführt, dass die unsachgemäße Behandlung der Baugeräte und -maschinen durch Beschäftigte der Subunternehmen die Kosten in den Baufirmen in die Höhe treiben, weshalb man bei der Entwicklung der Maschinen noch stärker als früher auf Robustheit und einfache Bedienbarkeit achte. Da das Interesse der Baufirmen an der Weiterbildung dieser Beschäftigten aber gering sei („die schicken diese Beschäftigten nicht"), ist auch keiner der Hersteller bisher initiativ geworden, gezielte Schulungsangebote für diese Gruppe zu entwickeln. Auch von Plänen in diese Richtung wird nichts berichtet.

Vor diesem Hintergrund ist zu vermuten, dass die tendenzielle Konzentration der Herstellerschulungen auf die mittlere Führungsebene der Bauunternehmen auch Ergebnis des Wandels der Beschäftigtenstruktur auf der Baustelle sein könnte: Der klassische Adressat von Herstellerschulungen – der deutsche gewerbliche Baufacharbeiter – wird zunehmend zur Minderheit auf der Baustelle. Folglich gewinnt das Führungspersonal auf der Baustelle und in den Verwaltungsbereichen der Baufirmen, die so genannten „Entscheider", die auch über die Beschaffung und den Einsatz von Geräten und Baumaterialien entscheiden, als Zielgruppe der Herstellerschulungen an Bedeutung.

2.3 Inhalte von Herstellerschulungen

Einer der Vorbehalte gegen Herstellerschulungen als eigenständige Form der Weiterbildung ist darin begründet, dass dieser Schulungsform nur die Vermittlung herstellerspezifischen, direkt auf die Produkte des Herstellers bezogenen, anwendungsorientierten Wissens zugeschrieben wird. Herstellerschulungen vermittelten kein auf andere Zusammenhänge übertragbares breites Grundlagenwissen und theoretisches Systemverständnis. Insbesondere mangele es Herstellerschulungen – so ein Ergebnis der oben genannten Untersuchung des BIBB im SHK-Gewerbe (Hahne 2001) – an der Vermittlung eines ganzheitlichen Verständnisses von Kundenaufträgen, Beratungswissen und kommunikativen Elementen, die auf den Kundennutzen des Produkts zielen (vgl. zusammenfassend BMBF 2002, S. 241). Schulungsangebote von Herstellern auf reine Produktschulungen mit herstellerspezifischen Inhalten zu reduzieren greift nach den Ergebnissen der vorliegenden Fallstudie aber zu kurz. Alle einbezogenen Hersteller bieten – aus unterschiedlichen Motiven – Qualifizierungsmaßnahmen an, die Wissen und Kompetenzen vermitteln, welche deutlich über derartige für den Einsatz ihrer Produkte erforderliche Qualifikationen hinausgehen.[4]

---

4 Hier sei nochmals darauf hingewiesen, dass diese Einschätzung auf den Angaben der Hersteller in den Expertengesprächen basiert und nicht auf einer fundierten Überprüfung der inhaltlichen Lehrangebote.

- So gehören zum Schulungsangebot des Herstellers A neben Geräteschulungen auch so genannte Brandschutzseminare. Zwar handelt es sich hier immer noch um ein produktnahes Thema – der Hersteller bietet Verdichtungsmaterial für Brandschutz an –, doch gehen diese Seminare nach Angaben des Herstellers inhaltlich weit über das eigene Produkt hinaus. Auf diesen Seminartyp entfällt das Gros der Schulungsteilnehmer dieses Anbieters. Brandschutz stellt nach Angaben des Herstellers ein für Bauunternehmen zunehmend interessantes Geschäftsfeld dar. Derzeit denkt man bei diesem Hersteller über eine Ausweitung der Schulungsthemen auf die Gebiete Arbeitssicherheit und Gesundheitsschutz nach. Die eigenen Produkte sind Emittenten von Staub, Lärm und Vibration. Der Einbezug dieser Themen wird dabei primär unter Marketinggesichtspunkten gesehen: als Ergänzung des Images eines Herstellers von hochpreisigen Qualitätsprodukten. Allerdings stößt man mit diesem Thema noch auf geringes Interesse der Bauunternehmen, dort wachse nur langsam die Sensibilität für diese Thematik.
- Hersteller C hat für Fachverkäufer des Baustofffachhandels – seine primäre Adressatengruppe – und neuerdings auch für Anwender im Handwerk in Kooperation mit dem Zentrum für umweltbewusstes Bauen und einer Universität einen zertifizierten Ausbildungsgang zum „Energiefachberater im Baustoffhandel“[5] bzw. zum „Modernisierungsprofi Gebäudemodernisierung“ geschaffen: nach eigener Einschätzung eine „umfassende, attraktive Rundum-Schulung“ im Bereich energieeffizienter Gebäudesanierung, die nicht nur für die Verwendung der eigenen Produkte qualifiziert, sondern in weiten Teilen darüber hinaus verwertbares und auf andere Produkte übertragbares Grundlagenwissen, z.B. im Bereich Gebäudephysik, vermittelt. Man habe sich damit zu einem „Kompetenzanbieter rund um das Megathema ‚energieeffizientes Bauen und Modernisieren‘“ entwickelt. Auch bei diesem Hersteller sind Überlegungen im Gange, die Schulungsthematik auf weitere, nicht produktbezogene Themen auszuweiten, und zwar auf das Thema „Benehmen beim Kunden“. Hintergrund ist die steigende Bedeutung des Bauens im Bestand. Außerdem sind in die meisten Schulungsangebote bereits jetzt Marketingthemen eingebaut.
- Hersteller B unterscheidet sein Schulungsprogramm nach Produktseminaren und Fachtraining. Ersteres bezieht sich eng auf die für die Anwendung der eigenen Produkte erforderlichen Kenntnisse, während im Fachtraining weitergehende Kompetenzen vermittelt werden. Themen des Fachtrainingsangebots sind z.B. Verkaufstechnik, Kundenkommunikation, Serviceorientie-

5 Interessant ist, dass dieser Hersteller seine Schulung zum Energiefachberater im Rahmen eines so genannten Azubi-Programms als modulares, auf alle drei Lehrjahre verteiltes Weiterbildungsprogramm auch Auszubildenden im Baustofffachhandel anbietet.

rung und rechtliche Fragen wie die Anwendung der Vergabe- und Vertragsordnung für Bauleistungen (VOB). Es gibt auch ein Seminar für Frauen in der Unternehmensführung, das sich gezielt an Handwerksbetriebe richtet und Kenntnisse auf den Gebieten Büroorganisation, Buchhaltung, Personalwesen und Marketing vermittelt. Dieses Seminar baut auf der Erkenntnis auf, dass gerade in vielen kleinen Handwerksbetrieben und Baufirmen wichtige Geschäftsführungsfunktionen von den mitarbeitenden Ehefrauen ausgeübt werden, die dafür oftmals nicht formal qualifiziert sind.

Die mit einer thematischen Ausweitung verbundenen Motive sind unterschiedlich: Zum Teil ist die Ausweitung Teil des Produktmarketings, zum Teil Reaktion auf erkannte Qualifikationsdefizite bei den – überwiegend kleinbetrieblichen und mittelständischen – Anwenderbetrieben. Diese stellen für die Hersteller die entscheidende Schnittstelle zum Kunden dar, an ihrer unternehmerischen Professionalisierung und Kompetenzentwicklung – nicht nur in Bezug auf die technisch korrekte Nutzung ihrer Produkte – haben die Hersteller also ein hohes Interesse. So finden sich im Angebotskatalog eines Herstellers, der nicht in die Empirie einbezogen werden konnte, als innovatives Angebot so genannte „Unternehmer-Zukunftsseminare“, die auf Inhaber und Führungskräfte des Handwerks und des Baustoffhandels zielen und in denen es um grundsätzliche Fragen der Unternehmensstrategie, Marktanalyse und Mitarbeiterführung geht. Dennoch stehen die befragten Herstellervertreter einer umfassenderen Ausweitung ihrer Schulungsthemen z.B. auf die Vermittlung so genannter soft skills – etwa Themen wie Führungsverhalten, Teammotivierung, Kommunikationskompetenz – eher skeptisch bis abwartend gegenüber, auch wenn man auf diesen Feldern erhebliche Qualifikationsdefizite in den Unternehmen der Bauwirtschaft sieht und im Rahmen der Schulung der eigenen Mitarbeiter durchaus über Trainingskompetenz verfügt. Ein solches Angebot ist aber nach Einschätzung der Hersteller nicht ihre Aufgabe und würde auf Akzeptanzbarrieren bei den Bauunternehmen stoßen: Herstellerschulung wird nach ihrer Einschätzung von den Nachfragern so lange ernst genommen, wie sie nah am Produkt bleibt. So stelle die Einführung neuer inhaltlicher Angebote immer eine „Gratwanderung“ dar, die Frage sei:

> „Welche Themen traut man uns zu? Brandschutz, Schallschutz, Bauphysik: Das sind Gebiete, auf denen sind wir stark, für diese Themen stehen wir, dort wird unsere Schulung ernst genommen. Andere Themen würden Kopfschütteln ernten, da geht man lieber gleich zu einem anderen Anbieter.“

Mit über die Kernkompetenz des Herstellers hinausgehenden neuen Schulungsangeboten kann man auch durchaus kostenträchtigen Schiffbruch erleiden, wie beispielsweise ein Hersteller mit neuen Schulungsideen zum Thema Kundenkommunikation und einem – gezielt für junge Unternehmensnachfolger angebotenen – Führungstraining erfahren musste. Beide Angebote seien trotz intensiver Überzeugungsarbeit von den Kunden letztlich nicht angenommen worden. Der Akquiseaufwand, so die Folgerung dieses Herstellers, stehe in keinem Verhältnis zu den erreichten Teilnehmerzahlen. Dennoch seien solche Kurse im Angebot wichtig, um dem Kunden zu signalisieren: „Wir tun was darüber hinaus."

Einen besonderen Schulungstyp im Rahmen der Herstellerangebote stellen die so genannten Zertifizierungsschulungen dar. Derartige Schulungen werden dort notwendig, wo bestimmte Produkte oder Verfahren des Herstellers zu ihrer Inbetriebnahme oder Anwendung einen besonderen, durch ein Zertifikat nachgewiesenen Sachkundenachweis erfordern. Ein solcher Nachweis ist entweder an mehrjährige Berufserfahrung oder den Nachweis einer Schulung beim Hersteller des Produkts – einschließlich einer von unabhängigen Prüfstellen abgenommenen Prüfung – gebunden. Dieser Schulungstyp spielt bei zwei Herstellern eine besondere Rolle: Bei Hersteller A erfordert die Anwendung eines von ihm entwickelten und patentierten Verfahrens zur Betonverbindung eine derartige Zulassungsprüfung, bei Hersteller B ist ein großer Teil der Produktpalette (z.B. Antriebssysteme für Türen und Fenster) von solchen Zertifizierungsvorschriften tangiert, und Zertifizierungsschulungen machen entsprechend einen größeren Anteil seines Schulungsangebots aus.

Die Ideen für neue Schulungsinhalte werden in den Schulungsabteilungen entwickelt, sofern solche vorhanden sind, allerdings in enger Kooperation mit den Abteilungen Entwicklung und Marketing. Im Fall des Herstellers A erfolgt die Entwicklung der Schulungsangebote „top-down" in der Abteilung Marketing und Vertrieb. Auch Anregungen der Vertriebs- und Servicemitarbeiter, Rückmeldungen von Schulungsteilnehmern sowie direkte Anfragen von Kunden fließen als Anregung in die inhaltliche Konzipierung der Angebote ein. In einem Unternehmen wird ein elaboriertes System des Kundeneinbezugs in die Entwicklung von neuen Schulungsangeboten praktiziert: Dort werden neue Ideen, die die Schulungsabteilung auf Grund von Marktrecherchen entwickelt hat, mit einem Kundenbeirat besprochen und mit den Marketingabteilungen und Ausbildungsabteilungen der für die Kunden zuständigen Unternehmensverbände abgestimmt.

2.4 Durchführung der Schulungen und didaktische Vermittlung der Inhalte

In Anbetracht ihrer durch kleinere und mittlere Unternehmen geprägten Kundenstruktur sind die Hersteller bemüht, ihre Schulungsangebote möglichst ortsnah anzubieten. Auch dort, wo Hersteller über ein – oft neues und modern ausgestattetes – zentrales Schulungszentrum verfügen, werden Schulungen zusätzlich auch dezentral in den Niederlassungen und Vertriebszentren angeboten. Zwei Hersteller nutzen auch die Infrastruktur von regionalen Bildungszentren der Bauwirtschaft oder Innungen für ihre Angebote. Schulungen finden darüber hinaus auch beim Kunden selbst statt: als Geräteeinweisungen direkt auf der Baustelle, als Produktpräsentationen z.B. im Rahmen von Bauleiterbesprechungen oder in Form von Inhouse-Schulungen als Seminarangebot in den Räumen des Kunden. Derartige firmenspezifische Schulungsangebote – beim Kunden oder im eigenen Schulungszentrum – zählen bei allen einbezogenen Herstellern zum Angebot und machen in einem Fall sogar 50% der Schulungsaktivitäten aus. Diese Schulungsform wird eher von größeren Unternehmen nachgefragt, mit steigender Tendenz, da sie den Flexibilitätsanforderungen der Abnehmer entgegenkommt. Im Falle eines Herstellers zählt zum Schulungskatalog eine Auflistung von Schulungsmodulen, aus denen sich Unternehmen ein auf ihren Bedarf zugeschnittenes Angebot zusammenstellen können. Die Zusammenstellung zu einem maßgeschneiderten Angebot und die Organisation der Schulung in der Nähe des Kunden gehören zum Dienstleistungsangebot der Schulungsabteilung.

Die in den Katalogen angebotenen Schulungen werden bei einigen Herstellern durch jährlich stattfindende „offene Angebote“ ergänzt, wie z.B. einmal im Jahr in allen Niederlassungen durchgeführte so genannte Schulungstage mit produktübergreifenden Themenstellungen, zu denen man gegebenenfalls externe Referenten engagiert und zu denen alle Kunden eingeladen werden, oder jährlich – im zeitlichen und regionalen Zusammenhang mit zwei bedeutenden Branchenmessen – stattfindende so genannte Innovationsschulungen, auf denen Neuentwicklungen präsentiert werden.

Auch in zeitlicher Hinsicht versucht man, mit den Schulungsmaßnahmen den besonderen Bedürfnissen der Bauunternehmen und kleinen Handwerksbetriebe entgegenzukommen: So liegt die durchschnittliche Dauer der Herstellerschulungen bei ein bis zwei Tagen. Mehr, so ein Hersteller, werde von den Betrieben nicht akzeptiert. Bei Hersteller C unterscheidet sich die Dauer deutlich nach Zielgruppen der Schulung: Die Angebote für den Baustofffachhandel – durchweg mittlere oder auch große Unternehmen – umfassen auch drei- bis viertägige Maßnahmen, die auf Handwerksbetriebe gerichteten maximal 1,5 Tage. Eine Ausnahme bilden die mit einem Zertifikat versehenen und umfassenderen Weiterbildungslehrgänge zum Energiefachberater und Modernisierungsfachmann Gebäudemodernisierung des Herstellers C, die aus zwei jeweils einwöchigen Modulen bestehen. Die zwischen den Modulen liegende Woche war eigentlich für die Nachbereitung des Gelernten vorgesehen war, wird aber In der Praxis der Baubetriebe, so der Hersteller, für die Aufarbeitung der liegen gebliebenen Arbeit genutzt.

Ein Indikator für die Qualität der Kundenschulung ist die Qualifikation des für diese Dienstleistung eingesetzten Schulungspersonals. Während in Unternehmen A, das über keine eigene Schulungskapazität verfügt, die Kundenschulungen durch die Vertriebsmitarbeiter und die Techniker im Innen- und Außendienst durchgeführt werden und nur einen geringen Anteil ihrer Arbeitskapazität ausmachen, liegt bei den Herstellern, die über ein eigenes Schulungszentrum verfügen, die Durchführung der Kundenschulungen in der Hand eigens dafür beschäftigter Trainer. Zusätzlich setzen einige Hersteller für Themen, die sie selbst nicht abdecken können, oder aus Kapazitätsgründen externe Trainer und Referenten ein. Bei den Trainern handelt es sich überwiegend um Techniker und Ingenieure. Bei Hersteller D werden die für die Kundeneinweisung in den Vertriebszentren zuständigen Servicemitarbeiter durch das hauseigene Servicetrainerteam regelmäßig für diese Aufgabe geschult. Nur in einem Fall haben die Trainer eine zusätzliche didaktische Ausbildung erhalten. Die didaktischen Qualifikationen erwerben sie üblicherweise durch learning by doing (sie „erwachsen aus der eingeübten Praxis"). Man achtet bei Auswahl der Trainer zwar auf persönliche Eignung („Lust und Fähigkeit zum Vermitteln"), ansonsten sieht man bei den Herstellern weniger in einer formalen didaktischen oder pädagogischen Vorqualifikation als vielmehr in der Praxisnähe die wichtigste Voraussetzung für den Einsatz als Trainer („dass die Trainer wissen, was in der Praxis läuft", „die müssen die Sprache der Kunden sprechen"). Aus diesem Grund werden in einem der einbezogenen Unternehmen bewusst nicht nur „hauptamtliche Trainer" eingesetzt, sondern auch „variable" Trainer, die mit der Hälfte ihrer Arbeitszeit im normalen Alltagsgeschäft tätig sind.

Bei der Durchführung der Herstellerschulungen dominiert die Seminarform, ergänzt durch Anteile praktischer Erprobung. Schulung soll möglichst einen Workshopcharakter haben. Alle Hersteller betonen – vor dem Hintergrund steigender Anteile von Klein- und Handwerksbetrieben unter ihren Kunden – die große Bedeutung von praktischer Einübung und eines ausgewogenen Verhältnisses von Theorie und Praxis. So verfügen die neu errichteten Schulungszentren alle über die notwendige Infrastruktur für praktische Anwendungsübungen oder Demonstrationen. Der zweiwöchige Lehrgang des Herstellers C zum Modernisierungsprofi Gebäudemodernisierung ist schon in der Konzeption in ein Theorie- und ein Praxismodul aufgeteilt, die Praxisanteile werden sogar auf realen Baustellen durchgeführt. Zur Akquise geeigneter Baustellen und Modernisierungsprojekte hat dieser Hersteller ein bundesweites Förderprogramm ausgeschrieben, das sich guter Nachfrage erfreut. Darüber hinaus unterhält man einen mobilen Demonstrationsbus, der für praktische Übungen eingesetzt wird. Teilweise greift man für die praktischen Anteile auch auf die Räume der Bildungszentren und Innungen zurück, die über gut ausgestattete Praxisräume verfügen.

Die Entwicklung der in Herstellerschulungen eingesetzten Lehrmaterialien obliegt in allen Fällen hausinternen Experten: den Trainern, gegebenenfalls in Kooperation mit der Entwicklungsabteilung und den technischen Beratern. Nur bei Hersteller A werden die Unterlagen durch die Abteilung Marketing erstellt.

Je nach Bedarf wird dabei auch externe Unterstützung in Anspruch genommen: neben technischen Dienstleistungen (Grafik) auch inhaltliche Unterstützung durch Experten aus Bildungszentren oder – sofern Produkte angrenzender Branchen tangiert sind – von Fachleuten aus den einschlägigen Herstellerunternehmen.

Multimediale Lernmittel wie Video-Demonstrationen von Montagevorgängen oder Reparaturabläufen etc. zählen bei allen Herstellerschulungen zum technischen Standard. Überhaupt bestätigt sich bei Sichtung der eingesetzten Kataloge und der zur Verfügung gestellten Unterlagen die Feststellung der oben genannten BIBB-Untersuchung (Hahne 1999, 2001), dass sich die Herstellermaterialien und -medien „generell durch eine professionelle und attraktive Gestaltung" auszeichnen und damit zugleich eine Funktion als Werbeträger für die Produkte des Herstellers erfüllen. Nach Einschätzung eines Gesprächspartners sind in Bezug auf die Präsentation die Ansprüche der Schulungsteilnehmer deutlich gestiegen, was in diesem Falle zu einer Überarbeitung und „Anreicherung" der Schulungsunterlagen mit Bildern und Videos geführt habe.

Eine Erweiterung der primär noch seminarförmigen Vermittlung des Lehrstoffs um Konzepte wie blended learning steht – mit Ausnahme von Hersteller A – in allen einbezogenen Herstellerunternehmen auf der Tagesordnung: Vor dem Hintergrund steigender Flexibilitätsanforderungen der Abnehmer von Kundenschulungen an Zeit, Ort und Dauer der Weiterbildungsmaßnahmen wird man nach Einschätzung der befragten Experten in Zukunft wohl nicht um den Einsatz von e-learning herumkommen. Allerdings wird einhellig betont, dass man e-learning nur ergänzend zu Präsenzschulungen – im Wesentlichen zur Vor- bzw. Nachbereitung des Lehrstoffs – einsetzen werde, da diese Vermittlungsform dem Hauptziel der Herstellerschulungen, Kundenkontakt herzustellen und die Kundenbindung zu vertiefen, zuwiderlaufe, denn „Kundenbindung lebt vom persönlichen Training". Gleichzeitig wird von den Herstellervertretern auch Skepsis geäußert, was die Akzeptanz von e-learning bei den Abnehmern ihrer Schulungen betrifft: Baufirmen seien nun mal „mit EDV nicht verheiratet" und für e-learning nicht aufgeschlossen. So hat Hersteller B erhebliche Summen in die Entwicklung eines e-learning-Bausteins investiert und macht nun die Erfahrung, dass die Vermarktung äußerst „zäh" läuft. Man müsse erstmal Kunden finden, die überhaupt e-mail haben[6], aufgeschlossen sind und sich auch einloggen. Maximal 20 Kunden hätten Interesse gezeigt.

Zertifikate spielen bei Herstellerschulungen eine zunehmende Rolle. Hingewiesen wurde bereits auf den Typus von Herstellerschulungen, bei dem recht-

---

6 Als Indiz für die geringe Aufgeschlossenheit der Baufirmen gegenüber EDV und Internet wird die Tatsache angeführt, dass die Anmeldungen für Schulungen überwiegend per Fax getätigt werden, obwohl die Kataloge in der Regel eine Anmeldung per e-mail vorsehen.

liche Vorschriften für die Anwendung bestimmter Produkte oder Verfahren eines Herstellers eine mit Prüfungszertifikat nachgewiesene Teilnahme an einer Qualifizierungsmaßnahme fordern. Beispiele sind die Bereiche Brandschutz oder die Maschinenrichtlinien der Bauberufsgenossenschaft. Zumindest bei einem der einbezogenen Hersteller haben die wachsende Komplexität seiner Produkte und eine zunehmende rechtliche Regelungsdichte zu einer so starken Erhöhung der Zahl derartiger Schulungsmaßnahmen geführt, dass diese die Kapazitäten seiner Schulungsabteilung zu übersteigen drohen, zumal derartige Sachkundenachweise in regelmäßigen Abständen aktualisiert werden müssen.

Das Beispiel des Herstellers C macht deutlich, dass Hersteller darüber hinaus dazu übergehen, eigene, zertifizierte Qualifikationsabschlüsse („Modernisierungsprofi Gebäudemodernisierung", „Energiefachberater im Baustoff-Fachhandel") zu kreieren. Andere, in diese Untersuchung nicht einbezogene Hersteller bieten ähnliche zertifizierte Qualifikationsabschlüsse an, so z.B. zur „Zertifizierten Fachkraft für Dicht- und Dämmarbeiten im Ausbau". Die Lehrgangskonzepte werden in Kooperation mit branchennahen Fachinstitutionen (in diesem Fall das Zentrum für umweltbewusstes Bauen) entwickelt, die Prüfungen werden von einer unabhängigen, offiziellen Zertifizierungsinstanz abgenommen und müssen regelmäßig aktualisiert werden. Dieser Überprüfung dient ein begleitender Weiterbildungspass. Die Lehrgänge dienen nicht nur der Vermittlung von Fachkunde, sondern in mindestens ebenso großem Umfang sind sie als ein Marketinginstrument für die Kunden des Herstellers gedacht. So ist der Titel mit einem Logo ausgestattet, das als Gütesiegel dienen soll und mit einer begleitenden Marketingkampagne unterstützt wird. Ziel ist es laut Hersteller, „dem Handwerk Differenzierungsmöglichkeiten zu bieten, um sich von der Konkurrenz durch Qualität abheben zu können". Nach Auskunft des Herstellers ist es gerade dieses Zertifikat, das dieses Lehrgangsangebot bei seinen Kunden attraktiv macht. Dies habe allerdings den unbeabsichtigten Nebeneffekt, dass die Nachfrage nach den genuinen Produktschulungen, die das gleiche Wissen in detaillierter Form anbieten, zurückgehe.

Auch bei anderen Schulungsangeboten ist bei den befragten Herstellern ein Abschlusszertifikat in Form einer Teilnahmeurkunde, der keine Prüfung vorangeht, üblich. Solche Teilnahmeurkunden, deren Übergabe bei einem Hersteller stets aufwändig zelebriert wird, werden von den Bauunternehmen und vom Fachhandel nachgefragt, die sie als Marketinginstrument „in ihren Büros an die Wand hängen", aber auch von den Teilnehmern, denen sie als Qualifizierungsnachweis gegenüber ihrem Arbeitgeber dienen.

Drei der befragten Hersteller führen zur Qualitätssicherung regelmäßige Teilnehmerbefragungen durch. Auf diesem Wege behält man die Aktualität der angebotenen Themen im Auge, erhält Verbesserungsvorschläge von Seiten der Teilnehmer und kontrolliert die Qualität des externen Trainingspersonals. Im

Fall von neuen, innovativen und mit erheblichen Kosten entwickelten Schulungsangeboten wird auch einmal eine sehr viel weiter gehende Form der Qualitätssicherung praktiziert: So lässt man bei Hersteller C das gerade angelaufene neue Lehrgangskonzept zum „Modernisierungsprofi Gebäudemodernisierung“ derzeit durch ein unabhängiges Institut evaluieren.

2.5 Kosten und Finanzierung der Herstellerschulungen

Trotz der erheblichen Finanzmittel, die bei einigen der einbezogenen Hersteller in die Kundenschulung fließen – für die Errichtung moderner Schulungszentren, die Vorhaltung eigener Trainings- und Organisationskapazität und die Entwicklung von innovativen Schulungskonzepten – stellen Kundenschulungen für die Hersteller primär eine Investition in Marketing und Vertrieb dar. In keinem der einbezogenen Fälle werden Kundenschulungen als ein eigenständiges, neben dem Produktangebot bestehendes Dienstleistungsangebot angesehen, aus dem man Gewinn erwirtschaftet.[7] Die Kundenschulungsabteilungen der Hersteller sind keine profit center, d.h. sie stehen nicht unter Ertragsdruck. Allenfalls sind sie gehalten, kostendeckend zu arbeiten. So werden Kundenschulungen – mit einer Ausnahme – kostenlos oder zu nicht kostendeckenden, eher symbolischen Preisen angeboten.

Hersteller A und D bieten ihre Schulungsmaßnahmen generell kostenfrei an, Gebühren werden nur für die Zertifizierungsschulungen erhoben und dienen im Wesentlichen dazu, die Honorare der Prüfungsinstanz abzudecken.

Hersteller B unterscheidet in seiner Preisgestaltung zwischen Produktschulungen – diese sind generell kostenfrei – und Fachseminaren, in denen produktübergreifendes Wissen vermittelt wird. Für letztere wird eine – nach Aussagen des Herstellers allerdings symbolische und nicht kostendeckende – Teilnahmegebühr zwischen 100 und 350 Euro, je nach Dauer und Thematik des Kurses, erhoben, die die Kosten für Verpflegung, Lehrmaterial und gegebenenfalls die erforderliche Zertifizierungsprüfung abdeckt. Übernachtungs- und Anfahrtskosten müssen die Betriebe selber tragen.

Eine andere Preisstrategie verfolgt Hersteller C: Er bietet seine Schulungsmaßnahmen grundsätzlich zu kostendeckenden Preisen an, die bei den zweiwöchigen zertifizierten Lehrgangskonzepten zum Modernisierungsprofi Gebäudemodernisierung und zum Energiefachberater bei 300 Euro pro Teilnehmertag liegen. Auch wenn man dort Probleme einräumt, kostendeckende Preise durchzu-

7 Im Maschinen- und Anlagenbau zählen hingegen Kundenschulungen „traditionell eher zu den bezahlten Dienstleistungen“ (vgl. Osswald et al. 2002, S. 3): „Sie werden entweder direkt in Rechnung gestellt oder zusammen mit dem Sachgut im Kostenvoranschlag angeboten.“

setzen – gerade gegenüber Kleinstbetrieben und der neuen Zielgruppe Handwerksbetriebe –, und sich der Konkurrenz der Wettbewerber ausgesetzt sieht, die diesen Service „verschenken", hält man an dieser Preisstrategie fest, um die Wertigkeit der eigenen Qualifizierungsangebote zu unterstreichen: Die Kurse böten übertragbares Wissen an und hätten einen eigenständigen Qualifizierungswert, den müsse man auch in der Preisgestaltung ausdrücken. Außerdem erreiche man mit dieser Preisgestaltung eine höhere Verbindlichkeit bei den Anmeldungen zu Schulungsmaßnahmen. Früher – als man anscheinend noch eine andere Preisstrategie verfolgte – sei es nicht ungewöhnlich gewesen, dass von den angemeldeten Teilnehmern nur ein Bruchteil tatsächlich zur Schulung erschien.

Von der Professionalisierung der Kundenschulungen, den teuren Investitionen in Schulungszentren und der thematisch-inhaltlichen Ausweitung geht allerdings auch bei anderen Herstellern ein Druck auf die Preisgestaltung aus. Eine solche Umorientierung hin zu kostendeckenden Preisen gegenüber Abnehmern, die bisher mit kostenlosen Weiterbildungsangeboten „verwöhnt" wurden, wird allerdings als heikel angesehen, sie könne allenfalls schrittweise und behutsam erfolgen.

Insgesamt steht den Bauunternehmen mit den Herstellerschulungen also ein nicht nur in weiten Teilen inhaltlich attraktives, sondern auch besonders preiswertes Weiterbildungsangebot zur Verfügung. Diese Preisstrategie erweist sich allerdings für die Hersteller als ambivalent, weil sie geeignet ist, das Image der Herstellerschulung als reine Produktschulung und Vertriebsunterstützung zu verfestigen.

2.6 Kooperation mit anderen Weiterbildungsanbietern

Herstellerschulungen stellen kein isoliertes, unverbunden neben den von anderen branchennahen Weiterbildungseinrichtungen – wie den Bildungszentren der Bauwirtschaft oder den Bildungseinrichtungen der Fachverbände und Handwerkskammern – getragenen Weiterbildungsangeboten stehendes Weiterbildungssegment dar. Die Eindrücke aus den untersuchten Fällen legen vielmehr nahe, dass es ein recht dichtes Netzwerk von Kooperation zwischen den für Kundenschulung zuständigen Abteilungen der Hersteller und den etablierten Weiterbildungsanbietern der Branche gibt.

Mit Ausnahme eines Herstellers unterhalten alle einbezogenen Kundenschulungsabteilungen mehr oder weniger enge Kooperationsbeziehungen zu den Bildungszentren der Bauwirtschaft und den Ausbildungseinrichtungen der Innungen und Handwerkskammern. Folgende Formen von Kooperation sind anzutreffen:

- Der Hersteller bietet seine Schulungen – oft auf Anfrage der Einrichtungen – auch in den Bildungszentren, den Kammern und Innungen an.

- Der Hersteller nutzt die räumliche Infrastruktur der Bildungszentren, um dezentral anbieten zu können.
- Der Hersteller nutzt die Referenten und Trainer der Bildungszentren für eigene Schulungsangebote und offene Bildungsveranstaltungen.
- Der Hersteller lässt seine Trainer bei den Bildungszentren schulen.
- Der Hersteller schult Trainer der Bildungszentren.
- Der Hersteller vermittelt Kunden mit Schulungswünschen, die er nicht abdecken kann, an Bildungszentren weiter.

Das Verhältnis zu den Bildungszentren der Bauwirtschaft wird von den befragten Herstellervertretern denn auch nicht als Konkurrenzverhältnis angesehen, sondern als sinnvolle gegenseitige Ergänzung, wobei jedem Partner eine eigenständige Funktion zukommt: Die Bildungszentren vermitteln Grundlagenwissen, die Hersteller eng an der Alltagsrealität der Unternehmen orientiertes Produkt- und Prozesswissen. Überdies gelten die Bildungszentren als wichtige Multiplikatoren für die Produkte und Schulungsangebote der Hersteller.

Alle einbezogenen Hersteller verfügen als Großunternehmen ihrer Branchen über gut ausgebaute Personal- und Weiterbildungsabteilungen für ihre eigenen Mitarbeiter. Die Frage ist, inwieweit Kooperationsbeziehungen zwischen den für die Kundenschulungen und den für die Mitarbeiterschulung zuständigen Abteilungen innerhalb der Herstellerunternehmen etabliert sind, inwieweit also z.B. Expertise und Innovationsimpulse aus der Schulung der eigenen Mitarbeiter in die Konzipierung neuer Angebote der Kundenschulung einfließen. Die Ergebnisse der Empirie legen den Schluss nahe, dass es – selbst wenn beide Bereiche in einer Gesamtabteilung „Schulung“ integriert sind – keine oder nur lockere Verbindungen zwischen der Weiterbildung der eigenen Mitarbeiter und der Weiterbildung der Kunden gibt, mit Ausnahme einer in zwei Fällen angetroffenen Kooperationsform: Dort wird die Kompetenz der Kundenschulungsabteilung für Produktdarstellung und -erklärung und für Kommunikation mit Kunden (Schulungen in Verkaufstechnik, Kundenkommunikation) insoweit genutzt, als es Aufgabe der Kundenschulungsabteilung ist, neu eingestellte Mitarbeiter in das Produktspektrum einzuführen bzw. Vertriebsmitarbeiter, die direkt mit den Kunden und den Produkten zu tun haben, zu schulen. In einem Fall wurden neue Ideen für die Kundenschulung (Serviceorientierung) zunächst an eigenen Mitarbeitern (Mitarbeiter der Kantine) getestet.

Eine innovative Schulungskooperation ganz anderer Art – und zwar mit Herstellern konkurrierender oder ergänzender anderer Bauprodukte – hat Hersteller C ins Leben gerufen: Die so genannte Energiesparnetzwerk GmbH stellt einen Zusammenschluss von verschiedenen Herstellern für Gebäudesanierung relevanter Produktgruppen dar. Man hat sich zum Ziel gesetzt, Verbundschulungen für das Handwerk sowie für Architekten und Planer anzubieten, um Kompetenzen für energieeffizientes Modernisieren zu vermitteln und für die Erschließung dieses Marktes zu motivieren. Jeder Partner schult für seine Produktsparte. Dabei hat man sich auf gemeinsame Standards geeinigt, z.B. diese Schulungen nur zu kostendeckenden Preisen anzubieten. Außerdem dürfen nur solche Betriebe ein Zertifikat erhalten, die sich verpflichten, ihrerseits nur einschlägig qualifizierte und zertifizierte Subunternehmen einzusetzen.

2.7 Akzeptanz der Herstellerschulungen bei den Unternehmen der Bauwirtschaft

Auch wenn die Herstellervertreter zum Teil über ausgeprägte Probleme berichteten, gerade ihre zunehmend kleinbetriebliche Klientel für ihre Weiterbildungsangebote aufzuschließen und ihnen innovative Schulungsangebote nahe zu bringen: Im Großen und Ganzen ist nach ihrer Einschätzung die Resonanz auf die Kundenschulungsangebote positiv. Sofern diese von guter Qualität seien und nahe an der Kernkompetenz des Herstellers blieben, würden sie als gute fachliche Weiterbildung wahrgenommen und auch anerkannt. Eine explizite Ausnahme von dieser Einschätzung macht Hersteller B, dessen Herstellerschulung nach seinem Eindruck nicht als Weiterbildung angesehen wird, sondern „als must, um unsere Produkte vertreiben zu können". Bei diesem Hersteller sind allerdings eine der Hauptzielgruppen der Kundenschulung Fertigungsbetriebe, die für die Produktion der Komponenten und Profile des Herstellers herstellerspezifische Maschinen und Software nutzen müssen. Verwiesen wird in diesem Zusammenhang auch auf die attraktiven Konditionen dieser Form der Weiterbildung. Generell, so der Tenor, sei die Akzeptanz und Auslastung der Angebote gut, auch wenn über gelegentliche Flops berichtet wird und es durchaus vorkommt, dass man Angebote mangels Anmeldungen streichen muss. Verwiesen wird von einigen Herstellern auch auf ein regionales Gefälle der Inanspruchnahme: zwischen Nord und Süd und zwischen West und Ost. Diese regionalen Unterschiede werden von den Herstellern auf die unterschiedlich aktive Akquise von Schulungen durch die regionalen Vertriebsmitarbeiter und auf die generell schwierigere Situation der Bauwirtschaft in den neuen Bundesländern zurückgeführt, die auf die ohnehin niedrige Weiterbildungsbereitschaft der Bauunternehmen drückt.

2.8 Perspektiven der Herstellerschulung

Alle befragten Gesprächspartner konstatieren eine wachsende Bedeutung und eine Intensivierung der Kundenschulungen in den letzten Jahren und erwarten einen Bedeutungszuwachs dieser Weiterbildungsform in der Zukunft. Für diesen – teils nur „gefühlten" und weniger durch harte Fakten belegten – Trend werden verschiedene Gründe angeführt:

- die zunehmende Vielfalt, Komplexität und Erklärungsbedürftigkeit der angebotenen Produktpalette;
- das Bestreben, durch begleitende Serviceleistungen dem – insbesondere durch Billiganbieter ausgelösten – verschärften Wettbewerb auf dem Absatzmarkt zu begegnen: Produkte werden zunehmend über solche begleitenden Serviceleistungen verkauft;
- die immer kürzeren Innovationszyklen: um Entwicklungsvorsprünge in Marktanteilsgewinne umsetzen zu können, müssen die Kunden immer schneller über neueste Entwicklungen im Produktangebot informiert werden;
- ein zunehmendes Sicherheitsbedürfnis und -bewusstsein in der Gesellschaft;
- die Zunahme rechtlicher Vorschriften, die für einzelne Produkte und Verfahren der Hersteller so genannte Sachkundenachweise verlangen, welche durch Schulungen der Produkthersteller erbracht werden müssen.

Alle befragten Herstellervertreter konstatieren – jeweils vor dem Hintergrund der von ihnen repräsentierten Produktgruppe zu interpretierende – aktuelle Qualifikationsdefizite und wachsenden Qualifizierungsbedarf bei ihren Abnehmern in der Bauwirtschaft. Als Qualifizierungsdefizite und Kompetenzerfordernisse der Zukunft werden genannt:

- EDV-Kompetenz;
- Marketing- und Beratungskompetenz;
- Innovationskompetenz, d.h. die Fähigkeit, rechtzeitig Innovationstrends zu erkennen und aktiv aufzugreifen;
- Teamführung und Motivierung auf der Baustelle, um trotz Untervergabepraxis und minderer Qualifikation der ausführenden Arbeitskräfte auf der Baustelle das Qualitätsniveau am Bau halten zu können;
- Netzwerkkompetenz und die Fähigkeit zu gewerkeübergreifender Kooperation angesichts zunehmender, Technologiegrenzen (Mechanik/Elektronik) überschreitender Komplexität der Produkte.

Die Fallstudie zeigt, dass die Hersteller mit verschiedenen innovativen Schulungsangeboten durchaus gezielt auf diese von ihnen erkannten Kompetenzdefizite reagieren – jedenfalls dort, wo sie direkt den Markterfolg ihrer Produkte tangieren. Die Frage ist, ob sich die in der Fallstudie ebenfalls zum Ausdruck kommenden Potenziale der Herstellerschulungen und ihre fallweise hohe Professionalität nicht weitergehend für die gezielte Bearbeitung der genannten Qualifikationsdefizite und eine zukunftsweisende Kompetenzentwicklung in der Bauwirtschaft nutzen lassen, z.B. durch eine gezielte Vernetzung und Kooperation der Herstellerschulungen mit den brancheneigenen Bildungseinrichtungen der Bauwirtschaft oder auch der Hersteller untereinander.

3. Herstellerschulungen aus Sicht der Bauunternehmen

Oben wurde gezeigt, dass die Dienstleistung „Kundenschulung“ seitens der Hersteller inzwischen mit erheblicher Professionalität angeboten wird und auch ihre Inhalte zum Teil über die mit dieser Schulungsform assoziierte reine Produktschulung hinausgehen. Die Frage ist, welche Rolle aus Sicht der nachfragenden Bauunternehmen gegenwärtig und in Zukunft dieser Form der Schulung beigemessen wird. Wie werden sie genutzt und welchen Stellenwert haben sie im Rahmen der sonstigen Weiterbildungsaktivitäten der Unternehmen? Wie stellt sich die Attraktivität und Qualität der Schulungsangebote der Hersteller aus Sicht der Unternehmen dar? Zwar tauchen in empirischen Studien zum betrieblichen Weiterbildungsgeschehen immer wieder Hinweise auf Schulungsangebote der Hersteller und Lieferanten als „besonders wichtige Formen der Weiterbildung“ (vgl. Prognos AG 2007, S. 32) oder auf die „hohe Bedeutung von Herstellerschulungen für Kleinbetriebe“ (Kailer/Stockinger 2008, S. 11) auf, ihrer Einbindung in die betrieblichen Weiterbildungsaktivitäten und ihrer Rolle für die Kompetenzentwicklung in den Unternehmen ist bisher aber noch nicht systematisch empirisch nachgegangen worden. Hier sei noch einmal darauf hingewiesen, dass auch die vorliegende Fallstudie aufgrund der schmalen empirischen Basis zu den aufgeworfenen Fragen allenfalls erste Eindrücke beisteuern kann. Insbesondere ist daran zu erinnern, dass es nicht möglich war, Teilnehmer an Herstellerschulungen, also Beschäftigte aus Baufirmen, einzubeziehen, z.B. für die Frage, inwieweit diese Form der Schulung von den Beschäftigten überhaupt als „Weiterbildung“ wahrgenommen wird, wie sich die Schulungsqualität aus ihrer Sicht darstellt und wie der Zugang zu Herstellerschulungen geregelt ist.

Bei beiden einbezogenen Unternehmen handelt es sich um „weiterbildungsaktive“ Betriebe, die kontinuierlich Weiterbildung betreiben und dazu auch externe Weiterbildungsdienstleistungen in Anspruch nehmen. Unternehmen A unterscheidet die Weiterbildungsbereiche Geräte-, Maschinen- und Baustoffschulungen, verfahrenstechnische Schulungen (dazu zählen z.B. Themen wie Schalungs- und Gerüstbautechnik, Betonbautechnik, Baugrubensicherung, Grundbautechnik, verschiedene Themen im Rohr- und Kanalbau), Schulungen zu juristischen Fragen, EDV- und Sprachschulungen, die man mit Hilfe externer Referenten als Inhouse-Schulungen durchführt und für die man auf freie Weiterbildungsanbieter (z.B. technische Akademien) zurückgreift. Während man für verfahrenstechnische Schulungen die Weiterbildungseinrichtungen der Bauindustrie nutzt, die als Weiterbildungsanbieter tätig sind und die die gesetzlich vorgeschriebenen und für Qualitätssicherung erforderlichen Zertifikate anbieten (Beispiele: Materialprüfungsämter, Güteschutzverband Kanalbau), sind Maschinen- und Geräteschulungen und Schulungen zu Verarbeitungsfragen im Zusammenhang mit der Verwendung von bestimmten Baustoffen der Bereich, in dem man hauptsächlich auf Herstellerschulungen zurückgreift. Insgesamt machen Herstellerschulungen – grob geschätzt – maximal 20% der gesamten Weiterbildungsaktivitäten dieses Unternehmens aus.

Unternehmen B praktiziert Weiterbildung hauptsächlich in Form der Durchführung interner Seminare in Themenbereichen wie soziale Kompetenzen, Methodenkompetenz und EDV mit internen und externen Trainern. Inhaltlicher Schwerpunkt von Herstellerschulungen sind auch in diesem Unternehmen produktbezogene Schulungen, bei denen das Produktprogramm des Herstellers vorgestellt und seine fachgerechte Anwendung demonstriert wird, vor allem Maschinen- und Geräteschulungen, aber auch Schulungen zu Themen wie Betontechnik oder Asphalttechnik. Die Inanspruchnahme von Herstellerschulungen macht in diesem Unternehmen maximal 10% der Weiterbildungsaktivitäten aus.

Zielgruppe der Herstellerschulungen ist in Unternehmen A hauptsächlich das Baustellenführungspersonal: Baustellenleiter und Poliere, also diejenigen, die über den Einsatz von Maschinen und Baustoffen entscheiden, was angesichts des Marketingcharakters von Herstellerschulungen nach Einschätzung dieses Unternehmens auch nahe liegend sei. Für das gewerbliche Personal, die Baufacharbeiter, wird Herstellerschulung hauptsächlich in Form von Einweisungen in den Umgang mit neuen Maschinen praktiziert, die direkt auf der Baustelle stattfinden. Auch in Unternehmen B werden mit Herstellerschulungen zum einen die „Entscheider“, also „Einkäufer, Kalkulatoren, Bauleiter“ erreicht, zum anderen die gewerblichen Mitarbeiter und Poliere, und zwar sowohl in Form von Einweisungen auf der Baustelle als auch im Rahmen von seminarförmigen Angeboten der Hersteller im Zuge der so genannten „Winterschulungen“ in den Monaten Januar bis März. Nach Teilnehmerzahlen betrachtet haben hier Herstellerschulungen für das gewerbliche Personal eine größere Bedeutung, während im Angestelltenbereich vorrangig andere Weiterbildungsformen genutzt werden.

Worin sehen die Bauunternehmen die besondere Funktion und Leistungsfähigkeit von Herstellerschulungen im Vergleich zu anderen Formen der von ihnen praktizierten Weiterbildung? Wird ihnen – neben anderen Funktionen wie z.B. der Information über neue Produkte, der Erfüllung von Voraussetzungen, um Produkte eines Herstellers anbieten oder nutzen zu können, einer Marketingfunktion gegenüber den Kunden – ein eigenständiger Charakter als Weiterbildung zuerkannt? In Unternehmen A sieht man Herstellerschulungen – sofern ihre Qualität gut ist – als durchaus vollwertige Form der Weiterbildung, von der die Mitarbeiter einen Nutzen hätten und die von ihnen auch als Weiterbildung angesehen werde. Dennoch steht man dieser Form der Weiterbildung mit dem grundsätzlichen Vorbehalt gegenüber, dass Herstellerschulung vor allem den Marketinginteressen der Hersteller dient: „Wir sehen das als Marketing: Die machen das, um Kontakt zu den Kunden zu halten oder auf neue Produkte aufmerksam zu machen (...)“

Für Unternehmen B liegt die besondere Qualität und Leistungsfähigkeit von Herstellerschulungen in der Vermittlung von umfassenden Kenntnissen über neue Produkte und Verfahrenstechniken. Sie helfe den Baufirmen, „auf dem neuesten Stand zu bleiben". Angesichts des schärfer werdenden Wettbewerbs würden derartige Wissensvorsprünge in Bezug auf innovative, wirtschaftlich und technisch realisierbare Produkte für die Wettbewerbs- und Innovationsfähigkeit der Bauunternehmen immer wichtiger. Damit werde die Rolle von Herstellerschulungen in Zukunft an Bedeutung gewinnen. Herstellerschulungen und die durch sie ermöglichte frühzeitige Einbindung in technische Neuerungen sind in dieser Perspektive ein Element der auch in der Bauwirtschaft an Bedeutung gewinnenden supply chain zwischen Bauunternehmen, Handel und Herstellern. Die Vorstellungen dieses Unternehmens im Hinblick auf die wünschenswerte Richtung einer Weiterentwicklung der Herstellerschulungen zielen dementsprechend auch auf deren Ausbau zu einer Art Entwicklungspartnerschaft: einer engeren Zusammenarbeit mit Herstellern bei der Erprobung und Einführung neuer Produkte.

Es ist eine interessante Frage, ob die doch sehr unterschiedliche Einschätzung der Funktion und der Potenziale von Herstellerschulung in beiden Unternehmen mit einem unterschiedlichen institutionellen Ausbau eigener Weiterbildungsaktivitäten zusammenhängt: Unternehmen A ist zwar weiterbildungsaktiv, die Weiterbildung erfolgt aber eher ad hoc, bei Bedarf, es gibt keine eigene Weiterbildungsabteilung oder mit der Personalabteilung abgestimmte Weiterbildungsplanung. In Unternehmen B ist der Entwicklungsstand der Weiterbildungsaktivitäten erheblich weiter: Man verfügt über eine eigene Weiterbildungsabteilung und eigene interne Weiterbildungskapazitäten, es wird eine jährliche Weiterbildungsplanung erstellt. Vor diesem Hintergrund gewinnt die Funktion von Herstellerschulungen als Form des Innovationstransfers gegenüber ihrem Weiterbildungscharakter an Bedeutung.

Den Herstellerschulungen wird von beiden Unternehmen eine überwiegend gute Qualität bescheinigt – auch wenn deutliche Unterschiede zwischen den Herstellern konstatiert werden: Man weiß inzwischen aber, wo man gute Qualität erwarten kann, und wählt entsprechend aus. Wichtigster Vorbehalt gegenüber der Qualität von Herstellerschulungen ist der „Missbrauch als Verkaufsveranstaltung", „zu produktbezogen, zu viele Bilder". Zwar gilt das Verkaufsinteresse der Hersteller als durchaus legitim; wenn der Marketingcharakter von Schulungsveranstaltungen aber überhand nimmt, sinkt die Attraktivität und Akzeptanz der Schulungen bei den Baufirmen und teilnehmenden Mitarbeitern rapide. Negativ auf die Akzeptanz und Qualität von Herstellerschulungen wirkt sich laut Unternehmen B auch die bei Herstellerschulungen gängige Praxis aus, dass diese Angebote – auf Grund der oft begrenzten zeitlichen Ressourcen der unter hohem Termindruck arbeitenden Baufirmen – in das „Tagesgeschäft" integriert stattfinden müssen: in Bauleiterbesprechungen, in Baustellenbegehungen etc. Sie werden dann von den Teilnehmern weniger als Weiterbildung, sondern eher als den Arbeitsablauf „störend“ wahrgenommen.

Neben solchen eher unstrukturierten, informellen und arbeitsplatznahen Formen der Weiterbildung wie Kurzeinweisungen am Arbeitsplatz und Integration in routinemäßig stattfindende Besprechungen werden Herstellerschulungen in beiden Unternehmen auch als „klassische“ Weiterbildungsform im Rahmen ein- bis maximal zweitägiger Seminare (extern oder inhouse) oder als Fachvorträge am Abend in Anspruch genommen. Beide Unternehmen bestätigen die Preisstrategie der Hersteller: Schulungen sind für die Baufirmen entweder kostenfrei oder es werden im Vergleich zu anderen Weiterbildungsangeboten eher geringe Teilnahmegebühren erhoben. Allerdings hängt die Akzeptanz von Herstellerschulungen wohl weniger von ihren Preisen als von ihrer Qualität ab: Ist die Qualität gut, der Nutzen für die Teilnehmer unmittelbar erfahrbar, sei man, so Unternehmen A, durchaus bereit, marktübliche Preise für derartige Weiterbildungsangebote zu zahlen.

Teilnahmenachweise oder Zertifikate, die im Rahmen von Herstellerschulungen vergeben werden, scheinen für die Unternehmen einen eher geringen Stellenwert zu haben: Für Entlohnungs- oder Aufstiegsentscheidungen sind sie laut Unternehmen A nicht von Relevanz, vor allem, da man die inhaltliche „Wertigkeit“ solcher von Herstellern vergebener Zertifikate nicht einschätzen könne. Anders verhält es sich bei so genannten obligatorischen Nachweisen, an die die Berechtigung zur Ausführung bestimmter Arbeiten oder das Angebot bestimmter Produkte gebunden ist. Solchen von neutralen Zertifizierungsinstanzen, u.a. auch im Rahmen von Herstellerschulungen, vergebenen Zertifikaten kommt hohe Bedeutung zu, zumal sie in der Regel auch mit Kosten verbunden sind.

Unabhängig davon, ob Unternehmen über eine mittelfristige Weiterbildungsplanung verfügen, wie es bei Unternehmen B der Fall ist: Herstellerschulungen scheinen im betrieblichen Weiterbildungsgeschehen eher ad-hoc-Maßnahmen zu sein, über die kurzfristig und dezentral entschieden wird. Der Zugang zu Herstellerschulungen erfolgt über die von den Herstellern verteilten Weiterbildungskataloge oder über direkte Einladung bzw. Ansprache durch Vertriebsmitarbeiter der Hersteller. Über die Teilnahme an Weiterbildungsmaßnahmen generell und auch an Herstellerschulungen entscheiden in Unternehmen A die Abteilungsleiter jeweils in Absprache mit der Geschäftsführung.

Welche Vorstellungen haben die Unternehmen der Bauwirtschaft in Bezug auf eine wünschenswerte zukünftige Weiterentwicklung und auf Verbesserungsmöglichkeiten von Herstellerschulungen? Einer Ausweitung der inhaltlichen Angebote von Herstellerschulungen über die Vermittlung produktbezogener Kenntnisse hinaus, wie sie sich tendenziell in den Aussagen einiger befragter Hersteller andeutet, steht man eher skeptisch gegenüber: Hersteller sollen „bei ihren

Leisten bleiben". Die Wertigkeit solcher Angebote durch die Hersteller sei – so Unternehmen A – schwer zu beurteilen, bei allgemeinen fachlichen Themen und verfahrenstechnischer Weiterbildung greift man daher lieber auf die klassischen branchennahen Weiterbildungsanbieter zurück, deren Qualität man beurteilen könne. Zusätzliche Angebote seitens der Hersteller in diesem Bereich würden nach dieser Einschätzung lediglich zur Anbieterflut und Unübersichtlichkeit eines ohnehin schon unübersichtlichen Weiterbildungsmarkts in der Bauwirtschaft beitragen. Dezidierte Vorstellungen zu möglichen Weiterentwicklungen formuliert Unternehmen B: Diese betreffen einmal den Ausbau der Herstellerschulung zu einer intensiveren Entwicklungspartnerschaft mit den Herstellern von Baumaschinen bzw. Baustoffen und Bauunternehmen derart, dass Baufirmen in die Erprobung und Einführung neuer Produkte als Testunternehmen einbezogen werden. Wünschenswert wäre es auch, wenn sich Herstellerschulungen nicht nur auf die Standardangebote der Hersteller bezögen, sondern diese Form der Unterstützung auch bei der Verwendung vom Unternehmen gewünschter spezieller Produkt- oder Verfahrensvarianten angeboten würde. Ein generelles Manko der Herstellerschulungsangebote in der Bauwirtschaft besteht darin, dass diese Serviceleistung überwiegend von den großen, oft in ihrem Markt eine Monopolstellung innehabenden Anbietern von Maschinen und Baustoffen angeboten wird, zu selten aber noch von den – in der Regel wohl auch kleineren – Herstellern weniger etablierter Alternativprodukte.

4. Kooperation von Anwendern als Weiterbildungsanbieter in der Bauwirtschaft

Die Weiterbildungslandschaft in der Bauwirtschaft ist unübersichtlich. Mit der vorliegenden Fallstudie zur Angebotsform Herstellerschulung wurde versucht, ein oft unterschätztes Gebiet in der Landschaft der Weiterbildungsformen in dieser Branche zu beleuchten. Im Folgenden soll in einem kurzen Exkurs ein anderes Segment des branchennahen Weiterbildungsangebots vorgestellt werden, das auf Grund seines kooperativen Charakters besondere Aufmerksamkeit verdient: das von einer Kooperation der Anwender von Herstellerprodukten – in diesem Fall von Baumaschinen – getragene Weiterbildungsangebot des Verbands der Baumaschinen-Ingenieure und -Meister e.V. (VDBUM).

1971 gegründet, stellt der VDBUM eine berufsständische Interessenvertretung der Mitarbeiter der maschinentechnischen Bereiche der Baufirmen, also von Baumaschineningenieuren, -meistern u.a. dar. Zu den Mitgliedern zählen auch Bauingenieure, kaufmännische Mitarbeiter und Inhaber von Baufirmen, ferner Sachverständige, Hochschuldozenten und Verbandsvertreter. Mitglieder des Verbands sind Personen, nicht Firmen. Neben der Zielsetzung, den mit maschinentechnischen Fragen befassten Fachleuten in der Bauwirtschaft ein Forum zum Informations- und Erfahrungsaustausch zu bieten und die Interessen der Anwender – z.B. was die Einführung einheitlicher technischer Sprachregelungen betrifft – und auch der meist mittelständischen Baufirmen gegenüber den großen Herstellerfirmen von Baumaschinen zu vertreten, war die Bereitstellung eines aktuellen und anwendernahen Weiterbildungsangebots von Beginn an ein wichtiger Verbandszweck. Entsprechend nehmen Weiterbildungsaktivitäten innerhalb der gesamten Verbandstätigkeit einen hohen Stellenwert ein.

Der Verband, angesiedelt in Norddeutschland, verfügt über 17 regionale Stützpunkte und bietet seine Schulungen dort entsprechend dezentral bundesweit an. Zu seinen Bildungsangeboten zählen fest terminierte Standardschulungen, so z.B. die mit einem eigenen Zertifikat verbundenen Schulungen zur Erlangung des Befähigungsnachweises zur Durchführung der im Rahmen der Unfallverhütungsvorschriften vorgeschriebenen Maschinenprüfungen, aber auch zu technischen Spezialthemen, weiter eine einmal jährlich durchgeführte zentrale, mehrtägige Schulungstagung, das so genannte Großseminar, bei dem es um technische, aber auch um politische und wirtschaftliche, die Branche direkt betreffende Fragen geht, und bundesweit regional organisierte eintägige Branchenseminare zu jeweils aktuellen Themen.

Die Schulungsinhalte umfassen das gesamte Gebiet der mit dem Einsatz von Baumaschinen verbundenen Themen, neben technischen Fragestellungen werden auch betriebswirtschaftliche, juristische oder Aspekte des Arbeits- und Gesundheitsschutzes betreffende Themen behandelt. Sukzessive erweitert man die Themenpalette um darüber hinausgehende bautechnische Themengebiete wie Schweißtechnik, Schalungstechnik oder Betontechnik. Allerdings bietet der Verband keine Geräteführerschulungen an, da er nicht über einen eigenen Gerätepark und entsprechende Flächen verfügt.

Das inhaltliche Weiterbildungsangebot wird in Zusammenarbeit mit den von den Mitgliedern repräsentierten regionalen Beiräten konzipiert. Durch diesen bottom-up-Ansatz wird sichergestellt, dass die Weiterbildungsinhalte stets aktuell, praxisnah und eng an den Problemen der Anwender orientiert sind. Der Kooperations- und Selbstorganisationsgedanke schlägt sich auch in der Zusammensetzung der Referenten nieder: Neben fest angestellten Fachleuten des Verbands und extern „eingekauften" Trainern rekrutiert sich ein großer Teil der Fachreferenten aus den Reihen der eigenen Mitglieder, den Fachleuten aus den Abteilungen Maschinentechnik der Bauwirtschaft, die diese Referententätigkeit ehrenamtlich verrichten.

Zwar nimmt der Bedarf nach Weiterbildung im Umfeld der Baumaschinenanwendung angesichts des mit dem Einsatz derartiger Maschinen verbundenen, oft erheblichen Gefahrenpotenzials und Kapitaleinsatzes zu, allerdings wird diese Notwendigkeit in vielen Baufirmen noch nicht gesehen, zumal es in diesem Bereich keine verpflichtenden Schulungen gibt. Das Weiterbildungsangebot des Verbands wird über verschiedene Kanäle in den Markt gebracht: über die Mitgliedsadressen und Kundenadressen, über Mitteilungen in der verbandseigenen Zeitschrift und über Werbung in brancheneinschlägigen Magazinen. Eine wichtige Rolle für die Vermittlung der Weiterbildungsangebote in die Baufirmen spielen auch hier wieder die Mitglieder, die als Fachleute in den maschinentechnischen Abteilungen der Baufirmen Multiplikatoren und Promotoren für die Notwendigkeit kontinuierlicher Weiterbildung und die Nutzung der Angebote des VDBUM sind.

Nicht nur der Gedanke der Kooperation und Selbstorganisation der Nutzer und Anwender, auch die im Gegensatz zur Herstellerschulung strikte Herstellerneutralität zählt zu den konstitutiven Elementen des Selbstverständnisses des Verbands. Hersteller können zwar förderndes Mitglied werden und es gibt auch bei der Weiterbildung durchaus Kooperationsbeziehungen mit Herstellern, Hersteller besitzen aber kein Stimmrecht.

Mit ca. 170 Weiterbildungsveranstaltungen pro Jahr ist der Verband inzwischen ein in der Branche anerkannter und fest verankerter Weiterbildungsanbieter.

5. Fazit

Herstellerschulungen – eine in der deutschen Investitionsgüterindustrie bereits verbreitete und etablierte produktbegleitende Serviceleistung – stellen auch bei den Lieferanten der Bauwirtschaft, gemessen an den hiermit erreichten Teilnehmerzahlen, eine durchaus relevante branchenspezifische Weiterbildungsform dar, in die zum Teil nicht unbeträchtliche Investitionen fließen. Aus der Sicht der befragten Lieferanten der Bauwirtschaft – den Herstellern von Baumaschinen, -geräten und Baustoffen – wird ihnen in Zukunft eine steigende Bedeutung beigemessen. Treiber dieses Bedeutungsgewinns von Herstellerschulungen in der Bauwirtschaft sind:

- die zunehmende Vielfalt und Komplexität der angebotenen Produkte;
- der verschärfte Wettbewerb auf den Absatzmärkten der Lieferanten;
- kürzer werdende Innovationszyklen;
- die Zunahme rechtlicher Vorschriften, die für die Verwendung einzelner Produkte so genannte Sachkundenachweise verlangen, die u.a. durch Schulungen der Produkthersteller zu erbringen sind.

Herstellerschulungen auf reine Produktschulungen mit herstellerspezifischen Inhalten zu reduzieren greift nach den Ergebnissen dieser Fallstudie zu kurz. Es deutet sich eine Tendenz zur Ausweitung der Schulungsangebote auf Inhalte und

Kompetenzen an, die deutlich über die für den Einsatz ihrer Produkte erforderlichen Qualifikationen hinausgehen. Motive dieser inhaltlichen Ausweitung sind sowohl Interessen der Hersteller an Markenprofilierung und einer besseren Markterschließung für innovative Produkte, für die sie auf die Anwenderunternehmen der Bauwirtschaft als Schnittstelle zum Endkunden angewiesen sind, als auch von den Herstellern wahrgenommene Qualifikationsdefizite in den Bauunternehmen. In einigen Fällen scheint Herstellerschulung auf dem Weg, sich als Problemlöser ihrer Kunden zu profilieren, Kompetenzvermittlung über Herstellerschulung wird zum Bestandteil des Markenimages

Der Strukturwandel in der Bauwirtschaft lässt auch dieses Weiterbildungssegment nicht unberührt: Er führt dazu, dass zunehmend kleine und mittlere Betriebe zu Adressaten von Herstellerschulungen werden. Die Hersteller versuchen diesem Strukturwandel durch hohe zeitliche Flexibilität, kurze Zeitdauer und regionale Dezentralisierung ihrer Schulungsangebote gerecht zu werden. Allerdings stoßen auch die Angebote der Herstellerschulungen auf die für Kleinbetriebe typischen Barrieren gegenüber Weiterbildung. Auch die verbreitete Tendenz zur Untervergabe tangiert die Nachfrage und den Adressatenkreis der Herstellerschulungen: Die Zahl der klassischen Adressaten von Herstellerschulungen – die deutschen gewerblichen Baufacharbeiter – geht zurück, das Interesse von Baufirmen an der Schulung der Saison- und Leiharbeitnehmer ihrer Subunternehmen ist gering. Adressaten von Herstellerschulungen sind daher – nicht nur aus Marketinggründen – oftmals das Baustellenführungspersonal oder leitende Angestellte der Baufirmen, diejenigen, die über den Einsatz der Produkte entscheiden.

Die Beispiele der Fallstudie zeigen weiterhin einen erheblichen Professionalisierungsgrad der Kundenschulungen, was die Organisation der Schulungen, die Qualität der eingesetzten Trainer, den Einsatz multimedialer Lernmittel und die erarbeiteten Schulungskonzeptionen betrifft. Moderne Weiterbildungsformen wie blended learning sind bei den meisten befragten Herstellern in Vorbereitung, stoßen aber an Grenzen, nämlich solche der Interessen von Herstellerschulungen an direktem Kundenkontakt und solche der Akzeptanz bei den kleinen und mittleren Baubetrieben.

Herstellerschulungen stellen kein isoliertes, unverbunden neben dem von anderen branchennahen Weiterbildungseinrichtungen getragenen Weiterbildungsanbot stehendes Weiterbildungssegment dar. Die Fallstudie zeigt ein recht dichtes Netzwerk von Kooperation zwischen den für Kundenschulung zuständigen Abteilungen der Hersteller und den etablierten Weiterbildungseinrichtungen der Bauwirtschaft, etwa den Bildungszentren der Bauwirtschaft oder den Fachverbänden und Kammern. Herstellerschulung steht zu diesen Weiterbildungsangeboten nicht in einem Verhältnis der gegenseitigen Konkurrenz, sondern eher der wechselseitigen Ergänzung.

Die Ambivalenz der Herstellerschulungen zwischen einer eigenständigen Form der Qualifikationsvermittlung und einem Marketinginstrument der Hersteller spiegelt sich in ihrer Wahrnehmung seitens der sie in Anspruch nehmenden Bauunternehmen. Zwar wird Herstellerschulung hier durchaus als eine neben anderen Formen praktizierte Form der Weiterbildung gesehen, der man auch gute Qualität bescheinigt, kritisiert wird aber ihr – fallweises – Abgleiten in eine Marketingveranstaltung. Es ist gerade diese Tendenz, die sich negativ auf Attraktivität und Akzeptanz dieser Weiterbildungsform bei Unternehmen und Teilnehmern auswirkt. Einer inhaltlichen Ausweitung auf generellere Qualifizierungsthemen steht man in den befragten Unternehmen eher skeptisch gegenüber: Die besondere Leistungsfähigkeit und Funktion von Herstellerschulungen im Vergleich zu anderen Formen der Weiterbildung liege in der Information über innovative Produkte und Verfahren und deren sachgerechte Anwendung. Für darüber hinausgehende Weiterbildungsthemen greift man lieber auf neutrale Weiterbildungsanbieter zurück. Weniger in ihrer inhaltlichen Ausweitung als in einem Ausbau von Herstellerschulungen zu einer umfassenderen Innovationspartnerschaft zwischen Herstellern und anwendenden Bauunternehmen wird eine wünschenswerte Richtung für die Weiterentwicklung dieses Segments der Weiterbildung gesehen.

Literatur

BAQ Forschungsinstitut für Beschäftigung Arbeit Qualifikation (Syben, Gerhard/Gross, Edith/Gross, Oliver/Stalling, Michael) 2004: Weiterbildung in der europäischen und deutschen Bauwirtschaft. Ansätze und Strukturen, herausgegeben vom Bundesinstitut für Berufliche Bildung. Bielefeld

Bundesministerium für Bildung und Forschung (Hg.) 2002: Berufsbildungsbericht 2002. Bonn

Hahne, Klaus 1999: Zwei wegweisende Zukunftspfade. Erster berufspädagogischer Workshop zur Funktion und Bedeutung der Herstellerschulung im SHK-Handwerk. In: Sanitär- und Heizungstechnik, Jg. 64/Heft 3, S. 10–20

Hahne, Klaus 2001: Kundenorientierung im Handwerk der Sanitär-, Heizungs- und Klimatechnik – Umsetzung eines Leitbildes in Aus- und Weiterbildung. In: Gruner, Steffen/Herkner, Volkmar/Pahl, Jörg-Peter (Hg.): Bildungs- und Qualifizierungsaspekt „Kundenorientierung". Bremen, S. 89–101

Kailer, Norbert/Stockinger, Alexander 2008: Kompetenzentwicklung in Jungunternehmen und Kleinbetrieben. ibw-Mitteilungen, erstes Quartal 2008. Wien

Lay, Gunter 1998: Dienstleistungen in der Investitionsgüterindustrie – Der weite Weg vom Sachguthersteller zum Problemlöser. Mitteilungen aus der Produktionsinnovationserhebung, Nr. 9. Fraunhofer Institut Systemtechnik und Innovationsforschung

Osswald, Michaela/Schmitz, Dieter/Rainfurth, Claudia/Lay, Gunter 2002: Professionalisierung produktbegleitender Dienstleistungen am Beispiel der Kundenschulung bei der Lincoln GmbH & Co. KG (Internet: http://www.servicepartner-industrie.de/fileadmin/redakteure/Dokumente/SPIN_Import/Schulung_Lincoln.pdf,; letzter Zugriff am 3.11.2009)

Prognos AG 2007: Kompetenzen für die Region – Eine Bildungsbedarfsanalyse für die Region Fulda (Osthessen). Fulda

Autorinnen und Autoren

Clemens Bonnen, Architekt, Professor für Entwurfslehre an der Hochschule Bremen, Inhaber eines Architekturbüros in Berlin

Bernd Dörr, Polier in einem mittelständischen Bauunternehmen in Hessen

Boris Engelhardt, Dipl.-Bauingenieur, Abteilungsleiter beim Hauptverband der Deutschen Bauindustrie

Beate Ginzel, Wissenschaftliche Mitarbeiterin am Institut für Stadtentwicklung und Bauwirtschaft der Universität Leipzig

Wibke Glissmann, Wissenschaftliche Mitarbeiterin an der Hochschule für Angewandte Wissenschaften (HAW) Hamburg

Christoph Hommerich, Professor für Soziologie, Marketing und Management an der Hochschule für Öffentliche Verwaltung Köln

Carola Iller, PD Dr. phil. Akademische Rätin am Institut für Bildungswissenschaft Arbeitseinheit Weiterbildung und Beratung, der Universität Heidelberg

Werner Kuhlmeier, Professor für Didaktik der beruflichen Bildung in den Berufsfeldern Bau- und Holztechnik an der Universität Hamburg

Johannes Meyser, Professor für Fachdidaktik der Bautechnik und Landschaftsgestaltung an der Technischen Universität Berlin

Gerhard Müller, Professor für Baumechanik an der Technischen Universität München, Vorsitzender des Fakultätentages für Bauingenieurwesen und Geodäsie und der Fakultätentage der Ingenieurwissenschaften und der Information an Universitäten

Johannes Ringel, Professor für Stadtentwicklung am Institut für Stadtentwicklung und Bauwirtschaft der Universität Leipzig, geschäftsführender Gesellschafter bei RKW Rhode, Kellermann, Wawrowsky Architektur + Städtebau, Düsseldorf

Wolfgang Sorge, Professor für Bauphysik an der Hochschule für Angewandte Wissenschaften Würzburg-Schweinfurt, Inhaber eines Ingenieurbüros für Bauphysik

Gerhard Syben, Professor für Arbeits- und Industriesoziologie an der Hochschule Bremen, BAQ Forschungsinstitut für Beschäftigung Arbeit Qualifikation

Klaus Wehrle, Inhaber eines mittelständischen Architekturbüros in Gutach bei Freiburg im Breisgau

Stefanie Weimer, Dr., Diplom-Soziologin, wissenschaftliche Mitarbeiterin am Institut für sozialwissenschaftliche Forschung, München

Klaus Wiechers, Geschäftsführender Gesellschafter einer Gesellschaft von Architekten in Berlin

FSC
www.fsc.org
MIX
Papier | Fördert
gute Waldnutzung
FSC® C083411

Zeitfracht Medien GmbH
Ferdinand-Jühlke-Straße 7
99095 Erfurt, Deutschland
produktsicherheit@kolibri360.de